2023中国医疗器械科技创新发展报告
——生物医用材料

中国生物技术发展中心　编著

·北京·

图书在版编目（CIP）数据

2023中国医疗器械科技创新发展报告.生物医用材料/中国生物技术发展中心编著.—北京：科学技术文献出版社，2023.9
ISBN 978-7-5235-0641-7

Ⅰ.①2… Ⅱ.①中… Ⅲ.①医疗器械—制造工业—科技发展—研究报告—中国—2023　②生物材料—医用高分子材料—科技发展—研究报告—中国—2023　Ⅳ.①F426.7　②R318.08

中国国家版本馆CIP数据核字（2023）第162801号

2023中国医疗器械科技创新发展报告——生物医用材料

策划编辑：郝迎聪　　责任编辑：李　晴　　责任校对：张永霞　　责任出版：张志平

出 版 者	科学技术文献出版社
地　　址	北京市复兴路15号　邮编 100038
编 务 部	（010）58882938，58882087（传真）
发 行 部	（010）58882868，58882870（传真）
邮 购 部	（010）58882873
官方网址	www.stdp.com.cn
发 行 者	科学技术文献出版社发行　全国各地新华书店经销
印 刷 者	北京时尚印佳彩色印刷有限公司
版　　次	2023年9月第1版　2023年9月第1次印刷
开　　本	787×1092　1/16
字　　数	408千
印　　张	24.5
书　　号	ISBN 978-7-5235-0641-7
定　　价	198.00元

版权所有　违法必究

购买本社图书，凡字迹不清、缺页、倒页、脱页者，本社发行部负责调换

《2023中国医疗器械科技创新发展报告——生物医用材料》编写人员名单

编委会主任： 张新民

编委会副主任： 沈建忠　范　玲　郑玉果

主　　　编： 郑玉果

副 主 编： 苏　月　武瑞君

编写组成员：（按姓氏笔画排序）

于振行　于善江　王　晶　王云兵　王秀梅　王黎琦
方子寒　邓旭亮　邢　菲　全大萍　苏文娜　苏顺开
李　陟　李冬雪　李玮琦　杨　力　杨　立　杨　阳
吴函蓉　何　蕊　张　鑫[*]　张　鑫[**]　张小奕　张成鹏
张学慧　欧来良　罗红蓉　赵晓丽　赵添羽　郭　伟
郭全义　桑晓冬　黄　鑫　曹　芹　葛　瑶　董　华
董　骧　董瑞琪　解江冰　潘浩波　魏　巍

[*] 作者单位为中国生物技术发展中心国际合作与基地平台处
[**] 作者单位为中国生物技术发展中心生命科学与前沿技术处

前　言

生物医用材料是指对生物体具有诊断、治疗、修复、替代病变组织、重建器官功能的新型高技术材料，其研究和应用挽救了数以千万计危重患者的生命，在促进医疗卫生事业发展和维护全民健康中具有至关重要的作用。生物医用材料市场发展活跃，在医疗器械市场中规模占比大，正呈现出组织诱导性、智能化、纳米化等趋势。生物医用材料的发展革新成为推动医疗器械产业特别是无源医疗器械创新发展的重要驱动力。

近年来，我国生物医用材料科技和产业快速发展，市场规模逐渐扩大，整体创新能力与科技水平得到了显著提高，整体的技术发展方向与国际大趋势一致，一大批创新技术产品已成功应用到临床。但是与发达国家相比，我国生物医用材料在科技发展和产业链条等多方面仍存在一定差距。

中国生物技术发展中心围绕科技项目管理专业机构和生物领域高端智库双轮驱动，长期承担生物技术和医疗器械领域的科技计划管理，密切关注相关领域科技发展动态。为系统反映国内外生物医用材料科技和产业领域的发展概况和主要成果，总结发展经验、研判发展趋势，中国生物技术发展中心组织开展《2023中国医疗器械科技创新发展报告——生物医用材料》（简称《报告》）的编制工作。《报告》共分为九章：第一章介绍了生物医用材料科技和产业发展现状及趋势；第二章至第九章分别对心血管生物医用材料、骨科生物医用材料、口腔生物医用材料、眼科生物医用材料、神经科修复生物医用材料、血液净化生物医用材料、创面修复生物医用材料和新一代生物医用材料的市场现状、重要技术、产品研究进展、未来发展趋势等进行了详细介绍。需要特别说明的是，由于数据库的统计口径不同，《报告》中的市场规模等数据存在一定差异。

希望《报告》能为国内外生物医用材料研究领域的政策制定者、研发人员、管理工作者、医务工作者，以及关心、支持生物医用材料领域科技与产业发展的社会各界人士提供参考。同时，在本书的编写过程中，难免存在数据收集不完整、不准确之处，欢迎予以批评指正，提出宝贵意见，以便我们进一步改进和完善。

目 录

第一章 生物医用材料科技和产业发展现状及趋势 ················ 1
第一节 国内外生物医用材料研究发展现状 ················ 2
一、科学研究现状 ················ 2
二、成果转化 ················ 6
三、全球重点区域发展介绍 ················ 7
第二节 国内外生物医用材料科技及产业政策 ················ 23
一、国外生物医用材料科技与产业政策 ················ 23
二、中国生物医用材料科技与产业政策 ················ 26
第三节 国内外生物医用材料市场现状 ················ 37
一、全球生物医用材料市场分析 ················ 37
二、中国生物医用材料市场分析 ················ 42
第四节 我国生物医用材料展望 ················ 46
一、生物材料的组织诱导性 ················ 47
二、生物材料的智能化 ················ 48
三、生物材料的纳米化 ················ 49
四、生物材料与生物前沿技术交叉融合 ················ 50
五、生物材料与人工智能（AI）的整合 ················ 51
参考文献 ················ 52

第二章 心血管生物医用材料 ················ 54
第一节 心血管生物医用材料概述 ················ 54
一、心血管生物医用材料的定义 ················ 55
二、心血管生物医用材料的分类 ················ 55
第二节 心血管生物医用材料市场现状 ················ 59
一、全球心血管生物医用材料的市场现状及发展趋势 ················ 59
二、中国心血管生物医用材料的市场现状及发展趋势 ················ 62

三、中国心血管生物医用材料细分领域的市场发展状况 …………… 68
第三节　国内外重要技术和产品研究进展 ……………………………… 75
　一、冠脉支架 ……………………………………………………………… 75
　二、心脏瓣膜 ……………………………………………………………… 78
　三、心力衰竭治疗 ………………………………………………………… 82
　四、心脏封堵器 …………………………………………………………… 86
第四节　心血管生物医用材料前景与展望 ……………………………… 87
参考文献 ……………………………………………………………………… 89

第三章　骨科生物医用材料 …………………………………………… 90

第一节　骨科生物医用材料概述 ………………………………………… 90
　一、骨科植入器械的分类 ………………………………………………… 91
　二、骨科生物医用材料的分类 …………………………………………… 92
第二节　骨科生物医用材料市场现状 …………………………………… 93
　一、骨科医疗器械产品市场现状 ………………………………………… 93
　二、骨科生物医用原材料全球市场现状 ………………………………… 102
　三、骨科生物医用原材料中国市场现状 ………………………………… 105
第三节　国内外重要技术和产品研究进展 ……………………………… 107
　一、3D打印技术在骨科产品中的应用 ………………………………… 107
　二、可降解生物材料在骨科产品中的应用 ……………………………… 109
　三、骨修复材料 …………………………………………………………… 116
　四、关节软骨再生/修复产品和技术 …………………………………… 120
　五、半月板修复/再生材料和产品 ……………………………………… 121
　六、关节韧带修复再生材料和产品 ……………………………………… 122
　七、钽金属材料在骨科产品中的应用 …………………………………… 123
第四节　骨科生物医用材料前景展望 …………………………………… 124
　一、组织工程与再生医学材料前沿 ……………………………………… 125
　二、新一代生物功能型医用金属材料的开发 …………………………… 132
　三、多功能骨科植入材料及器械 ………………………………………… 134
参考文献 ……………………………………………………………………… 136

第四章 口腔生物医用材料 ················ 138
第一节 口腔生物医用材料概述 ·············· 138
第二节 口腔生物医用材料市场现状 ············ 140
一、国际口腔生物材料市场现状 ················ 140
二、国内口腔生物材料市场情况 ················ 143
第三节 国内外重要技术和产品研究进展 ········· 162
一、口腔充填修复材料 ··················· 162
二、口腔义齿制作材料 ··················· 165
三、口腔植入材料 ····················· 171
四、其他 ·························· 179
第四节 国内口腔医疗器械前景展望 ············ 184
一、口腔数字化材料发展迅速 ················ 185
二、人工智能技术发展迅速 ················· 186
三、隐形正畸发展迅速 ··················· 186
参考文献 ·························· 187

第五章 眼科生物医用材料 ················ 189
第一节 眼科生物医用材料概述 ·············· 189
一、眼科生物医用材料分类及特点 ·············· 190
二、眼科生物医用材料发展 ················· 191
三、眼科生物医用材料市场规模及主要生产企业 ········ 193
第二节 眼科生物医用材料市场现状 ············ 197
一、视光及屈光不正治疗材料 ················ 197
二、白内障治疗材料 ···················· 206
三、角膜病治疗材料 ···················· 209
四、青光眼治疗材料 ···················· 211
五、玻璃体及视网膜治疗材料 ················ 213
第三节 国内外重要技术和产品研究进展 ········· 214
一、硬性接触镜 ······················ 214
二、软性接触镜 ······················ 219

三、人工晶状体 219
　　四、人工角膜 226
　　五、人工玻璃体 229
　　六、青光眼引流装置 230
　第四节　眼科生物医用材料前景与展望 232
　　一、眼科生物医用材料的前沿方向 233
　　二、眼科生物医用材料发展趋势 239
　参考文献 240

第六章　神经科修复生物医用材料 243
　第一节　神经科修复生物医用材料概述 243
　第二节　神经科修复生物医用材料市场现状 245
　　一、神经外科修复材料 245
　　二、周围神经损伤修复材料市场现状 250
　　三、脊髓损伤修复材料 252
　第三节　国内外重要技术和产品进展 255
　　一、神经外科修复材料 255
　　二、周围神经损伤修复材料 257
　　三、脊髓损伤修复材料 265
　第四节　神经科修复生物医用材料前景与展望 275
　　一、类器官 276
　　二、中枢神经系统的药物递送 277
　　三、脑机接口界面材料 279
　参考文献 282

第七章　血液净化生物医用材料 284
　第一节　血液净化医用材料概述 284
　　一、血液净化生物医用材料的定义 285
　　二、血液净化生物医用材料的分类 285
　　三、血液净化生物医用材料的基本要求 286
　　四、血液净化生物医用材料的国内外情况 286

第二节　血液净化生物医用材料市场现状 ··············287
一、血液净化生物医用材料总体市场状况 ··············288
二、血液净化医用透析材料市场现状 ··············289
三、血液灌流材料市场现状 ··············294

第三节　血液净化材料重要技术和产品研究进展 ··············301
一、透析膜技术重要进展 ··············301
二、血液灌流材料技术重要进展 ··············303
三、国内外重要产品研究进展 ··············304

第四节　血液净化医用材料前景与展望 ··············307
一、血液净化医用材料的前景 ··············308
二、血液净化医用材料的展望 ··············309

参考文献 ··············310

第八章　创面修复生物医用材料 ··············311
第一节　创面修复生物医用材料概述 ··············311
第二节　创面修复生物医用材料市场现状 ··············313
一、创面修复生物医用材料全球市场现状 ··············313
二、国际生物医用材料代表性企业介绍 ··············315
三、创面修复生物医用材料中国市场现状 ··············317

第三节　国内外创面修复生物医用材料重要技术和产品研究进展 ··············322
一、临床适应证产品概述 ··············322
二、止血材料与技术 ··············324
三、创面封闭材料与技术 ··············332
四、创面修复技术与产品 ··············333
五、皮肤组织替代物 ··············339

第四节　创面修复生物医用材料前景与展望 ··············341
一、功能化/智能化创面修复材料 ··············342
二、创面修复新型技术 ··············343
三、结语 ··············345

参考文献 ··············345

第九章　新一代生物医用材料·················347
第一节　新一代生物医用材料概述···············347
第二节　组织诱导性生物材料研究进展与前景··········349
　一、组织诱导性生物材料的内涵和研究发展脉络·········349
　二、组织诱导性生物材料的研究进展··············350
　三、组织诱导性生物材料的发展前景··············353
第三节　生物分子材料研究进展与前景·············353
　一、重组胶原蛋白的研究进展·················354
　二、重组人源化胶原蛋白的研究进展··············355
　三、重组人源化胶原蛋白科学监管体系的构建·········357
　四、重组人源化胶原蛋白的前景················358
第四节　其他新一代生物材料及技术··············360
　一、兼具诊断和防治重大疾病功能的纳米生物材料········360
　二、组织工程与3D生物打印材料················363
　三、药物和生物活性物质靶向控释载体材料和系统········366
　四、智能化微电子植入器械材料················367
　参考文献···························369

图表索引·····························371

致谢······························378

第一章 生物医用材料科技和产业发展现状及趋势

生物医用材料（biomedical materials）简称生物材料（biomaterials），是用于诊断、治疗、修复、替换人体组织或器官及增进其功能的一类高技术新材料，与人类健康息息相关。按国际惯例，其产品管理划属医疗器械范畴。通常所指的生物医用材料总是与其终端临床产品（一般指医用植入体或植入器械）密不可分。

现代意义上的生物医用材料起源于20世纪40年代中期，产业形成于20世纪80年代。21世纪以来，生物医用材料（医疗器械）行业已成为全球经济中发展最快、人均产值与行业利润率位居前列的行业之一。

生物医用材料应用广泛，品种很多，其分类方法也很多。生物医用材料包括金属材料、无机材料、有机材料和复合材料等大类。生物医用金属材料主要包括医用不锈钢、钴基合金、钛及钛合金、镍钛形状记忆合金、钽铌等金属和合金；生物医用无机材料主要包括生物陶瓷、生物玻璃和医用碳素材料。生物医用有机材料主要是高分子材料，生物医用高分子材料通常按材料属性分为合成高分子材料（聚氨酯、聚酯、聚乳酸、聚乙醇酸、乳酸乙醇酸共聚物及其他医用合成塑料和橡胶等）和天然高分子材料（如胶原、丝蛋白、纤维素、壳聚糖等）。根据降解产物能否被机体代谢和吸收，根据生物医用材料的用途，这些材料又可以分为生物惰性（bioinert）、生物活性（bioactive）或生物降解（biodegradable）材料。按临床用途，生物材料又可分为骨科材料、心脑血管材料、口腔材料、眼科材料、神经修复材料、血液净化材料、创面修复材料、分子影像材料、药物控释材料等。

由于临床的巨大需求和科学技术进步的驱动，生物医用材料的研究和应用均取得巨大成功。其应用不但挽救了数以千万计危重患者的生命，显著降低了心血管疾病、癌症、创伤等重大疾病的死亡率，而且极大地提高了人类的健康水平和生命质量。伴随着临床应用的成功，一种高技术生物医用材料产业已经形成，且是一种典型的低原材料消耗、低能耗、低环境污染和高技术附加值（知识成本可达总成本的50%～70%）的新兴产业，近10年来在我国以高达15%以上的年增长率持续增长，对国家经济及国民健康具有重大意义，是世界经济中最具生气的朝阳产业之一。

第一节　国内外生物医用材料研究发展现状

一、科学研究现状

近年来，全球生物医用材料论文数量保持稳步增长趋势。无论在研究论文数量还是论文影响力方面，中国和美国都是领先者，其次是欧洲、日本、韩国和印度等。

1. 全球生物医用材料论文数量稳步增长

基于 Web of Science 数据库统计显示，2017—2022 年，全球各研究机构的论文总量达 56 229 篇；2020—2022 年，发表研究论文数仍保持基本平稳；2019—2022年，每年发表近 1 万篇生物医用材料论文（图 1-1）。

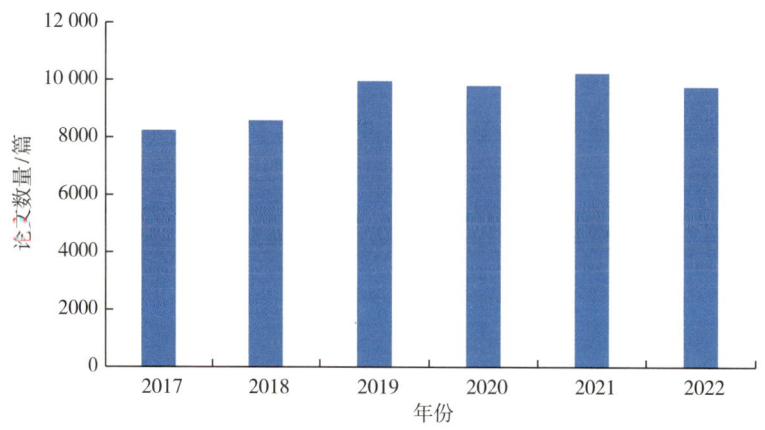

图 1-1　2017—2022 年全球生物医用材料论文数量变化趋势

（数据来源：Web of Science 数据库）

第一章
生物医用材料科技和产业发展现状及趋势

2. 全球生物医用材料论文应用领域的研究概况

Web of Science 数据库统计显示，生物医用材料论文牙科和口腔医学占比最大，接近50%，其次依次为骨科、创伤和急诊外科、眼科、神经疾病等（图1-2）。

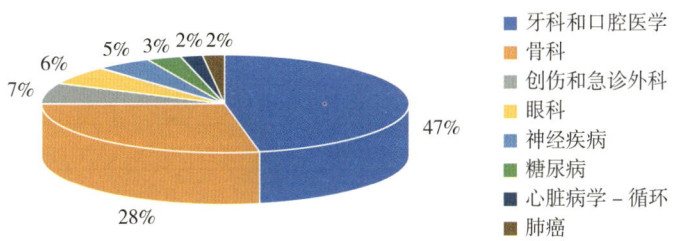

图1-2 2022年全球生物医用材料疾病研究论文相对分布情况

（数据来源：Web of Science 数据库）

3. 全球生物医用材料论文在各国的分布

2022年，中国、美国、印度、德国、日本、韩国、英国、伊朗、意大利和澳大利亚发表的生物医用材料论文数量排名位居前10位，中国以显著优势位居全球首位（图1-3）。2017—2022年累计论文数量，中国也是遥遥领先，之后依次是美国、印度、德国、日本、韩国、英国、伊朗、意大利和巴西（表1-1）。

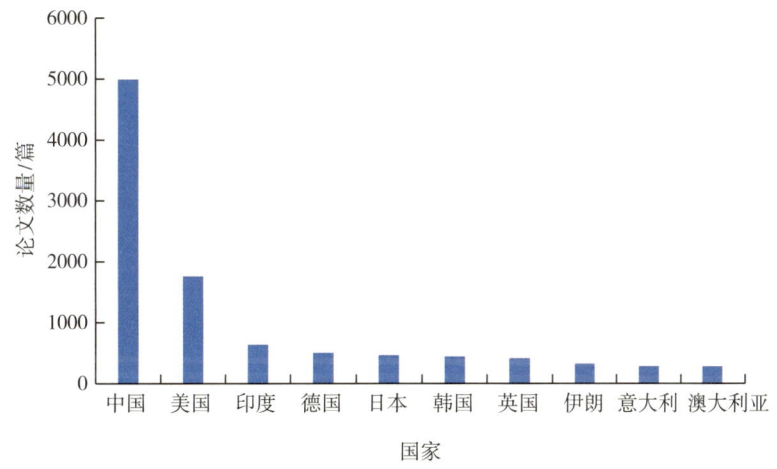

图1-3 2022年各国发表生物医用材料研究论文情况

（数据来源：Web of Science 数据库）

3

表 1-1　2017—2022 年发表生物医用材料论文排名前 10 位的国家

序号	国家	论文数量 / 篇
1	中国	22 008
2	美国	10 914
3	印度	3391
4	德国	3158
5	日本	2862
6	韩国	2631
7	英国	2444
8	伊朗	2132
9	意大利	1762
10	巴西	1725

进一步分析我国科研院所 2017—2022 年发表生物医用材料论文情况，排名前 10 位的研究机构为：中国科学院、四川大学、上海交通大学、浙江大学、中国科学院大学、中山大学、吉林大学、苏州大学、北京大学、复旦大学。我国生物医用材料研究领域已形成非常活跃稳定的研究队伍（表 1-2）。

表 1-2　2017—2022 年发表生物医用材料论文排名前 20 位的中国研究机构

序号	中国机构名称（中文）	中国机构名称（英文）	论文数量 / 篇
1	中国科学院	CHINESE ACADEMY OF SCIENCES	2672
2	四川大学	SICHUAN UNIVERSITY	1382
3	上海交通大学	SHANGHAI JIAOTONG UNIVERSITY	1335
4	浙江大学	ZHEJIANG UNIVERSITY	917
5	中国科学院大学	UNIVERSITY OF CHINESE ACADEMY OF SCIENCES CAS	827
6	中山大学	SUN YAT SEN UNIVERSITY	745
7	吉林大学	JILIN UNIVERSITY	666
8	苏州大学	SOOCHOW UNIVERSITY CHINA	663
9	北京大学	PEKING UNIVERSITY	584
10	复旦大学	FUDAN UNIVERSITY	583
11	华南理工大学	SOUTH CHINA UNIVERSITY OF TECHNOLOGY	553
12	南方医科大学	SOUTHERN MEDICAL UNIVERSITY CHINA	513

续表

序号	中国机构名称（中文）	中国机构名称（英文）	论文数量/篇
13	清华大学	TSINGHUA UNIVERSITY	492
14	华中科技大学	HUAZHONG UNIVERSITY OF SCIENCE TECHNOLOGY	490
15	暨南大学	JINAN UNIVERSITY	477
16	武汉大学	WUHAN UNIVERSITY	465
17	西安交通大学	XI AN JIAOTONG UNIVERSITY	446
18	中国科学技术大学	UNIVERSITY OF SCIENCE TECHNOLOGY OF CHINA CAS	441
19	天津大学	TIANJIN UNIVERSITY	435
20	东南大学	SOUTHEAST UNIVERSITY CHINA	434

4. 国外研究机构发表生物医用材料论文情况

国外生物医用材料研究机构以美国为首，包括加州大学系统、国家科学研究中心（CNRS）、哈佛大学等；另外，印度、法国和英国的研究机构也排在前10位（图1-4）。

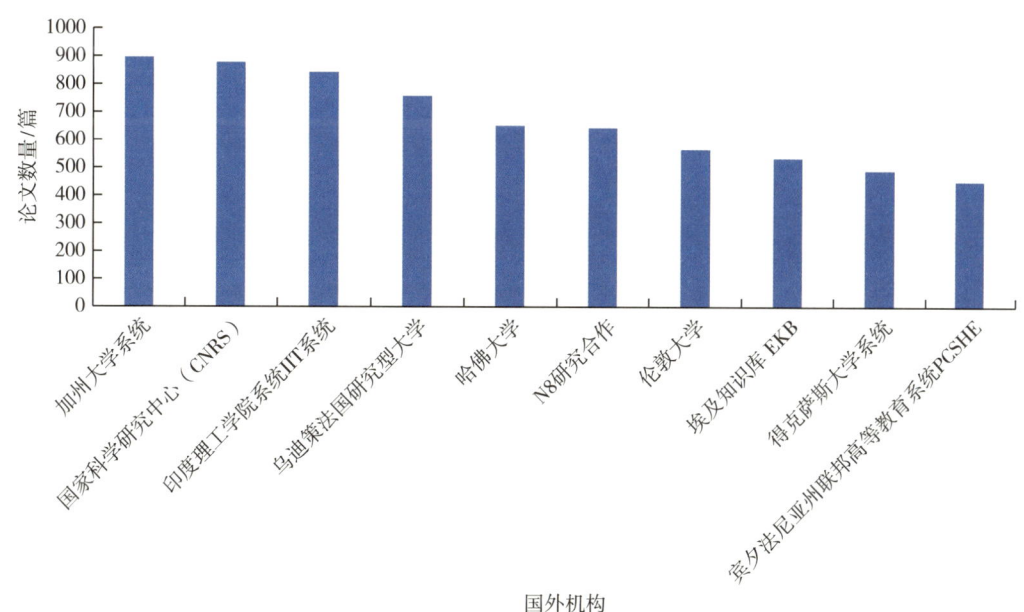

图1-4　2017—2022年生物医用材料研究论文数量排名前10位的国外研究机构

（数据来源：Web of Science 数据库）

二、成果转化

2018—2022年，国家药监局（NMPA）批准注册32 042项医疗器械（首次注册8636项）；其中Ⅲ类医疗器械境内共批准注册12 802项（首次注册5661项，进口首次批准注册1361项）。2018—2022年，国家药监局一共批准了156项创新医疗器械注册（图1-5）。

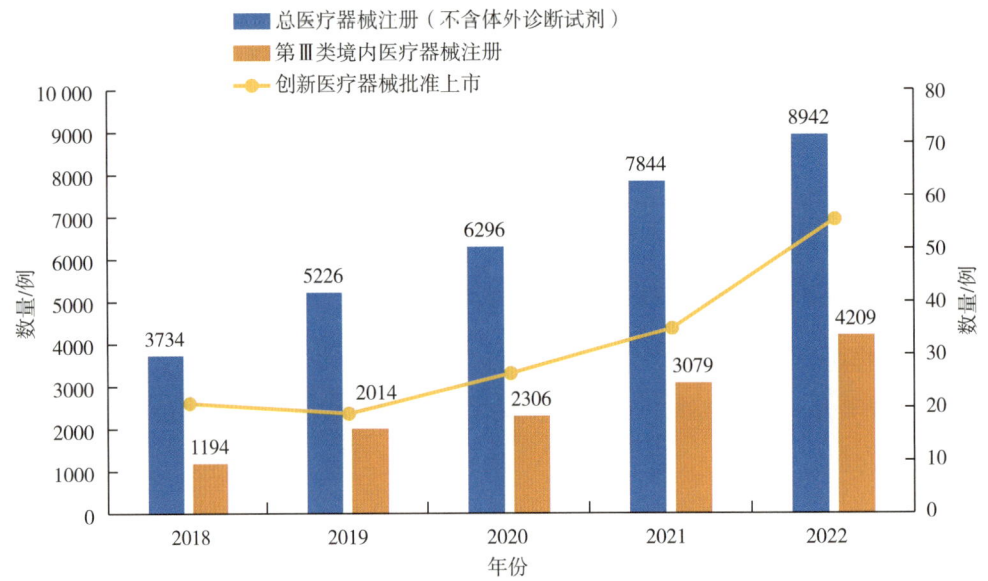

图1-5　2018—2022年国家药监局批准注册医疗器械数量

2018—2022年，不论医疗器械注册总数，还是第Ⅲ类医疗器械和创新医疗器械批准上市总数，均呈现持续增长态势，发展良好。

近年来，国家药监局创新审查机制，加强与各部门合作，如与科技部"研审联动"等合作机制，不断推动医疗器械产业创新高质量发展。2014年以来，已累计超460款产品进入特别审查程序，截至2023年7月，共批准217个创新医疗器械产品，涵盖关节假体、人工角膜、心脏瓣膜、血管支架等诸多高端医疗器械，部分产品接近或者达到国际先进水平，临床应用价值显著，填补了我国相关领域空白。例如，经导管微创介入心脏瓣膜系统大幅降低了以往开胸瓣膜植入的高风险性；微创介入全降解心脏封堵器使患有先天性心脏病的儿童治疗后拥有和正常儿童一样的健康心脏；腹主动脉覆膜支架及输送系统为广大腹主动脉瘤患者，尤其是复杂瘤体形态的患者提供了更优的器械解决方案；单髁膝关节假体能够有效治疗膝关节单侧间室疾病，并能够很好地恢复膝关节下肢力线；人工角膜适用于角膜移植手术难以成功的双眼角膜盲患者，帮助患者重见光明。

三、全球重点区域发展介绍

全球生物医用材料及医疗器械重点区域主要集中在以美欧为主的发达国家，中国、印度和巴西等拥有巨大市场的发展中国家也在加速推进，如我国近10年来保持快速增长态势，以达15%～20%的复合增长率持续增长，远高于国际市场复合增长率5.6%。

从全球看，生物医用材料产业主要集中在经济、科研、人才和临床资源聚集的地区。美国在创新意识强，研发实力雄厚的高校和研究机构聚集地区，较早形成了产业集群，以哈佛大学和麻省理工学院所在的波士顿、斯坦福大学和加州大学伯克利分校所在的硅谷和旧金山、明尼苏达大学所在的双子城、杜克大学和北卡罗纳大学所在的北卡三角洲，以及圣地亚哥、西雅图、纽约、洛杉矶、华盛顿和芝加哥等中心城市为核心，形成了波士顿、硅谷、128号公路科技园、北卡三角研究地带、明尼阿波利斯及克利夫兰医学中心等全球知名的产业发展高地。德国最著名的地区为纽伦堡医谷（Medical Valley，Nürnberg），有80多所大学研究院和高等应用科学学院聚集于此，该区域中有500多家生物医疗技术公司，德国还有巴州艾尔格兰、图林根州等多个生物技术集群地区。日本在筑波、神奈川、九州等集聚强大的研发力量形成产学研的科技园，瑞士与日本相似，有日内瓦－洛桑科技创新园区、巴塞尔生物谷、苏黎世生物科技园等。英国最知名的是剑桥科技园，引领该行业的前沿研究。其他重点发展区域还有法国的里昂生物园区、阿尔萨斯生物谷等，荷兰的莱顿生物科技园，韩国的大德科技园。

我国生物医用材料企业主要分布在经济比较发达的京津环渤海、长三角、珠三角及成渝地区四大板块。比较有特色的几个头部园区，如环渤海地区的中关村生命科学园、长三角地区的张江医疗器械产业基地和苏州BioBAY、珠三角地区的深圳国际生物谷和广州国际生物岛、成渝地区成都天府生命科技园及成都天府国际生物城。目前我国已初步形成以国家工程（技术）研究中心、企业创新中心、部省级工程技术中心和重点实验室为核心的，包括200余个单位的生物医用材料科技创新体系，研发工作已从分散、重复逐步集中于学科和产业发展方向和前沿，从跟踪、仿制开始进入原始创新。

1. 代表性高校

麻省理工学院（Massachusetts Institute of Technology，MIT）

麻省理工学院创立于1861年，位于美国马萨诸塞州波士顿都市区剑桥市，是一所享誉世界的顶尖私立研究型大学。麻省理工学院与哈佛大学、斯坦福大学与加州大学伯克利分校并称为"美国社会不朽的学术脊梁"。

麻省理工学院以药物传递系统、生物材料、纳米技术、组织工程和再生医学等领域为主要研究方向，拥有全球最大的生物医学工程实验室，培养了众多生物医用材料领域的知名学者。

该校研究人员开发了一种有机硅聚合物，这种材料涂覆在人体皮肤上会形成一种极薄且透明、几乎不可见的薄膜，可以消除眼袋，防御紫外线，并且具有很强的保湿能力，相关成果发表在 *Nature Materials* 期刊。此外，该校研究人员2018年在 *Advanced Materials* 期刊发表文章，提出了一种有前途的多通道同轴挤出系统（MCCES），用于在一个步骤中对周向多层管状组织进行微流体生物打印。利用人尿路上皮细胞、人膀胱平滑肌细胞、血管组织构建体、人脐静脉内皮细胞和人平滑肌细胞对套管尿路上皮组织构建体进行生物打印。这些生物打印的管状组织可以用流体和营养物主动灌注，以促进嵌入细胞类型的生长和增殖。这种可调和可灌注的周向多层组织的制造系统代表了制造人体管状组织的基本步骤，可用于具有细胞异质性的周向多层管状组织或器官（如血管、气管、肠、结肠、输尿管和尿道等）的生物材料制造。

剑桥大学（University of Cambridge，Cambridge）

剑桥大学创建于1209年，是一所世界著名的公立研究型大学，采用传统学院制，坐落于英国剑桥，是英语世界中排名第2位的古老大学，曾培养出牛顿、达尔文、培根、凯恩斯、弥尔顿、拜伦、弗朗西斯·克里克、弗雷德里克·桑格等杰出校友。

剑桥大学在生物医用材料相关领域的研究涵盖人造细胞、软物质、生物纳米工程、结构化材料等多个方面，拥有包括神经导管设备、真皮移植物、心血管贴片、骨科植入物、生物反应器基底、伤口愈合材料、载药材料等在内的众多生物材料研发成果。

该校研究人员将柔性电子设备与干细胞技术结合起来，开发了一种创新的生物混合神经植入物。该植入材料具有卓越生物相容性并且能够与神经组织发生整合。在为截肢者和瘫痪患者恢复肢体功能的同时，使用来自诱导多能干细胞的肌肉细胞来防止植入物周围形成瘢痕组织，让神经设备实现无痕植入，有利于提高神经元传输至植入物上的信号，在大鼠模型中已经展示出显著的神经细胞整合与信号增强特性。这表明，该技术对于治疗和恢复神经系统功能等至关重要，有望为截肢和瘫痪患者群体带来潜在的治疗前景。

斯坦福大学（Stanford University，CA）

斯坦福大学是一所坐落于美国加州斯坦福的私立研究型大学，临近硅谷，因其学术声誉和创业氛围而获评为世界上最知名的高等学府之一。斯坦福大学成立于约150年前，是由铁路大亨斯坦福夫妇创立的，以培养未来领袖和推动科学、技术、文化和社会进步为宗旨。

斯坦福大学拥有多个跨学科研究中心，通过赋予材料类似生命的特性，从根本上改变生物材料科学领域的基础和应用研究，研究方向包括脑组织生物材料、神经组织工程支架、神经探针等。

该校研究团队利用生物材料在活细胞、组织和动物中进行遗传靶向化学组装。该研究于2020年发表于 *Science* 期刊。通过整合工程酶靶向技术和聚合物化学，研究人员从遗传学上指导特定的活神经元，以指导质膜上电功能（导电或绝缘）聚合物的化学合成。此外，该校研究团队回顾了合成生物学和生物材料的领域现状，总结了脑组织等活体生物材料及未来研究方向的进展工作，重点概述了这些领域交叉融合的可能性，并深入剖析了这一领域面临的挑战，旨在激发并帮助研究人员制造新的生物材料，从而再现大脑等活体组织的机械、物理和扩散等生理特性。

加利福尼亚大学伯克利分校（University of California-Berkeley，UCB）

加利福尼亚大学伯克利分校（UCB）成立于1868年，坐落在美国旧金山伯克利市，是一所公立研究型大学，被誉为"公立常春藤"，在2023年U.S. News世界大学排名中位居第4位。

该校的研究人员以合成生物学、生物材料与生物纳米技术、干细胞工程、计算生物学、成像和仪器作为主要研究方向，在人类和环境健康的细胞工程两个关键领域发挥国际领导作用。

该校在生物材料领域创新性地开展了一些研究工作。该校研究人员开发了一种技术，通过使用多台打印机同时产生 2D 组织层，将它们堆叠成 3D 结构，最大限度地减少打印过程中的细胞死亡，这样解决了生物材料领域因为 3D 生物打印过程缓慢，生物材料在打印过程中会变质，且仅能打印少量组织，无法打印较大组织的瓶颈问题。由伯克利科学家团队创造的新技术极大地提高了使用 3D 打印技术打印各种定制医疗设备的可能性，为活组织、骨骼、血管和器官等生物材料的 3D 打印制备提供了平台。

苏黎世联邦理工学院（ETH Zurich–Swiss Federal Institute of Technology，ETH）

苏黎世联邦理工学院（ETH）由瑞士联邦政府创建于 1854 年，是爱因斯坦的母校，培养了伦琴、爱因斯坦等多位诺贝尔奖获得者，位列 2023QS 世界大学排名第 9 位。它坐落于瑞士苏黎世，是 IDEA 联盟、全球大学高研院联盟、国际研究型大学联盟等一系列联盟成员。

苏黎世联邦理工学院的研究领域覆盖从基础研究到临床应用，下属设立创新与创业实验室，创业氛围浓郁，以生物医学新材料和新技术、药物和其他生物活性物质以及预后与诊断新方法的开发为主要研究方向，对于 3D 生物材料的制造、表征和实施等有着深入研究。

该校研究人员提出了一种新型钙触发酶交联（CTEC）水凝胶机制，用于生物墨水，并将其用于软骨构造的生物制造，进一步开放了可酶交联的生物聚合物及其模块性以支持多种组织的使用。此外，该校研究团队使用 3D 打印盐模板制造出一种具有规则孔隙率的轻金属镁支架，这种由轻金属镁制成的植入物具有可调节的机械性能，在体内能够被生物降解并作为矿物质营养被吸收。在临床上可以作为一种可降解生物医学植入物用于治疗复杂骨折甚至缺失骨部分，无须二次手术移除。这些证实了镁合金可用于动物骨折的修复，为轻金属植入物在骨科领域的应用提供了理论依据，相关结果发表在《先进功能材料》期刊。

牛津大学（University of Oxford，Oxford）

牛津大学创建于 1096 年，位于英国牛津，是一所公立研究型大学，采用传统学院制。它是罗素大学集团成员，被誉为"金三角名校"和"G5"之一，也是全球大学校长论坛成员。

牛津大学在生物材料和生物力学方面的研究包括生物膜的表征与工程、微纳米封装和靶向治疗的刺激响应系统3个互补的主题，其研究领域涵盖抗菌治疗、生物力学、血脑屏障的破坏、癌症、心血管疾病、机械生物学及骨科疾病等多个方向。

该校生物材料基础研究卓有成效。例如，该校在非常热门的人工神经元的研究，开发人工神经元需要脑科学、神经科学、计算科学还有芯片等各个领域的跨界融合。通过堆叠石墨烯、二硫化钼和二硫化钨3种二维（2D）材料，开发出能处理光和电信号进行计算，而厚度仅几个原子大小的人工神经元，它可以抽象、简化和模拟人脑的神经元。与数字存储设备不同，这些设备是模拟的，其操作方式与人脑中的突触和神经元类似，可进行计算，有助于科学家更好地模拟和理解人脑，并可能开发出下一代的人工智能计算。

佐治亚理工学院（Georgia Institute of Technology，GT）

佐治亚理工学院成立于1885年，是位于美国佐治亚州亚特兰大市的一所领先的公立研究型大学。它以其对技术、工程和应用科学的高度重视而闻名。佐治亚理工学院以其高质量的教育、尖端的研究及与工业界的密切联系而享有盛誉。

佐治亚理工学院的主要研究方向包括生物材料和再生技术、生物医学成像和光学、细胞工程和力学、神经工程、生物医学机器人等。在特殊生物材料、仿生材料的开发方向有深入研究。

佐治亚理工学院在仿生材料，组织工程与再生医学领域取得了许多令人瞩目的成果。他们利用生物学原理，设计和开发了具有特殊功能和性能的材料，如自修复材料、构建人工组织和器官。这些技术有望实现器官移植等医学领域的重大突破。

加州理工学院（California Institute of Technology，Caltech）

加州理工学院是一所著名的私立研究型大学，位于美国加利福尼亚州帕萨迪纳市。它成立于1891年，一直被公认为世界领先的科学和工程教育和研究机构之一。加州理工学院以其严谨的学术课程、卓越的师资力量和对科学进步的贡献而闻名。

加州理工学院的研究方向侧重于将工程原理应用于生物系统的设计、分析、构建和操作，以及受生物系统特性启发的新材料的发现与应用，在生物前沿研究领域（包括分子编程、合成生物学、工程免疫、合成开发和神经工程）方面发挥世界引领作用。

该校研究人员在纳米生物技术等领域有许多引人注目的成果。他们利用纳米技术的手段，开发出用于生物医学应用的纳米材料和纳米器件。这些材料和器件可以在细胞和分子水平上进行精确控制和操作，用于药物传递、基因编辑和细胞治疗等领域。同时，基于此开发了高灵敏度、高选择性的生物传感器，用于快速、准确地检测疾病标志物和生物分子。这些传感器可应用于医学诊断、环境监测和食品安全等领域。

多伦多大学（University of Toronto，UofT）

多伦多大学位于加拿大安大略省多伦多，是一所公立联邦制研究型大学，亦是加拿大乃至全球最顶尖的学府之一，主校区坐落在多伦多市中心。多伦多大学于多个领域都处于加拿大乃至世界领先的水平，每年发表的科研论文数量在北美仅次于哈佛大学，引用数量位居世界前五，是美国大学协会仅有的两名在美国本土外成员之一。

该校生物工程研究所（IBBME）(Institute of Biomedical Engineering–University of Toronto）创立于1962年，有着60多年的发展历史，是一个多学科研究社区，主要在临床工程、细胞和组织工程、分子生物学工程3个主题进行深入的研究并取得了显著的研究成果，相关研究论文发表在 *Nature*、*Science*、*Cell* 等世界顶级期刊上。

该研究所致力于由工程、医学和牙科研究人员合作开发创新解决方案，以应对全球人类健康的挑战。致力于发现疾病的机制、开发新的早期检测诊断测试并创建使用分子、细胞和生物材料再生心脏组织，以改善心衰患者生活质量及大幅减少医疗保健成本。该校研究团队目前成功开发了能够在丝线周围生成心脏细胞 Biowire™、允许心脏细胞生长的 Hook-in-Tissue 支架和良好的细胞培养皿 AngioChip。

新加坡国立大学（National University of Singapore，NUS）

新加坡国立大学（NUS）是新加坡第一所高等学府，也是世界级的顶尖高校，其在工程、生命科学及生物医学、社会科学及自然科学等研究领域的成果为世界所公认。NUS所拥有的卓越研究中心汇聚了实力强大的研究团队，其主要研究所/中心包括新加坡癌症科学研究所（CSI Singapore）、量子科技研究中心（CQT）、新加坡力学生物学研究所（MBI），以及新加坡环境生命科学工程中心（SCELSE）。

新加坡国立大学在生物材料及再生医学这一重点领域有深入研究，旨在通过细胞、生物材料、生物技术和临床医学的整合来再生自然组织和建立生理的体外组织模型，应用工程学和生命科学的原理和方法，从根本上了解正常和病理哺乳动物组织中的结构—功能关系，并开发用于再生医学或体外疾病建模和药物测试应用的生物替代品。

新加坡国立大学的研究人员发明了有史以来第一个通过咬合控制电子设备的交互式护齿器。这项突破性的发明价格实惠、重量轻、结构紧凑且易于使用，在检测咬合力方面非常灵敏，使用户能够精确控制计算机、智能手机和轮椅等设备，相关成果于 2022 年发表于 *Nature Electronics* 期刊。此外，该校研究人员还开发出一种使用磁刺激直接制造骨髓间充质干细胞（MSC）的 3D 动态水凝胶。该技术通过动态机械刺激增强基质—整合素的相互作用，从而诱导 MSCs 的扩散和增殖，克服了传统的细胞扩增方法损害干细胞效力、所得 MSC 达不到体内预期生理负荷要求的缺点。该水凝胶的研制使得 MSC 的制造到临床应用的复杂过程可以集成到一个平台上。这表明，生物材料可用于进一步发展为一种可扩展的微型化平台。

加利福尼亚大学圣地亚哥分校（University of California-San Diego，UCSD）

加利福尼亚大学圣地亚哥分校（UCSD）是美国一所著名公立研究型大学。加利福尼亚大学圣地亚哥分校成立于 1960 年，最初与斯克里普斯海洋研究所相邻，是加州大学系统中第 7 个成立的校区。该校位于美国加利福尼亚州南部城市圣地亚哥以北城镇拉霍亚的太平洋滨海，同时其校园也是所有加州大学校区中最大的，共占地 866 公顷。

该校致力于疾病检测、生物传感器、生物打印技术的开发与应用，对于个性化药物筛选、可静脉内注射的新型生物材料的设计也有着深入研究。

该校研究团队开发了一种可拉伸的超声波阵列材料，该材料有助于以 0.5 mm 的空间分辨率对人体皮肤表面以下 4 cm 深的组织进行连续，非侵入性三维成像，并具有更高的穿透深度。该成果创造了深层组织监测的突破性进展，更有效地测量组织硬度可帮助治疗癌症、运动损伤和其他疾病，为当前超声波检查组织的生物力学特性的方法提供了一种非侵入性、长期的替代方案。该校研究人员开发了一种可静脉内注射的新型生物材料，可减少组织炎症并促进细胞和组织修复。该生物材料经测试证明可有效治疗啮齿动物和大型动物模型中心脏病发作引起的组织损伤。研究人员还在啮齿动物模型中证明，该生物材料或对创伤性脑损伤和肺动脉高压患者有益，相关研究成果发表在 *Nature Biomedical Engineering* 杂志上。

东京大学（The University of Tokyo，UTokyo）

东京大学是一所本部位于日本东京都文京区的综合性国立大学，综合实力稳居日本国内第一位，与排名第二位的京都大学共同构成日本科教金字塔的最尖端。

东京大学的主要研究方向包括生物材料制备、生物器件、仿生材料与生物仿生学、组织工程、多孔材料纳米材料等，在生物材料领域拥有许多附属研究机构，促进和从事广泛的研究。

该校的研究小组向有规则网眼结构的高强度水凝胶中添加了一种特殊的高分子，制成一种在达到人体温度的水中也不会膨胀的透明度极高的水凝胶，其含水率高达 90%。这种水凝胶制作简单，延展性强，在人体环境内能够保持初期的形状和高强度，有望用于制作人造软骨和人造椎间盘等，还可以作为"基座材料"，促进细胞分化和形成组织，相关成果发表在 *Science* 期刊。此外，该校研究团队制备出一种生物相容性良好和导电率高的凝胶复合材料，将这种复合材料做成电极注入皮下组织，这种电极能够在不均匀的心脏表面全部铺展开来，将它与有机晶体管信号放大装置连接时，可以将小鼠心脏产生的 1 mV 电信号放大 200 倍。这种生物材料有利于提高体内电子监控系统在体内的稳定性与灵敏度，有助于理解生命体内的生物活动。

杜克大学（Duke University-USA）

杜克大学生物医学工程系创立于 1967 年，是世界上最早的生物医学工程系之一，常年在美国生物医学工程项目中排名前五，旨在培育同时拥有工程知识与医学知识的综合性人才。

杜克大学拥有 10 个与生物医学工程相关的研究所，研究方向广泛，主要包括分子、细胞、血管、心脏、骨骼、神经模拟和药物传输系统等。

该校研究人员开发出一种改良版的水凝胶生物材料，该材料可显著减少受伤后的瘢痕形成，从而使皮肤更有效地愈合，并且这种新材料会在伤口闭合后迅速降解，证明了激活适应性免疫反应可以触发创面愈合，从而留下更健康的愈合皮肤。该校研究人员还探究了限制在狭窄的毛细管中的纤维水凝胶对毛细管中双轴约束的反应机制。在强约束条件下，纤维凝胶表现出弱伸长，双轴泊松比逐渐减小至零，这导致凝胶致密化强烈，液体通过凝胶的通量较弱。揭示了张力闭塞血栓对治疗剂溶解的抵抗力，并刺激了由纤维结构凝胶制成的有效血管内栓塞的发展，以阻止血管出血或抑制肿瘤的血液供应，相关成果发表在 *Nature Communications* 期刊。

第一章 生物医用材料科技和产业发展现状及趋势

密歇根大学—安娜堡（University of Michigan，UMich）

密歇根大学—安娜堡（UMich）成立于1817年，当时名为Catholepistemiad或University of Michigania，于1821年正式更名为密歇根大学，坐落于美国密歇根州安娜堡，是美国历史最为悠久的研究型大学之一，被誉为公立常春藤。是著名北美顶尖大学联盟美国大学协会14所创始院校之一，且为创始成员中最古老的公立大学。

UMich的研究方向包括癌症识别生物传感器、模仿血脑屏障用于药物测试的设备、治疗帕金森氏症的神经探针、超声治疗无创肿瘤等。通过将工程原理和方法应用于医疗问题来改善人类健康。

该校研究人员还在开发一种便携式传感器，该传感器能够分析皮肤发出的蒸气中的独特化学特征，检测7种急性和慢性，成人和儿童的炎症、代谢、呼吸、心血管和皮肤病；该校研究小组发明了一种简单的可穿戴温度传感器，该设备每两分钟获取一次读数并将其无线传输到云端，能够快速检测影响体温的不良事件，如感染和细胞因子释放综合征，能够在常规监测前数小时检测到住院癌症患者的危险并发症，从而可以更快地进行干预，相关成果发表在 Cancer Cell 期刊。

约翰斯·霍普金斯大学（The Johns Hopkins University，JHU）

约翰斯·霍普金斯大学（JHU）是一所主校区位于美国马里兰州巴尔的摩的研究型私立大学，依据慈善家约翰斯·霍普金斯的遗嘱用其遗产于1876年建立，是北美学术联盟美国大学协会（AAU）创始校之一。

JHU的重点研究方向包括仿生材料、再生免疫学与衰老、免疫肿瘤学、神经工程、分子和细胞生物技术等，通过发明新的生物技术，以构建新颖的细胞微环境，创建靶向药物递送平台；通过高通量合成和筛选平台、3D打印工具和功能材料设计来控制在宏观和纳米尺度上调节细胞反应。

该校在生物材料及医疗器械领域有着深入的研究，取得了众多优秀成果。1889年，约翰斯·霍普金斯大学首先倡导在临床手术中使用橡胶手套。1919年，首次实现硅胶的工业化生产。1936年，人类第一种合成抗菌药百浪多息（Prontosil）由约翰斯·霍普金斯大学引入美国。1972年，约翰斯·霍普金斯大学发明了第一个可植入式的人工心脏起搏器。该校研究人员将抗癌药物和抗体结合在溶液中自组装成凝胶，以填充手术切除脑肿瘤后留下的微小凹槽。目前的药物难以到达并抑制肿瘤生长，而这种新型凝胶可到达手术可能错过的区域，且提供的药物100%治愈了患有侵袭性脑癌的小鼠，相关研究结果发表在 PNAS 期刊。

清华大学（Tsinghua University，THU）

清华大学的前身清华学堂始建于 1911 年，是一所综合性的研究型大学，位于北京市海淀区，是中华人民共和国教育部直属的全国重点大学，为九校联盟、中国大学校长联谊会、亚洲大学联盟、全球大学校长论坛、环太平洋大学联盟、中俄综合性大学联盟、清华—剑桥—MIT 低碳大学联盟成员，是中国高层次人才培养和科学技术研究的基地。

清华大学近年来在生物材料领域取得了多项国际先进的科研成果。目前主要围绕组织工程与再生医学、生物材料自组装与仿生设计、纳米生物材料与肿瘤诊疗、生物材料基因工程等开展创新性研究。在生物材料领域拥有发明专利项 200 余项，在国内外同领域知名刊物上发表论文 1000 多篇。清华大学研究团队多年来聚焦生物材料的研发和临床转化，开发了一系列用于疾病诊断和治疗的生物活性材料、药物递送系统等。特别是在骨再生修复基础研究和临床转化方面积累了丰富的研究基础，荣获国家级奖项 5 项和省部级一等奖 5 项。在国际上首次体外制备了多级仿生矿化胶原人工骨材料，取得了用于骨科、口腔科、神经外科的 3 项中国 3 类医疗器械注册证，以及美国食品药品监督管理局（FDA）注册证，临床应用超过百万例。

北京大学（Peking University，PKU）

北京大学创办于 1898 年，是中国近现代第一所国立综合性大学。作为中国第一所国立综合性大学，北京大学具有开展材料学科研究的深厚传统和特色优势：2000 年，北京大学与北京医科大学合并，旨在推动和落实北京大学医学部及医院与校本部基础学科及应用学科之间的学科交叉，将基础、应用和临床科学的前沿研究结合在一起；2006 年，北京大学前沿交叉学科研究院成立，生物医学跨学科研究中心作为核心之一纳入研究院。

北京大学在生物材料领域特色研究方向有生物医用可降解金属材料、纳米医用材料等。北京大学生物医学跨学科研究中心来自不同学科背景的研究人员共同合作，利用各自的学科优势取长补短，将先进的科学技术与前沿的临床医学需求相结合，在生物医学材料及组织工程、心血管医学及微纳技术应用、等离子体医学、医学成像及医疗大数据分析、康复医学工程等研究领域上取得了具有国际先进水平的研究成果，积极推动了前沿科学技术在临床医学的应用。

该校研究人员在生物医学材料与组织工程研究领域，干细胞与再生医学方面的研究构建了成分明确的人多能干细胞培养体系，首次获得既能支持体细胞重编程，又能支持人多能干细胞干性维持和定向分化的新型培养体系，并实现成骨分化、成神经细胞分化、心肌细胞分化等。在金属类生物材料的研究方面，在国际上首次给出了生物可降解金属（Biodegradable Metals）的定义和分类，该研究结果在 Materials Science & Engineering R Reports 期刊发表后，现被引用 139 次并入选 ESI 高被引论文，目前已被 ISO 起草的新标准直接引用。相关研究工作揭示了镁合金促进新骨形成的协同作用机制，发现镁金属通过骨膜的神经细胞来促进新骨的形成。进一步的研究发现镁金属在降解过程中产生的镁离子作用于骨膜感觉神经末梢，使之释放出更多的神经递质，神经递质和镁离子共同促进分布在骨膜和骨髓的干细胞进行成骨分化，从而促进新骨的形成。证实了镁合金可用于动物骨质疏松和骨折的修复，为镁合金在骨科领域的应用提供了理论依据，相关结果发表在 Nature Medicine 期刊。在高分子类生物材料及组织工程支架材料研究方面，获得了最佳长期体内植入骨修复生物材料——新型聚醚醚酮基复合材料；研发出以聚多巴胺为模板合成的高生物活性纳米羟基磷灰石骨修复材料、聚多巴胺与 PCL 混纺的纳米静电纺丝组织工程支架材料，构建出基于聚多巴胺的材料表面功能化修饰体系等。

四川大学（Sichuan University）

四川大学是西南地区最早的近代高等学校，是国内生物材料及器械研究的一个极为重要和极其有影响力的发源地；1994 年，原四川大学和原成都科技大学合并为四川联合大学，2000 年，又与原华西医科大学合并，组建了新的四川大学。现在的四川大学学科门类齐全，有 37 个学科型学院，覆盖了文、理、工、医、经、管、法等 12 个门类。

依托四川大学的国家生物医学材料工程技术研究中心于 1999 年经国家科技部批准组建，是我国第一个国家级生物医学材料专业研发机构，是中国生物材料学会的发起组建和依托单位，也是国家药监局首个医疗器械监管科学研究基地、亚太经合组织医疗器械监管科学卓越中心的发起组建单位。该校以组织再生和功能重建的生物医学材料及医用植入体的应用基础及工程化研究为总体研究目标，引领组织诱导性生物材料、心血管材料及器械、医疗器械监管科学等研究，获批上市全球首创的骨诱导人工骨，开创性提出的"组织诱导性生物材料"被列入 2018 年全球生物材料再定义共识会定义清单。

四川大学在重大心血管疾病治疗的微创介入心血管材料及器械研究领域做出了

一系列开创性贡献，居于国内、国际领先水平。在多个国家重点研发计划项目等的支持下与企业医院合作，成功研发出了全球首个获批上市的全降解心脏封堵器，有效促进先天性心脏病患者心脏缺损部位修复再生；开发的具有血管组织修复功能的全降解心血管支架可促进病变心血管组织修复再生；开发的国际领先的微创介入肺动脉瓣膜已在全球30多个国家大规模临床应用；创新研发的用于心衰治疗的微创介入抗心衰水凝胶临床应用效果良好。生物可吸收全降解血管支架和微创介入心脏瓣膜领域的研究成果均已入选国家"十三五"科技创新成就展。此外，国家生物医学材料工程技术研究中心还发起组建了科技部生物医用材料国际科技合作交流基地、教育部组织再生性生物材料科学与工程创新引智基地，开展了广泛的国际交流与合作，与英国、日本、美国、澳大利亚、荷兰、韩国、德国等10多个国家的著名大学及科研机构签订了正式的科学研究与教育合作协议，已成为重要的生物医用材料国际合作基地。

上海交通大学（Shanghai Jiao Tong University，SJTU）

上海交通大学是我国历史最悠久、享誉海内外的高等学府之一，是教育部直属并与上海市共建的全国重点大学。经过120多年的不懈努力，上海交通大学已经建设成为一所"综合性、创新型、国际化"的国内一流、国际知名大学。

上海交通大学以组织工程、药物传递系统、生物传感器等为主要研究对象，在生物医用材料领域取得了许多令人瞩目的成果。

该校研究人员聚焦于光化学与生物医用材料，在"光化学方法构建生物医用材料"方向提出光触发偶联反应，实施非自由基光调控交联的创新机制，并结合3D打印技术实现生物材料的定制化制备，由此推动医用光敏生物胶领先技术的临床转化；提出人工合成生色团的荧光蛋白的构建，创制高特异、高亮度、从蓝光至近红外光发射任意调控的系列荧光探针，成功应用于蛋白的荧光成像、定量及相互作用等研究。此外，该校研究人员还围绕肿瘤的诊断及治疗这一热点科学问题，致力于设计开发具有精准序列结构的多维高分子生物材料，以及其在药物递送、基因治疗、蛋白免疫治疗、生物成像等多个领域中的应用。其旨在建立一套普适的平台技术，用以构建精准有序的纳米递送体系，研究载体与生物体的作用机制，可控调节其性能，进而优化其临床疗效。

华南理工大学（South China University of Technology）

华南理工大学是国内最早开展生物材料研究的院校之一，拥有院士领衔的骨干科研队伍，建有国家人体组织功能重建工程技术研究中心、生物医学材料与工程教育部重点实验室等多个国家及部省级研究平台。该校以提高人类健康水平为目标，建立"医－工－研－企"协同创新机制，充分发挥华南理工大学多学科支撑和工程化优势，研究人体组织修复与再生的基础科学问题，开发人体组织功能重建共性关键技术，实现集成转化，建设一个集科技创新、成果转化、行业高技术人才培养于一体具有国际先进水平的科技创新平台，推动医疗器械与生物材料行业发展与进步。在技术研发方面，它建立了医学影像与图像处理研究室、医学信息与信号检测研究室、组织工程与细胞生物学研究室、个性化修复体设计制造研究室、金属生物材料表面工程研究室、金属3D成型装备及应用研究室、软骨修复材料研究室、生物矿化与仿生研究室等专业研究实验室；在工程化条件方面，它与企业共建联合实验室，获国家CMA认证的医疗器械研究检验中心，以及先进的分析测试中心，与知名三甲医院建立临床示范基地，为高水平的组织功能重建医疗产品和技术的研发与成果转化提供了强有力的条件支撑。

该校瞄准国家与行业重大需求，设有生物医学材料、组织工程与再生医学、生物医学信息与医学影像、精准修复技术与装备等重点研究方向；围绕先进生物材料和数字化、个性化治疗相关的人体组织功能重建技术，以医工研企紧密结合为特色，重点解决骨、软骨、齿、皮肤、角膜、血液等组织与器官的功能重建关键技术问题。

华中科技大学（Huazhong University of Science and Technology，HUST）

华中科技大学是教育部直属重点综合性大学，是国家"211工程"重点建设和"985工程"建设高校之一，是首批"双一流"建设高校，拥有学科齐全、结构合理，基本构建起综合性、研究性大学的学科体系。

该校在生物材料的领域上以先进再生医学材料与器械、材料－细胞/机体相互作用、生物3D打印与微纳制造、组织器官工程、生物材料与组织工程产品技术标准与法规为研究方向。

该校研究人员在功能元素掺杂羟基磷灰石（HA）生物材料规模制备新技术、复杂组织器官支架精准3D打印和生物制造、多分子模板仿生矿化、HA类生物材料的PET成像以及系列可降解复合骨内固定器件等领域的研究和临床转化做出了开创性贡献，发表学术论文100余篇，研究成果为构建下一代高性能生物材料器械提供了丰富的个性化关键材料库，具有广泛应用前景，且实现了产业转化，并建成大规模

CaP生物活性材料生产基地。

浙江大学（Zhejiang University，ZJU）

浙江大学的前身是创立于1897年的求是书院。1928年，国立浙江大学新建于求是书院的旧址之上。其生物医学工程与仪器科学学院历史悠久、基础深厚，前身可以追溯至我国生物医学工程及仪器科学创始人之一吕维雪于1977年创建的国内首个生物医学工程专业，随后建成我国第一个生物医学工程为硕士学位授予点、博士学位授予点和博士后科研流动站。

浙江大学以生物医学信息技术、生物医学传感技术与医疗仪器、生物医学影像与神经工程和生物材料与细胞工程为其主要生物医学工程研究方向。在生物医用材料方面主要开展电场辅助纳米药物载体的研究工作，包括3D打印与包覆、储存和释放等，提供多功能药物载体与生物支架的个性化应用。

该校研究团队围绕生物传感器中的导电水凝胶电子界面展开研究，探究了金属离子辅助电凝胶化机制，开发了导电水凝胶高精度修饰技术，拓展了导电水凝胶在生理生化传感与机器触觉传感领域的高灵敏高分辨应用；并进一步针对导电水凝胶力学耦合特性开展研究，提出了杨氏模量可调的复合导电水凝胶制备方法，通过精确调控复合导电水凝胶的力学耦合特性和电化学耦合特性，成功开发了与生物组织杨氏模量匹配的全水凝胶伤口活性氧传感器。

2. 代表性研究院所

美国国家生物医学成像与生物工程研究所（National Institute of Biomedical Imaging and Bioengineering–USA，NIBIB）

美国国家生物医学成像和生物工程研究所（NIBIB）由国家生物医学成像和生物工程研究所建立法案H.R.1795授权，于2000年12月29日由威廉·杰斐逊·克林顿总统签署成立，是美国国立卫生研究院（NIH）的27个研究所和中心之一。

该研究所旨在通过工程改变对疾病及其预防、检测、诊断和治疗。其主要研究方向包括开发用于药物临床测试的组织芯片、用于更好诊断和治疗的生物医学成像技术、将治疗药物定向输送和控制释放到体内特定部位等。

该研究所的研究人员开发了在分子水平上以前所未有的速度、分辨率和清晰度研究生物过程的新技术，创造多种可以同时诊断和治疗疾病的纳米药物；NIBIB的研究人员研究生产了适用于包括炎症、代谢、增殖、血管生成、转移、淋巴生成和细胞凋亡等重要的生物过程的生物探针；通过自下而上的方法开发用于再生医学的免疫活性生物材料，尝试对免疫反应进行编程，以促进支架整合和组织生长。这些研究对于非集成设备（起搏器、药物输送设备、化妆品植入物）及集成医疗设备（用于组织修复的支架）生物材料的发展至关重要。

弗劳恩霍夫陶瓷技术与系统研究所（Fraunhofer Institute for Ceramic Technologies and Systems-Germany，IKTS）

弗劳恩霍夫陶瓷技术和系统研究所（IKTS）于1992年在德国德累斯顿成立，原名为弗劳恩霍夫陶瓷技术和烧结材料研究所。该研究所的科学家以商用材料为基础，改进和改良特性以适应人口逐渐老龄化的需要，开发出新的陶瓷材料和组件。如今，弗劳恩霍夫陶瓷技术和系统研究所已成为欧洲最大的陶瓷研究所。

该研究所的研究范围涉及材料诊断、结构健康监测和测试电子学、纳米分析和传感器技术，以及生物技术与环境技术等多个领域。其在生物医学领域的研究内容主要包含生物传感器技术、内置假体、陶瓷假牙和医疗精确诊断，可用于精密诊断设备、高级假牙和生物陶瓷复合材料等，聚焦于生物陶瓷材料和组件领域的研发工作和用于医疗技术的半成品生产，用于牙科技术和内镜修补术（特别是作为骨替代材料）及生物陶瓷表面与陶瓷体的设计。

2013年，弗劳恩霍夫陶瓷技术与系统研究所开发出一种新型复合骨移植材料（烃基磷灰石/氧化锆），并且该材料的体外实验已成功实现与宿主骨的全方位融合。2016年4月，该研究所开发出一种新3D打印技术，其能够根据需要制造骨植入物、假牙、外科手术工具或微反应器等医疗装置设计，并在斯图加特举行的Medtec医疗技术贸易展上进行了研究成果展示。2020年，该研究所相关研究人员开发了一种多材料3D打印喷射系统，可一次处理多达4种材料，将其不同特性，如导热、导电、绝缘，组合到一个产品中。这使创建具有多种生物材料组合属性或功能的产品成为可能。

英国生物医学工程研究所 [Institute of Biomedical Engineering（IBME）-UK]

英国生物医学工程研究所成立于2008年，位于牛津大学医学科学园的中心区域，在丘吉尔医院旁，是世界一流的生物医学工程领域的研究中心，工程师、临床医生共同研究，以解决重大疾病的预防、早期诊断和治疗的问题。

该研究所的研究者们对生物材料、生物医学图像分析、组织工程、药物和疫苗递送、神经技术等领域有着深入的研究。研究所使工程、临床医学和工业之间三方紧密合作，开发的新医疗设备、技术和系统可以提供显著的医疗效果并将工程技术转化为医疗实践。

该研究所已有许多突出的成就，如研发了含有磁性纳米颗粒微泡的给药系统，可以使用外部施加的磁场，将其定位到身体的目标区域。这种纳米颗粒微泡可以应用于溶栓，通过磁力将微泡聚集于目标部位，可以显著增强血栓处微泡浓度，并溶解血栓。这一给药系统不仅可以大大减少溶栓药物所需剂量，还能向闭塞血管输送足够量的微泡，从而大大减轻该药物的不良反应。这表明，该系统可以为纳米生物药物材料的应用提供一种较为安全的给药平台。

新加坡生物工程和生物成像研究所（The Institute of Bioengineering and Bioimaging-Singapore，IBB）

新加坡生物工程和生物成像研究所位于新加坡生物医学科学的研究和发展中心，在Biopolis的中心地带。生物工程和生物成像研究所整合了分别于2003年和2004年成立的生物工程和纳米技术研究所（IBN）和新加坡生物成像联盟（SBIC）所。

生物工程和生物成像研究所是新加坡科技研究局（A*STAR）下属的多学科研究机构，研究方向集中在生物工程系统，生物光子学和生物成像，以及生物医学设备和诊断。

该研究所开发的间接合成技术，能利用5～30 nm的可调孔径粒子制造出50～300纳米级粒子，同时控制纳米颗粒的大小和形态，可应用于药物合成和新的生物医学领域。此外，研究人员通过这种新方法将催化剂固定在纳米多孔合成材料上，使许多药品更有效地合成，改进药品制造过程从而节约大量的成本，对手性医药品产业产生了巨大影响。IBN纳米多孔纳米粒子的其他应用还包括靶向药物制剂（targeted drug delivery）治疗和基因治疗。不同大小和结构的纳米粒子可以制造成药品载体、基因和蛋白质等。另外，这些多孔纳米粒子可用于支持用于生物成像和量子装置应用的量子点（又称为半导体纳米微晶体）和磁性纳米粒子。

中国科学院（Chinese Academy of Science）

中国科学院于1949年成立。作为中国自然科学最高学术机构、科学技术最高咨询机构、自然科学与高技术综合研究发展中心，为我国科技进步、经济社会发展和国家安全做出了不可替代的重要贡献。

在生物医用材料领域，中国科学院下属的研究所如中国科学院金属研究所、中国科学院长春应用化学研究所、中国科学院上海硅酸盐研究所、国家纳米科学中心等单位都有开创性的研究成果。中国科学院金属研究所团队提出通过合金化的设计，开发出具有生物功能性的医用金属材料；中国科学院长春应用化学研究所研究团队建成了国内唯一 10 吨/年的医用聚乳酸类材料生产线。2023 年长春应用化学研究所开发出人工关节用 UHMWPE 超厚模塑料的规模制备及其电子束均匀辐照交联技术，产品磨损速率显著低于现有伽马射线交联型材，研究成果填补了国内技术空白。中国科学院上海硅酸盐研究所从 20 世纪 80 年代起开展生物医用材料研究，并于 2001 年成立生物材料与组织工程研究中心。该中心以研究和开发新型硬组织修复和替换材料及纳米药物载体为目标，并重点开展了纳米生物材料、组织工程支架材料及生物材料表面与界面方面的基础和应用研究。国家纳米科学中心在纳米生物安全效应研究、纳米材料自组装研究、碳基新原理器件研究、功能导向纳米材料研究等科学领域取得了一批重要的创新成果，揭示了大规模生产的碳纳米材料、无机纳米材料在体内的吸收、分布、排泄、代谢等毒理学性质及其规律性等。

第二节　国内外生物医用材料科技及产业政策

一、国外生物医用材料科技与产业政策

为促进生物医用材料相关产业发展，美国、俄罗斯、欧盟等制定并出台多项战略规划（表 1-3）。

表 1-3　国外生物医用材料行业主要科技与产业政策

国家/地区	发布时间	行业科技与产业政策	政策原名
美国	2022 年 9 月	《国家生物技术和生物制造计划》	National Biotechnology and Biomanufacturing Initiative
欧盟	2017 年 10 月	《地平线 2020——"纳米技术、先进材料、生物技术及先进制造和加工"领域的工作计划》	Horizon 2020—Nanotechnologies, Advanced Materials, Biotechnology and Advanced Manufacturing and Processing

续表

国家/地区	发布时间	行业科技与产业政策	政策原名
俄罗斯	2019年4月	《2019—2027年联邦基因技术发展规划》	Утверждена Федеральная научно-техническая программа развития генетических технологий на 2019–2027 годы
英国	2019年6月	《BBSRC 2019年执行计划》	BBSRC Delivery Plan 2019
法国	2021年6月	《健康创新2030投资计划》	Innovation Santé 2030, Un Plan Ambitieux Pour Les Industries de Santé
日本	2019年6月	《集成创新战略2019》	バイオ戦略2019：国内外から共感されるバイオコミュニティの形成に向けて
韩国	2019年5月	《生物健康产业创新战略》	바이오헬스 산업 혁신전략

1. 美国

2022年9月，美国白宫在生物技术和生物制造峰会上宣布启动生物技术和生物制造计划相关细则。美国拟投入超20亿美元以推进《国家生物技术和生物制造计划》。该计划内容包括两项主要内容：一是利用生物技术加强供应链。卫生与公众服务部将投资4000万美元，扩大生物制造在活性药物成分（API）、抗生素、基本药物及应对流行病所需的关键起始材料方面的作用。国防部计划在五年内投资超过2.7亿美元，支持用于国防供应链的生物基材料开发及成果转化。二是增强国内生物制造产业。国防部将在5年内投资10亿美元用于生物工业国内制造基础设施建设，建立国内生物工业制造基地。国防部将额外投资2亿美元，加强上述设施的生物安全和网络安全。

2. 欧盟

2017年10月，欧盟发布2018—2020年《地平线2020——"纳米技术、先进材料、生物技术及先进制造和加工"领域的工作计划》。该计划经费总预算为16.5亿欧元，主要用于包括未来产业的基础、欧盟产业的转型、产业的可持续发展三大技术领域的研发。其中，医药技术创新主要包括定制化组织再生和修复的生物支架、骨关节再生和下一代芯片器官等。

3. 英国

2019 年 6 月，英国生物技术与生物科学研究理事会（BBSRC）发布生物科学领域《BBSRC 2019 年执行计划》，详细阐述《英国生物科学前瞻》将要采取的行动，以支持实施目标的实现。该执行计划主要围绕推进生物科学前沿发展、应对战略挑战和夯实基础 3 个主题展开，并提出相应的发展目标：必须通过加强对生命规律的探索和推动技术变革来促进生物科学的前沿发展；积极推动农业和食品、可再生资源、健康三大领域的产业转型，以推动生物经济发展；维持英国生物科学领先地位，夯实基础，兼顾人才、设施和合作。

4. 法国

2021 年 6 月，法国发布《健康创新 2030 投资计划》，拟动员 70 亿欧元用于促进健康领域的创新投资，并提出将法国建设成为欧洲第一的健康创新国家。该计划与生物医用材料相关内容主要包括以下两个方面：一是 10 亿欧元用于加强生物医学研究能力。重启并加强生物医学研究基地建设，支持建设全球性的卓越医学 4 中心和集群；支持卫生健康领域集成研究项目，建设生物医学研究基础设施和队列生物样本库；保障法国临床前研究能力；吸引或留住高水平科研人员；开设新培训以应对卫生健康研究与产业上的变化。二是 22 亿欧元用于支持卫生健康领域 3 个加速战略。投入 8 亿欧元支持生物疗法和生物生产战略，使法国 95% 的生物疗法不再依赖国外；投入 6.5 亿欧元支持数字健康战略，利用数字化工具实现 5P 医学（预防性、个性化、预测性、参与性、循证性）；投入 7.5 亿欧元支持新发传染病和化生放核威胁战略。

5. 日本

2019 年 6 月，日本出台《集成创新战略 2019》，并在附件中正式推出《生物战略 2019》。《集成创新战略 2019》进一步确认了生物技术战略地位，强调"发挥日本工业制造优势并融合 IT 技术，为开拓和扩大市场、解决社会问题及实现可持续发展目标等做贡献"。在具体发展路径上，新生物战略将"医疗与非医疗领域"整合在一起进行通盘考虑，发展高性能生物材料，生物塑料，健康护理、功能性食品和数字医疗，生物医药、再生治疗、细胞治疗、遗传治疗等相关产业，生物制造、工业与食品生物产业，生物相关的分析、测量和实验系统等 9 个重点领域，并在 2030 年前进行重点资助。同时，在生物资源库、生物数据科技设施、生物科技人才等方面也提出重要举措。

6. 韩国

2019年5月，韩国发布《生物健康产业创新战略》。该战略旨在通过发展生物健康产业，实现"以人为中心的创新增长"，具体内容包括4个部分：一是技术开发阶段建立生物健康技术创新生态系统。将构建国家生物大数据中心、数据积累医院中心、新药候选物质大数据中心、生物专利大数据中心、公共机构大数据中心5个大数据平台，作为维护国民生命健康的国家基础设施，开展创新型新药开发和医疗技术研究。二是审批阶段改进不符合国际标准的管制体系。首先缩短医药品、医疗器械的许可审批时间；其次推进管制体系改革，使细胞、基因的使用符合再生医学和生物药品的特性。三是生产阶段提高生产活力、支持同步增长。建立领先企业和创业、风险企业的开放式创新合作体系；培养生物制药专业人才，满足人工智能新药开发、生物药品生产等产业需求；支持使用国产原材料和设备，减少生物医药生产费用，带动上下游产业同步增长。四是上市阶段支持市场准入、推动海外上市。鼓励在医疗场所采用数字健康管理等新技术，提高医生面对面诊疗的服务质量与患者满意度；制定医疗器械相关法律法规，建立对创新型医疗器械的综合支撑体系；同时，推进韩国的医院信息系统、医药品、医疗器械及干细胞成套设备等出口海外。

7. 俄罗斯

2019年4月，俄罗斯发布《2019—2027年联邦基因技术发展规划》，该规划的主要目标是加速发展基因编辑技术等基因技术，为医学、农业和工业创造科技储备，并监测和预防生物性紧急情况的发生。将在6年内从联邦预算拨款112亿卢布（约为1.75亿美元），拟在2027年前在37个领域展开基因技术研发，新建65个世界一流实验室。

二、中国生物医用材料科技与产业政策

为推动生物医用材料产业的发展，近5年来，国家各部委颁布了多项科技和产业政策支持和鼓励基础研究、产品研发创新、产业链上下游协同发展等，促进产业高质量发展（表1-4）。

第一章 生物医用材料科技和产业发展现状及趋势

表 1-4 2017—2022 年中国生物医用材料行业主要科技与产业政策

发布时间	发布部门	政策名称	涉及生物医用材料的主要内容
2017年10月8日	中共中央办公厅、国务院办公厅	《关于深化审评审批制度改革鼓励药品医疗器械创新的意见》	围绕改革临床试验管理、加快上市审评审批、促进药品创新和仿制药发展、加强药品医疗器械全生命周期管理、提升技术支撑能力、加强组织实施等提出了36条具体措施，促进药品医疗器械产业结构调整和技术创新，提高产业竞争力，满足公众临床需要
2017年5月10日	科技部	《"十三五"生物技术创新专项规划》	集中资源系统性布局，强化原始创新和集成创新，抢占生物技术竞争的战略制高点，加快培育生物技术高新企业和新兴产业，推进由生物技术大国向生物技术强国转变，为社会经济可持续发展提供坚实的科技支撑。其中，重点任务包括新一代生物检测技术、新一代基因操作技术、合成生物技术等颠覆性技术；纳米生物技术等前沿交叉技术；生物大数据等共性关键技术
2017年6月8日	科技部、教育部、中国科学院、自然科学基金委	《"十三五"国家基础研究专项规划》	在产业转型升级方面，围绕3D打印和激光制造、重点基础材料、先进电子材料、材料基因工程、功能分子材料与器件部署基础研究，解决产业共性关键技术基础问题，为培育战略性新兴产业提供科学支撑。在健康方面，面向生物安全关键技术、生物医用材料与组织器官修复替代等重大社会公益性研究，全链条部署自主神经干预、基因组学、三维微环境营造、分子设计和超快激光制造等基础研究。加强纳米科技等战略性前瞻性重大科学问题研究
2017年5月27日	科技部办公厅	《"十三五"医疗器械科技创新专项规划》	布局前沿和颠覆性技术重点发展方向。在生物医用材料领域，以"组织替代、功能修复、生物调控"为方向，围绕组织器官修复、功能替代、降解调控等难点问题，重点开展生物材料的细胞组织相互作用机制、不同尺度特别是纳米尺度与不同物理因子的生物学效应等基础研究，加快发展生物医用材料表面改性、生物医用材料基因组、植入材料及组织工程支架的个性化3D打印等新技术，促进组织工程与再生医学的临床应用。 布局重大产品研发重点发展方向。涉及骨科修复与植入材料及器械、口腔种植修复材料与系统、新型心脑血管植介入器械、中枢神经修复与再生材料等生物医用材料类产品
2017年5月31日	科技部、国家卫生计生委、体育总局、食品药品监管总局、国家中医药管理局、中央军委后勤保障部	《"十三五"卫生与健康科技创新专项规划》	支撑健康产业发展，开发一批生物医用材料等健康产品。重点突破一批引领性前沿技术，重点发展新型生物医用材料等产品。推动适宜、高性价比通用医疗器械的品质提升，协同推进医疗器械技术及装备升级，完善设备标准体系，加强医疗器械在不同层级医疗机构的规范化应用

27

续表

发布时间	发布部门	政策名称	涉及生物医用材料的主要内容
2017—2021年	工业和信息化部	《重点新材料首批次应用示范指导目录》	2017年以来，工业和信息化部发布2017年版、2018年版、2019年版、2021年版《重点新材料首批次应用示范指导目录》，推动落实工业和信息化部联合财政、保监部门联合开展的重点新材料首批次应用保险补偿机制试点工作
2017年7月25日	科技部	《生物技术研究开发安全管理办法》	规范生物技术研究开发活动，增强从事生物技术研究开发活动的自然人、法人和其他组织的安全责任意识，避免出现直接或间接生物安全危害，促进和保障生物技术研究开发活动健康有序发展，有效维护生物安全
2017年11月30日	工业和信息化部等十二部门	《增材制造产业发展行动计划（2017—2020年）》	紧密围绕新兴产业培育和重点领域制造业智能转型，着力提高创新能力，提升供给质量，培育龙头企业，推进示范应用，完善支撑体系，探索产业发展新业态新模式，营造良好发展环境，促进增材制造产业做强做大，为制造强国建设提供有力支撑，为经济发展注入新动能
2018年11月7日	国家统计局	《战略性新兴产业分类（2018）》	分类适用于对"十三五"国家战略性新兴产业发展规划进行宏观监测和管理；适用于各地区、各部门依据本分类开展战略性新兴产业统计监测。该分类明确新材料产业、生物产业为九大战略性新兴产业，具体包括新型功能涂层材料制造、3D打印用材料制造、生物医用材料制造、生物产业等具体类别
2019年6月24日	国务院	《国务院关于实施健康中国行动的意见》	细化落实《"健康中国2030"规划纲要》对普及健康生活、优化健康服务、建设健康环境等部署，聚焦当前和今后一段时期内影响人民健康的重大疾病和突出问题，实施疾病预防和健康促进的中长期行动，健全全社会落实预防为主的制度体系，持之以恒加以推进，努力使群众不生病、少生病，提高生活质量
2019年7月31日	国务院办公厅	《治理高值医用耗材改革方案》	通过优化制度、完善政策、创新方式，理顺高值医用耗材价格体系，完善高值医用耗材全流程监督管理，净化高值医用耗材市场环境和医疗服务执业环境，支持具有自主知识产权的国产高值医用耗材提升核心竞争力，推动形成高值医用耗材质量可靠、流通快捷、价格合理、使用规范的治理格局，促进行业健康有序发展、人民群众医疗费用负担进一步减轻

续表

发布时间	发布部门	政策名称	涉及生物医用材料的主要内容
2019年8月28日	国家发展改革委等二十一部门	《促进健康产业高质量发展行动纲要(2019—2022年)》	以医学双一流建设院校为基础,加快培养基础医学、药学、医疗器械、医学新材料、医疗信息化等方向的高素质研究型人才。支持前沿技术和产品研发应用。发挥部门合力,增强科研立项、临床试验、准入、监管等政策的连续性和协同性,加快新一代基因测序、肿瘤免疫治疗、干细胞与再生医学、生物医学大数据分析等关键技术研究和转化,推动重大疾病的早期筛查、个体化治疗等精准化应用解决方案和决策支持系统应用
2020年1月8日	国家卫生健康委办公厅	《第一批国家高值医用耗材重点治理清单》(简称《清单》)	要求各省级卫生健康行政部门在《清单》基础上,根据各地实际,适当增加品种,形成省级清单,并指导辖区内医疗机构制定医疗机构清单。地方各级卫生健康行政部门和各级各类医疗机构要严格落实《医疗机构医用耗材管理办法(试行)》有关要求,加强医用耗材管理,并按照治理高值医用耗材改革工作要求,做好相关工作
2020年10月29日	中国共产党中央委员会	《中共中央关于制定国民经济和社会发展第十四个五年规划和二〇三五年远景目标的建议》	发展战略性新兴产业。加快壮大新一代信息技术、生物技术、新能源、新材料、高端装备、新能源汽车、绿色环保,以及航空航天、海洋装备等产业。推动互联网、大数据、人工智能等同各产业深度融合,推动先进制造业集群发展,构建一批各具特色、优势互补、结构合理的战略性新兴产业增长引擎,培育新技术、新产品、新业态、新模式。促进平台经济、共享经济健康发展。鼓励企业兼并重组,防止低水平重复建设
2020年12月17日	国家医保局	《关于国家组织冠脉支架集中带量采购和使用配套措施的意见》	坚持以人民为中心,紧密结合冠脉支架生产、采购、配送、使用特点,与现行医疗保障、医药价格和招标采购政策有机衔接,发挥医保基金战略性购买作用,充分利用平台挂网、医保基金预付、医保支付、医疗机构激励约束等配套措施,推动冠脉支架集采中选结果平稳落地实施,实现人民群众得实惠、医疗机构和医务人员有激励、医药企业高质量发展的目标
2021年2月9日	国务院	《医疗器械监督管理条例》(简称《条例》)	该《条例》是在审评审批制度改革背景之下,以推进"放、管、服"改革、提高监管效能为抓手,深入落实注册人备案人制度,不断强化企业主体责任,加大对违法行为的处罚力度,从而满足公众健康需求、鼓励医疗器械创新、推动产业发展

续表

发布时间	发布部门	政策名称	涉及生物医用材料的主要内容
2021年6月4日	国家医保局、国家发展改革委、工业和信息化部、财政部、国家卫生健康委、国家市场监管总局、国家药监局、中央军委后勤保障部	《关于开展国家组织高值医用耗材集中带量采购和使用的指导意见》	按照国家组织、联盟采购、平台操作的总体思路,由国家拟定基本政策和要求,组织各地区形成联盟,以公立医疗机构为执行主体,开展国家组织高值医用耗材集中带量采购,探索完善集采政策,逐步扩大覆盖范围,促进高值医用耗材价格回归合理水平,减轻患者负担,降低企业交易成本,净化流通环境,引导医疗机构规范使用,更好保障人民群众病有所医
2021年12月29日	工业和信息化部、科学技术部、自然资源部	《"十四五"原材料工业发展规划》	采用"揭榜挂帅""赛马"等方式,支持材料生产、应用企业联合科研单位,开展生物医用材料等协同攻关。建立生物医用材料等上下游合作机制
2022年1月30日	工业和信息化部等九部门	《"十四五"医药工业发展规划》	重点发展支架瓣膜、心室辅助装置、颅骨材料、神经刺激器、人工关节和脊柱、运动医学软组织固定系统、人工晶状体等高端植入介入产品;发展重组胶原蛋白类、可降解材料、组织器官诱导再生和修复材料、新型口腔材料等生物医用材料
2022年5月10日	国家发展改革委	《"十四五"生物经济发展规划》	将着眼提高人民群众健康保障能力,重点围绕先进诊疗技术和装备、生物医用材料、精准医疗、检验检测等方向,提升原始创新能力,满足人民群众对生命健康更有保障的新期待;完善基本医用药管理制度,将符合条件的医用耗材按程序纳入基本医保支付范围;深化高值医用耗材集中采购改革,推动医保支付、医疗服务价格、质量监督、供应保障等政策协同
2022年12月15日	工业和信息化部办公厅、国家药监局综合司	《关于组织开展生物医用材料创新任务揭榜挂帅(第一批)工作的通知》	加快中国生物医用材料研制生产及应用进程,推进生物医用材料上下游协同创新攻关,更好支撑医疗器械产业高质量发展

1. 支持产业发展政策

2017年以来,国家各部委出台了一系列发展战略规划和政策支持生物医用材料产业发展。

（1）中央与国务院颁布的相关政策规划

2017年10月8日,国务院办公厅出台《关于深化审评审批制度改革鼓励药品医疗器械创新的意见》，促进药品医疗器械产业结构调整和技术创新，提高产业竞争力，满足公众临床需要。

2019年6月24日，国务院出台《国务院关于实施健康中国行动的意见》，进一步细化落实《"健康中国2030"规划纲要》，鼓励企业研发生产符合健康需求的产品，鼓励金融机构创新健康类产品和服务。提出加强科技支撑，开展一批影响健康因素和疑难重症诊疗攻关重大课题研究，国家科技重大专项、重点研发计划要给予支持。

2020年10月29日，中国共产党第十九届中央委员会第五次全体会议通过《中共中央关于制定国民经济和社会发展第十四个五年规划和二〇三五年远景目标的建议》，将生物技术、新材料列为战略性新兴产业，提出加快壮大产业发展，推动互联网、大数据、人工智能等同战略性新兴产业深度融合，推动先进制造业集群发展，构建一批战略性新兴产业增长引擎。2021年3月11日，党的十三届全国人大四次会议表决通过《中华人民共和国国民经济和社会发展第十四个五年规划和二〇三五年远景目标纲要》，推动生物技术和信息技术融合创新，加快发展生物医药、生物育种、生物材料、生物能源等产业，做大做强生物经济。

（2）各部委颁布的代表性政策规划

"十三五"开局之年，科技部先后出台了一系列专项规划，进一步阐明了生物医用材料科研重点发展方向，明确了支持产业发展、促进产业转型升级及维护生物安全等方面的具体措施。《"十三五"生物技术创新专项规划》提出集中资源系统性布局，强化原始创新和集成创新，抢占生物技术竞争的战略制高点，加快培育生物技术高新企业和新兴产业，推进由生物技术大国向生物技术强国转变，为社会经济可持续发展提供坚实的科技支撑。其中，重点任务包括新一代生物检测技术、新一代基因操作技术、合成生物技术等颠覆性技术；纳米生物技术等前沿交叉技术；生物大数据等共性关键技术。

《"十三五"国家基础研究专项规划》提出在产业转型升级方面，围绕3D打印和激光制造、重点基础材料、先进电子材料、材料基因工程、功能分子材料与器件部署基础研究，解决产业共性关键技术基础问题，为培育战略性新兴产业提供科学支撑。在健康方面，面向生物安全关键技术、生物医用材料与组织器官修复替代等重大社会公益性研究，全链条部署自主神经干预、基因组学、三维微环境营造、分子设计和超快激光制造等基础研究。加强纳米科技等战略性前瞻性重大科学问题研究。

《"十三五"卫生与健康科技创新专项规划》提出支撑健康产业发展，开发一批生物医用材料等健康产品。重点突破一批引领性前沿技术，重点发展新型生物医用材料等产品。推动适宜、高性价比通用医疗器械的品质提升，协同推进医疗器械技术及装备升级，完善设备标准体系，加强医疗器械在不同层级医疗机构的规范化应用。

《"十三五"医疗器械科技创新专项规划》提出布局前沿和颠覆性技术重点发展方向。在生物医用材料领域，以"组织替代、功能修复、生物调控"为方向，围绕组织器官修复、功能替代、降解调控等难点问题，重点开展生物材料的细胞组织相互作用机制、不同尺度特别是纳米尺度与不同物理因子的生物学效应等基础研究，加快发展生物医用材料表面改性、生物医用材料基因组、植入材料及组织工程支架的个性化3D打印等新技术，促进组织工程与再生医学的临床应用。布局重大产品研发重点发展方向。涉及骨科修复与植入材料及器械、口腔种植修复材料与系统、新型心脑血管植介入器械、中枢神经修复与再生材料等生物医用材料类产品。

2022年1月，工业和信息化部等九部门发布《"十四五"医药工业发展规划》，为"十四五"期间生物医用材料产业重点发展领域指明了方向。明确重点发展支架瓣膜、心室辅助装置、颅骨材料、神经刺激器、人工关节和脊柱、运动医学软组织固定系统、人工晶状体等高端植入介入产品；发展重组胶原蛋白类、可降解材料、组织器官诱导再生和修复材料、新型口腔材料等生物医用材料。在促进产业链建设方面，工业和信息化部定期发布《重点新材料首批次应用示范指导目录》，通过新材料首批次应用保险补偿机制，突破新材料应用的初期市场瓶颈，激活和释放下游行业对新材料产品的有效需求，对于加快生物医用材料创新成果转化和应用，促进传统材料工业供给侧结构性改革，提升我国生物医用材料产业整体发展水平具有重要意义。此外，工业和信息化部还出台了《增材制造产业发展行动计划（2017—2020年）》和《"十四五"原材料工业发展规划》等，均在重点领域里面涉及了促进生物医用材料产业发展内容。

2019年8月，国家发展改革委等二十一部门发布《促进健康产业高质量发展行动纲要（2019—2022年）》中提出一系列举措推动包括生物医用材料产业在内的健康产业高质量发展，提出加快培养医疗器械、医学新材料等方向的高素质研究型人才，加快新一代基因测序、肿瘤免疫治疗、干细胞与再生医学、生物医学大数据分析等关键技术研究和转化等。2022年5月，国家发展改革委发布的《"十四五"生物经济发展规划》，提出重点围绕先进诊疗技术和装备、生物医用材料等方向，提升原始创新能力，满足人民群众对生命健康更有保障的新期待；完善基本医保用药管理制度,将符合条件的医用耗材按程序纳入基本医保支付范围;深化高值医用耗材集中采购改革,推动医保支付、医疗服务价格、质量监督、供应保障等政策协同。

(3) 各省市颁布的代表性政策规划

随着国家对于加快生物医药产业及生物医用材料产业创新的高度重视,各省市也陆续出台了相关指导意见和推进政策。

2020 年 5 月 20 日,广东省人民政府印发《关于培育发展战略性支柱产业集群和战略性新兴产业集群的意见》,将生物医药与健康产业列为十大战略性支柱产业之一。2022 年 6 月,深圳市发展改革委印发了《深圳市培育发展高端医疗器械产业集群行动计划(2022—2025 年)》;2022 年 7 月,深圳市发展改革委印发了《深圳市促进高端医疗器械产业集群高质量发展的若干措施》,明确提出抢占高端医疗器械产业发展制高点,努力建设特色鲜明、体系完善、协作紧密、竞争力强的高端医疗器械产业集群。核心技术和关键零部件强基工程。聚焦突破生物医用材料与植入器械等关键技术与核心零部件。着力突破体外诊断试剂酶、抗原抗体、磁微粒/微球/NC 膜等主要生物原材料,以及超声换能器高性能压电复合材料、可降解血管支架和金属血管支架等植入器械原材料的自主研发技术和生产工艺,提升诊断试剂和介入器械原材料的创新能力和性能水平。组织推动植入骨材料朝个性化、精准化、智能化方向发展,重点攻克材料功能性增强、免疫性降低、服役寿命延长等核心工艺。

2018 年 12 月 1 日,江苏省发布《关于推动生物医药产业高质量发展的意见》,提出着力推动生物医药产业质的提升,把生物医药产业集群打造成为全球有影响的创新集群,确保生物医药产业高质量发展走在全国前列。2021 年 9 月 16 日,江苏省发布《关于促进全省生物医药产业高质量发展的若干政策措施》,提出到 2024 年,全省生物医药产业基础能力和产业链现代化水平不断提升,产业发展规模保持全国领先地位,具有自主知识产权的创新药和高端医疗器械占比显著提高,攻克一批制约生物医药产业高质量发展的关键核心技术,建设一批世界一流生物医药企业,汇聚一批顶尖科技人才和团队,形成一批具有核心竞争力的生物医药产业集聚区和专业化园区,打造全国领先、全球有影响力的生物医药产业集群。2022 年 12 月 3 日,苏州市工业和信息化局发布《关于支持建设苏州生物医药及高端医疗器械国家先进制造业集群的政策措施》(简称"苏州生物医药十二条"),这是全国范围内首次由单个城市出台的生物医药产业专项金融政策。"苏州生物医药十二条"中具体包括设立总规模 100 亿元专项基金、增强银行信贷力度、丰富保险产品供给、加强企业融资服务、提供专项贴息支持、推进创新产品临床应用、优化税费征管服务、加速创新要素转化等十二条政策内容，加快推进数字经济时代苏州生物医药产业创新集群建设。

2018 年 11 月 3 日，上海市发布的《促进上海市生物医药产业高质量发展行动方案（2018—2020 年）》明确了生物医药产业对于地方经济发展的战略作用。2022 年 1 月 20 日，上海市经信委发布《上海市生物医药产业发展"十四五"规划》，明确上海将瞄准生物医药产业"高端化、智能化、国际化"发展方向，深入实施"张江研发＋上海制造"行动，加快打造具有全球影响力的生物医药产业创新高地和世界级生物医药产业集群。

2021 年 8 月 18 日，北京市印发《北京市"十四五"时期高精尖产业发展规划》，提出到 2025 年基本形成以智能制造、产业互联网、医药健康等为新支柱的现代产业体系。在医药健康产业方面，提出在新型疫苗、下一代抗体药物、细胞和基因治疗、国产高端医疗设备方面构筑领先优势，北部地区重点布局昌平区、海淀区，南部地区重点布局大兴区、北京经济技术开发区，力争到 2025 年医药健康产业实现营业收入 1 万亿元，其中医药制造达到 4000 亿元。具体措施方面聚焦高值耗材、高端医疗影像设备、体外诊断、生命科学检测仪等领域培育一批国产标杆产品；支持生物可吸收支架、心脏起搏器、骨科材料、神经及软组织功能修复材料等高值耗材研发。

2020 年 7 月，湖北省印发《关于加快全省大健康产业发展的意见》，提出加强组织领导和要素保障，形成工作合力，发挥大健康产业重要作用，打造疾病预防体系改革和公共卫生体系建设的湖北样板。2021 年 4 月，《武汉市国民经济和社会发展第十四个五年规划和二〇三五年远景目标纲要》明确提出打造"五个中心"，构建以大健康和生物技术为代表的"965"产业体系。2019 年，武汉市出台《市人民政府关于支持大健康产业发展的意见》，支持大力发展大健康和生物技术产业等战略性支柱产业。2021 年 11 月 25 日，武汉市发布《进一步推进大健康和生物技术产业发展政策措施》，将深入实施支柱产业壮大计划和战略性新兴产业倍增计划，打造万亿生物医药产业集群，进一步推进武汉市大健康和生物技术产业发展。

2022 年 3 月，四川省颁布了《关于支持医疗健康装备产业高质量发展的若干政策措施》，提出聚焦医疗健康行业发展的重点和关键，以需"定榜"，组织实施医疗健康装备重大科技项目，动态发布高端医疗整机装备、核心部件、关键材料等领域核心技术攻关目录，将核医疗及医用核素装备、高端医学影像与治疗装备、新型体外诊断装备、口腔诊疗关键装备、监护与生命支持装备、中医诊疗与中药制药装备、关键部件及材料等项目纳入重大科技项目和产业重大关键技术（产品）研制开发项目支持范畴。

2. 规范产业发展政策

为规范包括生物医用材料在内的医疗器械产业健康有序发展，国家药监局、国家医保局、国家卫生健康委等制定了一系列政策措施。

（1）医疗器械监管能力全面加强

近年来，我国医疗器械监管科学高效推进，创新产品审评成果丰硕，重点产品上市步伐加快，国家重大战略稳步实施，注册备案清理力度加大，审评审批制度改革纵深推进；专项整治持续发力，隐患排查精准用力，技术支撑协同助力，网络监管同步发力，医疗器械质量监管卓有成效；法规制度体系更加完善，标准体系持续优化，唯一标识制度实施加快推进，监管队伍能力持续提升，监管科学研究深入实施，国际交流合作不断深化，医疗器械监管能力全面加强。

在审评审批制度改革背景之下，2020年12月21日国务院第119次常务会议修订通过《医疗器械监督管理条例》，该修订是自2000年颁布，经2014年、2017年修订后的第三次修订。修订内容主要集中在以下几个方面：落实药品医疗器械审评审批制度改革要求，夯实企业主体责任；巩固"放管服"改革成果，优化审批备案程序，对创新医疗器械优先审批，释放市场创新活力，减轻企业负担；加强对医疗器械的全生命周期和全过程监管，提高监管技能；加大对违法行为的处罚力度，提高违法成本。新修订的《医疗器械监督管理条例》旨在推进"放、管、服"改革，提高监管效能为抓手，深入落实注册人备案人制度，不断强化企业主体责任，加大对违法行为的处罚力度，从而满足公众健康需求、鼓励医疗器械创新、推动产业发展。

2022年3月10日，国家市场监管总局发布《医疗器械生产监督管理办法》（国家市场监督管理总局令第53号）和《医疗器械经营监督管理办法》（国家市场监督管理总局令第54号），自2022年5月1日起施行。上述两部办法是根据《医疗器械监督管理条例》制定，进一步加强了医疗器械经营监督管理，规范医疗器械生产活动与医疗器械经营活动。

2021年2月9日，国务院出台《医疗器械监督管理条例》，推进"放、管、服"改革，提高监管效能为抓手，深入落实注册人备案人制度，不断强化企业主体责任，加大对违法行为的处罚力度，从而满足公众健康需求、鼓励医疗器械创新、推动产业发展。

（2）高值医用耗材带量采购稳步推进

2019年7月31日，国务院办公厅颁布《关于印发治理高值医用耗材改革方案的通知》以来，高值耗材国家联采及各省地市带量采购进一步探索，带量采购规则不断迭代完善，范围进一步扩大，行业经营生态正在发生改变。目前，国内已形成一定规模的采购联盟，包括"广东16省联盟""京津冀3+N联盟""内蒙古13省联盟""河南12省联盟""陕西10省联盟""四川6省2区联盟""四川7省联盟"等，联盟成员几乎覆盖全国，联合带量采购品种涉及血管、骨科、口腔和眼科等耗材。未来高值耗材带量采购将成为常态化政策，有助于加快国产替代进程，行业集中度有望不断提升，企业创新能力将成为长期发展的核心竞争力。

3. 加强科技创新政策

国家高度重视生物医用材料领域的科技创新，"十三五"及"十四五"期间国家科技计划专门就生物医用材料领域进行科研攻关部署，不断加大科研投入，搭建交流平台。"十三五"期间，科技部组织开展国家重点研发计划"生物医用材料研发与组织器官修复替代""主动健康和老龄化科技应对"等重点专项，围绕各类创新性组织重塑、再生性医疗器械的研发及生物医用材料在主动健康和老龄化科技应对等领域的应用展开科技攻关，为实现我国生物医用材料产业及其技术结构调整、促进产业的跨越式发展提供科学支撑。"十四五"期间，国家科技部持续对生物医用材料领域进行支持，部署了"诊疗装备与生物医用材料"重点专项，专项聚焦生物医用材料等领域的重大产品，以及所涉及的关键技术及核心部件、前沿技术及样机、应用解决方案、监管科学、应用示范，为进一步实现我国生物医用材料领域的高端引领、促进我国整体水平进入国际先进行列奠定基础。

"十三五"期间，我国科技创新投入快速增长，研发经费投入强度从2015年的2.06%提高至2019年的2.23%，超过欧盟平均水平。科技部、国家自然科学基金委、国家发展改革委等部门实施的重点专项与研发计划，有力推进了我国在心脑血管、骨科、眼科、口腔科、神经修复等领域的植介入器械的发展，促进了我国新一

第一章 生物医用材料科技和产业发展现状及趋势

代生物医用材料研发水平提升、行业技术进步和产业体系完善。生物医用材料基础研究长足进步，在组织工程、纳米材料等领域与国际先进水平的差距逐渐缩小，取得了聚乳酸及可吸收骨固定和修复材料、胶原和自固化磷酸钙材料、介入支架材料等一批具有自主知识产权的技术产品，3D 打印、数值模拟、材料基因组、大数据和人工智能等数字化研发手段在生物医用材料开发中得到进一步应用。

第三节 国内外生物医用材料市场现状

一、全球生物医用材料市场分析

随着经济与科技发展，以及人口老龄化程度提高，全球范围内医疗器械市场将持续增长。Evaluate MedTech 统计数据显示，2021 年全球医疗器械市场达 5465 亿美元。之后，全球手术量和临床接诊回归正常，医疗器械市场也将保持稳定的增长率。全球医疗器械市场从 2021 年的 5465 亿美元将增长到 2028 年的 7538 亿美元（图 1-6），2021—2028 年复合增长率为 4.7%。

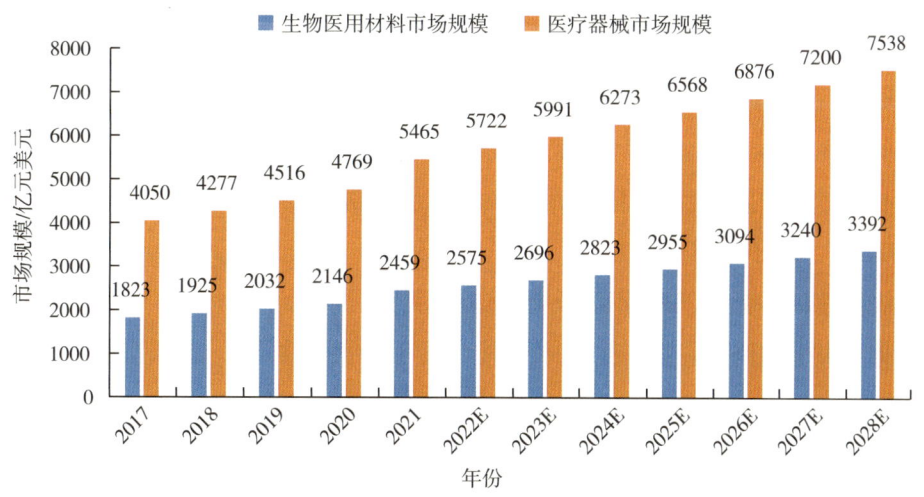

图 1-6 全球医疗器械市场规模

（数据来源：Evaluate MedTech，2022 年 8 月）

全球生物医用材料及其制品占医疗器械市场份额为 45% 左右，据此计算，2022年生物医用材料及其制品市场规模约为 2575 亿美元。

1. 重点类型生物医用材料市场规模

在全球生物医用材料市场中，2022 年，心血管类生物医用材料市场规模约为 590 亿美元，占比为 24.8%。根据 Evaluate MedTech 预测，心血管类医疗器械市场规模稳定增长，2021—2028 年复合增长率为 6.5%，预计到 2028 年心血管类医疗器械市场规模将达到 918 亿美元。

Orthoworld 数据显示，全球骨科行业在 2021 年开始复苏，全球骨科市场规模在 2021 年反弹至 536 亿美元，2022 年达到约 554 亿美元，在全球生物医用材料市场中占比约为 21.5%。另据 Stratatics MRC 分析，2022—2028 年全球骨科植入物市场复合增长率为 6.7%，预计到 2028 年将达到 757 亿美元。

前瞻产业研究院数据分析显示，2022 年全球口腔耗材和设备市场规模为 294 亿美元，在全球生物医用材料市场中占比约为 11.4%，预计到 2025 年全球口腔耗材和设备市场规模有望达到 355 亿美元。

根据弗若斯特沙利文、高视医疗招股说明书等数据分析，2022 年全球眼植入物市场约为 177 亿美元，在全球生物医用材料市场中占比约为 6.9%。

根据费森尤斯 2022 年年报数据分析，2022 年全球血液透析产品市场规模约为 157 亿美元，在全球生物医用材料市场中占比约为 6.1%。

BMI Research 数据显示，全球创面修复材料行业规模持续增长，2022 年全球创面修复材料市场规模为 165 亿美元，在全球生物医用材料市场中占比约为 6.4%。预计 2023 年全球创面修复材料市场规模将达到 180 亿美元。其中，高端创面修复材料市场规模持续扩大，2022 年增长至 70.1 亿美元。

其他生物医用材料主要包括神经科修复生物医用材料，皮肤、乳房、食道、膀胱和呼吸道等软组织材料，药物释放载体材料（图 1-7）。

第一章
生物医用材料科技和产业发展现状及趋势

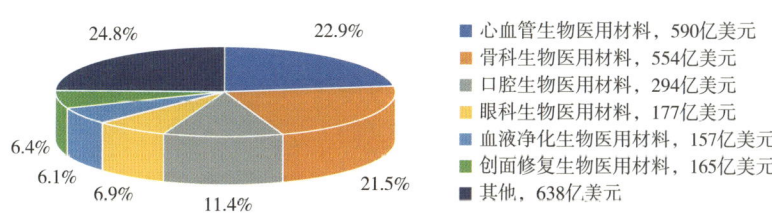

图 1-7 全球生物医用材料各细分领域市场规模与占比

（数据来源：Evaluate MedTech、弗若斯特沙利文、费森尤斯 2022 年年报等）

2. 各地区市场发展分析

全球生物医用材料市场中，北美地区、欧洲地区和亚太地区是最大的市场，其次是中东和非洲地区及拉丁美洲地区。其中亚太地区复合增长率最高，其次是拉丁美洲地区、欧洲地区、中东和非洲地区。

北美地区占据了全球生物医用材料市场的最大市场份额。以美国、加拿大等为代表的国家一方面重视研发与创新；另一方面具备较为完善的医疗器械上市应用管理体系，为生物医用材料发展应用提供广阔市场空间。根据美国政府发布报告，美国拥有全球最大的医疗设备市场。

根据 MedTec Europe 统计，2022 年欧洲医疗器械市场规模约为 1350 亿欧元，约占全球市场的 27%。德国、法国、英国、意大利和西班牙等国家是欧洲最大的医疗器械和生物医用材料市场。美国、中国、日本等国家生产的生物医用材料也销往欧洲，满足欧洲市场的人口老龄化、慢性疾病等带来的医疗保健需求。

亚太地区是生物医用材料市场发展最快的市场。随着中国、印度等政府医保支出的增加，为生物医用材料市场发展注入了活力。亚太地区人口占世界人口的一半以上，新发疾病和慢性疾病患病率居高不下，也是生物医用材料发展的重要驱动因素之一。此外，据世界卫生组织统计大约 93% 的交通事故发生在低收入和中等收入国家。亚太地区交通事故的人员救治促使骨科医用耗材的使用。

拉丁美洲地区是另一个生物医用材料市场成长最迅速的区域，墨西哥、巴西、阿根廷和智利等国家都快速发展，未来对医疗器械的需求也将会保持较大速度增长。

3. 各国市场发展分析

目前，美国是生物医用材料最大的需求市场。以心血管类材料及医疗器械市场为例，美国约占据全球 50% 的市场份额。未来，随着老龄化及微创手术应用将推动美国心血管类材料及医疗器械市场的增长。由于高端植介入耗材具有严格的准入门槛和极高的技术壁垒特点，美国还是生物医用材料生产企业的聚集地，有美敦力、雅培、波士顿科学、爱德华和强生等全球行业巨头企业。

德国是欧洲重要的生物医用材料市场与生产基地。德国作为欧洲医疗创新产业的中心，拥有众多生物医用材料科技创新知名科研机构。生物科技初创企业的数量和规模聚集在这里并呈现逐年增加的趋势，为德国生物医用材料产业的发展打下了坚实的基础。

日本进入高度老龄化社会，60岁以上老人占该国总人口的比例已达32.79%，与老年疾病有关的医疗器械产品，包括心脏起搏器、人造心脏瓣膜、血管支架、人工关节等生物医用材料产品，在日本市场的需求量非常可观。

4. 主要跨国企业分析

全球医疗器械产业已形成寡头统治的局面，全球生物医用材料产业也呈现类似的格局。

2023年4月Qmed公布最新的全球医疗器械企业100强榜单显示，2022年排名前100位的医疗器械企业总年营收达到了4472亿美元，其中排名前10位的医疗器械企业总销售额就达到了2077亿美元，占比46.4%。美敦力、雅培、强生、西门子医疗、碧迪、GE医疗、史赛克、飞利浦医疗、嘉德诺、百特稳占全球医疗器械市场的大部分份额。在这份100强榜单中，迈瑞医疗、九安医疗、威高集团和稳健医疗等12家中国企业上榜。

在全球百强企业中，生物医用材料企业占据了大部分位置。其中，骨科生物医用材料企业有强生、史赛克、美敦力、施乐辉等；心血管类生物医用材料企业有雅培、嘉德诺、波士顿科学、美敦力等；口腔科生物医用材料企业有登士柏西诺德、爱齐等；眼科生物医用材料企业有爱尔康等；血液净化生物医用材料企业有百特、费森尤斯医疗等（表1-5）。

表 1-5　生物医用材料主要跨国企业

企业名称	2022年营收/亿美元	市值/亿美元	国别	生物医用材料相关产品
美敦力	316.9	1051.4	美国	人工心脏瓣膜、血管支架、脊柱固定、心脏起搏器、骨修复材料等产品，覆盖心血管、糖尿病、外科、神经科学等70余种疾病领域
雅培	300.1	1875.7	美国	心血管器械、人工晶体、血糖监测系统产品等
强生	270.6	4676.8	美国	微创及开放性手术、电生理学、骨科、整形等领域的医疗器材
史赛克	171.0	885.1	美国	关节置换、创伤、颅颌面、脊柱手术植入物、内窥镜、手术导航、医疗通讯、数字化影像系统和急救医用床设备、一体化手术室配套、神经血管介入产品等
嘉德诺	134.6	212.0	美国	血管介入及患者康复
百特	127.8	285.0	美国	用于治疗血友病、免疫系统紊乱疾病、传染疾病、肾科疾病、创伤和其他慢性及重症病的产品，血液净化产品
波士顿科学	118.9	648.4	美国	心脏介入结构性心脏病、心脏节律管理和电生理、内窥镜介入、外周及肿瘤介入、泌尿及盆底健康呼吸介入七大医疗解决方案
贝朗医疗	89.0	—	德国	手术医疗器械，包括缝合线、手持外科器械、植入物、电外科设备和电源系统等
爱尔康	82.0	343.1	美国	隐形眼镜和隐形眼镜护理产品
捷迈邦美	78.3	252.0	美国	骨科关节重建产品，脊柱、骨康复、颅脑颌面外科产品，运动医学、生物型、肩肘及创伤产品，齿科植入物及相关手术产品
费森尤斯医疗	66.1	112.6	德国	提供透析产品和重症治疗系统，包括如血液透析机、透析器、水处理设备、血透耗品、腹膜透析系统、重症多器官支持设备和耗材
泰尔茂	57.7	225.9	日本	心血管、血液及细胞技术等器械与产品
施乐辉	52.1	114.8	英国	骨科、运动医学与耳鼻喉和先进伤口管理等领域产品，包括骨科重建产品；关节微创手术所需的一系列仪器、技术、植入物等，以及护理产品、先进伤口生物活性物质、先进伤口器械等伤口管理产品

企业名称	2022年营收/亿美元	市值/亿美元	国别	生物医用材料相关产品
登士柏西诺德	42.5	65.0	美国	提供专业的牙科耗材、设备、技术和其他专业产品，包括CAD/CAM全瓷修复系统（CEREC）、X线影像系统、口腔综合治疗台、治疗器械、消毒系统，以及在根管、修复、技工和种植领域的专用产品和耗材
爱齐	38.6	153.6	美国	隐适美矫治器等
士卓曼	23.6	184.6	瑞士	种植修复、数字化、隐形矫正、生物材料等口腔科耗材

数据来源：Qmed。

二、中国生物医用材料市场分析

近年来，中国经济快速发展，居民生活水平持续提升，人民群众对健康的需求不断提高，在国家产业政策支持及医疗卫生体制改革的推动下，医疗健康产业的基础与运行环境逐步改善，中国已经成为仅次于美国的第二大医疗器械市场，在全球医疗行业中的重要地位越发凸显。根据沙利文、罗兰贝格统计和分析，中国医疗器械市场规模已从2017年的4450亿元增长至2022年的9582亿元，2017—2022年复合增长率为17.5%，远高于全球医疗器械市场规模增长率。中国生物医用材料市场规模占比为43%，据此推算，中国生物医用材料市场规模约为4120亿元。

1. 重点类型生物医用材料

从细分市场来看，心血管类生物医用材料（含血管介入、电生理和起搏器等）占全国医疗器械市场规模约为7.3%，据此估算，2022年，心血管类生物医用材料市场规模约为700亿元；骨科生物医用材料占比约为4.6%，市场规模约为440亿元；口腔科生物医用材料占比约为1.2%，市场规模约为114亿元；眼科生物医用材料占比约为2.4%，市场规模约为234亿元；血液净化生物医用材料占比约为1.0%，市场规模约为98亿元；创面修复材料占比约3.6%，市场规模约347亿元；其他医用材料以低值医用耗材为主（图1-8）。

第一章
生物医用材料科技和产业发展现状及趋势

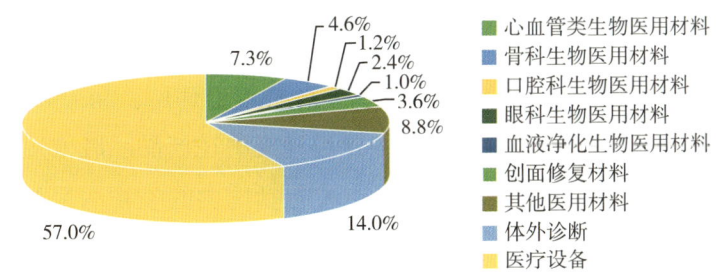

图1-8 中国重点类型生物医用材料市场规模占比

(数据来源:《中国医疗器械蓝皮书》,罗兰贝格、中国医疗器械行业协会)

2. 各产业聚集区发展分析

目前,我国医疗器械产业形成了环渤海地区、长三角地区、珠三角地区为主的产业聚集区;与此同时,北京、上海、苏州、武汉、深圳等城市着力发展医疗器械产业,成为产业聚集的代表性城市。

环渤海地区包括北京、天津、山东、辽宁、河北等省市在内,是医疗器械生产的重要基地,该地区充分利用京津冀地区的科研和医疗资源,以创新、成果转化、技术输出为特色,科学技术转化为生产的能力突出。在生物医用材料领域,环渤海地区主要集研发生产高技术数字化生物医用材料,如医用高分子耗材、心血管植入耗材、骨科植入物等。

长三角地区形成了上海为先锋,江苏、浙江两省为两翼发展的格局。上海以中高端医疗器械为代表,大批跨国企业入驻;江苏、浙江两省紧随其后,承接医疗器械高端产业。该地区企业拥有开放、创新、创业的前位意识,以及优越的产业基础,以工程创新、先进制造、出口为特色,成为医疗器械产业的聚集地。在生物医用材料领域,长三角产业聚集区以产品出口为导向,主要集中于骨科植入物和口腔科耗材等。

珠三角地区以广州、深圳、珠海为核心,该地区充分利用地区内开放、创新、创业的前位意识和产业基础,以工程创新、先进制造、出口为特色,集中了国内大批优秀医疗器械生产企业。在生物医用材料领域,珠三角产业聚集区主要生产综合性高技术生物医用材料,如有源植入性微电子器械、动物源生物材料和人工器官等。

3. 国内重点企业分析

目前国内生物医用材料相关企业总体可分为四个梯队。第一梯队以外资企业为主，占据了国内市场的半壁江山，其主要优势集中在产品品牌效应及销售渠道，如强生、史赛克、捷迈邦美等。第二梯队主要包括国内的生物医用材料上市企业，如威高集团、微创医疗、乐普医疗、健帆生物、大博医疗、凯利泰、春立正达等。第三梯队企业的特点是在某些细分领域内具有独特的竞争优势，通过技术优势来逐步扩大企业规模。第四梯队的企业占总体企业的比例较大，但由于资金、技术等方面限制，这类企业的经营规模较小，在与外资企业、领先的国内企业竞争中，面临着较大的压力。

骨科生物医用材料企业有威高骨科、纳通医疗、大博医疗、爱康医疗等；心血管类生物医用材料企业有乐普医疗、微创医疗等；口腔科生物医用材料企业有爱迪特、沪鸽等；眼科生物医用材料企业有爱博医疗等；血液净化生物医用材料企业有健帆生物、重庆山外山等（表 1-6）。

表 1-6 生物医用材料国内部分企业

企业名称	2022 年营收 / 亿元	市值 / 亿元	生物医用材料相关产品
乐普医疗	106.09	428.40	冠心病、高血压、心脏节律、结构性心脏病、术后诊断及诊疗设备等高端植入材料及诊断试剂
微创医疗	60.00	225.00	心血管介入产品、骨科医疗器械、大动脉及外周血管介入产品、电生理医疗器械、神经介入产品、心率管理产品、糖尿病及内分泌医疗器械和外科手术等
威高骨科	18.48	172.44	脊柱类植入物、创伤类植入物、关节假体、运动医学及骨科修复材料产品
大博医疗	14.34	132.61	创伤类植入耗材、脊柱类植入耗材、神经外科类植入耗材、关节类植入耗材、运动医学类植入耗材、口腔种植类植入耗材、微创外科类产品
纳通医疗	—	—	植入物、智能外科设备、生物基材料等
爱康医疗	10.52	73.70	人工关节假体产品、3D 打印产品、配套手术工具
威高血液	—	—	产品覆盖全线的血液净化医疗器材，包括血液透析机、高、低通聚砜膜透析器、血滤器、透析管路、动静脉穿刺针、透析液（粉）、血浆分离器和蛋白 A 免疫吸附柱等产品

续表

企业名称	2022年营收/亿元	市值/亿元	生物医用材料相关产品
健帆生物	24.91	247.00	血液净化产品，主营产品DNA免疫吸附柱、血浆胆红素吸附器和树脂血液灌流器等
爱博医疗	5.79	207.98	植入类眼科耗材、手术器械、手术设备、眼视光产品、眼科制剂等产品
爱迪特	—	—	口腔材料与设备研发、生产、服务及数字化综合解决方案

4. 产业发展特点

生物医用材料涉及学科交叉众多，资金和知识高度密集，需要高校科研机构、材料生产企业、医疗器械生产企业、经营销售企业、临床机构、投融资机构等产业链上下游的支撑。在我国，与医疗器械产业聚集形式一致，生物医用材料产业主要集中在经济、科研、技术、人才或临床资源聚集的地区。近年来，生物医用材料行业集中度和垄断化程度不断提高，生产和销售呈现国际化态势。

多赛道布局。为提升企业的市场竞争力，应对集中采购政策、国际地缘政治风波等多重影响，国内多数大型企业往往不再局限于最初的单一产品，而是通过企业内部自主创新，或者兼并收购国内外小型创新企业，不断进行新赛道产品的布局，实现并维持企业的业绩增长。

销售国际化。随着企业的发展，国内企业也开始效仿国际大型跨国公司，在开辟和保持国内市场的同时，通过向海外输出资金、建立研发中心和销售基地，从而不断提升企业产品在国际市场上的份额。

产业集聚化。生物医用材料产业多集聚在经济技术发达、上游材料企业集中、人才聚集或临床资源丰富的地区。我国主要生物医用材料企业集中在长三角、珠三角和京津环渤海地区，如上海张江医疗器械产业基地、苏州工业园区、北京中关村科技园区昌平园等产业园区。

产业链协同发展。生物医用材料产业具有投入高、风险大、技术领域广、研发周期长、注册流程环节多、销售服务支持需求高等特点。为了降低成本和风险，在国家和地方政策的支持下，国内位于产业链不同节点、具备不同专业能力的机构和企业分工协作，通过优势互补共同合作完成整个产业化过程，从而实现生物医用材料产业链、创新链、资金链的协同发展。

整体生产水平依然有待提高。由于国内在生物医用材料方面的研究起步较世界晚约20年，尽管我国在生物医用材料研究已取得较大进步，但整个行业的研发水平与生产水平还有待大力提升，如目前部分核心原材料、生产加工设备和检测仪器还主要依赖进口。

未来10年，随着人口老龄化程度加深及国民医疗保健意识的持续加强，医疗需求将持续增长。随着分级诊疗政策的推行，数量众多的基层医疗机构职责将进一步强化，医疗资源下沉将驱动医疗器械采购需求的大幅提升。在鼓励国产、优先采购国产等国家政策的大力支持下，中国生物医用材料企业替代进口产品的能力得到了有效提升。总之，需求的增长、供给层面的优化及政策的红利，将推动国内生物医用材料市场的可持续发展。

第四节　我国生物医用材料展望

生物医用材料是一种迅猛发展的高新技术的朝阳产业。近10年来，随着人口老龄化、中青年创伤增加、高技术注入，以及随着经济发展，人类保健意识增强，全球生物医用材料产业以5%以上的复合增长率持续增长。美国、日本等发达国家及中国、俄罗斯、巴西、印度、南非等金砖国家纷纷制定了相应的发展规划，将生物医用材料列为重点发展领域，全面加强研究开发，并在市场、产业环境等不同层面出台政策，全力提升生物医用材料产业发展水平。保守估计，2035年左右世界高技术生物医用材料市场可望增长至1万余亿美元，与此相应，带动相关产业新增间接经济效益可达3万余亿美元。

一方面，我国生物医用材料市场发展迅速，据测算，我国2022年生物医用材料及制品市场规模约为4120亿元，行业复合增长率持续保持在15%左右。我国生物医用材料及制品市场目前已成为全球第二大市场，占全球市场份额的20%左右，且未来10年仍将是我国生物医用材料及制品行业快速发展的"黄金时期"。2017—2022年，我国科研人员在论文发表和专利申报数量上有突飞猛进的进展，已超过美国，位居世界前茅。

另一方面，我国目前生物材料产业规模还较小，多数产品仍停留于跟踪仿制，还缺乏国际市场竞争力，企业规模小而散；技术创新能力弱，大多数高端产品的关键核心技术基本上为外商所控制，70%以上依靠进口；创新体系不完善，产学研医结合不紧密，产业体制机制与现代医疗器械产业要求不适应。我国已进入老年社会，随着人口老龄化、中/青年创伤增加、经济的发展，生物材料产业远不能满足临床需求，如骨关节病及骨质疏松患者约2亿人，心脏疾病患病者约3亿人，待心脏瓣膜置换或修补的患者约为20万人/年，癌症新增患者约为400万人/年，待器官移植者约为30余万人/年等，涉及几乎每一个家庭，市场需求巨大。

我国生物材料发展的另一个重要问题是完整的产业链尚未形成，用于心血管、骨科等疾病治疗的高端医疗器械的原材料如医用金属和合金、聚合物、无机材料等国产生物材料质量不稳定，加工工艺水平低，杂质含量高，一些核心元器件尚未国产化，部分原材料及器件依赖进口。2018年4月，美国宣布拟对中国产品加收关税的清单中涉及生物材料及医疗器械产品有57项，不仅涵盖了如人造关节、心脏起搏器等多个科技含量高的领域，也涵盖了如医用导管、缝合材料等高端医用耗材。2018年11月，美国商务部又提出了针对关键技术和相关产品的出口管制，其中列出了对国家安全至关重要的14个新兴技术领域，除了人工智能、机器人在内前沿技术，先进材料中生物材料也被列入了管制清单。我国生物材料产业的发展存在被"卡脖子"的潜在风险，大多数以生产高端医疗器械为主的企业将会受到影响。发展生物材料已是我国社会经济发展的迫切战略要求。

展望未来，生物材料科学和产业可能朝以下重点方向发展。

一、生物材料的组织诱导性

在四川大学张兴栋院士倡导举行的第二次生物材料定义共识会上，来自全球不同国家的50余位世界顶尖生物材料科学家集体修订通过了生物材料定义，即"一种设计成特定形态，通过与生命系统相互作用，能够指导治疗或诊断程序的材料"，并讨论通过了由张兴栋院士提出的"组织诱导性生物材料（tissue inducing biomaterial）"定义，即"通过材料自身优化设计，而不是外加活体细胞和/或生长因子，诱导被损坏或缺失的组织或器官再生的生物材料"。该定义明确了发展生物医用材料的新方向，被国际同行评价为突破了"材料不可能诱导组织再生的教条""再生复杂组织的革命性途径""下一代生物材料的概念"。生物医用材料内涵的改变，以及组织诱导性生物材料定义的提出，导致该领域前沿基础研究亦发生相应的变化，研究者更加关注材料如何主动刺激机体特定反应，调动其自我修复和完善功能；材料如何干预机体修复微环境，募集内源性信号分子刺激干细胞的级联基因表达和特定方向分化；材料及其降解产物如何介导机体免疫调控，影响组织再生修复的进程；当代生物医用材料正在经历革命性变革，已经从最初要求材料的生物惰性，到认识到材料应具有生物活性，发展到现阶段以赋予材料再生有功能的组织或器官为研究目标。

生物材料的组织诱导性同时一般还具有生物可吸收和生物降解性。这些材料可以随着时间的推移而降解并被人体安全吸收，从而无须手术取出。例如，生物可吸收支架可以为组织再生提供临时支持，并逐渐被患者自身的组织取代。这种材料的开发降低了与长期植入相关的风险，并为再生医学提供了新的可能性。

组织诱导性材料是生物医学材料领域发展史上的一个里程碑，从总体上来说，组织诱导性生物材料属于生物医用材料的前沿分支，全球组织诱导性生物材料的研究与开发尚处于成长阶段，我国组织诱导性生物材料的研究处于国际领先地位，相关初级产品已经进入市场，可形成组织诱导性新材料、新技术、新标准、新领域、新学科，领跑国际生物材料领域，是我国未来国际战场的主要入口之一。

二、生物材料的智能化

智能材料（intelligent materials）具有意识到外部刺激的能力并从能从中学习，以优化响应行为。如材料的分子或原子自主执行主动行为以应对刺激，如分子或原子的定向运动或聚集。外部刺激可以是电、光、热、压力、应变、化学、核辐射等。

能响应组织微环境的pH值、温度、血糖和氧化还原状态或使用电、磁、光、热等外场能量治疗疾病，已成为疾病治疗新方法的研究前沿，并在治疗帕金森、抑郁症、癫痫、疼痛、慢性伤口等现有技术难以处理的疾病上，展现出良好的应用前景。

皮肤创面的愈合是一个动态过程，通常伴随着pH值、温度、血糖和氧化还原状态等微环境的变化，传统敷料并不能很好地响应这些变化，导致治疗效果不佳。用于皮肤创面愈合的智能材料包括以下各种类型：基于增材制造技术的3D打印人工皮肤，结合了电子学和材料学的诊疗一体化电子皮肤，面对慢性难愈合创面，能够改善组织再生微环境的活性氧消除材料、炎症调控材料和血管生成促进材料，导电生物材料,面对皮肤癌切除后肿瘤细胞残留和细菌感染问题、结合光热疗法和促修复生物活性材料的敷料,瘢痕修复或抑制材料,促毛囊或汗腺再生材料等。

在骨科材料领域,开发具有诊断、传感、智能响应等多功能的骨科植入材料和器械也成为研究热点。此类材料能够通过内源性或外源性的信号刺激,如声、光、电、磁等,来改变植入材料的理化状态,从而实现病灶的标记、诊断、影像传递、治疗等过程,调节细胞行为,为组织修复和再生提供良好的微环境,从而使患处得到诱导修复和再生的效果。

开发智能高端医疗器械如脑机接口、人工皮肤、电子视网膜,电子耳蜗和诊疗一体化材料等都需要这类能感知外部信号的智能材料开发。如脑机接口基于生物材料的性能与结构不断改进,从关键电极材料从早期的金属材料到低模量的无机材料,迭代到活性聚合物,有望作为一种治疗工具再生修复神经损伤的策略,还可以作为疾病诊断和预测、健康监测甚至健康人群娱乐的重要载体。脑机接口淋漓尽致地展现了生物材料领域科技前沿的迅猛发展。

三、生物材料的纳米化

纳米材料是指在三维空间中至少有一维处于纳米尺寸(1 ~ 100 nm)或由它们作为基本单元构成的材料,这相当于 10 ~ 1000 个原子紧密排列在一起的尺度。纳米材料具有独特的物理、化学和生物学性质,生物材料纳米化为医疗器械获得突破性发展提供了新的机遇。四川大学研究团队发现纳米羟基磷灰石材料可选择性地增殖或凋亡细胞,首创可防治骨肿瘤的纳米生物材料,并进入临床试验已逾 5 年,疗效良好,开创了具有重大疾病治疗功能的生物材料新方向。同时,现有医疗器械中应用的纳米材料包括添加到医疗器械中的游离态纳米材料,利用纳米材料特性增加生物学活性或者预防感染的固化纳米材料,以及利用纳米技术设计制备成纳米结构的医疗器械等。在肿瘤治疗领域还有纳米靶向控释载体,一种以纳米颗粒为载体,将药物输送到病灶并在一定条件下可控释放的药物输送体系。现处于研究前沿的纳米机器人,尺度在纳米级别、能够在物理外部场(磁、电、光、超声等)或化学反应的作用下进行机械运动、并且可以在人体内执行医学成像、疾病诊断和靶向治疗任务的生物机器人。例如,香港科技大学唐本忠院士等报道了一种用于血脑屏障穿越及脑胶质瘤靶向诊疗的聚集诱导发光(AIE)纳米仿生机器人系统。在前期自然杀伤细胞膜仿生纳米载体系统的基础之上，研发了以 AIE 聚合物材料为内骨骼，以自然杀伤细胞膜为外部皮肤的纳米机器人系统。

四、生物材料与生物前沿技术交叉融合

迄今的生物材料基本上是移用其他高技术材料，生物学基础研究薄弱，是导致临床应用出现问题的主要原因。提高材料的生物相容性和质量稳定性、研发新的原材料，对生物材料的发展有重大意义。另一方面，我国生物材料产业的发展存在被卡脖子的潜在风险，主要就是上游基础原材料质量和核心技术不能满足高端医疗器械要求，如心血管核心原材料医用级合金、人工关节医用陶瓷材料等几乎完全依赖进口。生物材料与生物前沿技术交叉融合将推动生物材料持续创新。随着免疫学、干细胞、合成生物学、转基因和基因编辑技术等生物学前沿技术的突破，生物医用材料的设计理念思路和方法技术将迎来新的发展。由于对免疫细胞、干细胞和参与组织愈合过程的其他细胞（如内皮细胞和成纤维细胞）之间的相互作用的认识逐步加深，通过免疫调节促进组织再生修复的生物材料设计策略正在取得突破性进展。人体是一个复杂的系统，生物材料植入后被宿主免疫系统识别为异物，会引起多种定向免疫反应。机体免疫反应对生物材料的临床修复效果极为重要，因此忽视免疫反应的重要性是传统研究方向的一个主要缺陷，许多生物材料的失败都与免疫反应密切相关，如异物反应、慢性炎症、产生粘连和瘢痕、与组织整合度低等。研究发现，生物材料的多孔结构设计、表面物理化学修饰等可促进新组织诱导行程、减少纤维包囊的形成，还可以促进其与周围组织的整合等。越来越多的研究发现，生物材料植入所导致的局部免疫微环境，在组织修复过程中具有重要调控作用。例如，日本东北大学团队研究发现纳米羟基磷灰石表面粗糙度、硬度、孔隙率等均会影响免疫反应。基于这一研究背景，有学者提出基于"免疫微环境"的研发调控理念，新型的生物材料可以通过调控免疫细胞反应，从而诱导产生有利于组织修复的免疫微环境，进一步协调细胞行为和分化，从而达到最佳的组织再生效果。

间充质干细胞在临床应用上表现出了巨大潜力。干细胞疗法作为细胞治疗的一个重要分支，近年来已成为当今生物医药领域热门赛道之一。目前全球与间充质干细胞相关的临床试验有 1300 多项，已获批上市的干细胞新药有 14 款。国内共有 57 款干细胞药物临床试验申请获 CDE 受理，43 款获得临床试验默示许可，已经进入

或即将进入临床试验阶段。各种结合干细胞的 3D 打印技术，调控干细胞的组织再生的生物材料研发也如火如荼地开展。例如，Bertassoni 团队在胶原纤维矿化过程中，加入多种活细胞成分，实现了含细胞的仿生纤维内胶原矿化。胶原分子凝胶化过程中加入间充质干细胞和血管内皮细胞，在细胞培养基中添加钙、磷离子、非胶原蛋白类似物，并保持中性环境。细胞在体外矿化过程中保持较好的存活，实现了类骨材料的制备。

利用转基因技术开发新型动物源性生物原材料，例如，敲除 *GGTA1* 基因的转基因猪心包材料等已进入临床试验。

合成生物学（synthetic biology）是生物科学在 21 世纪刚刚出现的一个分支学科，将催生下一次生物技术革命。合成生物学是运用系统生物学和工程学原理，以基因组和生化分子合成为基础，旨在设计、改造、重建生物分子、生物元件和生物分化过程，以构建具有生命活性的生物元件、系统及人造细胞或生物体。合成生物学为技术底盘基础的生物分子医用新材料，在未来几年有望取得迅速进展。美国工程生物学研究联盟（EBRC）2021 年专门发布《工程生物学与材料科学：跨学科创新研究路线图》，提出了工程生物学与材料科学未来 10～20 年的关键技术领域，指明了跨学科创新研究与应用的发展方向，提出使生物材料可控的目标。预计到 2040 年，能生长或打印具有特定亚结构和功能的多功能、多组分生物材料。

五、生物材料与人工智能（AI）的整合

生物材料和医疗设备与人工智能技术的整合有着巨大的前景。人工智能算法可以分析大量患者数据，优化治疗策略，提高设备性能。基于深度学习的人工智能与机器学习技术在临床医学领域发展迅速，应用于诊断、治疗规划、临床决策、手术导航和定位等。如口腔数字化修复技术就是一种革命性新技术，将口腔医学、制造工程技术、计算机软件技术，以及人工智能技术等紧密结合相互渗透而发展起来的一项综合性应用体系，一经产生，即在口腔中广泛应用。迄今为止，国内外市场上已先后出现数十种不同类型的口腔数字化系统，已占有极为重要的地位。另一个是眼科的例子，将仿生视觉、人工智能等科技前沿技术未来可以与眼健康管理相结合，未来可通过借助人工智能算法，对部分眼疾进行更为精准的早期筛查及疾病预测，精简眼科健康管理流程，重塑主动关注、筛查及干预流程，实现"主动眼健

康"的管理，甚至未来可以帮助提高眼科疾病的临床干预疗效。

人工智能还可以帮助开发生物材料，预测它们的行为，优化它们的特性，并加速新材料的发现。如通过发展材料高效计算、高通量实验、大数据等共性关键技术及装备，构建"计算、实验、数据库"基础创新平台，加速新材料的研发和工程化应用。

生物材料和医疗器械定制化在向个性化医疗转变的过程中发挥着至关重要的作用。通过将遗传信息或医学成像等患者特定数据与先进的制造技术如3D打印技术相结合，可以创建定制的植入物、假肢和药物输送系统。这种个性化的方法可以提高治疗效果和患者满意度。如英国纽卡斯尔大学的Che Connon教授将角膜干细胞与海藻酸盐和胶原蛋白混合在一起制成一种3D打印所需的"生物墨水"，开发出了世界首款3D打印人工角膜，通过扫描患者的眼睛获得数据，从而快速打印出大小和形状合适的眼角膜，整个过程不到10分钟。

可以预料，在未来10～20年，随着人工智能、增强制造技术、材料科学及生物医学迅猛发展，作为交叉领域的生物医用材料科学和产业将发生革命性变化。展望未来，通过赋予材料生物结构和生物功能，充分调动人体自我康复的能力，恢复和增进其生理功能，甚至再生和重建被损坏的人体组织或器官，将可望成为生物医用材料产业的主体。

生物材料天生就是一个学科交叉特性非常强的领域，除了材料学本身以外还涉及化学、生物、力学、工程、医学等诸多学科，需要建设综合性的多学科大团队，如材料、信息、装备、医学、人工智能等。大力加强基础研究与学科交叉方能使得这个领域不断保持生机。随着生物材料产业化的发展，辐射力逐渐增强，应该广泛吸纳相关领域的专家、新技术、新概念进入生物医用材料领域，并形成良性循环。

面向未来，生物医用材料科学与产业的发展的关键在于紧抓时代赋予的难得机遇，立足前沿，突破关键的工程技术，解决当前"卡脖子"技术和材料，研发一系列原创创新产品，构建我国新一代生物医用材料产业体系，进一步推动我国跨越式发展生物医用材料进入国际先进水平。

参考文献

[1] 傅达理. 医药生物行业点评：美国国家生物技术和生物制造计划细则披露[EB/OL]. (2022–

11-07）[2023-05-01].http：//stock.finance.sina.com.cn/stock/go.php/vReport_Show/kind/search/rptid/721158755373/index.phtml.

[2] 张超星.欧盟发布纳米、材料、生物及制造领域2018—2020年工作计划[EB/OL].（2017-12-07）[2023-05-03].http：//www.casisd.cn/zkcg/ydkb/kjqykb/2017/201712/201712/t20171207_4909937.html.

[3] 吴晓燕.英国生物技术与生物科学研究理事会发布2019年度执行计划[EB/OL].（2020-01-16）[2023-05-02].http：//www.casisd.cn/zkcg/ydkb/kjqykb/2019/kjqykb201909/202001/t20200116_5488741.html.

[4] 陈晓怡.法国发布卫生健康创新2030计划[EB/OL].（2021-11-10）[2023-05-01].http：//www.casisd.cn/zkcg/ydkb/kjzcyzxkb/kjzcxxkb2021/zczxkb202109/202111/t20211110_6248460.html.

[5] 王小理.日本《生物战略2019》潜在指向值得关注[EB/OL].（2019-07-27）[2023-05-02].https：//baijiahao.baidu.com/s？id=1639748881479982841&wfr=spider&for=pc.

[6] 叶京.韩国发布《生物健康产业创新战略》[EB/OL].（2019-10-15）[2023-05-01].http：//www.casisd.cn/zkcg/ydkb/kjzcyzxkb/kjzcxxkb2019/kjzczx201907/201910/t20191015_5408057.html.

[7] 董映璧.俄罗斯：实施国家项目注重人才培养 推进基因与5G技术研发部署[EB/OL].（2020-01-02）[2023-04-15].http：//www.cac.gov.cn/2020-01/02/c_1579503855128251.htm？ivk_sa=1023197a.

[8] 贾邹赛,柏荣庆,杨艳.新修订《医疗器械监督管理条例》解读[J].中国医疗器械信息,2022,28（5）：4-6,132.

[9] 范德增."十三五"期间我国生物医用材料发展状况回顾[J].新材料产业,2020（6）：20-24.

[10] 马晓璇,杨晓丽.生物医用材料产业现状及发展对策研究[J].新材料产业,2018（2）：42-45.

[11] 王本力,张镇.我国生物医用材料产业现状、机遇和新模式[J].新材料产业,2019（12）：2-4.

[12] 王利群.中国生物医用高分子材料的发展机遇与挑战[J].科技与金融,2018（10）：78.

第二章 心血管生物医用材料

第一节 心血管生物医用材料概述

心血管疾病已成为威胁人类健康的第一杀手，占居民疾病死亡率45%以上，远高于癌症和其他疾病。目前，全球每年有1770万人死于心血管疾病，预计到2030年，这一数字将增加至2360万。据《中国心血管健康与疾病报告2021》统计，我国心血管病患者3.30亿人，其中脑卒中现患1300万人，冠心病现患1100万人，肺源性心脏病现患500万人，心力衰竭现患890万人，风湿性心脏病现患250万人，先天性心脏病现患200万人，下肢动脉疾病现患4530万人，高血压现患2.45亿人。心血管疾病负担的加重已成为一个重大的公共卫生问题，如何对心血管疾病进行积极、可靠的治疗已成为亟待解决的问题。

针对心血管疾病，临床治疗方案包括药物治疗、开放式外科手术和介入治疗等。心脏搭桥术等开放式外科手术需要开胸，在外科设备及耗材辅助下完成，创伤面积较大、技术要求高、术后并发症较多。介入治疗是指在医学影像设备的导引下，利用穿刺针、导丝、导管等医用耗材经血管途径将特定的植介入器械导入病变部位，进行微创治疗的操作技术。近年来介入治疗因其微创、快速、安全有效等优势取得了快速发展。在此形势下，心血管植介入器械作为介入治疗的核心部分，成为技术产品创新最活跃的领域，展现出广阔的应用前景和巨大的需求潜力，增速远高于医疗器械整体水平。随着经济发展与科技进步，中国心血管材料及器械经过20余年的发展，已在心血管植介入产品方面基本完成了本土化进程，国产品牌已在冠脉支架、介入心脏瓣膜、心脏封堵器、主动脉覆膜支架等领域占据超过80%国内市场，已逐步从早期的跟踪模仿进入自主创新的快速发展时期，产品也由早期的永久金属制备的血管支架、心脏瓣膜、心脏封堵器扩延到生物可吸收血管支架、全降解心脏封堵器、经导管人工心脏瓣膜等，在部分领域已达到国际先进水平，为中国心血管病防治和健康中国建设提供了有力支撑。中国心血管材料及器械行业经过数十年的发展已经形成较为完整的产业链，研发与创新能力不断增长；但一些高端原材料的生产和产品研发依然薄弱，进口依赖仍然较大。

一、心血管生物医用材料的定义

心血管生物医用材料在狭义上可定义为具有优异的血液相容性，对病变或损伤的心血管系统进行修复或替换的材料。从广义上来说，心血管生物医用材料是指用于检查、治疗、监护心血管疾病或辅助循环的医疗器械所需要的材料。这些材料被广泛地应用于诊断器械（影像学检查设备、心电学检查设备及与人工智能结合的心血管诊断设备等）、治疗器械（手术评估及指引器械、手术作用器械、手术辅助器械等）、康复随访器械（血糖仪、血压仪、心电产品等）。其中，植介入类手术作用器械及手术辅助器械属于高值医用耗材。

二、心血管生物医用材料的分类

①按照器械产品分类：在心血管疾病微创介入治疗的新技术革命浪潮中，手术作用创新器械和手术辅助创新器械成为近年来的关注热点和发展重心。手术作用创新器械主要包括支架、球囊、起搏器、消融设备、瓣膜和封堵器等；手术辅助创新器械包括微导丝、微导管、机械循环支持器械等。这些产品及其所涉及的材料分类如表2-1所示。

表2-1 主要心血管及相关植介入器械和材料分类

	分类			材料		
支架类	用途：冠状动脉支架、主动脉支架、颈动脉支架、脑血管支架、肾动脉支架、周围四肢动脉支架	结构：自膨式、球扩式；基材：金属/合金支架、高分子聚合物支架	表面处理：裸支架、涂层支架、覆膜支架	支架体：316 L不锈钢、镍钛合金、钴基合金、镁合金、左旋聚乳酸、聚碳酸酯	覆膜：膨体聚四氟乙烯（e-PTFE）、聚氨酯（PU）	载药涂层：聚乳酸（PLA）、聚羟基乙酸、聚乙酸丙酯

续表

分类				材料		
瓣膜类	用途：主动脉瓣膜、肺动脉瓣膜、二尖瓣夹、三尖瓣成形环	结构：自膨式、球扩式；基材：机械瓣、生物瓣		瓣架：镍钛合金、钴铬镍合金、钛钢等	缝合线：聚四氟乙烯、涤纶长丝织物	瓣叶材料：猪心包、牛心包、猪心瓣、人体大动脉瓣膜或硬脑膜
封堵器类	用途：室间隔封堵器、房间隔封堵器、卵圆孔封堵器、动脉导管封堵器、左心耳封堵器	结构：双盘状、网状柱形、对称型、细腰型、零边偏心型	—	框架材料：镍钛合金、聚乳酸(PLA)、聚对二氧环己酮(PCL)	阻流膜材料：膨体聚四氟乙烯(e-PTFE)、聚酯纤维、聚乳酸等	涂层：陶瓷膜、派瑞林、氮化钛等
导丝	用途：微导丝、导引导丝、肾动脉导丝、造影导丝等	结构：核心直达头端型、塑形导丝型	护套类型：弹簧圈护套、塑料护套、聚合物护套	核芯：不锈钢、镍钛合金、高张力不锈钢等	护套：铂合金、含钨聚合物	涂层：聚四氟乙烯、二氢荧光素、硅树脂、Pro/Pel、Hydro-track、Hydro-coat等聚合物
微导管	用途：一线工作微导管、扩张微导管、穿通微导管等	结构：平直头端微导管、锥形头端微导管、双腔微导管等	—	管身：氟类高分子材料、尼龙混合物、聚酰亚胺、嵌段聚醚酰胺树脂(Pebax)	缓冲器：聚烯烃、热塑性聚氨酯	涂层：丙烯酸共聚物、透明质酸钠等
球囊	用途：药物涂层球囊、功能性球囊、冲击波球囊	结构：顺应性球囊、半顺应性球囊、非顺应性球囊	功能性球囊：棘突球囊、切割球囊、双导丝球囊、刻痕球囊等	球囊体：聚乙烯(PE)、聚氨酯(PU)、尼龙、聚对苯二甲酸乙二醇酯(PET)	药物涂层：紫杉醇或西罗莫司	—
人工血管	用途：大口径人工血管、中口径人工血管、小口径人工血管	结构：织造型（平织或针织）、非织造型	—	血管：涤纶、聚四氟乙烯(PTFE)、聚氨酯(PU)、聚己内酯(PCL)、聚乳酸-羟基乙酸共聚物(PLGA)等	涂层：碳涂层、白蛋白、纤维连接蛋白、胶原蛋白、明胶、脱细胞基质等	

第二章 心血管生物医用材料

目前心血管耗材近90%市场份额属于介入类。介入耗材依据所针对的病变部位不同，分为冠脉血管耗材、外周血管耗材和结构性心脏病耗材等。冠脉血管耗材市场规模占心血管耗材总市场约60%，外周血管耗材约占20%，介入瓣膜市场规模相对较小，但其增速最快。冠脉支架、球囊导管、导引导丝、生物瓣膜等主要产品涉及的材料包括316 L不锈钢、钛合金、钴铬合金、聚氨酯（PU）、聚乳酸（PLA）、脱细胞心包膜材料等。虽然冠脉支架、主动脉覆膜支架、介入主动脉瓣膜国产品牌市场份额占据80%以上，心脏封堵器国产品牌占国内市场份额的90%以上，已基本实现国产替代，但其主要核心材料或核心部件很多还是被国外公司垄断，存在诸多技术短板和"卡脖子"风险。用于冠脉支架制备的生物医用原材料钴铬合金、镍钛合金及型材国产化尚未完成稳定的大规模产业化，仍需由美国或其盟国企业供应；球囊用聚醚嵌段聚酰胺（PEBAX）全球仅法国Arkema公司可供应；用于输送器、球囊导管等的膨体聚四氟乙烯（ePTFE）材料，用于全降解血管支架的医用聚乳酸材料及管材需由美国或其盟国企业供应；用于心脏瓣膜、补片的最优级别牛心包材料被澳大利亚、新西兰限制出口。新冠疫情发生后，ECMO成为重症患者的救命稻草，但全国仅有几百台且价格昂贵，限制其国产化的关键因素——聚甲基戊烯中空纤维材料及长效抗凝血涂层技术，仍长期被国外垄断供应及技术封锁。心血管生物医用核心原材料的进口情况如表2-2所示。

表2-2 心血管生物医用核心原材料的进口情况

材料名称	主要产品	进口国别
医用植入级镍钛合金（Ni-Ti）	心脏瓣膜，金属心脏封堵器、血管支架	美国、日本
医用植入级钴铬钼合金（Co-Cr）	药物洗脱支架	美国
医用级聚乳酸材料（PLA）	全降解血管支架	美国
膨体聚四氟乙烯（ePTFE）材料	球囊导管、输送器	美国、德国
聚对二氧环己酮（PDO）	全降解心脏封堵器、医用缝合线	美国、韩国
猪心包、牛心包原材料	心脏瓣膜	澳大利亚、美国
聚甲基戊烯中空纤维材料（PMP）	人工心肺机	美国、日本
聚醚嵌段酰胺	球囊导管	法国、美国
医用热塑性聚氨酯弹性体（TPU）	医用导管、人工血管	美国、德国

②按照和血液接触时间分类：第一类为和血液短期接触的心血管生物医用材料，如介入医用球囊和导管，这类材料和血液接触的时间通常小于 24 小时，其抗凝血特性通常可通过对材料的生物惰性设计，通过聚氧乙烯或两性离子聚合物的表面抗污处理实现；第二类是和血液接触时间大于 24 小时但并不永久植入体内的器件，如中心静脉导管，其抗凝血特性通常通过设计长效负载或控释抗凝血活性物质，如肝素、尿激酶等，通过抗凝血活性物质对凝血途径的抑制和阻断来实现；第三类是永久植入人体的心血管生物医用材料，如心脏冠脉支架和外周血管支架、人工血管等，其永久的抗凝血功能需要通过在材料界面复合具有正常生理功能的内皮细胞，通过血管内皮的原位愈合实现。相对前两类材料，第三类材料具有更重要的血管修复功能，但也面临更大的挑战，成为近年来心血管生物医用材料研究的焦点内容。随着组织工程化思想的出现和发展，国内外研究者将内皮细胞与材料复合，制备了多种内皮组织工程化的心血管医用材料。

人工血管是严重狭窄或闭塞性血管的替代品，按照口径大小被分为大口径（直径为 10 mm 以上）、中口径（直径为 6～10 mm）、小口径（直径小于 6 mm）。现如今，广泛应用于临床的人工血管均为中口径及大口径，主要用于主动脉置换或搭桥、外周血管旁路移植术、血管创伤修复、血液透析血管通路、冠脉旁路移植术等。其中，主动脉疾病是最大的应用领域，占比 61.68%，国内每年准备到医院接受外科主动脉治疗的患者 4 万～ 5 万例，这些患者绝大部分需要植入人工血管来替代病变的血管。人工血管需具备良好的生物相容性、力学性能及顺应性，移植入人体内需抗血、栓抗凝血及具有良好的远期通畅率，工艺复杂，既要克服涂层抗原性，又要保持一定生物强度，既要有柔韧性，还要有可操作性，易于缝合，不能漏血。迄今为止，还没有人工小口径血管上市，是因为材料发展水平不足，材料自身的血液相容性及抗凝血性能不佳，当与血液接触后会不同程度地产生纤维蛋白和血小板沉积，造成管腔狭窄或血管闭塞，同时由于小血管系统中血流速度慢、血压低，非降解材料无法支持内皮细胞的黏附和生长，小口径人工血管植入体内后不能尽快内皮化，造成血管狭窄或栓塞发生，远期通畅率无法保证。小口径人工血管可用于心脏搭桥，还能用于建立动静脉瘘，临床应用面广泛，具有良好的市场前景。近年来，随着材料科学的突破及组织工程技术的发展，已有多家创新企业研发布局小口径人工血管，例如，人工血管领先企业 Humacyte 研发的人类脱细胞组织工程血管

(HAV），采用组织工程技术，在人体外生成"活"的人体血管，临床表现优异。在国内，武汉杨森、海迈医疗、领博生物、柔脉医疗等创新企业也已依托组织工程等技术布局小口径人工血管。领博生物研发的生物型人工血管已完成首例临床入组；柔脉医疗已研发出小口径组织工程化人工血管与组织化电子血管，武汉杨森研发的小口径人工血管已获批进入绿色通道并进入动物实验阶段，海迈医疗研发出了自体和同种异体脱细胞基质小口径人工血管。

第二节 心血管生物医用材料市场现状

一、全球心血管生物医用材料的市场现状及发展趋势

根据 Evaluate MedTech 发布的报告，预测 2024 年全球心血管材料及医疗器械市场规模约为 726 亿美元，占全球医疗器械市场规模的 12.2%，是仅次于体外诊断的第二大市场（图 2-1），并且差距逐年缩小。预计到 2028 年，心血管医疗器械市场增长仍然稳定，2021—2028 年复合增长率为 6.5% 左右，2028 年的年销售额将达 918 亿美元，在整个医疗器械市场中约占 12.5% 的份额（图 2-2）。

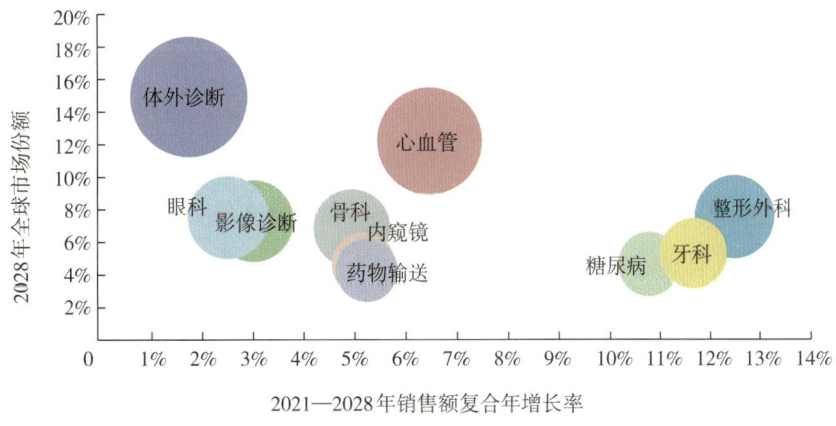

图 2-1 2024 年全球医疗器械细分市场份额

（数据来源：Evaluate MedTech，*Would Preview 2018*，*Outlook to 2024*）

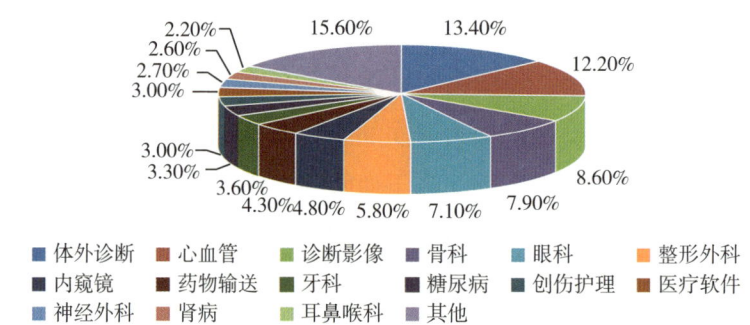

图 2-2　2028 年前十大医疗器械领域市场份额及其 2021—2028 年销售额增长率

（数据来源：Evaluate MedTech，*World Preview 2022*）

目前，美国以超过 50% 的市场份额成为最大的心血管材料及医疗器械市场，未来，老龄化及微创手术趋势将继续推动行业增长。亚太市场正在迅速崛起，尤其是中国。与美国类似，人口老龄化将使中国成为一个更大的细分市场，其市场增速将远超全球水平。由于市场份额最多的高端介入耗材有严格的准入门槛和极高的技术壁垒，造成全球心血管生物材料和医疗器械市场高度集中。目前，全球心脑血管材料及器械市场高度集中在行业领导者美敦力、雅培、波士顿科学、爱德华和强生之间。

美敦力 2019 年心血管医疗器械业务营收超 115 亿美元，占公司总营收的 36%。预计到 2028 年，美敦力仍将保持心血管医疗器械领域的领先地位，其销售额将达到 163 亿美元，预计市场份额为 17.8%。雅培于 2017 年收购圣犹达，在心血管医疗器械市场取得重大飞跃，2020 年营收 78 亿美元，使其成为该领域的第二大参与者。在心血管器械领域，雅培与美敦力产品管线布局相似，心脏节律管理、电生理和心力衰竭细分市场有强势竞争力。波士顿科学 2020 年心血管医疗器械业务收入 58.7 亿美元，约占公司总营收的 58%，全球市场份额为 11.8%。其在心血管医疗器械领域的布局主要包括血管介入和节律管理。自 2017 年起，爱德华和强生两家公司一直保持超过 9% 的销售额复合增长率，势头强劲。爱德华重点专注于经导管主动脉瓣置换（TAVR）器械，2019 年公司总营收为 43 亿美元，其中 27 亿美元来自 TAVR 器械。强生在心血管医疗器械领域的布局主要包括节律管理设备和导管，这两项业务在 2019 年为强生带来近 30 亿美元的营收。根据 Evaluate MedTech 的数据统计，包括这五大巨头在内的全球前十大公司占据了心血管医疗器械领域近 80% 的市场份额，预测 2024 年这些公司的全球销售总额及市场占有率如表 2-3 所示。到 2028 年，随着心血管医疗器械市场的整体稳步扩张，以及包括心脏瓣膜制造商爱德华与多元化医疗科技公司乐普等在这一领域影响力的快速成长,越来越多的竞争者将以活跃的市场姿态冲击美敦力的行业地位。心血管材料及器械领域全球前五大公司2021—2028年销售额增长率预测如图2-3所示。

表2-3 2024年心血管医疗器械前十大公司全球销售总额及市场占有率

排名	公司	国家	全球销售额/亿美元	全球市场占有率
1	美敦力	美国	141.72	19.50%
2	雅培	美国	111.41	15.40%
3	波士顿科学	美国	85.51	11.80%
4	爱德华	美国	61.61	8.50%
5	强生	美国	38.70	5.30%
6	泰尔茂	日本	38.30	5.30%
7	乐普医疗	中国	30.62	4.20%
8	Abiomed	美国	23.83	3.30%
9	戈尔	美国	23.23	3.20%
10	旭化成	日本	19.23	2.70%
	前十		574.17	79.10%
	其他		151.52	20.90%
	行业总量		725.69	100.00%

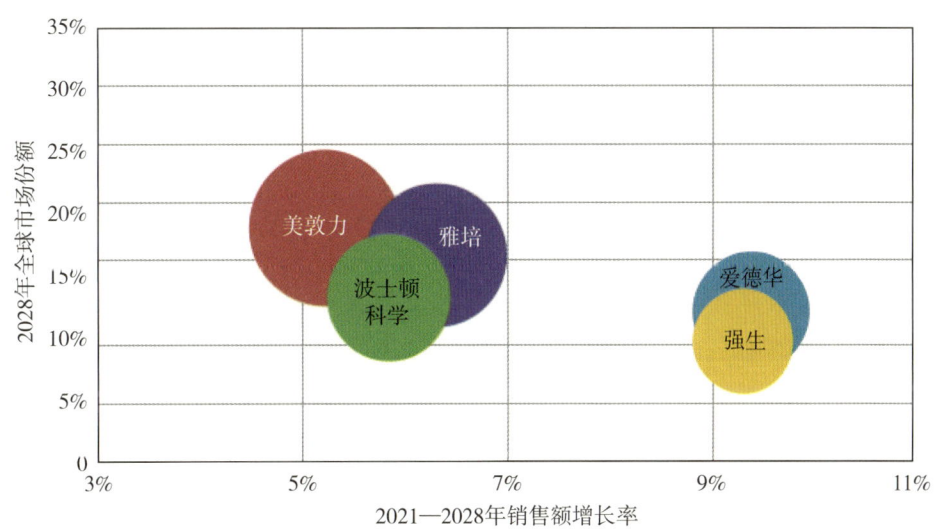

图2-3 2028年全球前五大公司市场份额及其2021—2028年销售额增长率

(数据来源:Evaluate MedTech,*World Preview 2022*)

二、中国心血管生物医用材料的市场现状及发展趋势

根据《中国卫生统计年鉴 2020》的数据计算，2019 年我国心脑血管住院总费用为 185 428.03 百万元（表 2-4），与 2011 年相比，增速最高的是心力衰竭（36%）、缺血性心脏病（22%～30%）、肺栓塞（29%）、静脉系统疾病（22%）、脑血管病（15%～20%）。治疗总费用方面（包括门诊与住院费用），《中国心血管健康与疾病报告 2019》的数据显示，冠心病、高血压、脑梗死医疗总花费最高，2017 年冠心病相关治疗费用 1412 亿元（占比 26%），高血压 1080 亿元（占比 20%），脑梗死和脑出血分别为 916 亿元（占比 17%）和 378 亿元（占比 7%）。与 2012 年的情况相比，脑梗死、心力衰竭占比逐年增加，高血压与冠心病占比略下降。《2021 中国心血管医疗器械产业创新白皮书》对中国心血管病的发病率、死亡率、医疗费用预测显示，未来我国心血管病患者数仍将快速增长，医疗负担持续加重，防治工作刻不容缓。

表 2-4 中国心血管疾病医疗费用预测

疾病名称 (ICD-10)	2019	2020F	2021F	2022F	2023F	2024F	增长率
循环系统疾病							
病种医药费用 （百万元）	185 428.03	221 252.73	263 998.75	315 003.31	375 861.95	448 478.48	19.32%
其中：急性风湿热							
病种医药费用 （百万元）	47.23	46.52	45.81	45.12	44.44	43.77	−1.51%
慢性风湿性心脏病							
病种医药费用 （百万元）	1010.01	1073.54	1141.07	1212.84	1289.13	1370.21	6.29%
高血压							
病种医药费用 （百万元）	8750.89	9550.72	10 423.66	11 376.38	12 416.18	13 551.02	9.14%
缺血性心脏病							
病种医药费用 （百万元）	65 747.25	79 633.07	96 451.58	116 822.15	141 494.99	171 378.73	21.12%
内：心绞痛							

续表

疾病名称(ICD—10)	2019	2020F	2021F	2022F	2023F	2024F	增长率
病种医药费用（百万元）	22 391.53	29 872.54	39 852.95	53 167.82	70 931.19	94 629.30	33.41%
急性心肌梗死							
病种医药费用（百万元）	16 809.08	16 797.31	16 785.55	16 773.80	16 762.06	16 750.33	−0.07%
肺栓塞							
病种医药费用（百万元）	948.48	1223.44	1578.12	2035.62	2625.74	3386.95	28.99%
心律失常							
病种医药费用（百万元）	9472.14	11 593.90	14 190.93	17 369.70	21 260.51	26 022.86	22.40%
心力衰竭							
病种医药费用（百万元）	6837.01	9357.13	12 806.17	17 526.52	23 986.79	32 828.33	36.86%
静脉炎和血栓形成							
病种医药费用（百万元）	2149.99	2591.82	3124.43	3766.51	4540.52	5473.60	20.55%

注：根据《中国卫生统计年鉴2020》中2019年公立医院出院患者疾病转归情况计算得出。

由于心血管介入材料与器械行业壁垒高，国产心血管介入器械整体市场占有率较低，但乐普医疗、微创医疗等优质本土企业的崛起，推动了心血管介入器械国产化。以美敦力、雅培、波士顿科学、索林集团为代表的国际医疗器械企业研发能力强、资金实力雄厚、产品线丰富、社会认可度高，牢牢占据中国心血管介入材料与器械市场主导地位，尤其在高端心血管介入器械领域，如心脏起搏器、心脏瓣膜、射频消融导管等。以乐普医疗、微创医疗、启明医疗等为代表的中国上市医疗器械企业正积极布局心血管介入领域，在生物材料技术进步及医疗器械审批注册、定价及采购等政策支持下，心血管介入器械市场占有率逐年显著提升。以普霖医疗、安特医疗、益心达、百多安等为代表的中小企业，生产规模较小，市场占有率较低。中国心血管医疗器械上市公司2020年销售额及业务分析如表2-5所示。

表 2-5　中国心血管医疗器械上市公司 2020 年销售额及业务分析

企业名称	2020 年度营收 / 亿元	同比增长率	心血管业务营收分析
乐普医疗	80.387	3.12%	心血管介入 13.85%，结构型和心脏节律 2.37%
微创医疗	44.940	−18.20%	心血管介入 22.30%，心律管理 27.80%，大动脉及外周血管介入 10.60%，神经介入 5.10%，心脏瓣膜 2.30%
启明医疗	2.760	18.30%	心脏瓣膜 99.50%
心通医疗	1.040	383.37%	心脏瓣膜 100%
心脉医疗	4.700	40.91%	主动脉支架 83.52%，术中支架类 11.90%，外周血管介入 3.48%
蓝帆医疗	78.690	126.42%	心脑血管 12.53%
惠泰医疗	4.790	18.68%	冠脉通路类 40.47%，外周介入类 13.74%
佰仁医疗	1.820	24.57%	心脏瓣膜置换与修复治疗 29.23%，先天性心脏病植（介）入治疗 34.22%
先健科技	6.420	−4.00%	外周血管支架 64.03%，结构性心脏病 32.14%，起搏电生理 3.82%
沛嘉医疗	0.380	106.70%	神经介入 100%
康德莱医械	3.580	25.12%	心血管器械 74.09%

乐普医疗创立于 1999 年，是中国最早提供心血管植介入器械的公司之一，也是国内高端医疗器械领域能与国外产品形成强有力竞争的少数企业之一。主要提供冠脉植介入、外周植介入、结构性心脏病、心脏节律管理及电生理、数字减影血管造影（DSA）等心血管植介入使用的医疗器械，同时进军医疗服务和新型医疗业务领域。乐普医疗在心血管管线的产品既覆盖全面又突出重点，与四川大学国家生物医学材料工程技术研究中心及阜外医院合作研发的全降解心脏封堵器为该领域全球首个获批上市的产品，在国际上实现了结构性心脏病领域治疗介入无植入、植入无残留的创新理念。此外还拥有全降解血管支架、药物洗脱球囊等一批具有国际领先技术水平的重磅产品，正在研发的二尖瓣修复系统、主动脉介入瓣膜、人工智能心电、多功能起搏器等创新产品布局，将继续带动公司整体技术和品牌影响力的提升，稳固其在高值耗材产品市场的占有率。根据 Evaluate MedTech 预测，2024 年乐普医疗有望跻身于全球心血管领域器械公司 TOP 10。

第二章 心血管生物医用材料

2022年乐普医疗实现营收106.09亿元（图2-4），其中医疗器械收入为58.79亿元，占全年总营收的55.41%。截至2022年12月31日，已取得国家药监局批准的Ⅱ类、Ⅲ类医疗器械注册证为569个，欧盟CE认证224项、美国FDA认证33项。未来几年研发管线中的重要创新产品（表2-6）将助力提升公司国际业务收入占比，加速企业国际化转型。

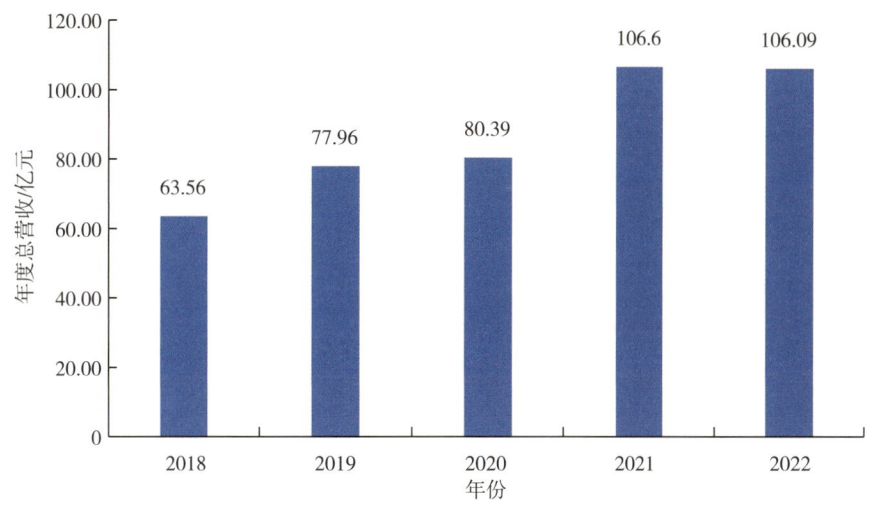

图2-4　2018—2022年乐普医疗营收总额

表2-6　乐普医疗未来4年心血管研发管线中的重要创新产品

年份	2023年	2024年	2025年	2026年
冠脉植介入	血流储备分数测量仪	脉冲声波球囊	西罗莫司药物灌注系统	血管内超声
	一次性使用压力微导管	冠脉造影血流储备分数计算软件	西罗莫司药物涂层球囊	载药切割球囊
				载药棘突球囊
				冠状动脉窦脉冲球囊
外周植介入	小切割球囊	大切割球囊	血管内扩张给药系统	生物可吸收药物洗脱支架
		脉冲声波球囊	西罗莫司药物球囊点支架	
		膝上/膝下PTA药物球囊		

65

续表

年份	2023 年	2024 年	2025 年	2026 年
结构性心脏病	生物可降解 PFO 封堵器	生物可降解 ASD 封堵器	经心尖二尖瓣修复系统（腱索）	生物可降解左心耳封堵器
		经导管植入式主动脉瓣膜系统 TAVR	经心尖二尖瓣夹修复系统	经股二尖瓣夹修复系统
CRM/电生理		射频房间隔穿刺针/设备	冷冻球囊系统/导管	肾动脉超声消融导管/设备
			全自动起搏器	电场消融导管/设备
心力衰竭			植入式心脏收缩力调节器	植入式心脏再同步治疗起搏器
				左心房辅助装置

微创医疗起源于 1998 年成立的上海微创医疗器械（集团）有限公司，是一家创新型高端医疗器械集团，总部位于上海市张江科学城，在上海、苏州、嘉兴、深圳、美国孟菲斯、法国巴黎近郊、意大利米兰近郊和多米尼加共和国等地均建有主要生产（研发）基地，形成了全球化的研发、生产、营销和服务网络。微创医疗在心血管器械领域布局丰富，覆盖血管介入（包括心血管介入业务、大动脉及外周血管介入产品业务、神经介入产品业务）、电生理（心律管理业务）、瓣膜（心脏瓣膜业务）。

微创医疗在 2022 年的收入为 8.41 亿美元，同比增长 15.6%（剔除汇率影响，按美元计同比增长 8%），其中，心律管理及心血管介入业务收入同比增长分别为 3.5% 和 2.3%，这两个板块的手术均有一定择期性，国内收入明显放缓。2023 年，伴随手术量增长、生产供货恢复正常、冠脉集采续标供货（提价）、新产品放量等驱动，公司收入有望加速增长：其一，2022 年冠脉支架集采续标，公司 Firebird2 拟中标价 730 元，相比 2020 年的 590 元提价约 24%，2023 年续标供货，价位提升带来的收入利润增长有望兑现；其二，心率管理业务 2023 年新品有望持续放量，2022 年公司国内心率管理业务收入同比增长 6.7%，集采下公司市场份额及渗透率大幅提升。2022 年，公司首个国产 MRI 兼容起搏器、首个国产 ICD 获批，2023 年新品上市有望拉动营收加速增长。另外，微创正积极部署新增业务领域（图 2-5），2022 年公司大动脉及外周介入、神经介入、心脏瓣膜等板块收入分别同比增长 31%、43%、25%，于市场继续保持领先地位。

第二章 心血管生物医用材料

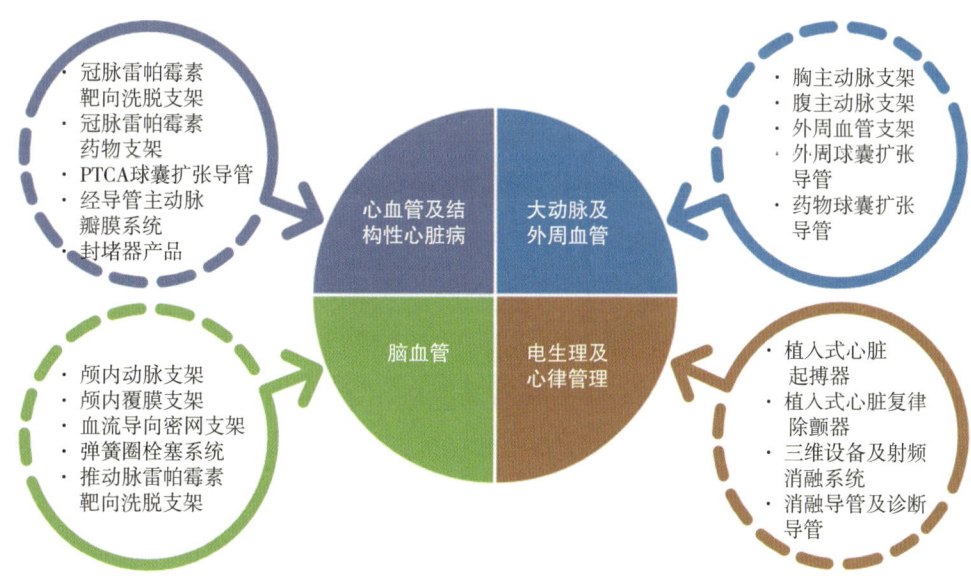

图 2-5 微创医疗在心血管器械领域的产品分布

启明医疗于 2009 年在浙江省杭州市注册成立，是中国领先的经导管心脏瓣膜医疗器械企业。产品专为经导管植入而设计，以满足与主动脉瓣狭窄，以及肺动脉瓣、二尖瓣、三尖瓣反流相关的介入治疗，即 TAVR、TPVR、TMVR、TTVR 相关产品。其中，自主研发的 VenusA-Valve 是首个获国家药监局批准及在中国进行商业化的 TAVR 产品。公司拥有 2 个全球第一，即全球第一款预装介入瓣膜系统和全球第一款介入自膨胀肺动脉瓣膜系统。4 个中国第一，分别是第一个开始并完成国家药监督局注册临床研究的企业、第一个获得国家药监局创新通道支持的心血管器械、第一个进入欧洲进行人体临床植入的中国心脏瓣膜器械、第一个在中国获准设立心脏瓣膜研究院的企业。

VenusA-Valve 是启明医疗在心血管器械领域的主要产品。自 2017 年 8 月商业化以来，VenusA-Valve 的销售收入成为公司收入主要部分，VenusA 系列产品 2022 全年累计终端植入量约为 3500 台，继续以 50% 的市场份额领跑全行业。2022 年 4 月，启明医疗与四川大学国家生物医学材料工程技术研究中心研发的经导管人工肺动脉瓣膜系统 VenusP-Valve 获欧盟（CE）认证并批准上市，是中国首个在新的欧洲医疗器械法规下获批的Ⅲ类心血管植入类医疗器械，于同年 7 月获国家药监局批准上市，并经美国 FDA 批准用于患者人道主义紧急救治。该产品目前已在全球 30 多个国家广泛应用，开启了国产瓣膜登陆欧美市场的先河。2022 年，公司营收为 4.06

67

亿元，其中，海外收入约为5200万元，同比大增393.50%，连续3年实现高速增长。纵观国内，启明医疗作为唯一一家可提供四瓣一体全系列瓣膜解决方案的供应商，长期竞争壁垒稳固。公司已拥有3款获批上市的TAVR产品、一款TPVR产品，丰富的产品管线为广大医患提供全面、优化的治疗选择。

另外，先健科技和惠泰医疗近两年也有显著的市场增长，在2022年分别获得营收10.97亿元和12.16亿元，同比增长18.59%和46.74%。先健科技成立于1999年，总部设在中国深圳，公司结构性心脏病业务主要包括左心耳封堵器和先天性心脏病封堵器，是全球第二大先心病封堵器供应商。LAmbre™左心耳封堵器系统是目前为止唯一同时拥有欧盟CE认证和中国国家药监局上市许可的国产品牌。公司持续对左心耳封堵器进行技术优化和升级，二代左心耳封堵器LAxible™也于2021年在中国获批上市。在外周血管病业务方面，先健科技目前主要在售产品包括胸主动脉覆膜支架、腹主动脉覆膜支架、髂动脉分叉支架及腔静脉滤器，2022年销售收入约为6.443亿元，较上年同期上升约17.5%。惠泰医疗成立于2002年，在心脏电生理和血管介入医疗器械品种品类齐全、规模领先、是具有较强市场竞争力的企业之一，也是在心脏电生理医疗器械领域能够与国外产品形成强有力竞争的为数不多的中国企业之一。同时，公司已形成以完整冠脉通路为主导，外周血管和神经介入医疗器械为重点发展方向的业务布局。截至2022年12月31日，在国内市场，惠泰心脏电生理产品覆盖医院超过800家，血管介入类产品覆盖医院超过3000家。

三、中国心血管生物医用材料细分领域的市场发展状况

我国心血管介入耗材与器械产业起步于20世纪90年代末。在市场需求与政策引导双重因素驱动下，近年来国内企业陆续在冠脉支架、心脏瓣膜、心脏起搏器等领域取得技术突破，实现不同程度的国产化替代。2021年，国内心血管介入市场规模达432亿元（表2-7），占国内高端植介入医疗器械的36.2%，是占比最高的细分领域（其次为骨科植入33.3%、口腔科11.3%）。

表 2-7　2021 年中国心血管介入器械市场细分领域规模

细分领域	2021 年市场规模/亿元	近 3 年复合增长率
血管介入器械	292	−2.5%
心脏瓣膜	24	22%
心脏封堵器	7	18%
心脏节律管理器械	109	25%
合计	432	3.6%

数据来源：《中国医疗器械蓝皮书（2022 版）》。

1. 血管介入

2020 年中国血管介入器械市场份额占比分别为心血管介入 67%、脑血管介入 13%、外周血管介入 20%。血管介入耗材各细分领域市场空间、进口替代率和竞争格局存在较大差异。产品技术成熟度越高，进口替代率越高，龙头企业行业地位越稳固；而技术成熟度较低的领域，政策倾斜对其获取市场份额具有重要意义。目前，除冠脉介入器械市场基本完成进口替代外，其他市场依然以进口产品为主。

（1）冠脉支架市场情况

冠脉介入器械是指在冠脉介入手术中使用的高值医用耗材，包括冠脉支架、PTCA 球囊扩张导管、导引导管、造影导管、导引导丝等。2019 年，介入手术占比已提高至冠脉手术总量的 90% 以上，市场已较为成熟。从我国冠脉支架行业产业链结构来看，上游主要包括金属材料（镍钛合金、镁合金、铁合金、锌合金等，代表企业包括云海金属、博威合金等）、高分子材料（聚氨酯、聚己内酯、聚氯乙烯、左旋聚乳酸等，代表企业包括中粮科技、海正生材、为华生物等）、涂层药物材料（代表企业包括麦克林等）；中游为各类冠脉支架设计、研发、制作和销售厂商；下游主要为医院等医疗机构。

2004 年之前，国内冠脉支架市场 95% 以上的份额由强生、美敦力、波士顿科学等多家跨国企业占据。2005 年前后，微创医疗和乐普医疗先后上市国产药物洗脱冠脉支架，逐步扩大了市场份额。随着国家层面政策倾向和国家集采的推动，近年来国产品牌开始主导冠脉支架市场。《中国医疗器械蓝皮书（2019 版）》显示，乐普医疗、微创医疗和蓝帆（吉威）医疗分别占冠脉支架市场 20%、18% 和 15% 的市场份额，合计占比 53%。自 2020 年 11 月国家启动冠脉支架集采后，到 2022 年，国内 5 家头部企业冠脉支架中标量合计超 161.6 万个（图 2-6），占比达 87%，行业整体集中度较高。

根据CCIF2022和国家联合采购办公室公布的数据，2017—2022年，我国冠脉支架市场规模从113亿元下降至2022年约15亿元，市场萎缩近87%。主要是因为集采政策颁布后，国内冠脉支架价格由原先的市场均价1.0万元/支下降到了集采均价770元/支，降幅约达92.3%，致使市场规模大幅萎缩。但长期来看，冠脉支架需求量有望受益于国家集采而持续放量，且市场集中度有望进一步提升，预计2028年中国冠脉支架行业市场规模有望达47亿元，复合增长率超20%（图2-7）。

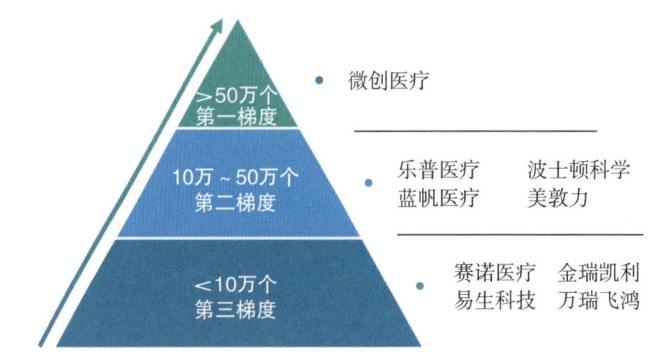

图2-6 2022年中国冠脉支架行业竞争梯度（按国家集采中标数量）

（数据来源：联合采购办公室、前瞻产业研究院）

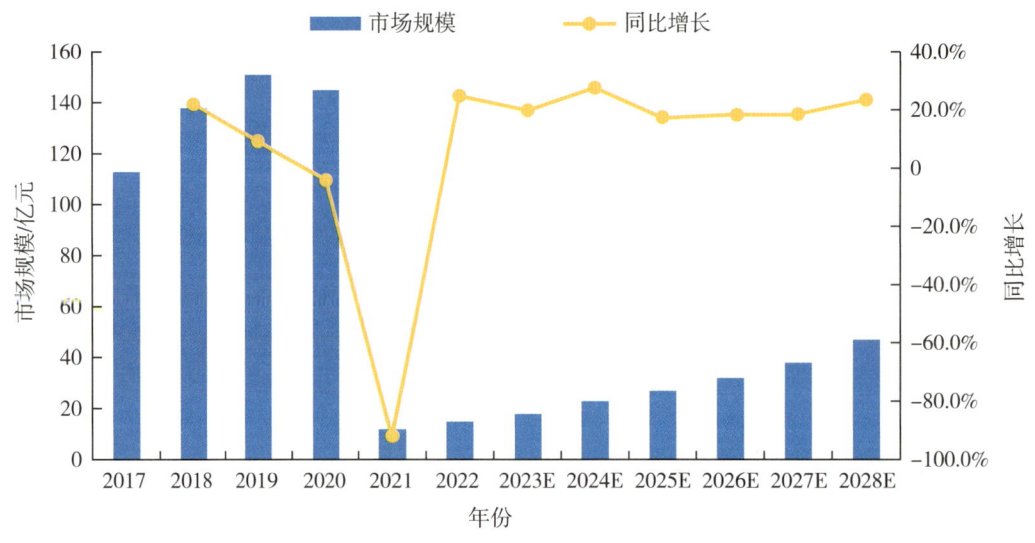

图2-7 2017—2028年中国冠脉支架市场规模及增长率

（数据来源：联合采购办公室、前瞻产业研究院）

（2）主动脉覆膜支架

主动脉覆膜支架系统是专门设计用于主动脉瘤和主动脉夹层的介入器械。腹主动脉和胸主动脉疾病的首选治疗方法为腔内修复术（EVAR）。中国EVAR手术起步较晚，现阶段尚处于发展中早期。2017年，中国主动脉腔内介入手术达到25 621台，包括16 984台（占比66.3%）胸主动脉和8637台（占比33.7%）腹主动脉手术，市场规模达10.3亿元；2022年达到50 570台，接近2013年的4倍，其中胸主动脉腔内介入手术将占63.5%。预测未来主动脉腔内介入手术量仍将持续增长。目前，主动脉腔内介入支架市场仍由跨国企业为主导，以美敦力、戈尔、Cordis等为主，但近年来我国主动脉覆膜支架进口替代已实现一定突破，国产龙头显现，复杂适应证产品研发企业仍有机会。据不完全统计，截至2021年，国产主动脉覆膜支架企业包括先健科技、心脉医疗、华脉泰科、裕恒佳、有研医疗等。其中，先健科技和心脉医疗具有明显领先优势。随着企业研发加速，产品更新迭代，预计到2023年中国主动脉腔内介入器械市场规模将达到20亿元，2017—2023年复合增长率约为13%。

2. 心脏瓣膜

心脏瓣膜置换术有介入和外科手术两种方式。介入手术由于创伤小、恢复周期短的优势，能满足高龄及体弱患者的需求，近年来得到快速发展。根据适用部位不同，介入瓣分为主动脉介入瓣、肺动脉介入瓣、二尖瓣介入瓣和三尖瓣介入瓣。目前上市的产品只有经导管主动脉介入瓣（TAVR）和经导管肺动脉介入瓣（TPVR），其中TAVR发展已相对成熟。

（1）TAVR市场情况

根据Frost&Sullivan的数据，中国TAVR手术例数由2017年的200例增长至2021年的6600例，市场规模由4000万元增长至9.1亿元，预计到2030年中国TAVR手术例数将达到10.95万例，市场规模将达到113.6亿元（图2-8），2021—2030年手术例数复合增长率为36.6%，市场规模复合增长率为32.4%，均高于全球同期平均水平。随着循证医学证据不断披露，TAVR的适应证被不断扩大，呈现出逐步下沉至更年轻、低风险、预期寿命更长的人群的趋势。目前我国已获批的TAVR包括进口厂商爱德华、美敦力，4家国内企业：启明、心通、沛嘉、杰成的产品（表2-8）。从国家药监局获批进度和我国市场渗透率来看，国产强于进口。

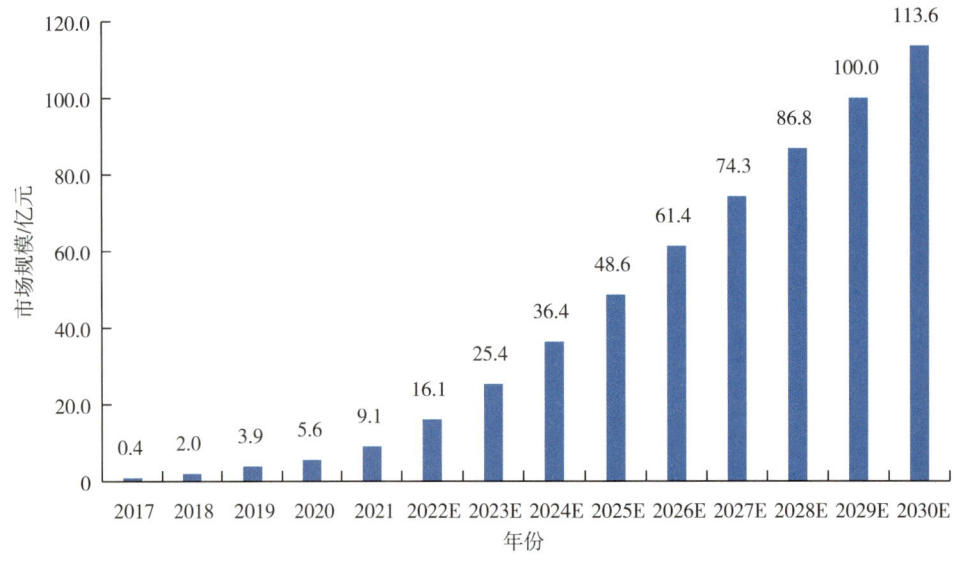

图 2-8 2017—2030 年中国 TAVR 市场规模

(数据来源：Frost&Sullivan)

表 2-8 中国已获批上市的 TAVR 产品

公司	产品名称	介入途径	适应证
美敦力	Evolut Pro	经股动脉	主动脉瓣狭窄
爱德华	SAPIEN3	经股动脉	主动脉瓣狭窄
启明医疗	VenusA–Valve	经股动脉	主动脉瓣狭窄
	VenusA–Plus	经股动脉	主动脉瓣狭窄
	VenusA–Pro	经股动脉	主动脉瓣狭窄
微创心通	VitaFlow	经股动脉	主动脉瓣狭窄
	VitaFlow Liberty	经股动脉	主动脉瓣狭窄
杰成医疗	J–Valve	经心尖	主动脉瓣狭窄/主动脉瓣反流
沛嘉医疗	TaurusOne	经股动脉	主动脉瓣狭窄
	Taurus Elite	经股动脉	主动脉瓣狭窄

（2）TPVR 及二尖瓣、三尖瓣市场情况

根据 Frost & Sullivan 的数据，2020 年中国合格的 TPVR 患者数量为 2.5 万

人，预计到 2025 年会增长到 4.1 万人。在国内进行的 TPVR 手术数量将从 2020 年的 400 台增长到 2025 年的 4400 台，同时手术的渗透率也将从 1.70% 增长到 10.80%。相应地，TPVR 的市场规模将从 2020 年的 0.8 亿元增长到 2025 年的 8 亿元。目前国际上上市的 TPVR 器械有美敦力公司的 Melody 瓣膜和爱德华公司的 SAPIEN 系列瓣膜。但我国绝大多数右心室流出道（ROVT）狭窄的先天性心脏病患者接受了跨瓣补片的 RVOT 扩大术，因此国外这两种瓣膜对于该类患者的适用性一般。2022 年，启明医疗与四川大学国家生物医学材料工程技术研究中心研发的经的导管人工肺动脉瓣膜系统 VenusP-Valve 先后获得欧盟 CE 认证和国家药监局批准上市，该产品成为首个在中国和欧洲获批上市的自膨式经导管人工肺动脉瓣膜产品。VenusP-Valve 采用自膨式镍钛合金激光切割支架作为框架系统，猪心包作为瓣叶，其肺动脉瓣环规格范围更广（16～32 mm），不仅适用于植入人工血管通道的患者，还可用于跨瓣补片 RVOT 扩大术的患者，受众群体更多，已在全球 30 多个国家广泛应用。

在二尖瓣、三尖瓣介入治疗技术方面，瓣膜修复与瓣膜置换是当前研究的热点，国内目前唯一上市的产品是雅培的 MitraClip。针对二尖瓣反流的介入治疗技术是当前研究的热点，目前已有至少 7 种二尖瓣介入产品获 CE 批准上市，其中 6 款为二尖瓣修复产品，1 款为二尖瓣置换产品。相比二尖瓣修复，二尖瓣置换较为复杂，面临着瓣膜的尺寸、固定、密封和输送这四大挑战。目前国内共有 13 家公司的 15 个二尖瓣介入产品在研，其中杭州德晋及上海捍宇的二尖瓣修复产品已递交国家药监局注册申请。由于三尖瓣结构与二尖瓣相似，因此二尖瓣修复产品可经改进后用于三尖瓣疾病治疗。目前三尖瓣修复领域已有两种产品获 CE 批准上市，而三尖瓣置换领域在全球范围内尚处于设计验证阶段。

3. 封堵器

封堵器主要应用于先天性心脏病和心源性卒中的治疗，其中，先天性心脏病封堵器包括室间隔缺损封堵器、房间隔缺损封堵器、动脉导管未闭封堵器，心源性卒中封堵器主要包括左心耳封堵器、卵圆孔未闭封堵器。《中国心血管健康与疾病报告 2021》显示，先心病在全国多地均位居新生儿出生缺陷的首位，我国先心病患者超过 200 万人，近年来全国新生儿先心病检出率持续上升。2019 年全国手术量 11.6 万台，介入手术占比约为 30%，其中房间隔缺损（ASD）、卵圆孔未闭（PFO）、室间隔缺损（VSD）、动脉导管未闭（PDA）介入手术分别为15 432例、7264例、5457例、4483例，占比分别为44.40%、20.90%、15.70%、12.90%，合计占比94.00%。由于介入手术成功率已达到98.40%，严重并发症发生率降到0.12%，死亡率仅0.01%，预计未来介入治疗渗透比例将有较大的提升。

在先心病介入治疗中，封堵器使用率高达90%，目前已基本实现国产替代，市场发展已较为成熟。根据Frost & Sullivan数据，2021年国内先心病封堵器市场规模为4.26亿元，2017—2021年复合增长率为6.80%，其中2020年市场规模有所下降。对于心源性卒中，目前卵圆孔未闭封堵器整体市场规模较小且渗透率较低，Frost & Sullivan数据显示，2021年该细分领域市场规模为1.80亿元。左心耳封堵器2021年市场规模为5亿元，2017—2021年复合增长率为69.90%，预计2021—2025年复合增长率为43.20%，到2025年市场规模将达到21亿元。

先心病封堵器国内市场高度集中，呈三足鼎立之势。2021年，乐普医疗、先健科技、华医圣杰科技合计占据国内95%的市场份额（图2-9）。由于可消除封堵器永久停留体内造成的远期并发症，完全可降解封堵器成为近年来先心病治疗的研究热点，乐普心泰医疗与四川大学合作研发的全降解封堵器系统MemoSorb已于2022年2月上市。左心耳封堵器国内起步较晚，进口品牌凭借先发优势占据主导。2014年，波士顿科学的Watchman左心耳封堵器获得国家药监局认证，成为中国市场首款产品。近年来，随着技术提升，国产品牌逐渐突破，先健科技的LAmbre™2017年成为国内首个获批的国产产品，2022年共有5款国产左心耳封堵器获批上市（表2-9）。

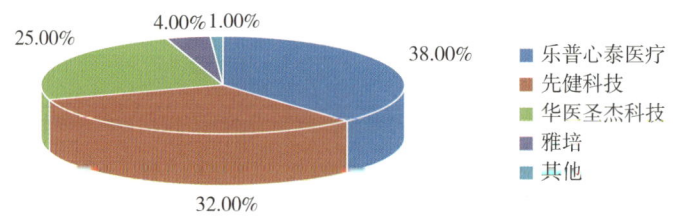

图2-9 2021年中国先心病封堵器市场占比

（数据来源：《中国医疗器械蓝皮书（2022版）》）

表 2-9　左心耳封堵器国内上市产品

来源	公司	产品	上市时间
进口	波士顿科学	Watchman	2014年3月
	雅培	Amplatzer Amulet	2022年2月
国产	先健科技	LAmbre	2017年6月
		LAxible	2021年9月
	乐普心泰医疗	MemoLefort	2020年6月
	普实医疗	Lacbes	2022年6月
	信立泰	LAMax LAAC	2022年6月
	心玮医疗	Laager	2022年6月
	脉搏医疗	Leftear	2022年9月
	德诺电生理	SeaLA	2022年11月

第三节　国内外重要技术和产品研究进展

一、冠脉支架

冠状动脉支架是一种由生物医用材料制成的网状支撑装置，在闭合状态下经导管送至冠状动脉病变部位，利用气囊扩张或自膨胀等方法展开，达到撑开狭窄的血管，恢复病变部位血流的目的。经皮冠状动脉介入治疗（PCI）的发展可大致分为3个阶段，即裸金属支架阶段、药物洗脱支架阶段、生物可吸收支架阶段。对于PCI的创新，临床结果的反馈是介入材料与器械发展的最直接驱动力。1986年，世界上首例冠状动脉裸金属支架（BMS）置入术完成，为解决经皮腔内血管成形术术后血管闭塞问题打开了突破口，标志着冠脉支架技术时代的到来。尽管 BMS 减少了血管再狭窄的发生，但内膜过度愈合导致了一种新的病理状态，即所谓的支架内再狭窄（ISR），平均发生率约为25%。21世纪初，药物洗脱支架（DES）得到快速发展和广泛应用，实现了力学支撑和药物治疗的结合。DES 通过在金属支架表面覆盖抗增殖药物涂层，成功使支架内再狭窄率下降至10%以下。但很快，临床数据显示 DES 的药物涂层在抑制平滑肌细胞增殖的同时抑制了内皮细胞的愈合，容易导致支架内晚期血栓的形成。此外，DES 的永久留存将阻碍植入部位血管生理搏动功能的恢复，并且可能产生长期的异物反应。为解决这些问题，可完全降解为无毒产物的生物可吸收支架（BRS）应运而生。尽管目前 BRS 被认为是一种理想的解决方案，但 BRS 的药物洗脱策略并没有改变，这意味着晚期血栓的形成仍然可能是一个挑战。因此，除支架本身的材料和结构设计外，未来 BRS 的研发方向还包括载药涂层和抗增殖药物的改进。目前 PCI 治疗中的部分不同类别器械如表 2-10 所示。

表 2-10 冠脉支架部分不同类别产品

类别	产品	公司	骨架材料	涂层材料	药物类型	完全吸收时间 / 月
不可降解骨架和涂层（DES）	Xience Sierra	雅培	钴铬合金	PBMA–PVDF–HFP	依维莫司	—
	Resolute Onyx	美敦力	钴镍合金 + 铂铱合金	多聚物载体	佐他莫司	—
	Cypher	康蒂思	不锈钢	PEVA–PBMA	西罗莫司	—
	Endeavor	美敦力	钴铬合金	PMPC	佐他莫司	—
不可降解骨架和可降解涂层（DES）	Synergy	波士顿科学	铂铬合金	PLGA	依维莫司	—
	Orsiro	百多力	钴铬合金	PLLA，碳化硅	西罗莫司	—
	Ultimaster	泰尔茂	钴铬合金	Poly（d, l–lactide–co–caprolactone）	西罗莫司	—
	MiStent	Micell	钴铬合金	PLGA	西罗莫司	—
可降解骨架和涂层（BRS）	Absorb BVS	雅培	左旋聚乳酸	PDLLA	依维莫司	36～42
	DESolve Nx	Elixir Medical	左旋聚乳酸	聚乳酸基多聚物	诺沃莫司	24
	NeoVas	乐普医疗	左旋聚乳酸	PDLLA	西罗莫司	＜36
	XINSORB	华安生物	左旋聚乳酸	PDLLA	西罗莫司	24～36
	Firesorb	微创医疗	左旋聚乳酸	PDLLA	西罗莫司	36
	Amsorb	阿迈特	左旋聚乳酸	PDLLA	西罗莫司	＜36
	Magmaris	百多力	镁合金	PLLA	西罗莫司	9～12
	IBS	先健科技	铁合金	PDLLA	西罗莫司	＞12

DES（包括 BRS）的结构包括支架平台、载药涂层和治疗药物 3 个部分。载药涂层是附着于裸支架表面的聚合物涂层，能够控制所载药物的释放速率。由于存在

炎症和超敏等副作用，近年来载药涂层材料逐渐从不可降解聚合物发展为可降解聚合物（左旋聚乳酸、聚羟基乙酸、聚己内酯等）。治疗药物分为细胞周期抑制性药物和细胞周期毒性药物两种，前者主要是西罗莫司及其衍生物（如依维莫司、佐他莫司、拜尔莫司等），后者主要是紫杉醇。而由于支架最重要的使命是打开血管并保持血流通畅，力学支撑可以说是支架最重要的属性，因此支架平台（骨架）生物材料的研发及结构的创新设计是目前冠脉支架技术发展的重点。

1. 药物洗脱支架（DES）

理想的冠脉支架骨架应该具备以下性能：①足够的径向支撑力；②良好的顺应性；③良好的流体动力学；④较大的扩张比；⑤良好的生物相容性；⑥影像学可视性。早期的 BMS 骨架材料主要为 316 L 不锈钢，之后由于 L605 钴铬合金和 MP35N 钴镍合金具有更好的强度，能使支架获得更优异的力学安全性和更小的网丝直径，从而取代不锈钢被大量应用在 DES 上。另外，镍钛合金具有超弹性、形状记忆效应等优势，也被用作支架骨架材料。2009 年美国波士顿科学公司开发出了铂铬合金支架，并于 2015 年在国内上市。铂铬合金支架相比 316 L 不锈钢具有更加优异的可视性、径向支撑力和柔顺性，同时比钴铬合金和钴镍合金具有更低的径向回弹。但上述金属材料中均含有超过 10% 的镍元素，《柳叶刀》杂志曾刊文认为镍等毒性元素在人体内溶出所引起的炎症反应，可能是导致支架内再狭窄的主要原因。近年来，高氮无镍不锈钢（BioDur108）作为一种新型材料被应用于冠脉支架开发中。高氮无镍不锈钢以氮加锰代替镍，使该材料实现了不仅具有更优的生物相容性和抗凝血性能，还具有更高的力学性能和耐点腐蚀性能。加拿大 TrendyMED 公司利用美国 Carpenter 公司生产的高氮无镍不锈钢开发冠脉支架，我国中国科学院金属研究所与中科益安医疗科技公司合作，实现了无镍不锈钢心血管支架产品上市。该产品具有支架网丝细（0.07 mm）、柔韧性好、抗凝血等特点，已于 2021 年获得欧盟 CE 证书，为开拓国际市场打开了通道。

2. 生物可吸收支架（BRS）

理想的 BRS 是植入后提供力学的扩张支撑并阻止早期的血管回弹（1～6 个月），当血管组织在支架扩张压力下完成重建后（6～12 个月），支架逐渐降解直至被人体完全吸收（12～36 个月）。尽管目前国内仅有两款产品上市，BRS 经过长期的研发和大量的临床试验，随着合适人群和适应证的扩大，预估未来 BRS 仍有广阔的市场发展空间。现有的 BRS 主要包括聚合物类可降解支架（包括聚乳酸、聚酸酐、聚碳酸酯等）和金属类可降解支架（包括镁合金、铁合金、锌合金等）。从 2016 年雅培公司的第一代全降解聚合物冠脉支架被美国 FDA 批准上市以来，BRS 暴露了支撑力、延展性不够，以及聚乳酸降解太慢（4 年）等问题，对聚合物支架的研发设计提出了重要挑战。在国家重点研发计划项目等支持下，四川大学和乐普医疗等针对可降解聚合物支架研发亟待解决的关键难题，从支架本体材料、涂层材料、构型设计及加工制造的关键技术方面展开集成创新攻关，研发出了系列国际领先的微创介入全降解心血管支架关键核心技术，相关产品之一 2019 年率先获国家药监局批准上市，目前已在全国 550 多家医院大规模临床使用，为冠心病患者提供了全新的治疗方式。该项目成果于 2021 年入选国家"十三五"科技创新成就展。此外，2020 年，山东华安生物科技有限公司研发的全降解心血管支架也获批上市。现阶段正在开发的产品还有美国 REVA Medical 公司研发的 Fantom Encore 支架、北京阿迈特公司研发的 3D 打印心血管支架等。在金属类可降解支架方面，国际上以德国百多力公司（Biotronik GmbH）的全降解镁合金支架为突出代表，骨架材料采用了商用 WE43 镁合金，目前已发展出 AMS、DREAMS 1G 和 DREAMS 2G 系列。DREAMS 2G 的 Magmaris 支架的临床结果显示，镁合金支架的临床效果可以与 DES（Xience）相比。2018 年 4 月，Magmaris 镁合金支架被我国香港医院成功引入。我国有多家研究机构和企业正在联合开发全降解镁合金冠脉支架，如郑州美港高科联合郑州大学、四川大学、北京大学，北京中科益安联合中科院金属所，天津赛诺医疗联合上海交通大学等，有望较快地进入创新医疗器械产品申报阶段。深圳先健科技研发的全球唯一一款使用铁基作为骨架材料的 BRS，于 2014 年通过国家药监局创新医疗器械审批。此外，山东瑞安泰联合北京科技大学、西安爱德万思、北京大学等单位正在开展可降解锌合金冠脉支架的研发。

二、心脏瓣膜

由于心脏瓣膜生理位置的特殊性，临床上没有有效的药物能治疗严重的心脏瓣膜病，因此人工心脏瓣膜置换术一直是最佳的解决方案。然而，传统的开胸瓣膜置换术（SVR）风险高，恢复时间长，约 1/3 的患者不适合进行 SVR。近年来，微创经导管心脏瓣膜置换术（THVR）得到了快速发展，即通过导管将人工心脏瓣膜输送并精确释放到指定位置，以恢复心脏瓣膜的正常生理功能。THVR 具有无须开胸、风险低、恢复时间短的优点，已成为心脏瓣膜置换手术的发展趋势，为老年患者和其他不适合开胸的患者带来了曙光。近年来，对 THVR 人工心脏瓣膜的研究主要集中在生物瓣膜（BHV）和合成高分子瓣膜（PHV）方面。理想的人工心脏瓣膜有几个因素至关重要，那就是良好的力学性能和生物相容性、优异的抗钙化和抗凝性能、极佳的内皮细胞黏附性、出色的流体动力学和疲劳性能等。如图 2-10 所示，人工心脏瓣膜材料及器械演变大致经历了 3 个阶段。

1. 生物瓣膜（BHV）

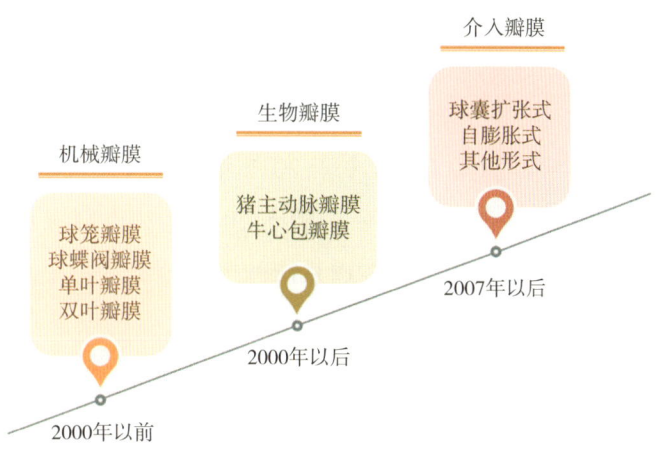

图 2-10　人工心脏瓣膜材料及器械演变的 3 个阶段

BHV 具有优越的血流动力学性能且无须长期抗凝，2010 年后成为 THVR 的主流。到目前为止，几乎所有的 BHV 产品均以由戊二醛处理过的异种材料制备，如脱细胞后的牛或猪心包或猪主动脉瓣。近 10 年中，经导管心脏瓣膜植入术（TAVI）产品相比传统开胸换瓣手术产品创伤小、恢复快，近几年来已成为治疗瓣膜疾病的主流趋势，在全球广泛开展研究与应用。目前，所有 TAVR 均使用生物瓣，多个产品已获得上市批准，美国美敦力公司开发的由猪心包材料制备的自膨式 CoreValveEvolut R 经导管主动脉瓣膜置换系于 2015 年获得美国 FDA 批准上市；美国爱德华生命科学公司开发的由牛心包材料制备的经导管心脏瓣膜 Sapien XT 和 Sapien 3 于 2016 年获得美国 FDA 批准上市。国内杭州启明医疗器械股份有限公司开发的微创介入式主动脉瓣膜 Venus-A 是国内首个经导管微创介入人工生物心脏瓣膜产品,于 2017 年获得了国家药监局批准上市,该产品针对中国患者的优化设计,突破了国外技术对二瓣化患者治疗的禁忌。杭州启明医疗与四川大学在国家重点研发计划项目的支持下,从瓣叶、瓣架和输送装置的关键材料及技术方面展开深入研究及技术创新,研发了国际领先的微创介入肺动脉瓣膜系统,填补了国内外在该领域的技术空白,已在英国、德国等全球 30 个国家和地区进行了临床应用,于 2022 年获国家药监局和欧盟(CE)批准上市,并经美国 FDA 批准用于患者人道主义紧急救治,开启了国产瓣膜登陆欧美市场的先河,标志着我国创新医疗器械国际化迈向新高度,挽救了全球众多患者的生命。此外,合作团队还创新性研发了双轴拉伸条件下多元脱水置换新技术,维持瓣叶材料纤维原有结构,开发的全球首款全回收介入干态瓣膜系统 Venus-PowerX 获阿根廷等上市批准。以上项目成果被科技部遴选为国家重点研发计划"生物医用材料研发与组织器官修复替代"专项中的标志性成果,入选国家"十三五"科技创新成就展。除了启明医疗开发的系列上市产品外,苏州杰成医疗的经心尖主动脉瓣 J-Valve 于 2017 年获得国家药监局批准上市;上海微创医疗的牛心包材料制备的 VitaFlow 瓣膜于 2019 年获得国家药监局批准上市,瓣膜的唇边设计有利于降低瓣周漏,输送系统的电动控制理论上可使瓣膜的释放操作过程更方便。苏州沛嘉医疗开发的 TaurusOne 经导管主动脉瓣膜产品于 2020 年获批上市。国产 TAVR 产品如图 2-11 所示。

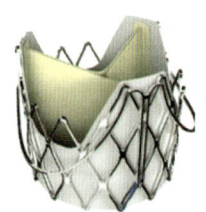

- VenusA-Valve
 (启明医疗)
- 猪主动脉瓣叶
- 镍钛合金框架
- 环上瓣

- J-Valve
 (杰成医疗)
- 猪主动脉瓣叶
- 镍钛合金框架

- VitaFlow Valve
 (微创医疗)
- 牛心包瓣叶
- 镍钛合金框架
- 环上瓣

- TaurusOne Valve
 (沛嘉医疗)
- 牛心包瓣叶
- 镍钛合金框架

图 2-11 国产 TAVR 产品

目前，越来越多的新型 BHV 正在研发或投入临床应用。例如，爱德华的牛心包无缝线 Sapien 3 瓣膜，Jena Valve 的 THV 定位技术猪心包 TrilogyTM 瓣膜，美敦力的具有可回收功能的新一代猪心包 CoreValve 瓣膜，以及瓣周漏与冠脉闭塞发生率显著降低的二代 CoreValve Evolut R 系统。国产二代介入瓣膜可回收、全回收功能成为常态化，产品不断获得批准上市。干态预装瓣膜、球囊扩张瓣膜、定位键辅助系统等新型产品也在不断研发中。同时，由于传统戊二醛处理过的 BHV 表现出良好的力学性能，但同时存在的毒性、钙化及血栓形成风险、免疫排斥反应、内皮化困难等缺陷会导致结构性瓣膜退化（SVD），使得瓣膜耐久性降低，因此生物瓣的使用年限通常为 10 年左右，随着瓣膜疾病的年轻化趋势加剧，高耐久性生物瓣膜研究也成为近年来的研究热点。四川大学开发了疏水脂肪酸保护钙离子动态结合调控技术，在瓣叶材料表面构建了疏水钝化层，抑制了外源性钙离子与瓣叶结合形成的钙盐结晶沉积，大幅提升了瓣叶材料抗钙化性能；并开发了多位点双键交联及戊二醛后交联等瓣膜新型改性技术，向瓣叶材料中引入不饱和基团及具有抗凝血性能的两性离子等功能单体，引发自由基聚合交联，大幅减少瓣叶钙化和血栓形成；开发了亲水复合和双轴拉伸条件下多元脱水置换技术，从而使瓣叶在干燥状态下能维持纤维结构的原始构象。这些新型瓣膜处理技术，有望引领国际心脏瓣膜疾病治疗技术的新突破。

2. 合成高分子瓣膜（PHV）

合成聚合物是最早和研究最广泛的心脏瓣膜材料之一。和 BHV 相比，合成高分子瓣膜（PHV）具有许多优点，如易于工程设计、产品均匀性好等。材料的选择是 PHV 性能的关键，由于高分子材料性能的限制，PHV 在早期的发展相对缓慢。近年来，随着不同类型的具有优异性能的高分子材料被开发出来，给 PHV 的开发带来了新希望，并激发了 PHV 的新一轮研究浪潮。

聚氨酯（PU）具有良好的血液相容性、力学和血流动力学性能，并且具有可调节的刚度和弹性，使其在心血管材料的开发中非常有吸引力。然而，聚氨酯材料的可降解化学键可能导致瓣膜衰败。近年来，人们开发了不同类型的聚氨酯来提高其生物相容性和生物稳定性，如具有聚碳酸酯软段的聚碳酸酯氨基甲酸酯（PCU）、具有聚硅氧烷软段的聚硅氧烷聚氨酯（PSU）、多面体低聚倍半硅氧烷（POSS）复合聚氨酯等。由于其惰性、低表面能和良好的生物相容性，聚四氟乙烯（PTFE）和具有特殊多孔结构的膨化聚四氟乙烯（ePTFE）已被广泛应用于医疗器械领域。与PTFE相比，ePTFE除了力学性能有所改善，孔隙率还可能影响瓣膜的性能，如瓣膜的钙化和活动性。目前，ePTFE已应用于肺动脉瓣和三尖瓣瓣膜的研发。此外，通过化学结合，以ECM涂层修饰的聚苯乙烯-异丁烯-苯乙烯（SIBS）材料及其交联版本xSIBS，聚乙烯醇（PVA）凝胶等新型材料也极具潜力被应用于瓣膜的研制与开发。

2019年，Foldax公司的高分子主动脉外科瓣膜产品率先经美国FDA批准进行FIM研究，高分子瓣膜开发处于蓬勃发展阶段，但目前仍尚无商业化产品问世，有几家公司正在积极开发：Foldax、Triskele和SAT公司采用聚氨酯材料开发的人工心瓣，其中Foldax产品已经进入临床实验；PolyNova公司采用聚烯烃材料，已经获得1000万美元以上累计投资。目前，应用于高分子瓣膜产品的高分子弹性体材料研究热点主要集中于聚氨酯和聚烯烃两大类，但是目前绝大多数含聚氨酯的器械为短期植入类别产品，面对有长期植入需求尤其需承受亿次级载荷的心脏瓣膜材料，仍然面临耐疲劳性、生物相容性和生物稳定性差等核心问题。目前，国内开展高分子瓣膜研发企业包括以心医疗、心锐医疗、杭州启明等。

PHV具有成本低、易于大规模制备的优点，在经导管介入瓣膜的开发中显示出广阔的前景。但目前的高分子材料仍然面临诸多挑战，如有限的耐久性、钙化、硬化和撕裂等。进一步提高合成高分子材料和高分子瓣膜的生物相容性、生物安全性和耐久性、抗凝性等，将是获得满意的PHV临床应用的关键。此外，基于可生物降解材料的组织工程心脏瓣膜有望实现瓣膜的功能重建和再生，也是心脏瓣膜产品开发技术的重要研究方向之一。

三、心力衰竭治疗

心力衰竭简称心衰，是多种原因导致心脏结构和（或）功能的异常改变，使心室收缩和（或）舒张功能发生障碍，从而引起的复杂临床综合征。心衰并不是一种独立的疾病，而是各种心脏疾病的严重表现或心脏疾病发展的终末阶段。目前认为神经内分泌系统激活导致心肌重构是引起心衰发生和发展的关键因素。心肌重构最初可以对心功能产生部分代偿，但随着心肌重构的加剧，受损的心肌细胞逐渐被不可收缩的瘢痕组织取代，从而限制了心脏的生物力学性能，导致心肌肥大、左心室扩张、心力衰竭，甚至死亡。目前大多数药物治疗只针对症状或减缓疾病的发展。而心脏移植和左心室辅助装置分别受到供应短缺和由感染、出血、中风和右心室衰竭引起的相关并发症的限制。近年来，旨在减缓心室重构、逆转心室壁变薄、促进心肌组织再生和心脏功能恢复的生物材料越来越受到关注。可注射水凝胶、心房分流器和心脏贴片是心衰治疗的3个新兴方向（表2-11）。

表2-11 心衰治疗新型材料及器械概况

器械	可注射水凝胶	心房分流器	心脏贴片
制备材料	海藻酸盐基、猪细胞外基质、重组人源化胶原蛋白（rhCol Ⅲ）、多肽弹性蛋白、基质金属蛋白酶敏感肽	镍钛合金、膨胀聚四氟乙烯涂层、射频消融导管	天然材料如蛋白质、脱细胞组织、透明质酸和海藻酸盐，合成生物相容性聚合物如PGS、PEGDA、PU和PCL
类型	纯水凝胶、基于细胞外基质的水凝胶、装载干细胞及外泌体的水凝胶、装载基因的水凝胶、装载治疗性物质的水凝胶、导电水凝胶	内扣式金属分流器、漏斗型金属覆膜分流器、圆盘式金属网状分流器、多层编织金属分流器、短脉冲射频无植入分流器	导电性贴片、微针贴片、形状记忆贴片、可降解弹性贴片
制备技术或输送途径	输送途径：心肌内、经心内膜、静脉内、心包内	输送途径：股静脉	制备技术：模制、蒸发法、静电纺丝、电润湿、3D打印

1. 可注射性水凝胶

水凝胶作为一种三维亲水聚合物网络，具有独特的生物相容性，其结构与性能能够很好地模拟心脏细胞外基质。与心脏贴片相比，可注射水凝胶作为一种无须开胸的微创技术，具有手术操作简单、创伤小、对心脏功能有更好的恢复作用等优点。可注射水凝胶治疗心衰主要从两方面发挥作用，一方面是为心室壁提供力学支撑，水凝胶的三维骨架结构可增加心室壁厚度、降低心室应力、限制收缩张力并改善心肌重塑；另一方面是通过仿细胞外基质和心肌微环境来进一步发挥其治疗及修复再生的功能，水凝胶可以很好地模拟细胞外基质，降低炎症因子的表达，抑制细胞凋亡，从而抑制心肌纤维化。虽然目前用于心衰治疗的可注射水凝胶在科学研究和临床试验中都取得了一些进展，但注射参数的选择，包括注射部位（图2-12）、注射量、注射速度、注射方法，仍需进一步的理论研究和临床验证。

此外，对于不同心衰程度或不同年龄的患者，所需水凝胶的最佳性能（包括模量、降解率、可注射性和自愈特性等）仍需要更多的科学证据。目前，美国、加拿大、以色列等国家均在积极开展心衰治疗水凝胶材料及器械的研发，而我国在该领域的研究已取得突破性进展。四川大学与杭州德柯医疗研发出了成胶时间及强度可控的海藻酸盐基水凝胶，以及兼具力学支撑与诱导心脏组织再生修复功能的新型人源化胶原蛋白基水凝胶，通过逆转左心室重构以治疗心衰，分层次实现了力学性能可控及诱导心肌组织再生修复，已完成全球首批13例经导管抗心衰水凝胶临床植入，获得国家重点研发计划立项支持。

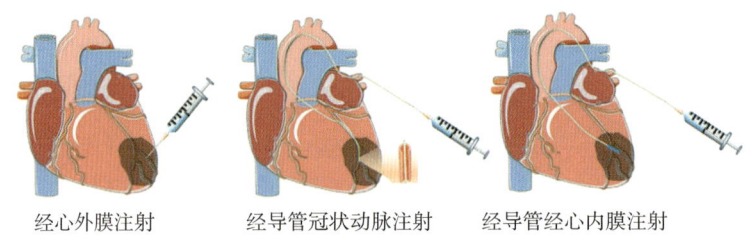

经心外膜注射　　经导管冠状动脉注射　　经导管经心内膜注射

图 2-12　心衰治疗的可注射水凝的注射部位

（数据来源：爱思唯尔）

2. 心房分流器

心房分流器主要通过微创经皮介入植入房间隔，形成从左至右的血液分流，降低左房压，缓解肺充血和呼吸困难。同时，它并不明显增加右心房的负担，减少左心房的血流量，也不会引起异常栓塞。特别是对于射血分数保留型心衰（HFpEF）患者，可有效缓解左心房负荷过重，从而改善患者的临床症状、运动耐受性和预后。目前，心房分流器已在世界范围内进入了临床研究阶段，有3种产品（IASD、V-Wave、AFR）已获得 CE 认证（图 2-13）。美国 Corvia 公司的 IASD 是全球第一款用于治疗 HFpEF 的房间隔分流器，也是第一款获 CE 认证的心房分流器。IASD 由镍钛记忆合金切割支架组成，左右心房圆盘形成内扣结构。以色列 V-Wave 公司开发了 V-Wave Ventura Shunt 系列，第一代是一种新型的沙漏型植入物，由自膨胀镍钛合金支架框架组成，左房孔内涂覆膨化聚四氟乙烯，旨在改善血液流动和限制装置上新组织生长。德国 Occlutech 公司的 AFR 是一种自膨胀镍钛合金网装置，由两个扁平圆盘和一个带有中心开窗的连接颈组成，中心开窗可实现双向流动。为了实现以患者为导向的个性化治疗，AFR提供两种不同的腰部高度和两种不同的圆盘尺寸，以适应不同厚度的房间隔和整体的心脏解剖结构。

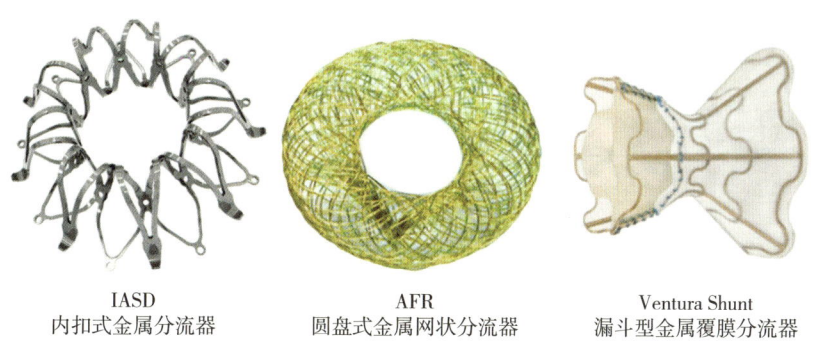

| IASD | AFR | Ventura Shunt |
| 内扣式金属分流器 | 圆盘式金属网状分流器 | 漏斗型金属覆膜分流器 |

图2-13 3种已获得欧盟CE认证的心房分流器产品

目前，一些新的心房分流器产品已进入临床试验阶段。华中科技大学和武汉唯柯医疗共同研发的D-shant强化了分流器腰部支撑力和防闭塞工艺处理技术，提高了产品的结构稳定性和形态记忆性，能够有效避免分流孔的闭塞。厦门大学和上海启晨医疗共同研发的SIRIUS AFR是全球第一款多层编织结构的心房分流器，具有二次介入回收功能。美国Alleviant Medical公司和中国杭州德诺睿华医疗分别开发了心房分流系统Alleviant System和NoYA。Alleviant System是一种经导管介入技术，通过股静脉进入右心房，再通过穿刺房间隔进入左心房，从而通过短脉冲射频能量在房间隔建立一个开口通道。NoYA是通过电极支架的支撑和射频消融作用在患者的房间隔上人为形成"房间隔缺损"，创建血液从左心房向右心房分流的通道。

3. 心脏贴片

心脏贴片是聚合物多孔支架或水凝胶制品，在开胸术后通过自发黏附或缝合固定附着在受损心肌上，为衰竭的心脏提供物理支撑，并增加左心室壁张力以限制心室扩张。此外，心脏贴片可以作为载体来递送治疗物质，如诱导多能干细胞、人心脏祖细胞、心肌细胞、生物活性生长因子和具有提高保留率的纳米酶，从而实现更好的治疗效果。目前，美国哈佛大学、杜克大学和威斯康星大学，英国格拉斯哥大学和剑桥大学干细胞研究中心、日本大阪大学，以及中国上海科技大学、苏州大学、南方医科大学等均开展了心脏贴片方面的研究工作。

四、心脏封堵器

手术闭合和器械（封堵器）闭合是治疗先天性心脏缺陷的两种常见方法。封堵器采用经导管介入的方式，具有无瘢痕、住院时间短、发病率低等优势，因此在先心病治疗领域应用越来越广泛。目前上市的封堵器基本是由不可降解的金属（通常是镍钛合金）和聚合物织物膜（通常为PET）制成的，前者负责锚定缺陷部位，后者负责阻断血液的异常分流。这些封堵器终生存在于人体内，可能导致长期的异物反应、镍离子的持久释放，以及封堵器与邻近组织之间的力学失配。生物可吸收心脏封堵器作为一种新器械，可以提供短期的闭塞并诱导原位组织再生，之后逐渐降解，直至被人体完全吸收，以此避免传统封堵器永久存留于体内带来的远期并发症风险。

框架和附着在其上的阻流膜是生物可吸收封堵器的两个主要部件。框架提供固定力以抵抗心室或血管内腔之间的压力，而致密的阻流膜用于阻止血流通过心脏缺陷。因此，框架材料一般需要具备良好的力学性能。而聚合物的拉伸模量明显低于镍钛合金，导致可降解封堵器的固定力较弱，存在更高的脱离风险；另一个挑战是由于聚合物通常形状记忆效果较差，大多数可降解封堵器在从鞘中释放时无法恢复到预先设计的几何形状。阻流膜材料力学性能的基本要求是承受心房、心室或其他腔室中的压力，并且能够方便地卷曲在护套内。与框架类似，阻流膜必须保持足够的力学强度，直到被新生组织覆盖。为了提高组织再生率，阻流膜通常具有多孔形态，以允许细胞快速增殖。随着时间的推移，力学下降曲线和组织再生曲线对于生物可吸收封堵器的成功也至关重要。表2-12总结了几种典型的进入临床阶段的生物可吸收心脏封堵器，其中，上海形状记忆合金材料有限公司（乐普心泰医疗全资子公司）与四川大学国家生物医学材料工程技术研究中心创新研发，突破材料不可能诱导心血管组织再生修复的传统观念，解决了全降解聚合物材料力学支撑性能、降解速率和血管生理重建过程不匹配的难题，在国际上率先研发出先天性心脏病治疗的全降解心脏封堵器MemoSorb，于2022年2月获得国家药监局批准上市，成为全球首款获批上市的全降解心脏封堵器产品，避免了金属封堵器永久留存于体内易引发传导阻滞等临床问题，被MedTF评选为2022年全球医疗器械十大创新成果之一。

表 2-12 进入临床阶段的生物可吸收心脏封堵器

公司	产品	框架材料	覆膜材料	应用	获证情况
上海形状记忆	McmoSorb	PDO	PLA	室间隔缺损	获国家药监局产品注册证
上海形状记忆	MemoSorb	PDO	PLA	卵圆孔未闭	获国家药监局产品注册证
NMT Medical	BioSTAR	MP35N 不锈钢	SIS	卵圆孔未闭/房间隔缺损	尚未获证
atHeart Medical	reSept	PLGA	PET	卵圆孔未闭/房间隔缺损	尚未获证
锦葵医疗	Pancy	PDO	PET	卵圆孔未闭	尚未获证
先健科技	Absnow	PLLA	PLLA	房间隔缺损	尚未获证

第四节　心血管生物医用材料前景与展望

经皮冠状动脉介入治疗（PCI）经历了 40 余年的发展，已成为冠心病血运重建的主流方式。近 10 年来，我国 PCI 手术量迅速增长，离不开心血管生物医用材料及器械的创新和发展。随着国内介入治疗市场不断扩大及国家政策对创新性医疗器械的支持，培育出了一批具有相当规模和国际竞争力的医疗器械公司。同时各大高校、科研院所和医院不断加深与医疗械企的合作，促使我国心血管生物材料与器械发展走出了一条从模仿到改良再到原创的创新之路。未来，作为第四次介入变革的生物可吸收支架应着力解决的问题是，如何优化支架结构和骨架材料，在获得足够径向支撑力的同时，减小支架厚度并改善通过性能；更重要的是，在开发能更好地促进新生内膜愈合的药物和减少炎症反应的功能性涂层的同时，寻求药物释放速度和持续时间与支架降解速度的平衡点，以尽量避免晚期血栓形成等不良事件。

近年来，心脏瓣膜置换术的发展趋势已从外科手术转向微创介入植入术。从材料的角度来看，目前商用的经导管介入生物瓣膜仍存在钙化、寿命有限、个体差异、免疫原性、瓣膜制备中需要人工缝合等缺点。通过表面改性、开发新型交联剂、探索新的动物源性生物原材料等方法，研制具有长期寿命的新型生物瓣膜仍是未来的主要课题。与生物瓣相比，合成高分子瓣膜具有制备规模大、成本低等优点，具有广阔的市场发展前景。如何进一步提高合成高分子材料和高分子瓣膜的生物相容性、生物安全性和耐久性，以攻克钙化、瓣叶硬化和撕裂等问题，是合成高分子瓣膜的主要发展方向。从产品开发的角度来看，心脏瓣膜介入治疗发展方向包括：①提高生物瓣膜的寿命，使得 TAVR、TPVR 及其他瓣膜置换手术能向低龄患者推广应用；②进一步探索更好的二尖瓣介入治疗技术，如经股静脉二尖瓣置换术；③进一步验证目前器械在三尖瓣反流中的治疗效果，研发新一代相关器械；④探索多种瓣膜技术联用的可行性并进一步扩大患者适应证。

由可降解材料制备的生物可吸收封堵器是未来主要的发展方向，研究重点在于提高生物相容性，以及获得可控的降解速度以时序性匹配内皮化进程。随着生物医用材料科学的进展，功能化涂层、3D 打印等先进技术将会更多地应用于封堵器材料表面处理及个性化定制，以满足心脏解剖结构的高度多样性。未来新型左心耳封堵器的研发还需攻克如何兼顾力学强度和柔顺性、如何实现更小的输送系统、如何优化封堵器在体内的展开模式、如何实现多次原位再定位和再回收等复杂问题。

尽管在过去的几十年里，心衰管理取得了一定进步，但心衰患者的死亡率和住院率仍然很高。在我国，心衰是住院人数增速最高的心血管细分病种。因此，新的心衰治疗策略包括可注射水凝胶、心脏贴片和具有改进性能的心房分流器，具有广阔的市场前景，值得深入开发。其中，功能性水凝胶和贴片应根据不同类型的心衰而设计，对于扩张性心衰，应提高力学强度和结构稳定性；对于缺血性心衰，应首要满足恢复心肌血供。能够实现介入无植入的全降解心房分流器因其降低了与永久植入物相关的如器械表面血栓形成、器械栓塞等风险，预计将成为未来研究的发展方向之一。基于生物材料的可注射水凝胶、心脏贴片和心房分流器或将为心衰患者带来治愈的曙光。

心血管生物材料和器械的研发是一个跨学科的领域，涉及材料、机械、生物学、医学及其他学科。新材料的出现、临床新技术的诞生和临床手术技术的进步都将促进创新医疗器械的产生和发展。展望未来，在科学家、工程师和医生的协同创新下，将会产生更多先进的心血管创新材料及器械，将给心血管病患者带来更好的治疗效果。

参考文献

[1] 葛均波. 中国心血管医疗器械产业创新白皮书2021[R]. 中国心血管医生创新俱乐部, 2021.

[2] 王云兵. 生物医用心血管材料及器械[M]. 北京：科学出版社，2022.

[3] 杨立, 罗日方, 雷洋, 等. 微创介入全降解血管支架和心脏瓣膜国内外研发现状与研究前沿[J]. 材料导报，2019, 33(1): 40−47.

[4] WANG Y. Research and progress of implantable cardiovascular materials and devices [J]. Engineering, 2021,7(12)：1707−1709.

[5] WANG Y, LI G, YANG L, et al. Development of innovative biomaterials and devices for the treatment of cardiovascular diseases [J]. Advanced materials, 2022, 34(46)：2201971.

[6] 陈世崧，刘晓红，徐志云. 人工生物瓣膜的研究现状及展望[J]. 中国组织工程研究，2023，27(7):1096−1102.

[7] 葛均波, 葛雷, 霍勇, 等. 中国冠状动脉慢性完全闭塞病变介入治疗推荐路径更新[J]. 中国介入心脏病学杂志, 2021, 29(6):302−305.

[8] ZHOU Z, LUO R, WANG Y, et al. Dressing blood-contacting devices by platelet membrane enables large-scale multifunctional biointerfacing [J]. Matter, 2022, 5(1):1−18.

[9] WANG Y, LUO R, WANG Y, et al. A Thrombin-triggered self-regulating anticoagulant strategy combined with anti-inflammatory capacity for blood-contacting implants [J]. Science advances, 2022, 8 (9):eabm3378.

[10] ZHANG B, YANG L, WANG Y, et al. A Polyphenol-network-mediated coating modulates inflammation and vascular healing on vascular stents [J]. ACS Nano, 2022, 16 (4):6585–6597.

[11] HU C, LIU W, WANG Y, et al. Regeneration of infarcted hearts by myocardial infarction-responsive injectable hydrogels with combined anti-apoptosis, anti-inflammatory and pro-angiogenesis properties [J]. Biomterials, 2022, 290, 121849.

第三章 骨科生物医用材料

骨科生物医用材料和植入器械是医疗器械行业中规模最大的子行业之一。随着我国人口老龄化进程的加快、运动普及率的快速提升、全民健康意识和医疗观念的转变，以及国民可支配收入的增加，我国对骨科生物医用材料及医疗器械的需求持续高增长，并有望在未来 10 年内成为全球最大的骨科器械市场。虽然我国骨科医疗器械行业的发展起步较晚，但近年来随着我国生物材料、临床医学等学科的快速发展及与产业的深度融合，特别是在国家政策的大力扶持下，我国骨科生物材料和医疗器械技术水平显著提高，和国外产品差距不断缩小，并培育出一批具有一定规模、产品矩阵完善的本土骨科器械企业，对我国医疗器械产业的健康发展起到了重要支撑作用。尽管如此，面对日益激烈的国际竞争，国家大力鼓励创新驱动发展，加快实现高水平科技自立自强，推动高端骨科器械的技术迭代和进口替代。在此背景下，我国骨科医疗器械企业正抓住机遇，借助市场扩容快速提高自身实力，着重提升企业原始创新产品的研发能力，重构行业格局。

本章首先简要介绍一下骨科生物医用材料和植入器械的分类和特点，重点回顾近 5 年骨科生物医用材料和医疗器械产业相关基础原材料、产品、技术的发展现状和研究进展，并结合近 5 年骨科生物医用材料的学术前沿动态展望未来发展。

第一节 骨科生物医用材料概述

生物医用材料作为医疗器械的重要物质基础，二者密不可分。当谈及生物医用材料时，既指材料本身，又指相关植入器械。因此，本节将从骨科植入器械和骨科生物医用材料两个维度分别介绍其分类和特点。

一、骨科植入器械的分类

骨科植入器械是医疗器械行业中最大的子行业之一,主要包括通过手术植入人体以替代、支撑或者修复骨骼、关节和软骨等组织的生物材料和医疗器械。产品按照临床中使用部位的不同可细分为创伤类(orthopedic trauma)、脊柱类(spine)、关节类(joint)和运动医学类(sports medicine)等。

创伤类产品:主要是指用于人体四肢、肋骨、手指、足踝、骨盆等部位的各种创伤性骨折损伤复位、固定并维持其稳定的骨科植入物。它通常包含接骨板系列、螺钉系列、髓内钉系列、外固定支架系列和其他创伤固定器械等。

脊柱类产品:主要是指用于因脊柱畸形、退变、骨折、脊柱肿瘤及感染等原因导致的脊柱疾病的矫正、复位、成形和融合等功能的植入物。它通常包含固定融合系统(固定板、棒、螺钉、螺塞、横连接、融合器等)、椎体成形系统(穿刺针、套筒、骨钻、锥体扩张、脊椎用骨水泥等)、人工椎间盘、脊柱矫形器械、脊源性疼痛植入式调控器械等。

关节类产品:主要是指用于因各种原因导致的骨关节炎、类风湿关节炎、股骨头坏死、关节内及其周围骨折、骨关节肿瘤等原因引起的关节置换或重建的植入物。其主要产品可分为人工膝关节、人工髋关节、人工肩关节、人工肘关节、人工腕关节、人工踝关节和小关节,以及关节置换用骨水泥等器械。

运动医学类产品:主要是指在全关节镜或者关节镜辅助下对韧带、关节囊、肌腱等软组织的形态修复,以及功能重建的植入器械。其主要产品包括关节镜系统(包括主镜系统和动力刨削系统等)、重建系统(界面钉、带袢钛板)和修复类(半月板修复系统、人工韧带等)。

近年来,随着科技的快速发展及其在外科手术中的应用,传统骨科手术与数字化、智能化的"控制系统"相结合衍生出一些新的、独立的产品类型。例如,骨科手术机器人,又称为骨科手术导航定位系统,开启了智能骨科手术的新时代。该设备由主机、机械臂、手术计划与控制软件、光学跟踪系统、主控台车和导航定位工具包组成,主要用于在脊柱外科、创伤骨科开放或经皮手术中以机械臂辅助完成手术器械或植入物的定位。此外,再生医学在骨科领域的应用,包括各类诱导骨缺损再生修复的生物材料也受到广泛关注。

二、骨科生物医用材料的分类

骨科医疗器械产品所使用的生物医用材料对其各项性能具有决定性的影响作用，随着生物合成技术、生物制造技术、脱细胞技术等的不断开发和完善，涌现出许多新的生物原材料和产品，其分类方法比较多，按材料性质划分，包括金属材料、高分子材料、无机非金属材料、天然来源的生物材料等，如表3-1所示。

表3-1 代表性骨科生物医用材料及特点

类别	代表性材料	优点	缺点
金属	医用不锈钢316 L、钴基合金、医用纯钛及钛合金、多孔钽、可降解金属	较高的机械强度，耐腐蚀性、耐高低温	金属-骨头接触面力学性能不匹配、应力遮挡、有松动的可能、离子溶出引起骨质溶解
高分子	合成高分子：UHMWPE、PLA、PEEK、PMMA、医用尼龙；天然高分子：胶原蛋白、丝素蛋白、壳聚糖、透明质酸	生物相容性好、能与骨组织产生化学结合或在体内降解、合成高分子稳定性好，强度较高；天然高分子生物相容性好，有细胞识别位点	添加有毒单体、产生有害磨屑、有发热效应、张力减退等
无机非金属	人工陶瓷氧化锆、氧化铝等、天然形成的珊瑚等	生物相容性较好；强度高	脆性大、应力遮挡、弹性系数过高

金属材料：主要包括医用不锈钢［最常用的为316 L（ASTM F138、F139）］，钴基合金［Co-Cr-Mo合金（ASTM F75、F799）、Co-Cr-W-Ni合金（F90）、Co-Ni-Cr-Mo-Ti（F562）等］，医用纯钛及钛合金（Ti-6Al-4V），多孔钽，可降解镁合金等。

高分子材料：主要包括超高分子量聚乙烯（UHMWPE）、聚乳酸（PLA）、聚醚醚酮（Polyetheretherketone，PEEK）、聚甲基丙烯酸甲酯（PMMA）、医用尼龙、医用弹性体等，以及用于骨修复材料的天然生物大分子，如胶原蛋白、丝素蛋白、壳聚糖、透明质酸等。

无机非金属材料：主要包括氧化物陶瓷（氧化锆、氧化铝等）、Si_3N_4、生物活性玻璃、磷酸钙（羟基磷灰石多孔陶瓷、β-TCP、CPC骨水泥等）、碳酸钙、碳纤维材料等。天然来源的珊瑚、硅藻等无机材料也被用于骨修复。

第三章 骨科生物医用材料

各类骨科医疗器械因其在临床中的使用条件、在体内发挥的作用、受力情况及生理环境等条件的不同，所使用的材料种类也各不相同。例如，用于创伤骨折固定或脊柱内固定类的产品主要由医用不锈钢、医用钛合金等金属材料制成；用于替代髋、膝、肩及肘等部位关节的骨科植入物一般采用医用钴铬钼合金或钛合金等强度较高的金属材料构成；在关节类骨科植入物产品中，为保证关节置换术后的关节活动度及植入物假体耐久使用寿命的要求，一般使用氧化物陶瓷、超高分子量聚乙烯等摩擦性能优异的材料制作具有活动度的接触界面材料；在脊柱外科领域，采用弹性模量与人体骨组织接近的聚醚醚酮树脂材料制备椎间融合器等骨科植入物产品。此外，随着近些年材料制备和加工技术的不断进步，以及患者对于快速治愈与避免植入物二次手术取出的需求的提升，骨科医疗器械材料的种类逐渐丰富，材料性能也不断持续优化。例如，具有人体可吸收特性的医用高分子材料和金属材料，在创伤、运动医学和颅颌面等领域的应用也备受瞩目。具有组织再生修复诱导活性的再生医学材料也已成为骨科生物医用材料的重要组成部分。

第二节 骨科生物医用材料市场现状

本节首先按照骨科医疗器械产品创伤类、脊柱类、关节类、运动医学类等分类介绍国际和国内近5年的市场现状，包括进口产品和国产产品在国内的市场占有情况及集采政策的影响。随后，按照材料属性分类（金属、陶瓷、高分子），详细介绍了当前骨科生物医用原材料代表性产品的市场情况，以及国内原材料产品的国产化现状。

一、骨科医疗器械产品市场现状

（一）国际骨科医疗器械市场现状

根据全球骨科行业权威调研机构Orthoworld发布的2022年度报告，全球骨科行业从2021年开始得到复苏。2021年，全球骨科销售额同比增长了61.02亿美元，增幅为12.8%。与2019年的531.53亿美元相比，2021年骨科市场的全球销售额反弹至536.38亿美元，略高于2019年。2022年增长率回落到3.2%，如表3-2所示。

表 3-2　2019—2022 年全球骨科销售额

市场规模	2019 年	2020 年	2021 年	2022 年
总额/亿美元	531.53	475.36	536.38	553.56
增减额/亿美元	19.25	−56.17	61.02	17.18
增长率	3.8%	−10.6%	12.8%	3.2%

数据来源：The Orthopaedic Industry Annual Report（2022），Orthoworld。

各类型骨科植入物产品中创伤类、脊柱类、关节类产品的市场份额占到骨科植入物市场的近 80%。2021 年骨科主要细分领域按关节、脊柱、创伤、运动医学分，其市场份额占比如图 3-1 所示，其中脊柱类、关节类产品的市场规模占整体的 54.5%。

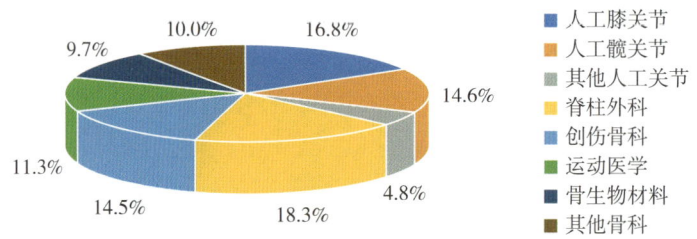

图 3-1　2021 年全球骨科市场的门类占比

（数据来源：The Orthopaedic Industry Annual Report（2022），Orthoworld）

1. 关节产品

关节置换术是目前骨科领域的最大业务，占总市场份额的 1/3 以上。2020 年市场规模下降显著，在 2021 年有所改善，如表 3-3 所示。膝关节置换术在关节产品中占比最高，其恢复滞后于髋关节和四肢关节置换术。髋关节置换术和四肢关节置换术的收入在 2021 年均恢复到了 2019 年的水平。

表 3-3　2019—2021 年全球关节置换各产品线的市场规模变化

关节各产品线		2021 年	2020 年	2019 年
膝关节	市场规模/亿美元	90.20	78.91	93.24
	市场增减额/亿美元	11.29	−14.33	2.66
	增长率	14.31%	−15.37%	2.90%

续表

关节各产品线		2021年	2020年	2019年
髋关节	市场规模/亿美元	78.08	70.54	77.88
	市场增减额/亿美元	7.54	−7.34	2.06
	增长率	10.69%	−9.42%	2.70%
其他关节	市场规模/亿美元	25.95	21.96	24.36
	市场增减额/亿美元	3.99	−2.40	1.57
	增长率	18.17%	−9.85%	6.90%

数据来源：The Orthopaedic Industry Annual Report（2022），Orthoworld。

目前，全球有 Zimmer Biomet、Stryker、DePuy Synthes 和 Smith Nephew 这 4 家企业每年在关节置换领域收入均超过 16 亿美元，占据该领域 75% 的市场份额（图 3-2）。在未来几年，关节置换市场占有率将持续增加，Stryker、Smith Nephew 和 DJO 都在 2021 年收购了关节置换产品的公司。

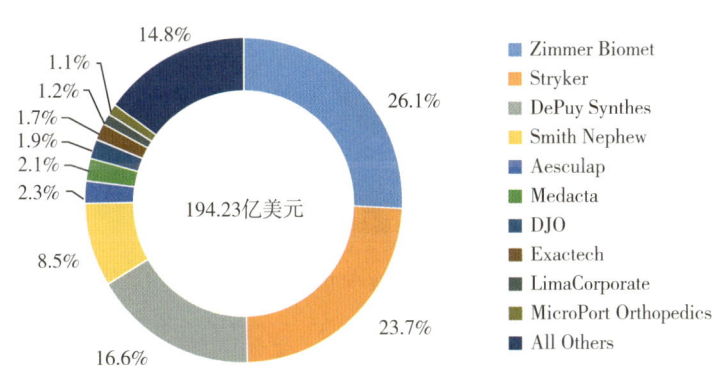

图 3-2　2021 年关节产品企业市场份额

（数据来源：The Orthopaedic Industry Annual Report（2022），Orthoworld）

2. 脊柱产品

脊柱在骨科市场的份额稳定在 18% 左右，与 2020 年相比，2021 年脊柱产品市场增长 13.1%。在脊柱产品的市场构成中，核心的脊柱融合类产品占据了大部分市场，并以较低的个位数增长。根据估计，人工椎间盘市场已接近 3.5 亿美元，并将以较高的个位数增长率增长（表 3-4）。

表 3-4　2021 年脊柱各类产品销售额

脊柱产品分类	2021 年销售额/亿美元	占比
融合类	82.74	84.5%
其他类	11.75	12.0%
人工椎间盘	3.43	3.5%
合计	97.92	100.0%

数据来源：The Orthopaedic Industry Annual Report（2022），Orthoworld。

在脊柱产品相关企业中，Medtronic 以 26.8% 的份额比占据脊柱市场，是其最接近的竞争对手 DePuy Synthes 的两倍多（图 3-3）。

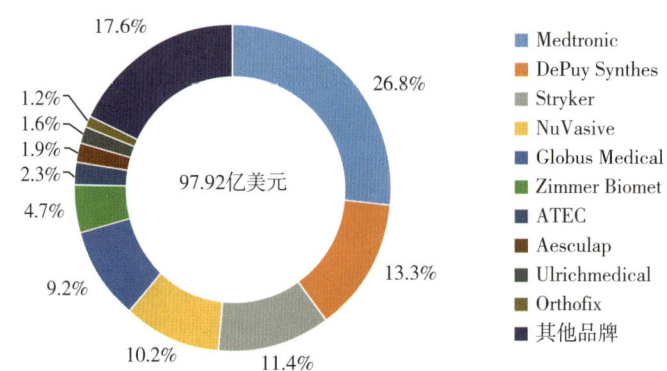

图 3-3　2021 年脊柱产品企业市场份额

（数据来源：The Orthopaedic Industry Annual Report（2022），Orthoworld）

3. 创伤产品

创伤产品占全球骨科市场的 14.5%，相比于 2020 年，创伤市场份额在 2021 年增长了 9.2%。4 家最大的公司——DePuy Synthes、Stryker、Zimmer Biomet 和 Smith Nephew 在 2021 年巩固了更多的创伤市场份额，占据 75% 以上的市场份额（图 3-4）。DJO 是该领域的新手，可能会寻求并购增长机会，以迅速扩大规模。

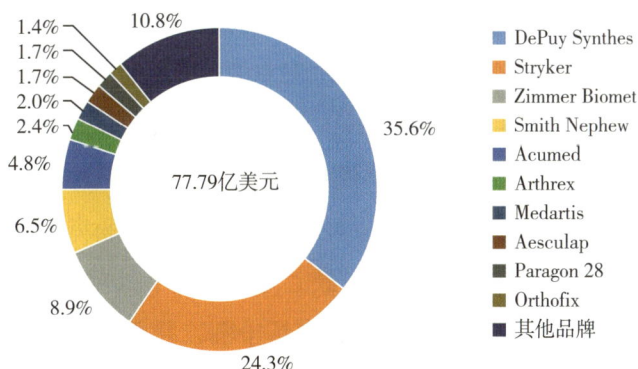

图 3-4　2021 年创伤产品企业市场份额

（数据来源：The Orthopaedic Industry Annual Report（2022），Orthoworld）

4. 运动医学产品

2021 年全球运动医学产品企业销售额约 60 亿美元，占全球骨科市场的 11.3%，整体市场稳健增长（表 3-5）。中国运动医学市场虽然发展较晚，规模小，但市场增速迅猛。2021 年中国运动医学市场规模约为 40 亿元，复合增长率超过 23%。

表 3-5　2021 年全球运动医学产品企业销售额及占比

企业	2021 年销售额 / 亿美元	占比
Arthrex	20.33	33.6%
Smith Nephew	14.28	23.6%
Stryker	7.28	12.0%
DePuy Synthes	5.94	9.8%
CONMED	4.38	7.3%
Zimmer Biomet	1.76	2.9%
KARL STORZ	1.31	2.2%
All Others	5.19	8.6%
合计	60.47	100.0%

数据来源：The Orthopaedic Industry Annual Report（2022），Orthoworld。

5. 其他——骨生物材料

骨生物材料主要包括应用于骨科的生物和生化产品，如异体移植和异种移植组织，合成骨移植替代品，自体血小板/血浆系统，细胞修复系统，生长因子，软组织保护和修复植入物，抗粘连技术，透明质酸和黏胶补充剂等。

骨生物材料占全球骨科市场的9.7%。这部分业务在2020年遭受了较大影响，增长幅度下降了15%左右。2021年，骨生物材料市场显著改善，但仍略低于2020年以前的水平。

与其他骨科领域不同，骨生物材料缺乏单一的市场份额领导企业，据估计，目前没有任何一家骨科公司拥有两位数的市场份额，几乎一半的市场由年收入低于5000万美元的公司占据（表3-6）。预计随着规模较小的创新公司进入这一领域，骨生物材料市场仍将保持分散化。

表3-6 2021年骨生物材料产品企业销售额及占比

企业	2021年销售额/亿美元	占比
Medtronic	4.83	9.3%
MTF Biologics	3.75	7.2%
DePuy Synthes	3.64	7.0%
Sanofi	3.34	6.4%
Stryker	2.85	5.5%
Bioventus	2.83	5.4%
Zimmer Biomet	2.54	4.9%
Arthrex	2.51	4.8%
Heraeus	1.69	3.2%
LifeNet Health	1.67	3.2%
All Others	22.5	43.2%
合计	52.15	100.0%

数据来源：The Orthopaedic Industry Annual Report（2022），Orthoworld。

（二）国内骨科医疗器械市场现状

根据《医疗器械蓝皮书：中国医疗器械行业数据报告（2022）》，2021年我国骨科植入物总体市场销售规模达340亿元，较2020年增长14%，主要细分领域为关节、脊柱、创伤、运动医学（表3-7），其中关节和脊柱市场均突破100亿元。对比全球骨科市场情况，关节和脊柱类器械的合计市场份额接近70%，而我国创伤类产品市场份额最大，关节、脊柱类器械的普及率则比较低，说明未来增长空间较大。且随着中国人口老龄化加剧，老年骨病如骨质疏松、椎间盘突出、股骨颈骨折等的发病率持续上升，再加上人们对健康需求的增长和支付能力的提高，国内骨科植入市场增速将远高于全球，未来 5 年有望继续保持约 15% 的复合增长率。

表 3-7　2020—2021 年中国骨科植入物市场销售情况

类别	2021 年销售额 / 亿元	2020 年销售额 / 亿元	增长率
关节	108	94	15%
脊柱	102	89	15%
创伤	98	90	9%
运动医学	32	25	28%
总计	340	298	14%

数据来源：《医疗器械蓝皮书：中国医疗器械行业数据报告（2022）》。

根据国家药监局发布的信息，2021 年我国在骨科植入物领域共批准 118 家企业（国产 96 家、进口 22 家）骨科二类、三类注册证 254 张。其中，创伤类产品注册证 65 张（含国产产品 61 张、进口产品 4 张）。国内创伤产品的市场销售额进口占比为 24%，增长率为 -6%；国产产品占比为 76%，增长率为 15%。脊柱类产品注册证 76 张（含国产产品 66 张、进口产品 10 张）。随着 3D 打印技术、脊柱微创技术、镜下融合术、手术机器人辅助等数字骨科的推广和应用，2021 年国内脊柱市场销售额进口占比为 43%，增长率为 9%；国产占比为 57%，增长率达 20%。关节类产品注册证 49 张（含国产产品 37 张、进口产品 12 张）。同样受益于国内疫情防控形势好转，以及 3D 打印技术及手术机器人辅助手术等数字骨科技术的发展与应用，国内关节市场销售额进口占比为 51%，增长率为 10%；国产占比为 49%，增长率达 21%。运动医学类产品注册证 64 张（含国产产品 52 张、进口产品 12 张），产品类型包括锚钉、界面螺钉、带袢钛板、半月板缝合系统等传统植入物和器械。2021 年国产运动医学市场销售额进口产品占比为 88%，增长率为 21%；国产占比为 12%，增长率达 100%。

根据《医疗器械蓝皮书：中国医疗器械行业发展报告（2020）》，2019 年中国骨科植入市场份额排名前 20 位有 6 家是进口企业，其中排名前五均为进口企业，分别为强生 13.11%、捷迈邦美 8.67%、史赛克 6.56%、美敦力 5.14%、施乐辉 4.45%、

TOP5集中度为37.93%，进口厂家占有绝对优势（表3-8）。可见，中国骨科植入物市场进口产品仍占有主导地位。但近年来，国产骨科医疗器械的出口也有显著增长。中国海关统计数据在线查询平台的调研分析显示：2021年中国骨科植入物出口持续回暖，出口额约8.64亿美元，同比上年增长39%。其中，创伤/脊柱领域出口额约6.46亿美元，同比上年增长44%；关节出口额约2.18亿美元，同比上年增长28%。

表3-8 2019年中国骨科植入市场份额排名前20名

排名	公司名称	类别	市场占有率	主要产品
1	强生	进口	13.11%	关节、脊柱、创伤、运动医学
2	捷迈邦美	进口	8.67%	关节、脊柱、创伤
3	史赛克	进口	6.56%	关节、脊柱、创伤、球囊（含创生国产）
4	美敦力	进口	5.14%	脊柱、创伤（含康辉国产）
5	施乐辉	进口	4.45%	关节、创伤、运动医学
6	威高	国产	4.05%	关节、脊柱、创伤、球囊
7	大博	国产	2.86%	脊柱、创伤
8	凯利泰	国产	1.83%	脊柱、创伤、运动医学（含江苏艾迪尔）
9	正天	国产	1.53%	关节、脊柱、创伤
10	春立	国产	1.26%	关节、脊柱
11	爱得	国产	1.04%	球囊、外固定支架
12	华森	国产	0.97%	脊柱、创伤
13	索娜蒙托	进口	0.91%	脊柱、创伤
14	科惠	国产	0.85%	脊柱、创伤、球囊
15	爱康宜诚	国产	0.82%	关节
16	微创	国产	0.78%	关节、脊柱、创伤（不含国外营收）
17	欣荣博尔特	国产	0.71%	关节、脊柱、创伤
18	威曼	国产	0.66%	脊柱、创伤
19	三友	国产	0.61%	脊柱、创伤
20	德骼拜尔	国产	0.53%	关节、脊柱、创伤（迈瑞全资子公司）

数据来源：《医疗器械蓝皮书：中国医疗器械行业发展报告（2020）》。

(三）集中带量采购政策影响

2021年，国家深入推进高值医用耗材集中带量采购改革，落实治理高值医用耗材改革相关文件要求，进一步提高采购效率，推动实现集中带量采购常态化。骨科植入物领域开展了国家联采1项、省际联盟采购1项、省级集中采购1项，相关政策的落地和执行对骨科医疗器械各细分领域均带来了显著影响。

1. 创伤产品价格降幅明显，经销模式调整、利润空间减小

2021年7月，河南省牵头12个省（自治区、直辖市）骨科创伤类医用耗材联盟采购工作。全国有101家企业报名，89家生产企业参与竞价（其中，国内企业76家、进口企业13家）。通过竞价，71家企业的20 751个产品中选，平均降价幅度达88.65%。各省从2021年11月1日起陆续开始执行。

2022年2月，天津、北京、河北三地医药采购中心共同发起京津冀"3+N"联盟骨科创伤类医用耗材带量采购工作，18个省（自治区、直辖市）计划联动河南等12个省（自治区、直辖市）骨科创伤类医用耗材联盟集中带量采购价格。2022年3月9日，京津冀联盟公布本次创伤集采结果，产品包括各类接骨板、髓内钉、螺钉等，共89家企业的20 026个产品中选，平均降幅为83.48%。其中，普通接骨板系统中选产品平均价为640.99元/套；锁定加压接骨板系统（含万向）中选产品平均价为907.48元/套；髓内钉系统中选产品平均价为1117.30元/套。京津冀"3+N"联盟带量采购落地后，中国大部分地区的骨科创伤类耗材完成降价。目前，国内多地已开展骨科创伤产品带量采购工作，这将加速创伤行业的洗牌。产品终端价的下滑将直接压缩过去经销模式中虚高的利润空间，但生产厂商有望维持合理的利润空间；有利于规范耗材采购和使用行为，改善行业生态；进而使国产创伤类产品基于成本优势，市场份额进一步扩大，进口创伤类产品市场份额逐渐缩小。

2. 人工关节国采完毕，国产产品加速入院

2021年9月，国家组织高值医用耗材联合采购办公室开展人工关节集中带量采购工作。全国5804家医疗机构参加此次集采报量工作。有48家企业参与报价，其中进口企业有13家、国产企业有35家；通过竞价，44家企业的870个产品中选，中选率为92%。本次集采首年意向采购髋、膝关节共53.75万套，约占全国医疗机构总需求量的90%，其中髋关节30.55万个、膝关节23.20万个，采购周期为2年。

拟中选髋关节平均价格从 3.5 万元下滑至约 7000 元，膝关节价格从 3.2 万元降至约 5000 元，平均降幅约 82%。爱康医疗凭借较低报价实现份额第一，春立医疗中标所有品类髋关节产品，且价格高于国产竞品，争取标外用量具备竞争力。

通过对比集采前后价格，此次中标价格较之前阳光挂网价格大幅下调，但仍高于爱康医疗招股书公布的国产企业平均出厂价，低于海外厂商的平均出厂价，对海外厂商的利润产生负面影响。国产、进口关节品牌在集采政策执行后迎来低利润模式下的激烈竞争，主要表现为进口产品供货不足、国产产品入院加速，外国厂商受到降价影响，进口经销商代理意愿下降，转向代理国产品牌。国产产品的质量已和进口比较接近，型号更密集、更易适配患者需求，且进口厂商学术活动和推广等减少，国产厂商则继续推进各类活动。

3. 脊柱国采终端降幅符合预期，国产企业中标位次领先

2022 年 7 月 11 日，《国家组织骨科脊柱类耗材集中带量采购公告（第一号文）》正式发布，宣布骨科脊柱耗材国家带量采购的启动。公告对带量采购品种、产品分组、竞价规则、拟中选规则做了具体说明，与 5 月份的《国家组织脊柱类医用耗材集中带量采购方案（征求意见稿）》相比，正式文件将脊柱集采的品种从 12 个产品系统增至 14 个，并延长采购周期至 3 年，自中选结果实际执行日起计算。此次脊柱集采分组情况综合考虑：主要部件是否齐全；全国供应能力；累计意向采购量前 85% 划分为 A、B、C 3 个竞价单元。同时满足 3 个条件的企业进入 A 组，只满足第 1 个条件的进入 B 组，其他进入 C 组。此次脊柱产品集采包括颈椎前路钉板固定融合系统、颈椎后路钉棒固定系统等 14 个产品系统类别，29 个竞价单元，872 套系统，全国 6426 家医疗机构填报采购需求 120.84 万套，产品共涉及 173 家申报企业。据国家医保局介绍，骨科脊柱类耗材集采落地后，预计每年可节约医保费用 260 亿元；同时，行业集中度会进一步提升，并可以加速国产替代进口。

二、骨科生物医用原材料全球市场现状

在全球生物医用材料市场中，骨科生物医用材料需求量最大，市场份额约占全球市场的 38%。预计未来几年，骨科生物医用材料市场需求量还将持续增加。

骨科植入器械的发展离不开医学、生命科学、材料学、化学等上游学科的进

步，相关产品对产业链上游的原材料要求较高，材料需具备良好的安全性好、优异的生物相容性、适宜的力学相容性，并且要有可加工性、耐磨性能等。目前，骨科涉及的主要材料基本涵盖了全部的生物医用材料种类，包括金属、高分子和无机材料等。不同类型材料的性能差别很大，互相配合以满足不同的临床使用需求，但良好的生物相容性是其共同的性能要求。

（一）金属材料

目前，市场上的骨科植入器械仍以金属材料为主，金属材料类别占据了50%的市场份额，其中包括钛合金、钴铬钼和不锈钢等材料，金属材料的部分特性在一些骨科治疗场景中短时间难以被替代，特别在四肢长骨和负重区的临床治疗中。

在医用金属材料方面，目前国内较为知名的医用金属材料供应商有西安赛特思迈钛业有限公司、宝钛集团股份有限公司、沈阳金属所、宝鸡鑫诺新金属材料有限公司、东莞市诺德金属科技有限公司等；国际上较为知名的医用金属材料供应商有美国Carpenter公司、美国Allegheny公司等。

（二）陶瓷材料

在骨科植入物产品中，陶瓷材料主要被用于人工髋关节假体中的球头和臼杯内衬，形成"陶瓷—陶瓷"的界面相互作用；或者采用超高分子量聚乙烯内衬，形成"陶瓷—超高分子量聚乙烯"的界面相互作用。总之，对陶瓷材料表面的耐磨性和表面光洁度要求极高，直接影响产品的安全性和使用寿命。目前，全球95%以上的人工髋关节产品生产企业均向德国赛琅泰克公司（CeramTec）采购原材料生产陶瓷球头和陶瓷内衬这两类部件。其在中国市场占比为100%。赛琅泰克成立于1903年，专注生产和开发先进的陶瓷元件，是全球最大的先进技术陶瓷公司之一，其产品广泛应用于汽车工业、航空航天等工业，以及医疗器械领域。根据赛琅泰克2020年报所披露的数据，2020年其全球医疗产品的总收入约为2.3亿欧元，折合人民币约为17.6亿元，占总营收的41.6%。自从1974年第一代产品上市，赛琅泰克的Biolox®系列产品已经迭代了4次，第四代Biolox®delta（氧化铝复合氧化锆陶瓷），经临床多年验证，性能卓越，是目前使用最为广泛的关节陶瓷材料，也是关节国采所选定的品种。

(三）高分子材料

在医用高分子材料中，聚醚醚酮在椎间融合器、超高分子量聚乙烯在人工关节、聚甲基丙烯酸甲酯作为骨水泥均获得了广泛应用。

PEEK 是一种新型特种热塑性工程塑料，具有耐高温、自润滑、易加工和高机械强度等优点，可替代金属、陶瓷等传统材料，主要应用于航空航天、汽车工业、电子、电气和医疗器械等领域。PEEK 是由英国帝国化学工业公司（Imperial Chemical Industries，后独立为 VICTREX 威格斯公司）在 1978 年开发出来的，有"工程塑料综合性能之王"的美誉。威格斯的子公司 Invibio 于 20 世纪 90 年代末期率先开发出医用级 PEEK 材料（商品名为 PEEK-OPTIMA），并通过美国 FDA 和 CE 的广泛认证。PEEK 及其复合材料具有良好的耐磨性能、优异的消毒性能和较好的生物相容性，比钛或钢更能适应天然骨骼的柔韧性，同时可透过 X 射线在 CT 或核磁共振检查时不显影，已广泛用于钢板和销钉、骨螺钉、缝合螺钉及髋关节假体等骨科植入物领域。传统的金属植入材料弹性模量远高于骨组织，难以形成合理的梯度强度，患者在受到特殊外力后会损伤周围的正常组织，即产生所谓的"应力屏蔽"效应。此外，金属植入体内可能释放有害的金属离子，激活巨噬细胞，造成骨质溶解。因此，PEEK 材料在骨科高端植入器械越来越受欢迎。目前，PEEK 材料的脊柱椎间融合器占据了 95% 以上的椎间融合器份额，金属材料的椎间融合器不足 5%。目前全球范围内医用 PEEK 材料的生产企业主要为英国威格斯、比利时苏威和德国赢创。国内的脊柱生产企业 90% 以上是向威格斯公司采购 PEEK 原材料。我国目前已经实现 PEEK 材料的工业化生产，规模最大的生产企业为吉林中研高分子材料股份有限公司。

此外，在陶瓷—聚乙烯类和合金—聚乙烯类人工髋关节及膝关节中，均需要使用超高分子量聚乙烯或高交联聚乙烯内衬 / 衬垫。目前几乎 100% 国内关节生产企业及 50% 以上的国外关节生产企业向美国骎骏公司采购超高分子聚乙烯或高交联聚乙烯棒料、板料。

在关节、脊柱附属产品领域，骨水泥具有广泛的应用。1951 年，瑞典 Klaer 用 PMMA 作为髋关节假体固定材料。1988 年，Charnley 医生进一步研究并推广使用，使得骨水泥固定关节置换假体获得成功。在当前关节领域中，5% 的髋关节假体、95% 的膝关节需要骨水泥固定；脊柱领域中，95% 以上椎体成形手术及部分恶性肿瘤致骨缺损的手术，均需要使用骨水泥填充、支撑。目前国内使用的骨水泥绝大部分为国外生产企业提供，近几年来部分国内生产企业开始取得骨水泥的注册证，但主要的骨水泥原材料均需要进口。

（四）可吸收高分子材料

近年来，生物可吸收材料在骨科植入器械中的应用也得到了快速发展。因可吸收材料具有可被人体吸收、无须二次手术取出、其弹性模量与骨骼接近，且不存在应力遮挡效应等特性，在骨科植入物领域具有广阔的应用前景而备受关注。目前主要应用于非负重区、小关节、掌指骨、外踝等部位。现阶段，应用最多的骨科生物可吸收材料主要包括 PLA、聚乙醇酸（PGA）、聚己内酯（PCL）及其共聚物。其中，PLA 在生物可吸收聚合物市场占比最大，也是商业化最成功的生物聚合物之一。与其他聚合物相比，PLA 拥有良好的加工性能、机械强度、可生物降解、可回收、可堆肥、无毒，可被有机体代谢等优点，PLLA 和 PDLLA 是 PLA 的主要亚型。合成医用聚乳酸工艺中因中间体丙交酯的合成和纯化工艺流程复杂、技术壁垒高、设备要求高、工艺过程中的耗能较大等问题，使得目前全球具备丙交酯生产工艺且可批量供应合格医用可吸收材料的厂家只有德国 Evonik 和荷兰 Corbion 两家企业。

生物可吸收聚合物主要应用于骨科、心血管和药物输送等领域，其中骨科医疗器械占比最大。生物可吸收聚合物在骨科器械应用的高速增长归因于骨科疾病的日益流行，人均收入增加导致生活水平提高、医疗保健支出增加、对更高质量医疗保健的需求增加，以及全球多个国家对生物可吸收产品的认知提高。生物可吸收聚合物基植入物可改善患者护理和临床结果，并有助于降低额外的手术成本，降解产物以二氧化碳和水排出体外。生物可吸收聚合物可用于制备缝合线、螺钉、支架和骨针，主要应用于创伤、脊柱、运动医学、颅颌面外科等领域。

三、骨科生物医用原材料中国市场现状

虽然目前中国骨科器械生产企业在很多产品质量上可以媲美进口产品，且在生产规模及成本上比进口企业更具有竞争力，但在我国骨科器械产业链中，上游生物医用原材料行业中仍缺少龙头企业，国内尚未掌握医用关键材料制备与加工技术。高端材料对海外进口依赖度高，成为制约我国医疗器械产业发展的瓶颈。国际大公

司垄断医用材料的生产，高价格卖给中国企业，甚至对我国企业禁售，以打压我国医疗器械企业的发展。这不但造成国产产品的绝大部分利润被外企赚取，给我国患者疾病治疗带来沉重的负担，给国家医保带来空前的压力，而且产品生产产业链受制于人，发展风险大，严重威胁我国医疗保障体系的健康发展。

总体来说，目前国内生物医用材料企业主要提供一般金属合金或者做金属表面处理工艺，具有核心竞争力的骨科植入器械原材料生产企业较少，且企业规模小，在市场上竞争力弱和占有率低。当前，我国高度重视生物医用原材料的技术攻关，在聚醚醚酮、聚氨酯等几种关键高分子材料中已有突破。然而，尼龙弹性体、聚四氟乙烯、镍钛合金、可降解镁合金、医用PMP材料、医用COP材料、血液灌流材料、热塑性弹性体血液存储材料、氮化硅陶瓷等应用量大、应用范围广的众多基础关键医用材料还依赖进口，亟须实现原料国产化替代。国内医用原材料供应情况如表3-9所示。

表3-9 国内医用原材料供应情况

原材料	境内外供应情况	境外主要供应商	生产国家
陶瓷球头、内衬	境外供应商垄断，境内无合格供应商	CereamTec GmbH	德国
医用钛材	医用钛材的生产已逐步实现进口替代，目前主要为境内供应商供货，部分规格的医用钛材仍需进口，但占比不大	Carpenter Technology Corporation	美国
PEEK	医用级PEEK棒为境外供应商垄断，无境内合格供应商；工业级PEEK棒由境内供应商供货	Invibio Ltd	英国
		赢创特种化学（上海）有限公司	德国
钴铬钼	境外供应商垄断，无境内合格供应商；公司从多个境外供应商采购从而分散采购风险	STAINLESS C 爱人	法国
		Carpenter Technology Corporation	美国
		闰塘（上海）实业有限公司	美国
		Fort Wayne Metal	美国
超高分子量聚乙烯	境外供应商垄断，无境内合格供应商	三菱化学高新材料（上海）有限公司	德国

我国产骨科生物医用原材料还存在巨大的发展空间，随着我国生物材料的基础研究的快速发展，进口替代是发展的必然趋势。生物医用材料的创新是骨科领域相

关医疗器械企业发展的重要方向。

第三节　国内外重要技术和产品研究进展

近年来，随着生物医用新技术和新材料的快速发展和临床转化，推动了一批创新骨科医用产品的开发。本节将重点围绕几种代表性的新技术、新材料和新产品，简要介绍其性能特点和研究进展。

一、3D打印技术在骨科产品中的应用

3D打印技术也称增材制造（AM）或快速原型制作，是一种以三维模型数据为基础，基于离散－堆积原理，将材料通过"逐层打印、层层堆叠"的方式直接构建三维实体模型的快速成型技术。其制造过程中无须传统方式的刀具、夹具或模具的辅助，能够直接从数据模型生成任何形状的零件，从而极大地提高了设计自由度，而且制备精度较高、质量优异，因此在骨科产品设计及制作方面体现了显著优势，为骨科临床个性化产品需求提供了重要支撑。

近年来，3D打印技术迅猛发展，3D打印金属、陶瓷、高分子材料技术均获得巨大突破，无论打印结构精度还是力学性能方面，都有不断提高。3D打印技术与医疗技术的结合一直备受关注，为医疗器械创新带来了新的增长点。目前，3D打印医疗器械已成为现今发展最快的植入器械产品形式。

3D打印金属材料在骨科领域主要被用作骨填充和骨替代产品，如膝、髋关节假体和颈椎、胸腰椎融合器及人工椎体等产品。常用的金属材料包括钛合金和钽金属等金属，一方面，该类材料生物相容性较好，保证植入物的生物安全性；另一方面，材料经过3D打印加工成型可以赋予产品可控的孔隙结构和表面粗糙度，为发挥植入物促成骨等功能性提供必要条件。

高分子材料3D打印工艺及相关产品在骨科领域也具有广泛的应用。例如，采用选择性激光烧结（SLS）、光固化成型（SLA）、熔融沉积成型（FDM）、三维立体打印（3DP）、层叠实体制造（LOM）等技术，可将树脂、尼龙及聚醚醚酮等高分子材料加工成个性化产品。它的用途主要包括用于骨科关节解剖学教育、术前沟通辅

助、辅助手术诊疗和规划的 3D 打印模型；用于术中精准定位、辅助手术操作、提高手术安全性的个性化导板工具；能够满足个体差异和治疗需求的定制式支具及矫形器类产品，可显著提升临床治疗效果。

在生物陶瓷材料和无机非金属材料加工方面，3D 打印技术较传统工艺具有显著优势。传统的陶瓷产品加工难度大、时间长、成本高，特别是用于人体硬组织替代和修复的生物陶瓷产品，因多具精细孔隙结构或曲面等复杂的几何形状，采用 3D 打印加工工艺可以更好地实现产品个性化及精细化结构加工。常用于 3D 打印成型的陶瓷材料有羟基磷灰石、β- 磷酸三钙及生物活性玻璃等材料，相关产品在颅骨修复、骨缺损填充及口腔方面具有良好的产品性能。

近年来，3D 打印骨科植入物呈现出持续增长的态势，为骨科植入物市场注入了新的活力。与传统的骨科植入物相比，3D 打印骨科植入物具有不可比拟的优势：①克服了传统植入物尺寸规格有限，和患者匹配度低的问题；②能够实现复杂结构的一体化制备，例如，模拟人体骨小梁结构，使其拥有更好的生物固定性；③能够根据患者的医学数据实现产品定制化，为患者量身定制的植入物与患者植入部位完全吻合，极大地提升患者的舒适感；④个性化定制产品使得手术精度和效率不断提高，降低手术风险。可见，3D 打印的骨科植入器械将成为骨科器械的新的增长点，对产业发展具有极大的推动作用，将成为未来医疗器械发展的重要趋势。

2017 年，多个 3D 打印金属植入物获得美国 FDA 认证。美国 SI-BONE 研发的 iFuse-3D 植入器，是一款采用 3D 打印技术制备的用于骶髂关节融合的钛植入物。与传统技术制备的植入物不同，iFuse-3D 植入物表面的骨骼孔隙仿生结构由 3D 打印技术直接实现，孔隙率和孔径都可以精准控制，与人体松质骨类似。此外，美国 K2M 的可调节 3D 打印的 MOJAVE PL 腰椎支撑架也获得了美国 FDA 认证，该产品用于脊柱靠下后路腰椎部分的畸形矫正。通过 3D 打印技术能够实现 3～5 μm 的表面粗糙度和 70% 的内部孔隙连通性，更利于骨长入。德国 EIT 公司的 3D 打印钛金属椎间融合器也在同年获得美国 FDA 的认证。纵观全球四大龙头企业——美敦力、强生、捷迈邦美、史赛克，他们近年在骨科方面的战略布局，也可以发现除手术机器人外，3D 打印是骨科巨头企业的关键布局方向。我国首个获批的 3D 打印人体植入物是 2015 年北京爱康宜诚医疗器材股份有限公司开发的 3D 打印人工髋关节假体，标志着我国 3D 打印骨科植入物迈入产品化阶段。近年来，中国骨科相关的医疗企业均在 3D 打印骨科类器械产品方面有所布局。

二、可降解生物材料在骨科产品中的应用

近年来,基于可降解生物材料开发的可吸收植入器械受到高度关注并迅速发展。与传统的植入器械相比,可吸收器械在体内经过一段时间可以被完全降解吸收,避免了长期存在于人体内引起一系列的不良反应和潜在风险的问题,也避免二次手术取出增加患者痛苦和医疗费用。

由于可降解生物材料的降解特性,对其体内生物安全性有更高的要求。一方面,可降解材料本身植入后不能发生排异、炎症等宿主反应,更不能产生致癌或者致畸作用,包括材料在体内经水解、酶解等过程逐渐降解后,降解产物也要有很好的安全性,要能被排出体外或参加体内正常新陈代谢而消失。另一方面,降解过程中产品的结构及力学性能必须符合相关要求,不能出现安全问题或影响使用。也就是说降解时间和降解过程要可控,降解发生的起始时机和降解周期要合适。

(一)基于可降解高分子材料的骨科器械

1. 国内可吸收合成高分子类骨科产品概况

国内可吸收合成高分子类骨科产品起步较晚,且注册产品数量少,新材料产品布局比国外晚 6～8 年。

2019—2023 年,国家药监局注册的国产可吸收合成高分子类骨科产品主要涵盖创伤和运动医学领域(图 3-5)。产品类别为可吸收骨板、可吸收螺钉、界面螺钉、带线锚钉等,组成为聚乳酸及其共聚物、无机钙磷盐/聚乳酸基复合材料等。

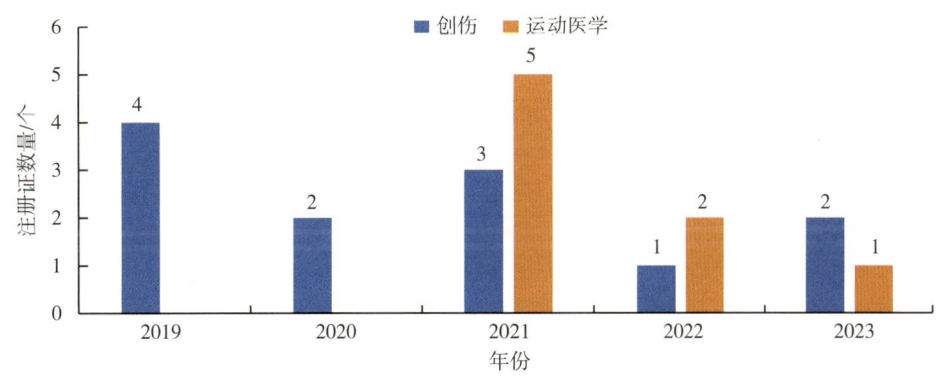

图 3-5 近 5 年国家药监局国产可吸收合成高分子类骨科产品统计

（数据来源：http：//www.nmpa.gov.cn/datasearch/home-index.html？itemId=2c9ba384759c957701759ccef50f032b#category=ylqx）

2019—2023 年，国家药监局注册的进口可吸收合成高分子类骨科产品较国产器械丰富（图 3-6）。创伤产品临床用途从四肢骨折扩展到颅颌面骨折内固定，组成均为聚乳酸及其共聚物。在脊柱领域也具有临床应用，相应的产品为可吸收胸腰骶椎前路钉板系统。运动医学产品的注册较其他产品高，组成为无机钙磷盐/聚乳酸基复合材料。由于国外可吸收产品布局早于国内 6～8 年，因此，近 5 年中国注册的进口产品大多是注册证更新。

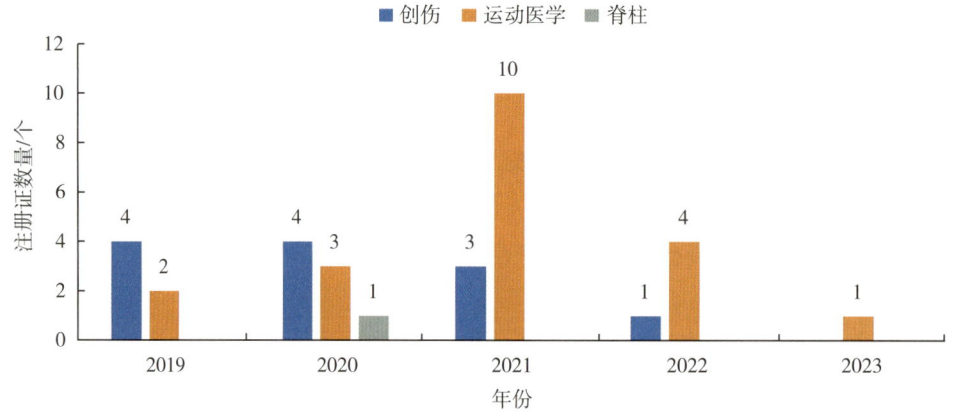

图 3-6 近 5 年国家药监局国内进口可吸收合成高分子类骨科产品统计

（数据来源：http：//www.nmpa.gov.cn/datasearch/home-index.html？itemId=2c9ba384759c957701759ccef50f032b#category=ylqx）

2. 国外可吸收合成高分子类骨科产品概况

国外可吸收合成高分子类骨科产品早期布局全面。近 5 年，传统骨科产品的新增数量少，大多为扩充适应证范围，依赖新材料技术的运动医学和植骨材料产品研发趋势有上升。

2017—2022 年，美国 FDA 注册的可吸收合成高分子骨科产品较国内丰富，主要涵盖创伤、运动医学、骨缺损等领域（图 3-7）。从数据看，运动医学和植骨材料有新增趋势。产品类别为可吸收骨板、可吸收螺钉、界面螺钉、带线锚钉、人工骨等，组成为聚乳酸及其共聚物、无机钙磷盐/聚乳酸基复合材料等。

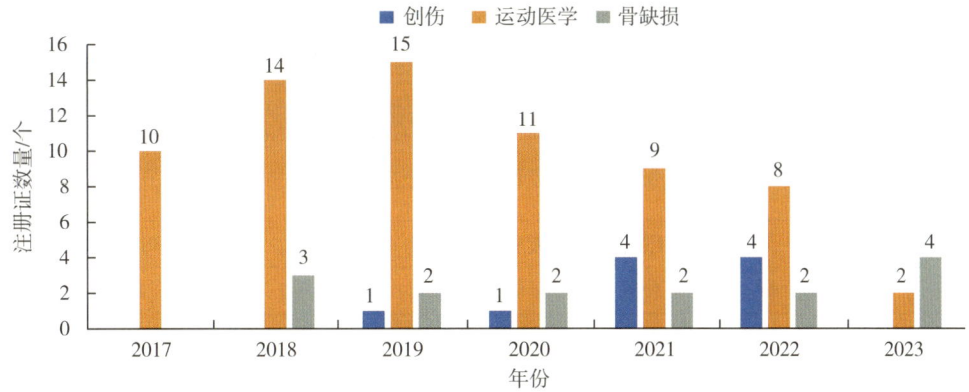

图 3-7 近 5 年美国 FDA 国外可吸收合成高分子类骨科产品统计

（数据来源：http：//www.accessdata.fda.gov/scripts/cdrh/cfdocs/cfPMN/pmn.cfm）

3. 国内外可吸收合成高分子／无机复合骨科材料

理想的可吸收合成高分子类骨科材料需要具备以下特点：①优异的力学性能，满足骨科植入物的力学支撑作用；②适配的降解性能，保障骨科植入物关键性能衰减规律与组织愈合速率相互匹配；③良好的成骨能力，可提供骨组织生长所需的微环境和组成元素。因此，根据骨组织的性能特点，基于可降解合成高分子类材料开发的有机／无机钙磷盐杂化复合材料及其植入器械成为当前国内研发的热点之一（表 3-10）。无机钙磷盐主要包括羟基磷灰石、β-磷酸三钙、生物活性玻璃等。聚乳酸基聚合物主要包括聚左旋乳酸、聚消旋乳酸（PDLLA）、聚左旋-消旋乳酸共聚物（PLDLLA）、聚左旋乳酸-乙醇酸共聚物（PLGA）等。

长春圣博玛生物材料有限公司采用化学接枝方法增强 HA 与 PLLA 之间的界面相容性，开发了 HA/PLLA 复合材料，增强了 PLLA 的力学性能和成骨能力，同时调控其降解性能。代表性产品可吸收接骨板和螺钉系统，具有超高的初始机械强度，体内植入 6 个月后固定强度可以维持初始强度的 80%，降解速率与骨愈合速度之间完美匹配。

表 3-10 代表性国内外可吸收合成高分子／无机复合类骨科产品及材料

管理机构	生产商	代表性产品名称	材料组成
中国国家药监局	成都迪康中科生物医学材料有限公司	可吸收骨折内固定螺钉	PDLLA
	立心（深圳）医疗器械有限公司	可吸收界面螺钉	PLDLLA&HA
	长春圣博玛生物材料有限公司	可吸收接骨板	PLLA&HA
	武汉华威生物材料工程有限公司	可吸收接骨螺钉	PDLLA&HA
	天津正天医疗器械有限公司	可吸收界面螺钉	PLDLLA&PLTMC
	北京天星医疗股份有限公司	可吸收界面螺钉	PLGA&β-TCP
	成都美益达医疗科技有限公司	可吸收颅颌面板钉系统	PLLA
	山东威高骨科材料股份有限公司	可吸收界面螺钉	PLGA&β-TCP
	纳通生物科技（北京）有限公司	可吸收界面螺钉	PLDLLA&PLTMC
	郡是医疗器材（深圳）有限公司	聚左旋乳酸可吸收胸骨固定钉	PLLA
	天津博硕倍生物科技有限公司	可吸收内固定钉板系统	PLLA
	德培依运动医学股份有限公司（DePuy Mitek）	带线可吸收骨锚钉系统 Healix BioCryl Rapide Suture Anchors	PLGA&β-TCP
	郡是株式会社 グンゼ株式会社	聚左旋乳酸可吸收骨固定系统	PLLA
	帝人医疗科技株式会社	聚左旋丙交酯制生物吸收性接骨材料	PLLA
	迈道国际有限公司（Medos International SARL）	复合可吸收自钻免打结缝线锚钉 Healix Advance SP BIOCOMPOSITE Anchor	PLA&β-TCP
	芬兰（INION 公司 Inion Oy）	可吸收骨内固定系统 Inion OTPS Biodegradable Fixation System	PLDLLA
	施乐辉（Smith&Nephew）	可吸收螺钉 BIOSURE REGENESORB Interference Screw	PLGA&β-TCP&CaSO$_4$
	锐适公司（Arthrex, Inc.）	复合可吸收螺钉系统 BioComposite Tenodesis Screw system	PLA&β-TCP
	百优瑞泰克有限公司（Bioretec Ltd.）	可吸收骨接合植入物 Bioabsorbable Implants and Accessories for Bone surgery	PLGA
	捷迈邦美（Zimmer Biomet）	可吸收骨折内骨固定体 LactoSorb Bone Fixation Set	PLGA

续表

管理机构	生产商	代表性产品名称	材料组成
美国FDA	ConMed Corporation	Cufflink Implant System Biocomposite	PLDLA&β–TCP
	Arthrex	Arthrex Self Punching Swivelock Suture Anchors	PLLA&β–TCP+PEEK
	Smith & Nephew, Inc.	Healicoil Knotless Suture Anchors	PLGA&β–TCP&CaSO$_4$
	Stryker Leibinger GmbH & Co. KG	Stryker Resorbable Fixation System	PLGA
	Synthes (USA) LLC	Trumatch Graft Cage – Long Bone	PCL&HA
	Inion Oy	Inion Compresson Screw	PLDLLA
	OSSIO Ltd.	Ossiofiber Compression Screw	mineral–fiber&PLDLLA
	Acuitive Technologies, Inc.	CITRESPLINE and CITRELOCK ACL Implants	HA&polyester fiber
	AJU Pharm Co., Ltd.	Fixone Biocomposite Interference Screw	PLGA&β–TCP
	Zimmer Biomet Spine Inc.	Cap Spheres Pellet Pack	BCP&PGA
	Kensey Nash Corporation Dba DSM Biomedical	Dsm Biomedical Calcium Phosphate Cement With Microspheres	Calcium Phosphate&PLGA&collagen
	Medos International SARL	HEALIX ADVANCE Anchor with DYNACORD Suture	PLGA&β–TCP+PEEK
	SeaSpine Orthopedics Corporation	Resorbable Mesh Device	PLGA

数据来源：美国国家药监局和美国 FDA 官网。

纳通科技集团开发了生物活性玻璃纤维/聚乳酸基复合材料（BGF/PLA）。该材料的性能优势为高强韧性、降解可控性和骨诱导特性。其研发产品界面螺钉正在进行临床试验，为国内首个 BGF/PLA 复合材料骨科产品。

国外的相关产品有美国 Depuy Mitek 开发的可吸收 Biocryl Rapide 材料，其组成为 β–TCP/PLGA，可赋予产品良好的降解性能和成骨能力，代表产品如带线可吸收骨锚钉系统。施乐辉公司（Smith & Nephew）开发的 Regenesorb 材料，其组成为 β–TCP/CaSO$_4$/PLGA，可赋予产品不同时间周期内的降解特性和成骨能力。OSSIO 公司开发的连续矿物纤维增强聚乳酸复合材料，与纳通科技集团材料类似，具有高强韧性、降解可控性和骨诱导特性等优势，但其产品注册进程远超国内。

总之，可吸收合成高分子材料在骨科领域的应用呈现从单一聚合物向复合材料演变的趋势。可吸收合成高分子/无机复合材料相关的国内与国外产品类别相对一致。国外在产品布局上占有绝对的时间和市场优势。其中，生物活性纤维增强聚乳酸复合材料技术国外处于领先地位，国内产品在产品范围、材料创新性上仍相对落后于国外。

（二）基于可降解金属材料的骨科器械

可降解金属是指能够在体内逐渐被体液腐蚀降解的一类医用金属，当协助机体完成组织修复使命之后将全部被体液溶解，不残留任何成分。目前，可降解金属主要分为镁基、锌基、铁基三大体系。锌基和铁基可降解金属的骨科植入物产品仍处于临床前动物试验研究阶段，尚没有产品获批上市。只有镁基可降解金属，以其优异的理化性能和良好的生物相容性，在骨钉产品开发方面已取得巨大突破。

镁基可降解金属在骨科的主要挑战仍然是如何控制合金降解速率和气体产生速度，采取的主要措施有合金化、表面改性化处理、复合材料技术等。表面改性化技术包括钙磷陶瓷涂层、PLA 涂层、氟化物涂层等，主要是为了控制镁的腐蚀速率，保证镁合金植入物在骨折愈合早期不发生快速降解，稳定产品的早期力学强度，维持其内固定作用。新型合金化技术将具有生物相容性的合金元素加入镁中，一方面提高其生物功能，通过各种合金元素中不同降解产物的生物和生理功能，以一种可控的方式促进局部组织的重建；另一方面降低其降解速率，避免气体聚集，并在局部持续提供一定浓度的镁离子，提高抗菌效果，促进骨修复。这里简单介绍几种典型的可降解金属材料。

1. 高纯镁

在镁基材料应用于骨科医疗器械领域的早期，纯镁及镁合金受到研究人员的广泛关注。但受限于材料提纯及加工水平，杂质含量较多的镁基材料的降解速度相对较快。随着材料提纯及加工水平的提高，高纯镁的降解及生物相容性得到了较大提升，利用高纯镁生产骨科植入器械的开发成为现实。我国在高纯镁骨科植入物的研发领域处于领先地位。2020 年 5 月，东莞的宜安科技股份有限公司（简称"宜安科技"）开发的适用于缺血性股骨头坏死骨瓣内固定的纯镁骨钉产品获得 CE 认证。2023 年 2 月，宜安科技在国内完成全部临床病例（184 例）纯镁骨钉产品的临床入组。高纯镁骨科内植入产品在国内相关临床研究正在顺利开展。

2. Mg-Zn-Ca 基镁合金

医用高纯镁虽然具有生物相容性良好、降解性能优良的特点，但高纯镁的力学性能相较镁合金有较大差距，高纯镁骨钉产品的临床适应证范围预期将受到较为严格的限制。因此，国内外研发人员利用人体生理活动所必需的元素，有针对性地开发了 Mg-Zn-Ca 基镁合金。目前国内外利用 Mg-Zn-Ca 基镁合金开发的骨科植入物产品主要有以下案例。在国际上，2014 年，韩国药监局批准了韩国 U&I 公司采用 Mg-Ca-Zn 镁合金开发的 Resomet™ 螺钉产品上市，主要用于手掌骨骨折的内固定。2022 年 1 月 24 日，美国 MDC 公司宣布，其产品成分为 Mg-Zn-Ca-Mn 镁合金的 BioMG 250 空心螺钉获美国 FDA 突破性认证，主要用于足部和踝部重建。2023 年 3 月 30 日，芬兰 Bioretec 公司的利用 Mg-Zn-Ca 镁合金开发的生物创伤骨钉产品 RemeOs™ 获得美国 FDA 认证，允许在美国市场进行销售。RemeOs™ 是美国 FDA 批准的第一个生物可降解金属植入物产品。国内方面，2022 年 10 月 10 日，卓恰医疗研发的 Mg-Zn-Ca 镁合金空心钉在北京积水潭医院完成首例临床入组。Mg-Zn-Ca 基镁合金由于其良好的生物相容性和优秀的力学性能受到了国内外厂家的广泛关注，国际上已有两个上市产品，国内厂家产品的开发进度也在快速跟进中。

3. Mg-Re 基镁合金

医用镁合金产品的降解速度与人体组织修复过程的生物匹配是厂家选用不同镁合金体系进行产品开发重要考虑因素。高纯镁降解速度较慢，但其力学性能相对较低；Mg-Zn-Ca 基镁合金生物相容性较好，但是前期开发者获得材料的力学性能、降解速度与部分其他系列镁合金相比还是具有一定差距。因此，国内外部分厂家开发了添加稀土元素的镁合金，部分产品目前已经获批上市。2013 年，德国 Syntellix AG 公司开发的 MAGNEZIX® 镁合金螺钉成为世界上第一个获得 CE 认证的可降解镁合金三类植入医疗器械产品，主要用于小骨和骨碎片的固定。截至 2022 年年底，MAGNEZIX® 镁合金螺钉的全球临床施用量达到了 10 万例，螺钉的材质是基于 WE43 稀土镁合金成分上发展出来的专利合金。国内方面，上海沪创医疗利用 Mg-Nd-Zn-Zr 镁合金（JDBM）开发的可降解镁合金骨钉产品目前正在开展试验性临床研究。由于大部分稀土元素并非人体生理活动所必需的，伴随稀土镁合金产品在人体内降解释放的稀土元素代谢问题是关注焦点，目前未能有更加可靠的研究结果。可降解稀土镁合金的应用研究未来存在较大的挑战与风险。

由于可降解镁基金属骨钉产品的力学强度较钛合金、不锈钢等材质较低，因此现阶段主要应用于非承重区的固定。从临床应用的角度，未来还可以考虑利用镁合金开发出颅颌面的骨折及骨缺损修复用固定或接骨板、股骨头紧固用螺栓、指骨固定钉、髋臼杯固定钉、膝关节韧带固定用界面螺钉等可降解植入物产品。

在监管科学方面，可降解金属作为一种新型医用金属材料，已经获得了国内外监管部门的普遍认同，例如，ISO TS 20721 标准给出了可降解金属植入物的一般性评价准则，ASTM F3268 标准给出了可降解金属体外降解行为的测试方法。2022 年 1 月 17 日，中国国家药监局发布了《可降解镁金属骨科植入物注册审查指导原则》（2022 年第 4 号），这将加快可降解镁金属在骨科植入领域的产品注册上市，同时对其他可降解金属用于骨科领域提供了指导性原则。

4. 锌合金

与镁基可降解金属相比，锌基和铁基可降解金属具有更高的力学强度，且在体内降解的过程中无大量气体生成，降解导致局部环境 pH 值变化较小。但是两种材料均存在降解速度较慢的问题，需要通过进一步材料学研究改善其降解能及生物相容性。

锌元素在人体中属于微量元素，过量锌离子在人体组织中富集可能导致一定的生物毒性，且锌基材料及产品的力学性能随着其成型完成后时间的延长，可能发生一定程度的下降，因此国内外相关研究机构和企业对于锌基可降解金属在骨科产品中的应用还处于初期探索阶段。国内企业在医用可降解锌合金产业化方面走在国际前列。2020 年 10 月，湖南华耀百奥医疗科技有限公司研发的可降解 Zn-Mg-Fe 合金颅颌面内固定系统在空军军医大学口腔医院完成世界上首例可降解锌合金临床入组，开展小样本可行性临床实验。未来针对锌基可降解金属与生物体相互作用的 3 个关键科学问题：化学交互作用、生物学交互作用和力学交互作用，设计制备新型锌基可降解金属体系，为骨创伤修复提供更好金属材料选择。

三、骨修复材料

骨修复材料简称植骨材料或骨材料。除填充椎间融合器内促进成骨外，大量应用于临床骨缺损修复。在临床上，先天疾病、骨折、骨肿瘤等原因所造成的骨缺损十分常见，例如，70%的骨折都会造成一定程度的骨缺损。由于大多数情况下缺损骨组织难于自发愈合，往往需要骨移植替代材料促进骨修复。目前，临床上使用的骨材料种类非常多。根据材料来源，可将骨缺损修复材料分为天然骨材料和人工合成骨材料两大类。天然骨材料主要包括自体骨、异体骨和异种骨。人工合成骨材料又可按照组成的不同分为高分子基、陶瓷基和复合基材料。

（一）异体骨产品

根据供体物种不同，异体骨分为两类，即同种异体骨和异种异体骨。异体骨在植入前会经过相应的处理，主要目的是保留其特有的天然网状结构以达到优良的成骨性能，同时减少其抗原性以减少排斥的发生。制备异体骨的主要方法有物理方法（低温冷冻、高温煅烧、超声）和化学方法（脱脂、脱蛋白、脱细胞），以及多种方式联合运用等。以上制备方法虽然降低了免疫原性，但也无可避免地影响了移植物的骨诱导性。因此，对于异体骨来说，移植成功率的关键因素是减少或消除异体骨移植免疫排斥反应的同时提高移植物的诱导成骨活性。

随着异体骨产品的不断发展，产品的组成由单一逐渐向复合转变，形式也逐渐丰富。例如，2019年年底，韩国的同种异体骨修复材料ExFuse Bone Graft在中国获批上市，其成分为冻干松质骨及脱矿骨混合羧甲基纤维素钠生理盐水溶液制成，分为凝胶状（gel）和膏状（putty）两种剂型，可用于在骨科手术时低负重状态下四肢及脊柱骨缺损空隙与缝隙的填充。2020年2月，北京鑫康辰推出由同种异体脱钙骨基质和赋型剂（甘油－脱钙骨明胶）组成的具有可注射和可塑性功能的骨修复材料，解决了临床治疗复杂骨缺损过程中常遇到的，因植骨材料与缺损部位形态差异而造成植骨困难的难题。

（二）无机材料类骨修复材料

无机材料类骨修复材料以生物陶瓷和生物活性玻璃等为代表，该类材料植入人体后可与宿主组织间发生复杂的化学反应，直接与宿主形成稳固的化学结合，其本身及其降解产物可参与机体的新陈代谢及骨修复再生过程。

生物陶瓷骨修复材料主要由单相或者双相羟基磷灰石和磷酸钙组成，通过调节两相的含量比例及多孔结构来达到调节材料在体内的降解速度。产品形式主要有颗粒、骨块和骨水泥等。代表性产品主要有辛迪思的β－磷酸三钙人工骨、美敦力的

15%羟基磷灰石和85%β-磷酸三钙的人工骨、百赛的50%磷酸钙和50%硫酸钙人工骨、伯克利的60%羟基磷灰石和40%磷酸三钙人工骨，以及美国WRIGHT公司的硫酸钙骨填充修复产品等。国内公司主要有上海贝奥路公司磷酸三钙陶瓷骨修复产品，武汉华威磷酸三钙和少量生物玻璃的骨修复生物陶瓷产品等。生物活性玻璃骨修复产品主要有美国诺邦公司的固髂生NovaBone®可吸收骨修复替代材料、芬兰Inion公司的Biorestore生物玻璃骨填充材料。与磷酸钙生物材料相比，生物玻璃和玻璃陶瓷的组分范围要广，各种对人体无害和能促进骨组织生长的离子都可以添加到生物玻璃中以改善其性能，例如，添加一些微量元素（如Mg、Zn、Sr等）可以进一步提高生物活性玻璃的性能。

虽然以上材料在骨传导、再吸收性、促进骨修复方面具有很好的前景，但生物陶瓷或生物活性玻璃的机械强度较差和脆性大是其最突出的缺点，导致其在传统加工技术中难以形成复杂的结构体。随着3D打印技术的发展，可以实现具有高强度、高度有序性、孔分布及孔结构高度可控的生物陶瓷人工骨打印。并且通过3D打印的建模及拓扑优化，在保证良好的力学性能的同时，能有效地控制其内部的多孔结构，打印出具有仿生结构与人工骨假体，加快骨修复过程，满足更多患者个性化治疗的需求。

（三）复合材料类骨修复材料

由于单一的有机或无机材料都无法完全满足骨修复对材料的要求，因此寻求两种或多种材料复合，充分利用各自的长处，弥补自身的不足，制备理想的人工骨，是骨修复材料领域追求的目标。其中，无机材料主要以羟基磷灰石、磷酸钙和生物玻璃等为代表。天然材料以胶原蛋白、壳聚糖、透明质酸等为代表，由于胶原蛋白具有优异的生物相容性、易于骨形成和重塑过程而被广泛用作骨组织工程支架。有机材料以聚乳酸、聚乙醇酸、聚乳乙醇酸，以及它们的共聚物等为代表。复合骨修复材料早期主要以简单的两种材料复合为主，随着制备技术与组织工程技术的发展，骨修复材料也向多种材料复合方向发展，目的是通常引入其他组分改善骨修复材料中的孔隙率、稳定性、骨诱导性、成骨活性、导电性及可操作性等性能。例如，2020年5月，Baxter International Inc.推出的Altapore Shape骨移植物是由硅酸盐取代的钙磷盐和共聚物组成的一种兼具导电性和生物活性的骨修复产品。2022年2月，Orhtofix Medical Inc.推出了Opus B.A产品，是由碳酸磷灰石骨矿物质、生物活性玻璃和Ⅰ型胶原蛋白组成的合成具有可塑性功能的生物活性骨移植材料。在国内，2022年3月，立心科学的GAIABONE™可塑形吸收性骨修复材料获美国FDA 510（K）的批准，该产品采用的是聚乳酸+羟基磷灰石的材料组合，通过技术与工艺的创新，实现了可塑形、抗溃散和骨导电性的良好综合性能。

奥精医疗科技股份有限公司（简称"奥精公司"）开发的骼金®是基于仿生矿化方法制备的胶原和纳米羟基磷灰石原位组装的复合人工骨材料。不同于其他产品两种成分的简单物理混合，骼金®实现了胶原纤维调控下的磷酸钙的矿化，具有微纳尺寸上高度仿生的矿化胶原纤维。因此，该产品在组成、结构和性能上仿生天然骨，具有人工骨修复材料所不具备的优异性能。目前，奥精公司开发的新一代矿化胶原/聚酯人工骨也已进入临床试验阶段，预计2024年上市。

（四）载药骨修复材料

20世纪60—70年代，人们开始对BMPs开展深入研究，开辟了骨组织工程研究的新纪元。由于种子细胞在临床应用中仍受到较多政策限制，临床应用较少。目前已上市的产品中只有少数含有生长因子（重组人类骨形成蛋白2：rhBMP2和重组人类骨形成蛋白7：rhBMP7）的产品被批准用于脊柱融合手术或长骨延迟愈合等手术。国外含有生长因子类的骨修复产品主要由美敦力的Infuse Bone graft(rhBMP2)和史赛克的OP-1Implant、OP-1Putty、Osigraft（rhBMP7）占据主要地位。美敦力的Infuse Bone Graft因rhBMP-2生长因子浓度较高导致异位骨增生等并发症的不良反应，因此国内杭州九源基因的rhBMP-2骨修复材料，通过脂质体包封rhBMP-2从而改良生物相容性及修复因子的缓释、吸收情况。2022年10月8日，正海生物获得活性生物骨产品的医疗器械注册证，该产品采用基因工程的方法大幅增强了BMP-2和载体的结合力，显著减少了BMP-2的用量，克服了Infuse Bone因BMP-2浓度过高而导致异位骨生成等并发症的不良反应。

迄今为止，欧洲药品管理局（EMA）已批准数十种含有抗生素成分的骨科材料上市，包括骨水泥、人工关节及其他植入式骨科材料产品等。相较于单一医疗器械产品，药械组合产品在增强药效、减轻药物不良反应、预防并发症发生等方面具有明显优势，随着组织工程骨修复材料发展的不断深入，药械组合或将成为骨修复材料领域发展的新形式。如何将药物/生长因子与支架材料相结合，并调控药物/生长因子的释放速率等将是需要进一步研究的关键问题。

四、关节软骨再生/修复产品和技术

严重骨关节炎患者均经过了早期的、难以治疗的关节软骨损伤，因此软骨再生材料的研究、开发及临床应用一直是国内外医疗器械市场所关注的。

目前商业化的软骨修复材料如表 3-11 所示。MACI 是一种典型的基于"细胞支架构建"策略的组织工程关节软骨技术。目前，基于 MACI 概念的商业产品主要分为两类：复合细胞的支架材料产品及无细胞支架材料产品。胶原蛋白是最常用的应用于关节软骨的支架材料。NeoCart 是一种由牛源 I 型胶原蛋白组成，负载软骨细胞的 3D 软骨支架。体外将软骨细胞接种到支架中，在低氧生物反应器中培养，使软骨细胞增殖。低氧生物反应器模拟天然关节内低氧环境以保留软骨细胞表型，植入后，用生物黏合剂将移植物固定在缺损上。另一个经典软骨修复产品 CaReS 由大鼠来源的 I 型胶原蛋白组成，将软骨细胞接种到胶原凝胶中以保留软骨表型，移植入软骨缺损部位。除胶原蛋白外，基于透明质酸、纤维蛋白、藻酸盐的支架也广泛用于 MACI。例如，Hyalograft C 支架是基于透明质酸形成的。软骨细胞直接在支架上培养，植入物无须额外的黏合剂即可植入。Chondro™ 是一种基于纤维蛋白的软骨修复材料。将软骨细胞与纤维蛋白以 1 : 1 的比例混合，然后直接注射到缺损上。临床结果显示，移植 12 个月后患者无移植物相关并发症，几乎形成正常软骨。解放军总医院团队开展的脱细胞同种异体软骨支架复合自体软骨细胞已成功研发至国际领先的第四代组织工程软骨修复技术，该技术也是当前我国唯一获得临床应用许可的组织工程软骨再生修复技术。经过 10 余年的临床随访观察，在临床应用取得了满意的效果，证实了再生修复软骨的可行性。由于自体软骨细胞的植入需要二次手术和软骨细胞体外扩增，增加了手术的复杂性并延长了恢复时间。为了解决这一问题，已经开发了基于微骨折术+生物支架（AMIC）概念的无细胞软骨修复支架，通过微骨折术间接加载内源性干细胞以弥补细胞来源不足。TruFit 和 MaioRegen 支架是市场上两种可用的支架。TruFit 支架由 PLGA、硫酸钙、PGA 纤维和表面活性剂组成。临床研究表明，TruFit 支架修复关节软骨缺损具有良好的长期效果。而 MaioRegen 支架是由 I 型胶原蛋白和羟基磷灰石组成的三层仿生支架。一项多中心前瞻性研究显示，MaioRegen 支架植入可显著改善膝关节全层软骨缺损患者的膝关节症状。

表 3-11　用于软骨修复和再生的生物材料

产品	公司	材料
Agili-C™	CartiHeal	Aragonite 基双相支架
BioCartilage®	Arthrex	微粉化软骨基质
Cartiva® SCI	Cartiva	聚乙烯醇冷冻凝胶
*Chondro-Gide®	Geistlich Pharma	I/Ⅲ胶原双层膜
*ChondroFiller®	Meidrix Biomedicals GmbH	胶原蛋白溶液
*ChondroMimetic®	Collagen Solutions	胶原蛋白、糖胺聚糖和磷酸钙双层多孔植入物
Chondrotissue®	Biotissue	聚乙二醇酸毡和透明质酸基支架
CHONDROVEIL™	Swissbiomed Orthopaedics	聚乙醇酸（PGA）基支架
Hyalofast®	Anika Therapeutics, Inc.	酯化透明质酸纤维
JOINTREP™	Oligo Medic Inc.	壳聚糖基注射用植入物
*MaioRegen	Finceramica	由富含镁的胶原蛋白和羟基磷灰石组成的多层基质
*Novocart® Basic	TETEC AG	胶原蛋白基质
TruFit® CB	Smith & Nephew	聚乙醇酸纤维和硫酸钙矿物增强多孔双层 PLGA 支架
BioSeed®-C	Biotissue	聚乙二醇/聚乳酸和聚二恶烷基材料
BioCart™ Ⅱ	Histogenics	人纤维蛋白和重组透明质酸支架
BST-Cargel®	Smith & Nephew	壳聚糖液体支架
*CaReS®	Arthro Kinetics	I 型胶原水凝胶
INSTRUCT	CellCoTec	聚对苯二甲酸乙二醇酯/聚对苯二甲酸丁二醇酯（PEOT/PBT）支架
*JACC®	Japan Tissue Engineering Co., Ltd.	I 型胶原凝胶
*MACI	Vericel Corporation	胶原膜基质
*NOVOCART® 3D	TETEC AG	I 型胶原支架

注：* 为胶原基支架材料。

五、半月板修复/再生材料和产品

半月板损伤的治疗一直停滞在切除或缝合，能够重建或使损伤的半月板再生产品在我国未见上市，国外已有能够再生半月板的产品，因此关于半月板的基础研究和临床产品的开发备受基础研究和医疗产业界的欢迎。

目前应用于半月板损伤修复的组织工程产品较少。市售或正在进入市场进行半月板部分置换／替代的产品主要有 3 类：Nusurface®、Actifit® 和 Collagen Meniscus Implant CMI®。其中，Nusurface® 于 2010 年研发成功并于 2018 年在美国进行临床试验。Nusurface® 产品目前由以色列的 Active Implants 公司掌握，作为一种永久型聚碳酸酯半月板替代物，是第一个进入一期临床的半月板假体。Nusurface® 作为一种非锚定式契合股骨的植入物，设计为植入于股骨和胫骨软骨面之间的内侧间室，其非锚定的设计和柔软的特性使其可以通过微创关节切开术在不破坏骨、软骨和关节的情况下移植。更早一些的产品 Actifit® 由英国 Orteq Sports Medicine 公司研发，于 2008 年 7 月已取得欧盟验证，主要用于治疗半月板内侧和外侧不可修补的部分撕裂。Actifit® 由高度连接和多孔的脂族聚氨酯组成，兼具最理想的力学强度，生物兼容性、多孔性、容许人体组织在其内生长、降解性好等优势。最为经典的胶原基支架 Collagen Meniscus Implant CMI® 归属美国 Ivy Sports Medicine 公司，是第一代基于胶原蛋白的半月板替代物。总体来说，多项临床试验随访均获得了较为理想的主观评价改善和不同程度的半月板替代功能恢复。然而，属于合成植入物的 Nusurface® 产品不能实现半月板的再生修复，同时其延缓骨关节炎进展的能力尚未得到证实。此外，Actifit® 和 Collagen Meniscus Implant CMI® 植入物均依赖于外科医生的手动修建并经关节镜下植入，存在一定的适配和操作困难。

六、关节韧带修复再生材料和产品

关节韧带损伤，如肩袖损伤、交叉韧带损伤、距腓前韧带损伤在运动医学损伤的伤员中非常多见，韧带、肌腱组织的组织再生产品开发是世界性的难题，目前鲜有产品组织真正应用于临床治疗。为此，国内外许多研究团队和研发公司对肌腱的再生产品研发持续投入，以期占领肌腱、韧带治疗的潜在市场。近年来，有数种产品获得了不同程度的批准用于大规模临床试验。2019 年，位于美国的骨科医疗器械公司 Atreon Orthopedics 宣布其研发的专利产品 Rotium™生物可吸收支架已获得美国 FDA 批准。该产品是一种从牛的跟腱中提取的生物植入物，可以刺激肌腱组织的生长，使受损的肌腱变厚，并加强肌腱到骨骼的连接，用于支持肩袖损伤的再生修复。北京万洁天元医疗器械股份有限公司自主研发的生物活性涂层人工韧带，通过创新医疗器械审批，已完成8个中心总计120例临床试验，目前总结报告即将盖章，提交临床注册。

七、钽金属材料在骨科产品中的应用

纯钽于1940年首次被应用于骨科产品领域，至今已有80多年的临床应用历史，成为继不锈钢和钛金属之后又一种被广泛应用的金属生物材料。其被广泛应用在口腔种植体植入、股骨头坏死治疗、冠状动脉支架植入、人工髋臼假体植入、外科手术缝合线制作等相关技术领域。

由于纯钽与骨组织弹性模量相差较大，不利于骨结合，因此钽金属在临床中主要以多孔钽的形式应用。多孔钽具有类似人体松质骨结构特点的蜂窝状立体结构，平均孔隙为 400～450 μm，孔隙率为 75%～80%。多孔钽在提供足够力学强度的同时可减少应力遮挡，有利于骨生物力学传导和骨骼再生后的塑形。此外，多孔钽具有良好的生物相容性，可以吸引骨组织和血管组织向多孔钽内生长。因此，多孔钽被认为是理想的骨科植入材料，目前被广泛应用于股骨头坏死、关节置换、骨缺损等骨科领域。根据新思界产业研究中心《2022—2026年多孔钽市场发展前景分析及供需格局研究预测报告》报道，多孔钽在骨科医疗器械领域主要用于制作多孔钽棒、多孔钽人工关节、多孔钽融合器、多孔钽填充材料。

目前，多孔钽的制备主要采用化学气相沉积法，生产的多孔钽具有高容积孔隙率，低弹性模量和高表面摩擦系数的特性；但是工艺操作条件要求严格，沉积速度慢，投资大和生产成本高。另外，需要真空环境进行蒸发，导致成本增加，限制其广泛应用。此外，由于人体的差异性、骨缺损部位形态的随机性，如骨肿瘤患者、骨畸形患者等，标准化多孔钽已经不能满足患者个性化治疗要求，个性化植入器械备受关注。

3D打印多孔钽技术尚处于起步阶段。要实现个性化多孔钽的规模化生产及临床应用，需重点关注和解决的问题如下：①钽粉原材料质量及价格应能够满足规模化生产。②需要有适合多孔钽材料成型专用的3D打印设备。目前，实际使用中的3D打印装备基本为面向个性化不锈钢、钛合金及钴铬钼合金植入体的加工制造，但因钽金属高熔点、高密度、热物理性质的特性，需要研制专业化的装备和工艺参数才可实现多孔钽的产业化制造。③3D打印工艺与传统工艺之间的差异性问题。

Zimmer公司生产的多孔钽类骨科植入物的临床应用已超过15年,并形成了市场垄断;3D打印多孔钽产品的内部结构特性、力学和生物学特性与Zimmer公司采用化学气相沉积法生产的多孔钽之间是否存在性能差异、临床应用的修复效果如何尚需进一步深入评估和验证。

第四节 骨科生物医用材料前景展望

骨科生物医用材料和植入器械行业发展非常迅速,未来前景十分广阔。随着新材料和新技术的迅猛发展和交叉融合,更多创新骨科医用材料及创新器械研发将成为未来骨科器械的主战场。创新是高科技企业的"生命线"。目前,我国医疗器械行业整体落后于西方发达国家,但骨科生物医用材料和医疗器械与国外差距相对较小,近年来逐渐打破进口产品垄断的格局,国产化水平显著提高。尽管如此,我国大部分的骨科产品仍为"追赶型"产品,以"进口替代"为主。显然,一味地仿制和降低成品,并不利于中国医疗器械产业的健康发展。因此,未来我国骨科生物医用材料,乃至整个生物医用材料发展的出路在"原始创新"。中国生物医用材料前沿研究近年来发展非常迅速,已处于国际领先水平。因此,瞄准科技前沿,加快创新产品转化进程,缩短转化周期,才有可能在激烈的国际竞争中实现"弯道超车"。

未来,骨科植入器械将朝着个性化、智能化、仿生化和多功能化的趋势发展。3D打印技术和精准医学的发展,使得未来骨科材料和器械的设计、制造和应用更加精准化和个性化,更好地满足不同患者不同部位的使用需求,真正实现患者"量身定制"。同时,3D打印技术的广泛应用,相较于传统的加工工艺,能够更好地实现复杂结构器械的制造,有利于更多创新结构植入器械的设计和开发。此外,智能及数字化技术与医疗健康的紧密结合也是未来发展的重要趋势,智能器械已成为当前创新器械的新热点。许多企业正在将人工智能、机器学习和大数据分析等前沿技术应用到骨科器械的设计、制备和产品功能中,以提高治疗效果、减少医疗风险并改善患者的舒适度。例如,各种具有诊断、监测和治疗功能的可穿戴设备,各种智能机器人辅助手术技术等使得手术更精准、更安全,极大地提高了骨科患者康复的速度和质量。当前,骨科手术机器人在脊柱、关节置换和修复手术中的突出优势已获得广泛认可,市场增长十分迅速。手术机器人不仅提高手术效率,减少手术时间,更重要的是大大提高手术精准度，减小手术造成的创伤，减轻患者痛苦，更好地确保植入假体和人体的匹配度，延长使用寿命。除此之外，组织工程和再生医学在骨科领域的应用也获得较快速的发展，未来短期内有望开发出一系列骨、软骨、韧带等再生修复材料和器械。

综上所述，本节将重点就组织工程与再生医学材料、新一代生物功能型医用金属材料、多功能骨科器械等领域近几年科技前沿代表性的工作进行回顾，基于科技前沿展望骨科生物医用材料未来发展前景。

一、组织工程与再生医学材料前沿

随着组织工程和再生医学的发展，组织工程支架材料不再局限于简单的物理填充或细胞/因子的载体，而是构建适宜的再生微环境，通过调控细胞行为和功能，激活组织再生潜能，进而诱导组织的再生修复。因此，近年来组织工程与再生医学材料朝着更仿生、高活性、多功能、个性化的方向发展。

（一）骨组织工程与再生医学材料

1. 骨组织工程支架材料的个性化制备

天然生物材料往往具有复杂的多级结构和优异的性能，3D打印技术使得仿生天然材料异质成分和结构成为可能。3D打印技术制备的多孔骨材料具有高的周期性和均匀的三维孔隙结构。不仅如此，3D打印技术在个性化精准定制具有复杂外形、宏观构造、微纳结构、孔径特性（孔径大小、形状和连通性）的支架材料方面具有其他加工工艺不可比拟的优势。例如，中国科学院硅酸盐所团队模拟莲藕内部平行孔道结构，采用3D打印制备了具有中空孔道结构的骨材料支架。中空孔道不仅能够提高营养和氧气的传输效率，还能够加快血管化，进而加速骨修复。此外，团队还受到热狗结构的启发，采用3D打印技术制备了具有定向排列的中空管结构，进一步通过双向冷冻技术，在空管内部制备了定向的生物陶瓷棒。这种结构显著提高了比表面积，更好地促进细胞黏附，药物释放，以及新骨形成。因此，通过3D打印技术制备出理想的骨材料支架已成为当前骨组织工程研究的热点。

2. 多维度仿生骨材料

自体骨被认为是骨再生修复的"金标准"。因此，通过仿生策略，开发出成分、分级结构、力学性能和生物活性均高度仿生的骨修复材料被认为是骨组织工程研究的重要方向。当前，基于有机基质调控无机晶体形成的仿生矿化理论，多个团队开发了不同的仿生矿化方法，从不同维度上仿生天然骨组织，并基于此开发出骨组织工程材料。天然骨组织里除了由矿化胶原纤维组成的细胞外基质，还有各种骨细胞、干细胞和血管及神经网络。美国俄勒冈州健康与科学大学团队在胶原纤维矿化过程中，加入多种活细胞成分，实现了含细胞的仿生纤维内胶原矿化。胶原分子凝胶化过程中加入间充质干细胞和血管内皮细胞，在细胞培养基中添加钙、磷离子、非胶原蛋白类似物，并保持中性环境。细胞在体外矿化过程中保持较好的存活，实现了类骨材料的制备。

清华大学科研团队近期提出一种"多尺度级联调控"的新策略，即将纳米尺度的分子自组装，微纳尺度的静电纺丝和宏观尺度下的压力驱动融合技术相结合，逐级调控组装过程，实现了高强高韧高活性人工板层骨的仿生制备。通过胶原分子仿生矿化，调节胶原/纳米羟基磷灰石的分子自组装，获得直径为 8 nm 左右的矿化胶原微纤维。将矿化胶原微纤维与胶原溶液均匀混合，采用静电纺丝技术制备直径为 100～200 nm 的矿化胶原纤维。采用不同的接收方式，得到取向或无规的矿化胶原纤维膜。将多层矿化胶原纤维膜按一定取向叠加排列，在室温下经不同压力融合为致密的板层骨。人造板层骨具有从纳米尺度到宏观尺度的多级组装结构（图 3-8）。旋转的矿化胶原纤维取向和板层结构赋予了人造板层骨优异的力学性能。随着融合压力的升高，人造板层骨的硬度和模量也逐渐升高，最终获得了综合力学性能可以媲美天然皮质骨的人造板层骨，实现了轻质、高强、高韧的完美统一。此外，在仿生矿化过程中，可以掺入活性元素、活性分子、药物等来提高其生物活性。整个制备过程中在中性环境、无高温，确保活性成分的活性。例如，5% 的 Mg 元素掺杂到仿生矿化胶原纤维中的羟基磷灰石晶格中后，活性人造板层骨具有优异的促血管的活性，能够更好地加速体内成骨，表明其具有良好的生物安全性和广泛的临床应用潜力。

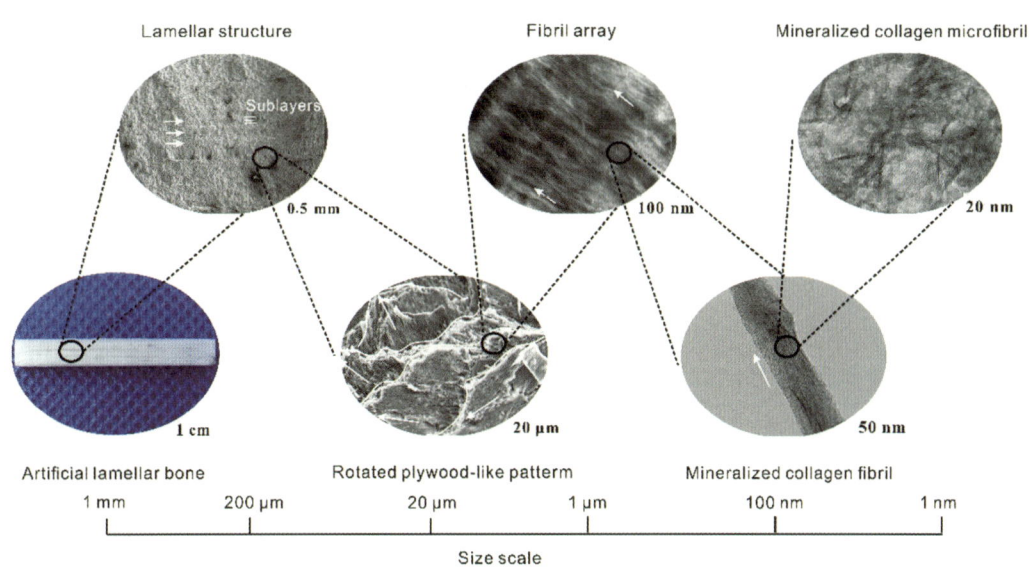

图 3-8 人造板层骨分级组装结构

3. 具有免疫调节活性的骨修复材料

越来越多的科学研究发现，免疫对组织再生至关重要。研究人员发现，炎症响应与组织修复和再生关系极为密切。在骨组织中，骨免疫对骨组织再生修复至关重要。免疫系统和骨系统通过细胞因子和信号分子相互调节而紧密相关。通过优化骨免疫可以引起适当的炎症反应，平衡骨形成和骨代谢，促进骨再生。其中，巨噬细胞是生物材料引起长期免疫反应和炎症响应的重要参与细胞。M1 态的巨噬细胞促进破骨细胞分化和骨吸收，抑制成骨细胞活性和骨形成，刺激成纤维细胞形成纤维化；M2 态的巨噬细胞促进组织愈合，同时分泌促血管、组织再生生长因子 VEGF、bFGF、PDGF、TGF-β 等促进组织再生修复。除了巨噬细胞，B 细胞作为骨髓来源的重要免疫细胞，也在骨修复中发挥重要作用，是正常生理情况下破骨细胞生成主要的抑制因素。此外，巨噬细胞的激活过程还高度依赖 T 细胞的参与。T 细胞也是炎症反应和再生过程的靶细胞。

因此，设计生物材料调节成骨免疫微环境是骨组织工程研究的前沿问题。通过设计生物材料的生物物理和生物化学信号，调节骨免疫系统，在组织再生修复中发挥重要作用。生物材料的理化性能，包括表面形貌、孔隙率、硬度、表面化学特性等均能够调控骨免疫微环境，通过影响免疫响应促进骨再生。例如，日本东北大学团队研究了生物材料纳米结构特性对骨免疫调节的影响。研究发现，不同结构仿生的纳米羟基磷灰石引起巨噬细胞不同的免疫反应，进而影响成骨细胞和破骨细胞的作用。纳米羟基磷灰石表面粗糙度、硬度、孔隙率等均会影响免疫反应。针状纳米羟基磷灰石提供了一个适宜的骨免疫微环境，调控成骨细胞分化和骨形成。

4. 多功能骨修复材料的研究进展

组织工程支架在组织工程中的作用不仅仅是细胞和生长因子的递送载体和结构支撑，更重要的作用是构建适宜的组织再生的微环境。因此，针对不同的临床需求，开发具有生物活性的多功能组织工程支架是目前研究的热点。例如，针对感染性骨缺损，开发具有成骨和抑菌双功能的活性骨材料；针对骨肿瘤切除造成的骨缺损，开发具有成骨和抑制骨肿瘤活性的骨材料；针对大段骨缺损或骨不连等开发具有促血管化活性的骨材料等。

血管化是组织工程的共性科学问题。在绝大部分组织再生修复过程中，新生血管系统的快速建立是保障组织工程支架内部充分的营养和氧气代谢的必要条件。因此，在组织工程支架材料植入后，快速诱导血管系统长入和加快支架材料血管化进程是确保组织工程骨支架快速诱导组织长入和再生的关键。目前，研究人员采用多种策略提高组织工程血管化的程度，如通过优化支架材料成分、支架结构、体外预血管化等。

严重的开放性伤口、骨肿瘤等引起的节段性骨缺损会导致感染的风险显著增加。骨感染是一种具有高发病率和高复发率的破坏性疾病，如果缺乏有效的抗菌能力，则会大大限制骨组织工程支架的治疗效果。骨修复依赖于成骨细胞相关细胞在种植体表面的附着及随后的矿化和成熟，同时需要抑制细菌增殖和生物膜的形成。因此，研发既能促进骨再生又能抗菌的双功能组织工程支架具有重要的临床意义。与常规治疗方法相比，抗菌/促成骨双功能复合支架克服了传统骨移植的缺点，避免了骨感染从而简化治疗过程。

骨肿瘤是临床中常见的骨疾病，具有高致死率，严重影响患者的生命健康和生存质量。肿瘤切除是目前有效的临床治疗方案之一，但术后常常导致大面积骨缺损，无法自愈。但传统的植骨材料因为容易诱发肿瘤细胞增殖而导致肿瘤复发而无法用于肿瘤切除后造成的骨缺损。因此，开发新型的骨材料，在促进骨再生的同时能够抑制残余骨肿瘤的生长和复发迫在眉睫。目前，广泛采用骨材料复合具有清除或抑制肿瘤细胞的纳米生物材料或抗肿瘤药物来实现骨材料抑制骨肿瘤的活性。除了药物，还有研究表明纳米羟基磷灰石通过钙离子的释放也具有特异性杀灭肿瘤细胞的作用。四川大学团队将纳米羟基磷灰石用于3D打印多孔钽支架表面改性处理，使得该钽支架在具备良好力学支撑性能及成骨性能的同时，兼具杀灭肿瘤细胞的活性，实现抑制肿瘤/成骨的双功能作用。

综上所述，开发兼具成骨、抗肿瘤、抗菌活性的多功能骨材料，满足复杂的临床骨缺损治疗的需求是未来骨组织工程和再生医学材料发展的重要趋势。

（二）关节软骨再生材料的研究进展

软骨组织工程材料的选择在软骨组织工程中起到重要作用。支架材料的整体性质可能直接影响负载细胞的状态或周围细胞的迁移，最终影响关节软骨的再生。理想的软骨组织工程支架材料应考虑以下因素，包括化学性能、机械性能、孔隙率、润滑性、稳定性、生物相容性、生物活性、可降解性及选用的制造技术。目前，用于关节软骨再生的支架材料主要由天然、人工合成聚合物及复合材料制成。由于具备良好的生物相容性和生物降解性，天然蛋白质或多糖如胶原蛋白、壳聚糖和透明质酸是软骨组织工程的优质材料。四川大学团队在国际率先研发了具有软骨诱导作用的胶原基水凝胶材料，在不需要生长因子等生物学刺激因素的情况下，诱导间充质干细胞特异性的定向分化为软骨细胞，表达软骨细胞的特异细胞外基质。目前，该材料已开展临床转化研究。已完成产品注册检验和大动物验证试验，取得了临床试验许可，目前正在开展多中心临床试验。支架的制造技术也可以是多方面的，包括传统的溶剂铸造、气体成型、冷冻干燥、静电纺丝和3D打印技术，利用先进制作技术可独立控制支架宏观和微观尺度的特征，并实现定制组织支架的开发，制备技术的进步有望进一步推动软骨组织工程技术的发展。

软骨组织工程离不开支架材料、种子细胞和调控因子。常用的种子细胞包括软骨细胞、间充质干细胞、诱导多能干细胞、胚胎干细胞。在软骨修复中起到重要作用的活性因子包括生长因子、矿物离子、细胞内信号分子、激酶、转录因子、外泌体，以及一些天然或人工合成的信号模拟物等，它们在软骨修复和再生过程中可以促进细胞增殖、迁移、分泌、分化和表型维持等功能。近年来，生物活性因子在软骨损伤再生的应用在临床上取得了进展。无论新型载体的开发，还是原有材料的改性和功能化，这些创新的生物工程技术都显著提高了生物活性因子的能力，包括临床实用性、精准靶向性、长效生物活性等。此外，随着骨科生物制剂领域的不断发展，基于细胞重编程的因子递送策略也为传统方式提供替代方案。作为内源性的"药物工厂"，这些通过基因治疗增强的细胞拥有了持久高效分泌生物活性因子的潜力，从而增强关节软骨再生。

通过整合内源性间充质干细胞和合适的生物活性材料，实现软骨一步式原位修复的方法一直以来受到了广泛关注。北京航空航天大学团队研究了一种无细胞的仿生软骨丝蛋白支架，该支架负载TGF-β1和骨髓间充质干细胞亲和肽（E7），实现E7前期的快速释放，招募BMSCs到损伤区域，后期TGF-β1促进成软骨分化。双药物释放模式与软骨再生的生理过程相匹配，利用人体自身的再生潜力实现了关节软骨的原位再生。中国人民解放军总医院团队以软骨细胞外基质为支架，利用Apt19S介导的MSCs募集作用和Mg离子介导的增强细胞软骨分化和炎症调控的能力对其进行改性，开发了一种生物活性多功能支架用于软骨缺损再生。清华大学团队采用干细胞归巢多肽功能化的自组装多肽水凝胶，在募集内源性的滑膜干细胞的同时，原位递送抗衰老的miRNA，通过靶向衰老促进软骨再生修复。

综上所述，软骨修复目前仍然是运动医学及关节外科研究领域的重点与难点。开发新型关节软骨再生材料，构建与软骨组织相同或相近的再生微环境，有效募集干细胞并定向诱导软骨分化和软骨组织修复再生，从更为微观的细胞分子水平阐明缺损区的修复再生机制，仍有待进一步探索。

（三）半月板再生材料的研究进展

生物材料在半月板修复和再生中起着重要的作用，基于生物材料制备的支架需要提供适宜的微环境来维持细胞的功能。这些支架必须具备合适的特性，如力学强度、拓扑结构和降解特性，同时具有生物活性，能够促进细胞的迁移、增殖和分化。当前，半月板的组织工程支架材料可分为脱细胞材料、天然聚合物和合成聚合物，已有多个团队开发了基于不同材料的半月板组织工程材料并取得了良好效果。

半月板修复和再生生物材料的结构设计是半月板再生研究的重要方面之一。有研究团队将3D打印技术与碳纳米管（CNT）相结合。在电辅助增材制造/3D打印技术的帮助下，用表面改性多壁碳纳米管各向异性结构增强支架力学性能，为实现半月板的结构-力学仿生特性提供了一种新方法。此外，生物活性材料的微观结构也影响着外源和内源种子细胞的活性和分化,其中支架的平均孔径可以直接有效地调节细胞与基质之间的相互作用。

在半月板组织工程领域,诸多体内外实验均验证了脱细胞材料作为支架的良好性能。中国人民解放军总医院团队长期致力于利用脱细胞基质材料进行半月板组织工程的应用研究。例如,为了克服单纯 ECM 支架机械强度不足的缺陷,该团队设计了脱矿松质骨和脱细胞半月板细胞外基质的复合支架,在拉伸和压缩性能上均明显提升的同时,兔半月板软骨细胞在复合支架上生长较好,也有较多的多糖和胶原的分泌。动物实验对比发现相较于单纯的脱细胞外基质支架,复合支架的修复效果更好。

由多种合成和天然的聚合物材料所制备的复合支架已被用于半月板组织工程领域当中并展现出潜在的应用价值。例如,采用脱细胞半月板细胞外基质和 PCL 制备的混合支架的研究表明,20% 脱细胞半月板细胞外基质含量实现了力学、结构、生物活性的最佳统一。利用 3D 打印技术将丝素蛋白和 PCL 制备成为复合支架,在 PCL 提供骨架以满足力学要求的同时,丝素蛋白的引入增加了支架的孔隙率同时减低了压缩应力,接种半月板细胞并植入裸鼠皮下后发现这种复合支架的组织浸润效果更好,同时免疫反应较轻。考虑到半月板中细胞和 ECM 的空间各向异性分布特征,未来多种生物材料在适当区域组合将是极具前景的研究发展方向。

针对传统半月板支架加工方法所存在的诸如难以控制支架孔径、几何结构和孔隙连通性,以及细胞与生物活性因子的空间分布不精确等问题,目前迅速发展的 3D 生物打印技术可以混合打印聚合物和水凝胶材料制备支架,温和性的水凝胶可以有效封装细胞并维持其活性。基于多层仿生策略,中国人民解放军总医院团队优化了半月板来源的生物墨水和 GelMA/ 半月板细胞外基质(MECM)的制备,以同时考虑可打印性和细胞相容性。体内细胞活力、力学、生物降解和组织形成的结果表明,支架具有足够的可打印性和生物活性功能。上海交通大学团队利用明胶、纤维蛋白原、透明质酸、甘油复合凝胶作为细胞载体,采用 3D 生物打印技术制作了可供移植的仿生半月板结构,应用于山羊半月板移植模型,证实较好的修复效果。此外,包封生物活性分子的微球缓释策略也已成为实现组织工程半月板各向异性细胞类型和 ECM 沉积的一种新方法。为了实现半月板异质性重建的研究目的,该团队使用 3D 生物打印技术构建结合装有载药 PLGA 微球和干细胞的水凝胶 /PCL 整合支架,区域性释放 TGF-β_1 和 CTGF。体内实验表明,该型支架成功重建了与自然半月板相似的异质性及血管分布特征,显著改善了膝关节功能,同时防止了继发性关节变性。

综上所述，充分利用来源丰富的组织工程材料，利用先进的生物3D打印技术开发兼具结构和成分异质性仿生的再生活性半月板支架，是未来半月板再生修复技术发展的主流趋势。

（四）韧带再生材料的研究进展

静电纺丝是一种利用静电力制备超细纤维的方法，广泛应用于肌腱组织工程中。静电纺丝支架通过模拟天然组织的纳米纤维成分，具有高表面积 – 体积比和孔隙率，有利于细胞附着和增殖。已经开发出多种纳米纤维结构用于制备肌腱组织工程支架，包括纳米纤维垫、纳米纤维束和纱线、纳米纤维管、纳米纤维纺织品等。静电纺丝支架可以再现肌腱的生物力学特性，并通过调节细胞行为和免疫调节性能来改善肌腱组织修复。

尽管如此，静电纺丝技术也存在一些缺点，如孔径小（< 10 μm），细胞浸润有限和复杂的制造程序。为了解决这些不足，基于不同静电纺丝装置和工艺的各种纳米纤维结构已经被开发出来，如垫、束、纱线和更复杂的分级结构。在静电纺丝产品的基础上，研究者们开发了多种后处理模式。其中针织和编织是最常用的两种纺织技术，常用于肌腱组织工程纤维材料支架的制备。基于静电纺丝的三维支架不但可以为细胞的成腱分化和免疫调节提供仿生微环境，而且具有优良的拓扑层次结构和力学性能，是一种有前景的肌腱组织工程解决方案。基于这些原因，开发模拟原生肌腱结构、刚度和强度的静电纺丝多尺度分级支架是肌腱组织工程的下一个研究方向。

二、新一代生物功能型医用金属材料的开发

医用金属材料因其高强韧性、耐疲劳、易加工、良好的生物相容性等综合性能，一直是骨科临床上用量最大和应用广泛的材料类型。未来，医用金属材料的"霸主"地位很难被其他材料取代。但传统的生物医用金属材料表现为生物惰性，在长期的临床使用中仍存在相容性、无菌性炎症等问题。因此，近年来开发新一代具有生物功能性的医用金属材料成为研究热点和发展趋势。目前，主要有几个策略：元素掺杂、表面改性和可降解金属。

第三章
骨科生物医用材料

由于医用金属材料在人体环境下会发生不同程度的金属腐蚀，导致金属离子的溶出，对其生物相容性影响很大。因此，尽管各类金属和合金种类繁多，但能够安全有效地用于人体的医用级金属材料屈指可数。既然金属材料在体内的腐蚀会不可避免地发生，中国科学院金属研究所团队便提出通过合金化的设计，在传统医用金属材料中添加微量的特定金属元素，开发出具有生物功能性的医用金属材料，控制特定元素的持续释放，发挥特定生物功能。例如，团队开发的含铜系列不锈钢，具有良好的抗菌、促血管、促成骨作用。再如，西安交通大学团队以 Ta、Ti、Nb、Zr 4 种金属粉末为原料，制备了一种复合油墨，再通过 3D 打印技术制备了钽钛铌锆生物合金多孔支架。这种支架具有成分均匀、合金化效果显著和良好的生物相容性等优点。该支架的抗压强度接近人体皮质骨的抗压强度，可满足骨科植入物的多孔结构特征和生物力学性能要求。

近 10 年来，可降解金属材料一直是医用金属材料研究的热点。目前可降解金属材料已经发展出了以镁基、锌基、铁基等几大类代表性系列，其中镁及其合金是研究最深入的可降解金属材料。可降解镁基金属具有良好的生物相容性和骨诱导性、促血管化等活性，以及可调的降解速率，一直以来受到广泛的关注。但其力学性能和降解性能仍然是其临床应用时面临的主要局限性。尽管如此，可降解镁作为骨科植入物具有广阔的发展前景。未来的研发方向是采用合金化手段、表面改性化处理及复合材料技术的制备，提高其材料学性能，根据使用需求控制镁的腐蚀速率和力学强度，实现临床应用。此外，通过合金化提高其生物功能性也是研究的热点。通过各种合金元素中不同释放速率和生理功能，调控局部微环境，诱导组织再生，发挥抗菌、抗炎、免疫调节等生物功能性。例如，香港大学医学院团队模拟了由单核巨噬细胞在骨折修复中所引发的多种免疫反应场景，在不同阶段导入了镁离子作为治疗。镁离子仅在骨骼修复初期（手术后 1～7 天）表现出显著促成新骨生长的作用，然而在后期骨骼重建阶段，持续释放过量的镁离子，将导致 NF-κB 信号通路过度活跃，增加了破骨细胞数量，同时抑制羟基磷灰石的沉积，反而降低了骨组织的愈合速度及能力。这些结果表明镁离子对单核巨噬细胞—成骨细胞轴的调控作用，发现其效果会因应剂量和时间而改变，并揭示其潜在的作用机制。总的来说，未来可降解镁基金属必定会在骨科临床治疗中被广泛应用。与此同时，近年来可降解锌基合金的研究发展迅速。目前在基础研究和临床转化方面都取得较多突破，也将继续成为未来研究热点。

医用金属材料的表面改性技术是改善其生物相容性的有效方法。近年来，生物功能化的表面改性受到广泛关注。例如，通过材料表界面改性实现对蛋白的吸附及细胞的黏附与功能调控。通过共价耦联、等离子体及等技术手段的表面改性方法学，研发出具有抗凝血和抗组织增生、生物活性和生物密封，以及抗菌功能的生物材料等。例如，浙江大学团队以 3- 缩水甘油醚氧丙基三甲氧基硅烷为偶联剂，将超支化的聚 L- 赖氨酸（HBPL）接枝到碱热处理过的钛表面，实现抗菌及促成骨的双重功能。体外实验表明，表面修饰 HBPL 的材料具有非常好的抗菌效果，同时材料还能促进小鼠前成骨细胞 MC3T3-E1 的黏附、铺展、增殖和分化等一系列行为。总体来说，实现具有多功能表界面、特异性选择性表界面、组织微环境响应表界面的多功能生物材料在骨科领域将具有广泛的应用。

三、多功能骨科植入材料及器械

传统的骨科植入器械大部分为假体材料，主要起到替代作用。近年来，开发具有诊断、传感、智能响应等多功能的骨科植入材料和器械成为研究热点。此类材料能够通过内源性/外源性的信号刺激，如声、光、电、磁等，来改变植入材料的理化状态，从而实现病灶的标记、诊断、影像传递、治疗等过程，调节细胞行为，为组织修复和再生提供良好微环境，从而使患处得到诱导修复和再生的效果。

功能性骨科植入材料可以作为一种"智能"药物释放系统，即通过响应外源/内源刺激来调节药物/生物活性因子的释放。除化学刺激外，机械力如压力、张力、剪切力和超声刺激，包括紫外（UV）、可见、近红外（NIR）在内的光信号和穿透性好并且与人体相互作用较小的磁信号等在智能药物释放系统中都可以作为外源刺激。此外，可从组织自身生理环境特点出发，设计环境响应的支架材料，实现骨再生刺激功能。例如，由于炎症反应，被损伤的骨/关节的 pH 值会下降至 6.0，甚至可能低于 5.0，pH 值的降低可作为输送药物的触发器。采用智能药物释放系统能够显著提高药物输送效率，并最大限度地减少药物对关节组织的不良影响。研究人员已开发了各种刺激响应支架，包括 pH 值/温度响应支架、酶响应支架、免疫反应支架、压电支架、形状记忆支架和磁性支架等。智能生物材料是目前较为有前途的治疗策略。这些生物材料可以与周围环境相互作用，通过感知、响应和适应特定的信号，在响应特定的外源/内源刺激后提供精确/靶向的治疗，在组织修复和再生方面具有巨大的潜力和优势。

利用直流电或交流电刺激进行骨再生是传统的电刺激方法，该方法涉及植入电极，以及相关控制电路和电源的使用。近期，科学家们研究了一些基于光电电容器、静电和压电器件的电活性材料和器件，这些材料和器件可以通过无线或自供电的方式来使用。针对临床常见的骨折、创伤性损伤和先天性残疾等骨病治疗，清华大学和北京大学口腔医学院的研究团队开发了一种三维生物降解光电生物支架，用于促进骨组织再生。这个支架是将图案化硅（Si）薄膜嵌入 HA 矿化的胶原蛋白/PCL 结构中，该体系能够实现在生物环境中完全分解。该仿生多尺度分层结构被用于人骨髓间充质干细胞（hBMSCs）的培养，在细胞粘附、生长和分化过程中提供了良好的支持。其中，Si 结构对近红外（IR）照明做出响应，产生电信号同时去极化细胞电位并激活细胞内钙活动。这些光电信号对 hBMSCs 的成骨分化进行了进一步的调节。最终，实验发现硅基生物支架能够刺激小鼠颅骨缺损的再生。相关工作作为封面文章发表在 2023 年 *Science Advances* 上。

以色列魏兹曼科学研究所团队设计了一种含有低浓度磷脂酰胆碱脂质的水凝胶，成功实现了水凝胶材料的自润滑作用，在生物医学、组织工程、生物传感器甚至隐形眼镜领域具备巨大的应用潜力。这种水凝胶能够不断地向表面渗出脂质，形成自润滑层，实现了对人体关节软骨润滑机制的模仿改良。水凝胶在与对偶表面滑动时，其内部的脂质囊泡会向凝胶表面释放出脂质层，该脂质层的头部基团含水量高，从而显著降低了水凝胶表面的摩擦系数。水凝胶磨损时，其边界润滑层可以自我更新，以应对摩擦作用。水凝胶材料中掺杂的脂质浓度很低，而且可以按照需要进行调整，对水凝胶的机械性能几乎没有影响。相比无脂质水凝胶，使用这种胶体后，摩擦和磨损降低了 80%~99.3%。即使凝胶干燥后再次补充水分，其润滑效果也依然存在。该工作发表在 2023 年 *Science* 上。

中国科学院深圳先进研究院团队针对骨肉瘤治疗中的难题，研发了一种含镁可降解高分子多功能多孔仿生支架，采用低温沉积 3D 打印技术制造。该支架具有金属镁抗肿瘤、光热效应抑制肿瘤复发和促进骨缺损修复的多重功能，是"抑制肿瘤+促进成骨+力学适配"3 种功能融为一体的支架。另外，该支架还能可控释放镁离子，有效促进骨缺损的修复。研究发现复合多功能支架具有良好的生物相容性和可控降解性。通过对金属镁颗粒在近红外激光照射下的实验验证，发现其具有良好的近红外光热效应。使用镁复合多功能支架在近红外光响应条件下可以快速消融残留肿瘤，有效防止肿瘤复发。另外，该支架释放的镁离子还能促进后期骨再生，从而达到支架双重功能，即抑制肿瘤复发和恢复缺损骨。这种发现为开发多功能活性的生物材料，用于骨肉瘤术后的预防和治疗，以及骨修复再生提供了新的思路和方法，具有广阔的临床应用前景。该工作2021年发表在 *Biomaterials* 期刊上。

近期，上海大学转化医学研究院团队开发了一种新型的软硬结合的复合支架体系。通过将CuS纳米粒子-PEG水凝胶（仿软基质成分）涂覆在3D打印PCL支架（仿硬基质成分）上，使得该支架获得了优异的光热性能和稳定的软弹性，同时保持其优异的机械性能。经过1064 nm近红外光照射后，CuS-PEG-PCL支架中储存的地塞米松磷酸钠得以可控释放，从而有效刺激骨间充质干细胞的成骨分化。此外，温和的热力（温度为42 ℃ ±0.5 ℃）可以进一步促进BMSCs的成骨分化。大鼠胫骨缺损模型的结果表明，这种支架具有很高的骨再生能力。该工作发表在2023年 *Advanced Functional Materials* 期刊上。

总的来说，综合材料学、生物学、医学和影像学等不同学科的发展成果，开发和改进具有不同功能的骨科植入材料和器械，在骨科领域具有广泛的应用前景。

参考文献

[1] Orthoworl. 全球骨科市场年度报告：2022年版[R]. 2022.

[2] 中国医械研究院. 中国医疗器械蓝皮书（2022版）[R]. 2022.

[3] 周淑千. 生物医用材料发展现状与趋势展望[J]. 新材料产业，2019（7）：43-47.

[4] 2022年骨科耗材行业研究报告[R/OL].（2023-01-25）[2023-01-25].https：//mp.weixin.qq.com/s/uSCh9QwJYC-Xauem9GgP_A.

[5] 骨科医疗市场整体发展变化和医疗技术现状[R/OL].（2022-04-21）[2022-04-21].https：//baijiahao.baidu.com/s?id=1730699395316858791&wfr=spider&for=pc.

[6] 头部企业布局，材料平台涌现，骨科原材料"向前一步走"？[R/OL].（2022-06-05）[2022-06-05]. https：//www.sohu.com/a/554207611_133140.

[7] 创伤修复生物材料产品行业研究：进口厂商占据中高端市场[R/OL].（2020-10-29）[2020-10-29]. https：//new.qq.com/rain/a/20201029A04TWJ00.

[8] 关节国采即将落地，这家骨科隐形冠军才是大赢家？[R/OL].（2022-04-11）[2022-04-11]. https：//www.cn-healthcare.com/articlewm/20220405/content-1334684.html.

[9] 2023—2028年中国生物医用材料行业市场发展监测及投资潜力报告[R/OL].（2023-02-16）

[2023-02-16]. https：//www.huaon.com/channel/medicine/870072.html.

[10] LI C M, GUO C C, FITZPATRICK V, et al. Design of biodegradable, implantable devices towards clinical translation[J]. Nature reviews materials, 2020, 5（1）：61-81.

[11] ZHAO Y G, ZHENG J C, XIONG Y, et al. Hierarchically engineered artificial lamellar bone with high strength and toughness[J]. Small structures, 2023, 4（3）：202200256.

[12] HAN H S, LOFFREDO S, JUN I, et al. Current status and outlook on the clinical translation of biodegradable metals[J]. Materials today, 2019（23）：57-71.

[13] GERRY L, KOONS M D, MIKOS A G. Materials design for bone-tissue engineering[J]. Nature reviews materials, 2020（5）：584-603.

第四章 口腔生物医用材料

第一节 口腔生物医用材料概述

龋病、牙周病等口腔疾病是影响我国居民健康的常见病、多发病，不仅影响咀嚼、发音、容貌等，还与脑卒中、冠心病、糖尿病、消化系统疾病、呼吸系统疾病等全身系统性疾病有非常密切的关系。根据《第四次全国口腔健康流行病学》调查数据，近10年来，我国乳牙和年轻恒牙龋病患病水平呈明显上升趋势；中老年人的牙周健康状况和口腔卫生情况明显下降；中老年人口腔中保留的牙齿数有所增加。随着患者教育的推进，我国居民口腔健康知识水平有一定的提高，口腔健康行为状况也有一定的改善，但我国居民口腔健康问题仍然十分突出。随着国民收入的稳定增长和居民口腔保健意识的不断增强，口腔治疗需求不断增加，且资本市场对于口腔赛道投资积极，投资金额增长迅速，推动着口腔领域快速发展。

口腔生物医用材料在口腔疾病治疗中占有举足轻重的地位，口腔疾病的预防与治疗主要通过口腔材料的应用来实现。无论口腔修复科、牙体牙髓科、种植科、儿童牙病科等科室，其对牙齿的治疗归根到底都是应用口腔材料进行修复，或者通过材料的作用来实现修复，使用材料的好坏直接影响修复效果。因此，口腔生物医用材料的研究、开发和评价对于口腔医学的发展具有重要作用。

口腔生物医用材料又称口腔生物材料（简称"口腔材料"），为直接或间接与人体口腔或颌面部组织接触的所有生物材料。

根据2022年《医疗器械分类目录》，口腔材料包括以下种类。

① 口腔充填修复材料：水门汀、粘接剂、根管充填封闭材料、复合树脂、复合体、银汞合金、临时充填材料、盖髓材料。

第四章 口腔生物医用材料

② 口腔义齿制作材料：义齿用金属材料及制品、义齿用陶瓷材料及制品、义齿用高分子材料及制品、定制式义齿、固位桩、牙托梗、增材制造用金属、陶瓷义齿制作材料。

③ 口腔正畸材料及制品：托槽、正畸丝、带环及颊面管、正畸基托聚合物、正畸弹簧、正畸弹性体附件、矫治器具及附件。

④ 口腔植入及组织重建材料：牙种植体、基台及附件、种植支抗、种植体密封材料、种植辅助材料、骨充填及修复材料、颌面固定植入物、颌面部赝复及修复重建材料及制品、基台定制材料。

⑤ 口腔治疗辅助材料：根管预备辅助材料、吸潮纸尖、酸蚀剂、预处理剂、排龈材料、研磨抛光材料、印模材料、模型材料、铸造包埋材料、蜡、牙科分离剂、咬合关系记录/检查材料、隔离及赋形材料、义齿试用材料。

⑥ 其他口腔材料：牙周塞治剂口腔溃疡、组织创面愈合治疗辅助材料、脱敏剂、防龋材料、牙科膜片、牙齿漂白材料、菌斑/龋齿指示剂、牙髓活力测试剂。

传统的牙科/口腔材料使用目的多数是解决牙体缺损或牙列缺损/缺失的替代问题，因此在相当长的一段时间里，口腔材料的发展重点聚焦在对材料的化学组成、物理和机械性能方面。1979年，美国牙科材料协会与美国国家标准局共同发布了ADA/ANSI文件No.41-1979"牙科材料生物学评价推荐标准"，首次明确了对口腔材料的生物学要求，之后的40多年来，人们不断重视材料与口腔生物组织的相互作用及生物安全性，逐渐促使传统牙科/口腔材料向口腔生物材料发展。现在口腔生物材料的特征主要体现在：除了重视材料本身的物理、机械和化学性能，更关注材料的生物学性能及生物安全性；更强调材料与生物组织之间的相互作用；更重视材料的生物活化和生物功能化；更强调材料的生物结构，以使其在体内能调动并发挥生物体的自我修复和完善能力；更需要多学科之间的交叉及医工之间的结合。

第二节　口腔生物医用材料市场现状

一、国际口腔生物材料市场现状

根据世界卫生组织（WHO），估计全世界至少有 35.8 亿人患有口腔疾病，其中龋齿（蛀牙）是最常见的问题。在全球范围内，估计共有 24 亿人患恒牙龋齿，4.86 亿儿童患有乳牙龋齿。唇部和口腔癌症位列前 15 种最常见的癌症。除了降低生命质量，口腔疾病还会给个人和整个卫生服务体系带来沉重的经济负担。整个欧盟每年要花费 900 亿欧元来治疗口腔疾病，仅次于糖尿病和心血管疾病。

从全球口腔医疗器械行业发展来看，除个别发达国家外，绝大多数国家口腔医疗市场属于发展初期或者快速发展期，对口腔医疗器械的需求较高。未来随着口腔医疗体系的不断完善，以及居民对口腔疾病的不断重视，全球口腔医疗器械需求前景较好，预计到 2025 年全球口腔耗材和设备市场规模有望达到 355 亿美元，其中口腔生物医用材料有望达到 163 亿美元，口腔医疗器具和设备有望达到 192 亿美元。

（一）国际口腔种植市场现状

牙种植体又称为口腔种植体，还称为人工牙根，是种植义齿的一部分，种植义齿主要由种植体、基台和上部结构（牙冠）组成。种植体是种植义齿的基础，起到支撑和固定上部牙修复体的作用。2000 年前，全球种植体市场被欧美企业主导；2000 年后，随着韩国市场对种植牙的强烈需求，韩国本土企业如奥齿泰、登腾等凭借和欧美企业相似质量但更便宜的价格在国内获得了大量的市场份额，同时由于更高的性价比获得了一部分国际市场份额。

根据士卓曼数据，全球种植牙的市场规模在 2019 年达到 46 亿瑞士法郎，约合 360.6 亿元。其中士卓曼和诺贝尔种植分别占 26% 和 17%。接下来分别是登士柏西诺德（Dentsply Sirona，美国）、汉瑞祥（Henry Schein，美国）、奥齿泰、捷迈邦美（Zimmer Biomet，美国）和登腾（图 4-1）。可以看出，欧美和韩国的种植体在全球占主导地位。

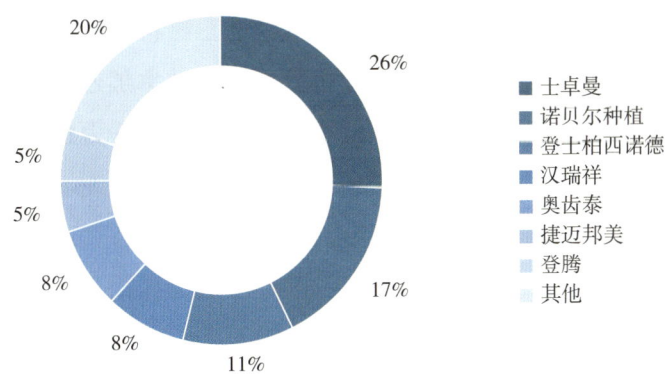

图 4-1　2019 年全球口腔种植体市场竞争格局

（数据来源：士卓曼 2019 年年报）

如考虑到与种植相关的生物材料、定制修复体等相关器械，则全球口腔种植市场在 2022 年达到 110 亿瑞士法郎（约合 862.5 亿元），其中牙种植体市场规模达到 54 亿瑞士法郎（约合 423.4 亿元）。市场竞争格局进一步进行整合，其中约 80% 的市场份额由领先的 5 家公司持有，其余份额由数百家制造商共享，其中大多数制造商在地区或地方运营。排名第一的牙种植体企业士卓曼占据全球市场 30% 的份额。

（二）国际口腔正畸市场情况

随着人们对于牙齿美观重视程度的提升，全球口腔正畸保持了持续稳定增长的状态。根据灼识咨询报告，全球口腔正畸市场案例数由 2015 年的 1180 万例增长至 2021 年的 1760 万例，复合增长率为 6.9%。中国是全球口腔正畸市场案例数增速最高的国家/地区之一，2015—2021 年复合增长率为 12.9%（图 4-2）。

未来，全球口腔正畸市场将继续维持增长态势，到 2030 年，预计全球正畸市场案例数将达到 3150 万例。按照终端价计算，预计到 2030 年全球口腔正畸市场规模将达到 1168 亿美元。中国作为全球增长最快的国家/地区之一，预计 2030 年市场规模将达到 269 亿美元，中国正畸市场规模与美国的差距将进一步缩小。

过去几年，受到来自患者治疗意愿增强、产品适应证覆盖范围扩大、配套数字化诊疗技术渗透率提升和采用隐形正畸的牙科医生数量增长等多方因素驱动，全球隐形正畸市场案例数呈现高速增长趋势。全球隐形正畸案例数已由 2015 年的不到 100 万例逐步增长至 2022 年的接近 400 万例，复合增长率超过 25%。

随着对临床口腔医学、生物力学、计算机科学、材料学和智能制造五大学科的深入理解和应用,隐形正畸诊疗边界持续拓展,矫治效率加速提升、新兴市场机遇不断涌现,预计到 2030 年,全球隐形正畸案例数将达到约千万例。

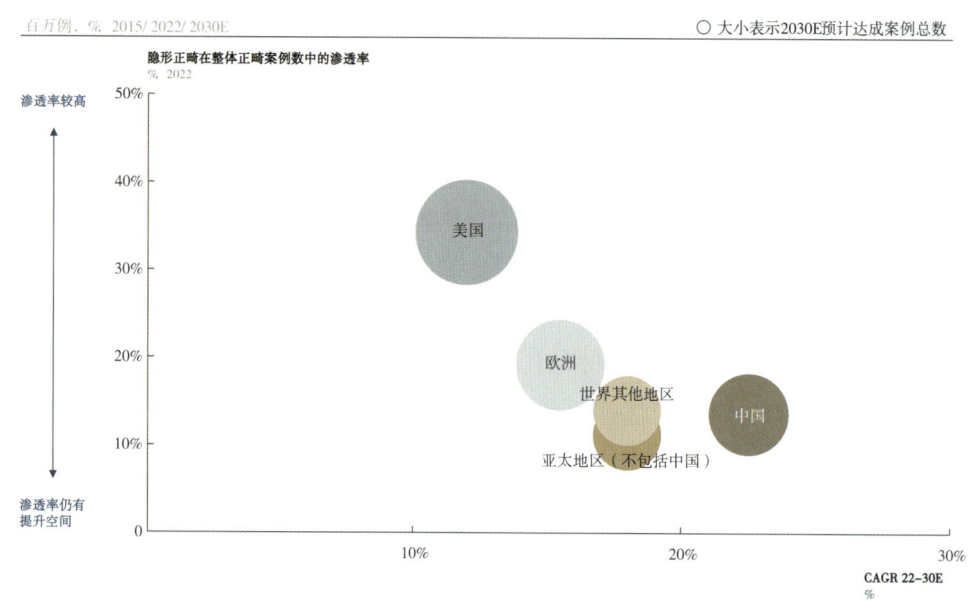

图 4-2　全球隐形正畸市场发展趋势

(数据来源:《中国隐形正畸行业白皮书》,灼识咨询)

(三)国际定制式义齿市场情况

定制式义齿行业因其特殊性,形成了当今全球义齿行业及市场的格局。首先,该行业市场需求与地区经济水平正相关,发达国家市场份额明显高于欠发达地区;其次,义齿对材料、工艺和质量控制等方面都有较高的要求,通常需与特殊治疗设备配合使用,美国、德国、日本等国家的企业产品有较高市场占有率;同时,因义齿产品人力成本占制造成本的 40% 以上,为劳动密集型行业,像我国等工业基础较好的发展中国家具备很强的产业优势;最后,定制式义齿行业的服务特性和时效性,使得各地区本地企业优势不容被忽视,本地企业在本地市场的占有率始终维持相当大的比例。

因此,在义齿行业全球发展格局中,中国义齿制造业占据十分重要的位置,而美国、德国、日本等发达国家则在义齿材料领域处于领先地位。美国是全球最大的义齿进口国,约占全球进口总额的 1/4,中国是全球最大的义齿出口国,出口总额超过全球总额的 1/4。其中,中国香港是全球最大的义齿转口贸易地区(图 4-3、图 4-4)。

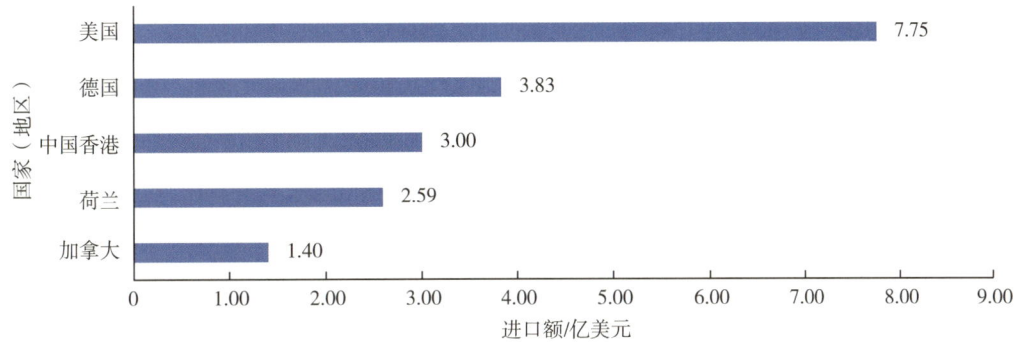

图 4-3 全球义齿进口总额排名前 5 位的国家和地区

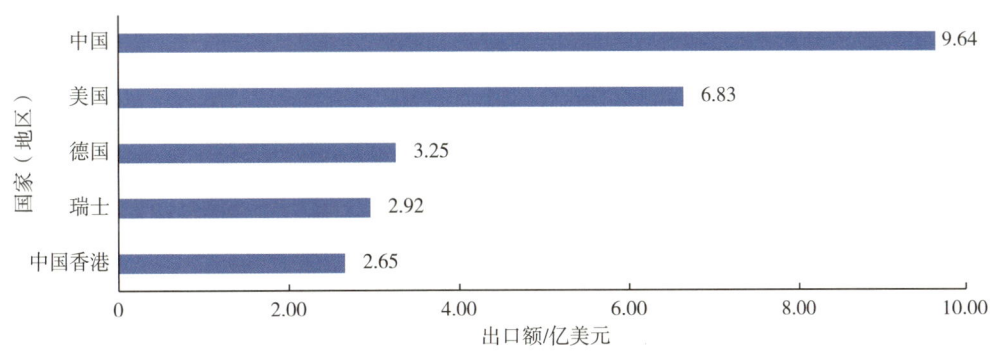

图 4-4 全球义齿出口总额排名前 5 位的国家和地区

二、国内口腔生物材料市场情况

(一)我国居民口腔健康现状及治疗情况

根据《第四次全国口腔健康流行病学调查报告》,2017 年我国全民口腔健康状况不容乐观。其中,错颌畸形发病率达 70% 以上,35~44 岁居民的牙龈出血检出率达 87.4%,较前次调查相比上升 10.1 个百分点,恒牙龋患率为 89%,牙石检出率为 96.7%,平均存留牙数为 29.6 颗,仅有 67.7% 的人群牙列完整;在儿童及老人群体中,牙周健康情况同样不容乐观,5 岁儿童乳牙龋患率为 70.1%,12 岁儿童恒牙龋患率为34.5%，相较前次调查均有所上升，66～74岁年龄组恒牙龋患率为98%，牙石检出率为90.3%，平均留存牙数为22.50颗，18.3%的人牙列完整。由于居民生活方式和饮食结构的改变，精加工含糖食品及含糖饮料摄入量增加，龋病及其他牙病的发生风险有所提高，我国居民口腔健康仍存在很多问题。

2018年，我国患有口腔疾病的人数约为6.97亿人，口腔医院诊疗人次仅为4000万人左右，诊疗人次占口腔患者的比例约为5.76%（图4-5）。尽管我国居民口腔保健意识和口腔健康水平仍偏低，但近年来我国口腔患者诊疗人次所占比例呈逐年上升趋势。

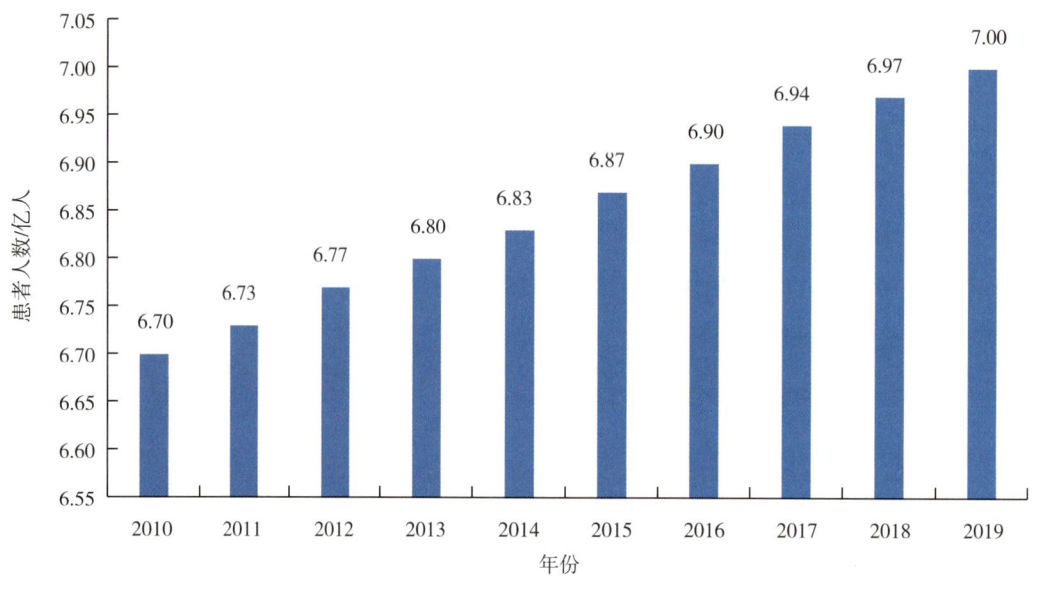

图4-5 2010—2019年中国口腔患者人数

（数据来源：卫生统计年鉴、前瞻产业研究院）

随着口腔患者人数的增加，口腔医院门诊人次增幅明显。据统计，2018年口腔医院诊疗人次为0.4亿人左右，同比增长18%，增幅超10个百分点；随着人们对口腔护理的重视，2019年口腔诊疗人数进一步增加，达到0.45亿人（图4-6）。

图 4-6　2013—2019 年中国口腔医院门诊人次及增长情况

（资料来源：卫生统计年鉴、前瞻产业研究院）

从诊疗比看，2019 年口腔医院诊疗人次占口腔患者的比例约为 6.43%（图 4-7），表明我国口腔保健意识和口腔健康水平仍偏低，但近年来我国口腔患者诊疗人次所占比例呈逐年上升趋势，未来有很大的提升空间。

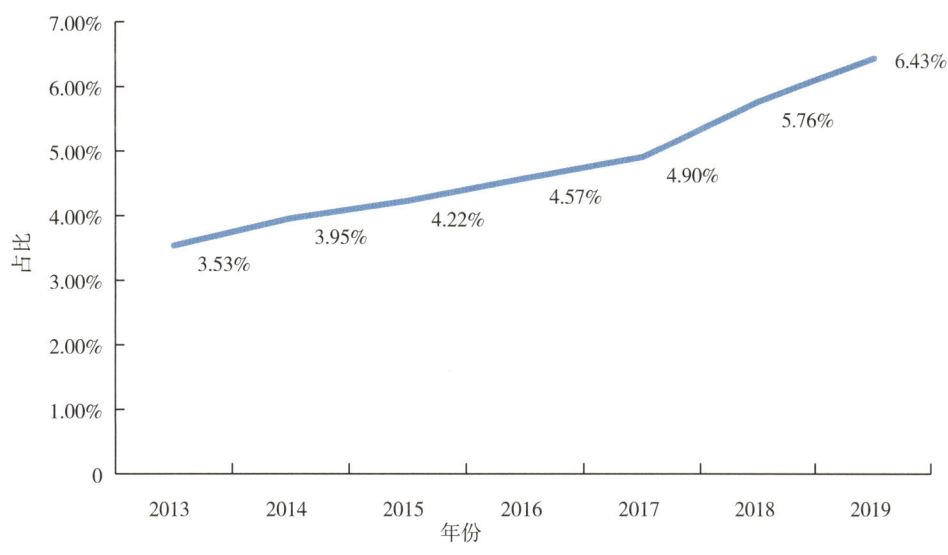

图 4-7　2013—2019 年中国口腔诊疗比情况

（数据来源：前瞻产业研究院）

（二）我国口腔生物材料发展概况

在我国口腔材料器械中，国内企业在中低端领域供给能力较强，高端领域市场则主要被外资企业占据。这是由于外资企业起步较早，在技术及品牌知名度方面具有较大优势，产品受到下游市场的认可，而国内企业生产技术不成熟，产品质量相对于进口产品还存在一定差距。

根据国际咨询公司麦肯锡于2018年的分析，当前我国全国规模以上的口腔装备材料企业仅有92家，80%的牙科装备、产品均为进口，高端口腔医疗器材更是全部依赖进口，供给侧远远跟不上需求侧。国际巨头长期以来在口腔医疗市场上的强势地位使得我国国产口腔医疗器械市场的发展始终处于价值链的底端，巨额的利润被进口产品牢牢占据。

然而由于科研水平的进步和政府扶持力度的增加，近几年国产厂商开始逐渐对进口医疗器械产品实现替代。在种植领域，正海生物在国内占据10%的口腔修复膜市场，威高洁丽康公司的种植体随着种植集采，市场占有率不断提升，同时北京意华健在骨修复材料也有一定市场份额。在正畸产品市场，国产低价正畸产品占据了较大的市场份额，但在隐形正畸方面，无锡时代天使占有较多的份额，同时成长一批以隐形正畸为主打产品的公司，如正雅；在义齿市场，爱尔创、爱迪特、中航翔通和沪鸽占领较大的市场，这是在口腔生物材料领域国产厂商创新能力和实力增长的表现。但由于目前企业数量较多，市场竞争激烈，亟待转型与技术升级，向外资产品把控的高端市场进发。

（三）我国口腔生物材料行业市场规模

我国口腔市场历经数10年的发展，经历了从无到有的历程，现在正向产品丰富化和专利技术国产化的方向发展。目前，我国口腔器械市场正处于快速发展、稳定增长的阶段，一方面口腔医疗服务市场的不断扩大促进了口腔器械市场的迅猛发展；另一方面种植牙、正畸市场的迅猛发展为口腔器械市场提供了新的增长动力。

近年来，我国口腔器械市场规模呈不断增长的趋势，2019年我国口腔器械市场规模达到233.71亿元，较2018年的213.44亿元增长9.50%，2015—2019年复合增长率为15.53%（图4-8）。

图4-8 2015—2019年中国口腔器械市场规模及复合增长率

（数据来源：前瞻产业研究院）

在口腔医疗市场中，增长最快的领域是口腔正畸、口腔种植牙、义齿材料等。正畸即对牙齿排列不齐，牙齿形态异常进行修整。传统矫正器是金属托槽，但增长最快的是隐形矫正器。而种植牙，是目前兼具美观和功能性最好的牙列缺损修复方式之一。

以种植牙为例，国内种植牙手术费用差别较大，根据所选用的种植体品牌、牙冠材质的不同，价格会有明显差异。种植体的价格是决定种植牙成本的最重要因素。根据对口腔医疗机构的种植牙价格的调研，目前市场上单颗牙种植的总体费用为 8000～22 000 元，收费项目主要包括种植体、种植基台、牙冠、修复材料和手术费用。种植体依据材质、工艺和来源，价格在一颗 3500～12 000 元。种植基台的价格一般在 1500 元以上。目前主流的全烤瓷牙冠一颗的价格约为 2500 元。修复材料方面瑞士盖氏的 Bio-Gide 修复膜和 Bio-Oss 骨粉的组合价格在 2500 元以上，国产代表正海生物的海奥口腔膜和骨粉的组合价格为 1000～1500 元。

2022 年，国家医保部门组织进行了牙种植体及相关耗材的集中采购工作，并于 2023 年 1 月进行竞价开标，中选产品价格平均降至 900 多元，最高价格为 1855 元，平均降幅达到 55%。同时，单颗常规种植牙全流程医疗服务价格调控至 4500 元左右，使得一颗种植牙费用可控制在 6000 元以下。该政策的陆续落地，预计会快速带动国内种植牙市场的更快发展。

而定制式义齿行业在整个医疗器械行业属于较小的且相对独立的一个细分领域。近些年，国内义齿市场规模一直保持两位数的增长率，2019 年，义齿行业产值约为

220亿元，约占整个医疗器械行业的3.8%。另据国家市场监督局公开数据统计，目前国内义齿生产企业有近2000家，遍布除西藏外的各省市、自治区、直辖市（表4-1）。

表4-1 国内各地区定制式义齿生产企业分布

序号	地区	数量/家
1	广东	328
2	山东	138
3	浙江	122
4	辽宁	120
5	上海	115
6	黑龙江	106
7	河南	104
8	江苏	100
9	河北	96
10	福建	86
11	北京	83
12	山西	77
13	广西	77
14	陕西	74
15	四川	72
16	吉林	70
17	湖南	64
18	湖北	55
19	安徽	54
20	江西	50
21	重庆	37
22	云南	35
23	甘肃	26
24	贵州	24
25	天津	23
26	内蒙古	21
27	海南	14

续表

序号	地区	数量/家
28	宁夏	6
29	青海	5
30	新疆	5

在市场需求方面，定制式义齿与经济发展水平呈正相关关系，由于国内经济发展的不均衡，地区义齿市场同样呈现不均衡状态。华东地区和华南地区市场需求占到全国的55%，华北和华中地区约占25%，东北和西部地区占比均不到20%。

（四）我国口腔生物材料市场格局及集中度分析

1. 我国口腔生物材料整体市场格局

经过多年的发展，我国口腔材料器械行业取得了较大的进步，相关生产企业和研究机构不断增多，国内企业的整体技术水平也有较大提升。但是相较于美国、德国、日本等发达国家和地区，我国口腔材料器械产业发展相对滞后，高端产品生产能力不足。因此，我国口腔器械市场大部分产品主要被跨国企业垄断。

国内企业市场占有率普遍较低。美国、日本等国家在口腔器械领域起步较早，在口腔器械的技术上处于领先地位，在高端口腔器械市场占据主导地位。我国口腔器械行业起步相对较晚，部分企业研发能力较弱，生产技术水平相对较低，主要以中低端产品为主，在市场上采取低价竞争策略。

2. 我国口腔生物材料市场集中度趋势

我国口腔材料器械行业企业数量众多且主要以中小型企业为主，综合竞争实力较强的企业数量较少，全国规模以上的口腔装备材料企业只有92家，80%的牙科装备、产品为进口，高端口腔材料器材全部依赖进口，供给侧远远跟不上需求侧。因此，当前我国口腔材料器械行业市场竞争激烈，且产品同质化现象十分严重。

在激烈的市场竞争中，部分实力较强的企业将会凭借技术升级等不断提升自身竞争力，市场占有率进一步提高，而大多数中小型企业将面临被市场淘汰的风险。未来，我国口腔器械行业或将进入洗牌期，行业整体市场集中度将有所提升。

3. 我国口腔生物材料市场格局

我国口腔材料器械行业从细分领域来看，主要包括种植体、隐形正畸、口腔修复材料、定制式义齿等。其中，牙种植体和口腔正畸器是目前利润水平最高、发展速度最快、增长空间最大的两大分支领域。而口腔修复材料和义齿也会随着口腔种植的快速发展，带动进入一个持续的增长期（图4-9）。

图4-9 我国口腔材料市场格局

①在牙种植体领域，在中国上游牙种植体的市场中，以全球五大牙种植体生产商（包括瑞典的NobleBiocare、瑞士的Straumann、美国的Dentsply Sirona、Zimmer、韩国的Osstem）为代表的外资企业占据了国内95%以上的市场份额，国产品牌占据5%左右。欧美种植体占据高端市场的主要份额，韩系的价格较低，市场份额在C端消费者中占比最高，国产种植体价位与韩系接近，但起步较晚受到韩系性价比压制。

20世纪90年代，国内种植牙市场刚刚起步之时，因受限于医疗技术和产品生产制造技术的限制，只有少数中国本土企业获得了国家食品药品监督管理总局（CFDA）颁布的牙植体系统生产批文，具备生产技术及生产资质，代表性企业包括华西医科大学卫生部口腔种植科技中心、北京莱顿生物材料有限公司、四川大学生物材料工程研究中心。但因产品技术水平和市场推广原因，并未获得足够的市场竞争力，甚至逐渐被市场淘汰。

早期的国产种植体质量不佳，造成了后来市场对国产品牌的不信任，到了2000年以后，韩系品牌"趁虚而入"，利用其成熟的培训教育体系及相对较低的价格优势，迅速占领了中国中低端市场，并发展到至今超过250万颗以上的年使用量。然而，在2014年以后，国产品牌不断进行研发、追赶国际领先技术，获批上市的牙种植体产品数量逐渐增多，目前已经达到10余家品牌。代表性企业有威海威高洁丽康生物材料有限公司、常州百康特医疗器械公司、江苏创英医疗器械有限公司等，从实际的产品质量和临床使用效果来看，头部国产品牌产品力并不比韩系产品差，甚至可以媲美欧美产品。

②在口腔正畸器领域，目前呈现美国的AlignTechnology公司与中国的时代天使、上海正雅和西安恒惠四家企业寡头垄断的竞争格局，合计市场份额超过50%。其中，时代天使凭借自主研发推出的隐形矫治器占据了最大的市场份额。中国隐形正畸产业链主要由上游的隐形正畸诊疗相关的口腔医疗器械、中游的综合服务商和数字化软件等、下游的口腔医疗机构和医护人员构成（图4-10）。

图4-10 中国隐形正畸产业链

（数据来源：《中国隐形正畸行业白皮书》，灼识咨询）

在无托槽隐形矫治解决方案供应商领域，中国市场格局较为稳定，形成由时代天使、隐适美两家龙头企业及多家差异化竞争企业组成的市场。以达成案例数口径统计，2021年，时代天使成为中国市场份额最高的隐形矫治品牌，并在2022年进一步扩大市场份额至 41.7%,领先第二名隐适美近 10 个百分点(图 4-11)。

③口腔植入充填材料领域,从口腔修复膜和生物骨粉产品的竞争格局来看,进口品牌盖氏仍占主导地位,2020 年市占率约为 70%,烟台正海生物市占率约为 10%,其余 20% 的市场相对分散。目前,骨植入材料和口腔修复膜的竞争格局相似,国产替代空间充足。根据奥精医疗招股书,2019 年盖氏的 Bio-Oss 骨粉占据我国口腔科骨植入材料 70% 的市场份额,国产产品占比较低,合计仅占约 15% 的市场份额,烟台正海生物占整体市场约为 2%,未来提升空间较大(图 4-12)。

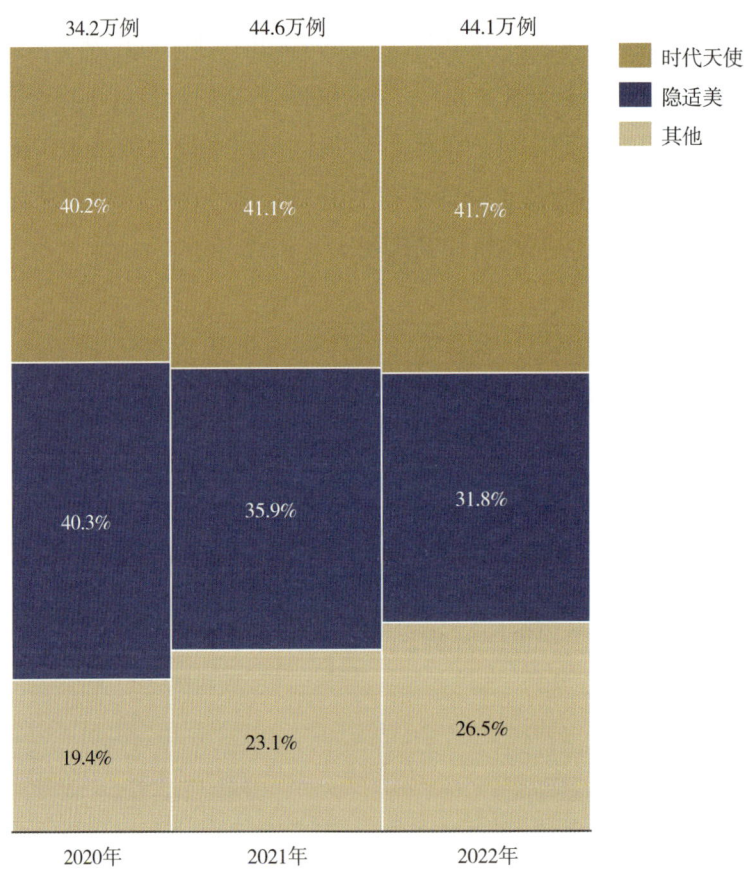

图 4-11 中国隐形正畸市场格局(2020—2022 年)

(数据来源:《中国隐形正畸行业白皮书》,灼识咨询)

第四章 口腔生物医用材料

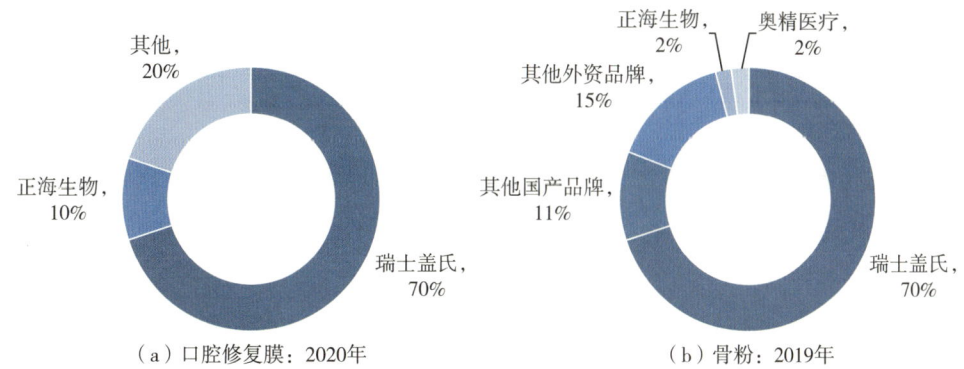

（a）口腔修复膜：2020年　　　（b）骨粉：2019年

图 4-12　中国口腔修复膜及骨粉行业市场竞争格局情况

（数据来源：正海生物招股书，奥精医疗招股书，华经产业研究院整理）

④在定制式义齿领域，中国义齿制造业占据十分重要的位置。国内定制式义齿市场中，国产产品几乎占据全部的市场份额，与国内义齿市场规模相适应，国内义齿行业年产量约 3.5 亿颗。义齿行业的特殊性使得义齿是生产企业数量最多的医疗器械产品种类，约有 2000 家生产企业、4500 多张有效的产品注册证件。其中，广东省义齿生产企业数量最多，华东沿海省份为主要的生产制造区域。深圳市的义齿生产企业规模化水平普遍较高，对内对外物流均十分便捷，可满足境内外订单交货时限的要求。该市产值超亿元的行业龙头企业有 4 家，超千万元产值的企业达到 20 余家。

（五）我国口腔生物材料供应市场分析

1. 口腔充填修复材料

口腔修复主要是针对牙齿缺损、牙齿缺失后的治疗工作，如嵌体、全冠、义齿等，也包括利用人工修复体针对牙周病、颞下颌关节病和颌面部组织缺损的治疗，如咬合板、牙周夹板、赝复体、义眼、义耳、义鼻等。口腔修复是口腔医学中的一个重要分支，种植修复、粘结修复、美学修复是现代口腔修复发展最快的领域，显著提升了口腔修复的治疗效果和水平。

2. 口腔义齿材料

口腔义齿制作材料主要包括贵金属、普通金属、合金金属、瓷块、硅胶等。

根据《2017 医疗器械分类目录（修订版）》，口腔义齿制作材料主要分为义齿用金属材料及制品、义齿用陶瓷材料及制品、义齿用高分子材料及制品、定制式义齿、固位桩、牙托梗。

在义齿材料中，合金烤瓷牙价格较为便宜，但其牙龈边缘容易发黑，影响美观；以氧化锆义齿为代表的全瓷牙兼具了美观性和良好的生物相容性，但价格较为昂贵。氧化锆义齿由于技术门槛较高，仅有登士柏西诺德及国瓷材料爱尔创等少数厂商具备齿科产品制造能力。国外由于市场容量大，氧化锆齿科材料品牌辨识度和认可度较高，品牌溢价成为氧化锆齿科材料产品价格高昂的重要原因。

国内方面，国内企业氧化锆义齿的材料供应商营收体量都相对较小。2019 年，爱尔创实现营收 4.72 亿元；中航翔通实现营收 3.82 亿元（包含光纤连接器等非齿科产品）；爱迪特实现营收 2.04 亿元；沪鸽股份实现营收 0.91 亿元。而 2020 年财年，登士柏西诺德实现营收 8.95 亿美元；3M 实现营收 321.36 亿美元，远高于国内厂商。

国外齿科材料巨头多年积累的品牌力和体量，对于国瓷材料与爱尔创而言，既是挑战也是机遇。国内氧化锆义齿市占率处于低位、高端产品被国外垄断，爱尔创作为国产义齿材料的知名品牌，将有望依托国瓷材料的优秀平台，走出品牌升级、国产替代、产业链延伸的发展之路。

定制式义齿的规模企业主要集中在深圳市，其中现代牙科器材（深圳）有限公司、洋紫荆牙科器材（深圳）有限公司、深圳市金悠然科技有限公司、深圳康泰健牙科器材有限公司产值均超过亿元。同时，我国是全球最大的义齿产品出口国家，深圳是最主要的出口产品生产基地，约占全国义齿出口总额的 60%。国家海关进出口数据显示，2018 年，我国义齿出口 2.55 亿美元，其中深圳义齿出口 1.6 亿美元。深圳义齿行业以欧美发达国家为主要出口市场，欧美地区合计占深圳义齿出口市场的 80%。

作为全球义齿行业龙头企业，成立于中国香港的现代牙科集团专注于为全球用户提供定制式义齿，并在中国、德国、澳洲、美国及马达加斯加均拥有生产基地，且拥有多个全球品牌。该集团在全球的年业务收入接近 30 亿港元。总部位于深圳的康泰健牙科集团，是国内市场份额最大的义齿加工企业，其集团公司总产能达到 200 万件 / 年，覆盖全国一、二线城市，全国市场份额约占 4%，市场覆盖区域超过 50% 的全国区域。

3. 口腔正畸材料

根据《2017医疗器械分类目录（修订版）》，口腔正畸材料及制品主要分为托槽、正畸丝、带环及颊面管、正畸基托聚合物、正畸弹簧、正畸弹性体附件、矫治器具及附件。

随着居民收入提升，我国居民口腔消费观念改善，隐形正畸需求加大，从而推动了口腔正畸材料及制品的发展。以口腔正畸材料及制品中价值较大的正畸托槽为例，2019年国内口腔正畸病例约为293万例，对正畸托槽的需求超过了200亿元。

从生产企业来看，以正畸托槽为例，截至2020年7月底，我国正畸托槽共有45个注册文号。目前，我国正畸托槽主要生产企业有芜湖固力医疗器材有限公司、宁德市活动翼医疗器械有限公司、杭州昂升齿科材料有限公司、杭州斯麦尔医疗器械有限公司、浙江日盛医疗科技股份有限公司、杭州奥索医疗器械有限公司、杭州爱齿达实业有限公司等。

无托槽隐形正畸领域的企业主要包括无锡时代天使医疗器械科技有限公司、爱齐（四川）医疗设备有限公司、四川正美齿科科技有限公司、可丽尔医疗科技（常州）有限公司、卡瓦（四川）医疗器械有限公司等厂商。

4. 口腔植入材料

根据《2017医疗器械分类目录（修订版）》，口腔植入材料主要分为牙种植体、基台及附件、种植支抗、种植体密封材料、种植辅助材料、骨填充及修复材料、颌面固定植入物、颌面部赝复及修复重建材料及制品、基台定制材料。

种植体是种植牙手术最主要的成本，我国口腔植入材料市场主要以种植体及相关附件为主，获批企业数10家，但外资企业Straumann（士卓曼，瑞士）、Danaher（Nobel Biocare的母公司，瑞典）、Dentsply（登士柏，美国）、Henry Schein（汉瑞祥，美国）、Osstem（奥齿泰，韩国）、ZimmerBiomet（美国）和Dentium（登腾，韩国）等占据了国内90%的种植体市场份额。

国家药监局显示，截至2022年12月底，我国国产牙种植体相关的注册文号有20个，主要企业有威海威高洁丽康生物材料有限公司、常州百康特医疗器械有限公司、江苏创英医疗器械有限公司等；而进口的种植体及相关附件中，注册文号达到了233种，为国内的13倍。企业方面，有相关批件企业数量的外国企业有52家，中国台湾企业有3家，中国大陆企业有18家。可见目前，我国种植体市场仍主要被外资企业或进口产品垄断。

在市场具体竞争格局方面：品牌根据价格可分为3类。第一类是高端种植体品牌，如Straumann种植系统、NobelBiocare种植系统，约占市场份额的30%左右。第二类中端种植系统以BICON（美国）、安多健（法国）和MIS（以色列）的产品为主，约占市场份额的15%左右。第三类是低端种植系统，主要以韩国的登腾和美真格为主，约占市场份额的50%左右。

国产种植体的研发、上市往往时间长，投入大，市场份额占比却仍未突破10%。主要原因是进口品牌进入市场较早，占据了先机。具体来说，之所以国产品牌发展较慢，与以下原因有关：① 20世纪90年代国产产品的对市场造成的质量不佳的不良影响；②种植牙为植入类询证医学产品，医生和患者对于产品的临床效果需要一个较长的"考察期"；③国外品牌先入为主，主导了医生的使用习惯，更换品牌需要改变一些操作习惯，并非所有牙医都想尝试新的产品；④国外品牌长期以来建立的品牌优势，使得国内消费者对国外产品有天然好感。⑤种植牙项目属于技术门槛高、投入大、回报周期非常长的项目，仅有较少的有实力的企业有意愿进行产品的开发和布局。

但随着市场潜力的逐渐释放、国产替代进程的加速及国家集采政策的逐步落地实施，国产种植体行业有望迎来新的发展机遇，但同时也面临着竞争加剧的挑战。目前，我们认为，种植牙在主要原材料、表面处理技术、加工精度等方面，国产品牌和国外品牌逐渐处在同一水平线上，国产品牌的品质逐渐被认可，包括各临床机构陆续公开发表的临床研究数据，也证实了国产品牌的临床成功率不差于进口产品。但是就市场推广而言，国产品牌因起步晚，价格低且无品牌竞争优势，并不占优。

在国产替代的大趋势下，我们认为国产企业将会迸发出强烈的发展活力，降低医疗费用的同时，拉动相关产业发展，创造新的行业发展机遇，快速实现国产替代，并提升国内市场的种植牙渗透率。

5. 口腔治疗辅助材料

根据《2017医疗器械分类目录（修订版）》，口腔治疗辅助材料主要分为根管预备辅助材料、吸潮纸尖、酸蚀剂、预处理剂、排龈材料、研磨抛光材料。

口腔治疗辅助材料种类较多，从其用途来看，大多为口腔医疗产品生产（如修复体），以及口腔过程中的辅助材料和产品。在口腔医疗中，产品价值较低，行业总体规模偏小。

（六）我国口腔材料需求市场潜力分析

1. 口腔种植

近年来随着居民消费水平上升，以及种植牙的高成功率打消了部分消费者的疑虑，消费者对种植牙的需求上升，行业渗透率上升明显。2011 年，我国种植牙数量仅为 1 颗 / 万人，2019 年达到了 22 颗 / 万人（图 4-13）。但韩国早在 2017 年就达到了约 650 颗 / 万人，我国种植牙市场渗透率仍然偏低。

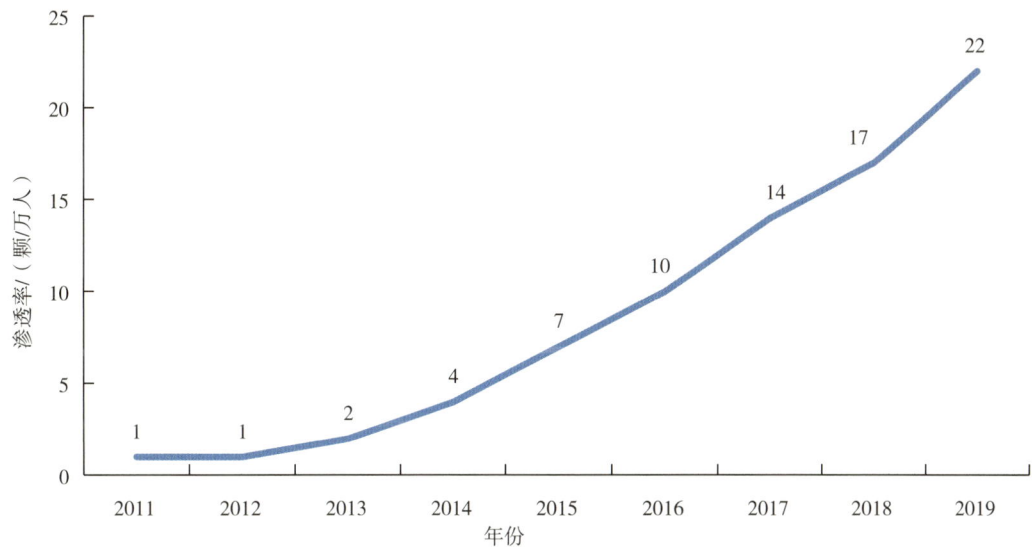

图 4-13　2011—2019 年我国种植牙渗透率

（数据来源：前瞻产业研究院）

在种植牙市场规模方面，近年来，随着居民消费能力的增长、有种植牙经验的合格牙医数量增加，以及学术推广力度的提高，我国种植牙市场正处于快速发展期。2011 年，我国年种植牙颗数仅为 13 万颗左右，2013 年增长至 30 万颗，2016 年已超过百万颗，2017 年接近 200 万颗，到 2019 年已超过 311.95 万颗，2022 年已达到 400 万颗，2011—2022 年复合增长率为 40% 以上（图 4-14），是全球增长最快的种植牙市场之一。随着市场潜力的释放，预计未来几年内，我国种植牙年消费量将达到 1000 万颗以上，形成一个百亿级市场。

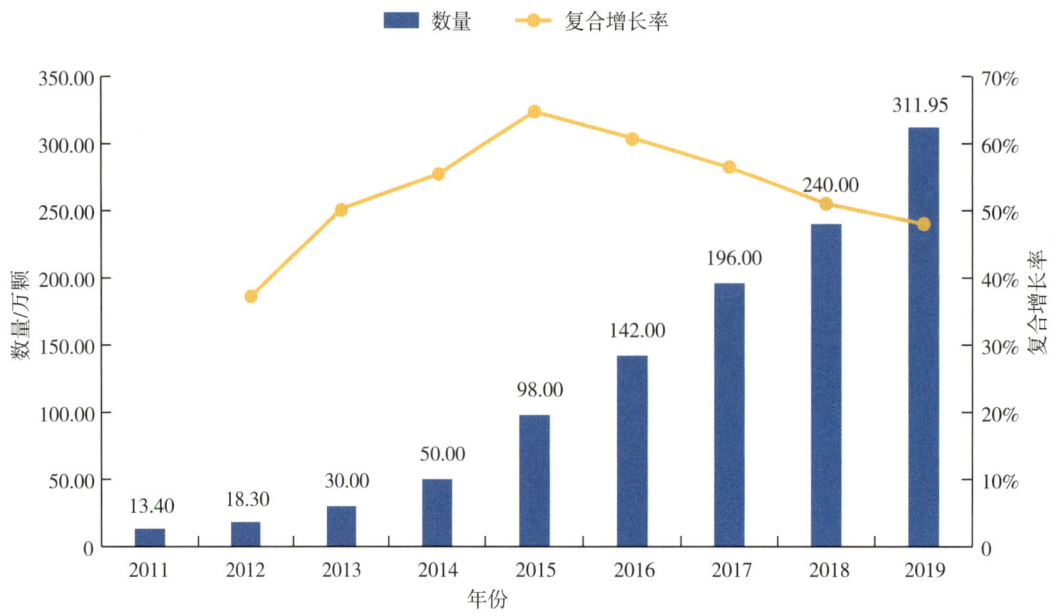

图 4-14　2011—2019 年中国种植牙数量及复合增长率

（数据来源：前瞻产业研究院）

2. 口腔植入生物材料

口腔修复膜与骨粉是比较有代表性的两种口腔植入修复材料，主要应用于种植牙时牙槽骨条件不足的植骨（骨质重建），使得患者的骨质达到手术要求，以便后续植牙得以进行。骨修复材料（骨粉）通常用于牙颌骨缺损或骨量不足的填充和修复，而口腔修复膜通常用于口腔内软组织浅层缺损的修复，加速创口愈合及诱导自体骨再生。口腔修复膜依据材料来源可分为胶原类膜、金属膜、合成膜与异体骨膜等。同时依据材料是否能被降解细分为可吸收性膜与不可吸收性膜。从市场需求来看，据统计，2020 年中国口腔修复膜用量为 161 万张，骨粉用量为 201 万克，预计 2025 年市场需求分别达到 427 万张、534 万克（图 4-15）。

图 4-15 2020—2025 年中国口腔修复膜及骨粉消耗量情况

市场空间方面，按照口腔修复膜及骨粉价格均为 1400 元测算，2021 年中国口腔修复膜市场规模约为 26.7 亿元，骨粉市场规模为 66.8 亿元（图 4-16）。

图 4-16 2020—2025 年中国口腔修复膜及骨粉市场规模情况

3. 口腔正畸

数据显示，随着居民收入、消费水平提升，以及对美更加追求，我国口腔正畸呈逐年持续增长趋势。灼识咨询报告显示，2022 年，中国正畸市场规模为 547 亿元，出货量 323 万组；预计到 2030 年，中国正畸市场规模将达到 890 亿元，出货量 635 万组（图 4-17）。

图 4-17 中国正畸市场

(数据来源：《中国隐形正畸行业白皮书》，灼识咨询)

隐形正畸成为正畸市场新的增长点。2022年，我国隐形正畸市场规模约为120亿元左右，预计到2030年将增长到404亿元左右（图4-18）。

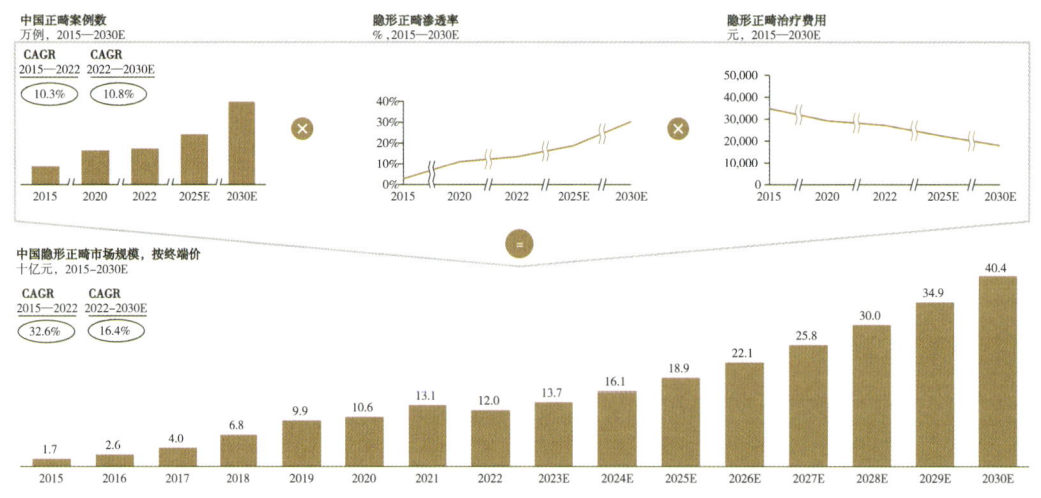

图 4-18 中国隐形正畸市场规模

(数据来源：《中国隐形正畸行业白皮书》，灼识咨询)

我国隐形正畸市场格局较为稳定，隐适美和时代天使两大隐形矫正器品牌，合计占据 80% 左右的市场份额。而以案例数口径计算，2021 年，时代天使成为中国市场份额第一的隐形正畸品牌，隐适美、正丽市场份额有所下降，其余品牌市场份额均有不同程度的提升（图 4-19）。

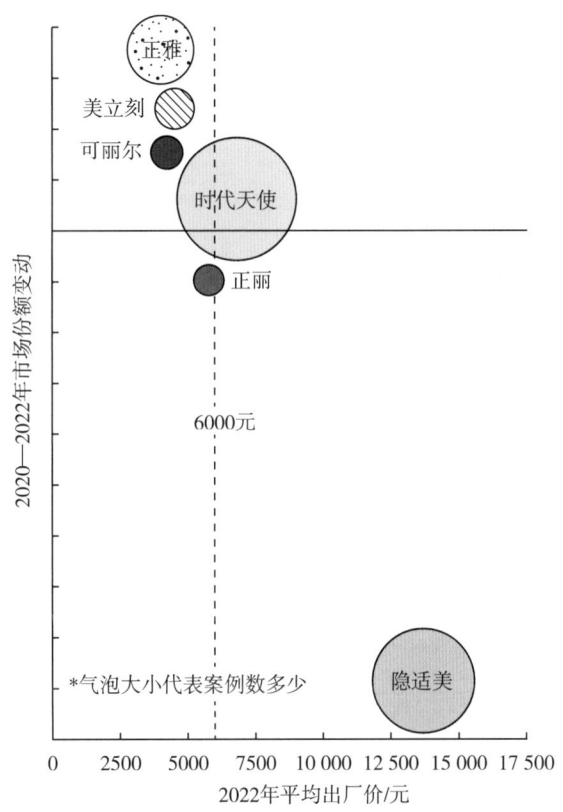

图 4-19 中国隐形正畸主要厂商市场分布状况

（数据来源：《2022 年隐形矫治行业蓝皮书》，灼识咨询）

4. 口腔修复

我国老年人的口腔状态普遍较差，为了维持适当的咀嚼、消化语言、表情等功能及良好的心理状态，口腔修复是十分重要和必要的。随着社会的进步，生活水平的提高，老年人对提高生活质量的愿望日益增长，对口腔健康和美观程度提出了较高的要求，老年人口腔修复市场需求增加。

随着老龄化社会的到来，牙齿缺损与缺失的比例将增加。据统计，我国65岁以上的人均缺牙约为9.06颗，即使50%的人做修复，以2019年我国65岁以上人口2.54亿人左右计算，仅65岁以上的人群修复市场规模就达11.5亿颗。加之修复体在一定时间必须修改或更换，因此这将是一个很大的医疗市场。

第三节　国内外重要技术和产品研究进展

一、口腔充填修复材料

1. 复合树脂

龋病是口腔临床上的常见病和多发病，严重影响我国人民健康。复合树脂填充修复是目前临床治疗龋病的主要手段，其是一种填料增强型聚合物复合材料，是由有机树脂基质和无机填料，以及引发体系组合而成的非均匀相混合物。自1962年美国学者Bowen发明以Bis-GMA（双酚A双甲基丙烯酸缩水甘油酯）为基质，以二氧化硅为填料的复合树脂以来，口腔复合树脂经历了以下革新：由早期的化学固化复合树脂发展到如今应用最多的可见光固化复合树脂，实现即时"按需固化"；由早期使用大颗粒的无机填料逐步发展成为现在的纳米级无机填料，固化后更逼真、更耐磨；由早期的单一颜色发展到如今与自然牙色泽几乎相近的多色系列复合树脂，使美学效果得到保障；由原来的前、后牙复合树脂发展到通用型复合树脂、流动树脂、可压实复合树脂、大块充填树脂等以满足临床不同需求。口腔树脂材料因其生物相容性、美观性、低成本和易塑性等优点，近年来在临床龋病治疗中广泛用于替代银汞合金进行牙体缺损修复，成为临床应用最广泛的牙齿缺损修复材料。据公开数据统计，现有61例口腔树脂填充材料获批国家药监局医疗器械注册证，其中国产获批产品共5例（包含光固化树脂2例，流动树脂1例），进口获批产品共56例（包含光固化树脂27例，流动树脂11例）。

然而，树脂复合材料修复的使用寿命仍然存在挑战，主要是由于聚合收缩及其相关应力，树脂基质由于长期聚合收缩会在与牙体硬组织界面形成微渗漏，细菌通过渗漏侵入内部形成继发龋，这是造成目前填充修复失败的重要原因。因此，抗感染功能设计有望成为预防继发性龋齿和延长牙科树脂复合材料使用寿命的一种有效途径。为了提高牙科树脂复合材料的抗菌性能，国内外学者进行了大量研究，如添加抗菌化合物（如氯己定和氟化物）、整合季铵盐和掺杂金属离子/氧化物（如锌和银）。研究表明，这些技术可以有效提高树脂修复体的抗菌活性。然而，这些抗菌成分的暴发释放意味着抗菌效果只能持续很短的一段时间。为了解决这一问题，研究人员开发了介孔二氧化硅纳米颗粒（MSNs）、聚乳酸－羟基乙酸（PLGA）纳米颗粒、氯己定/无定形磷酸钙（CHX/ACP）核壳纳米颗粒等多种纳米级颗粒作为缓释载体，在不影响短期粘接强度的前提下，最大限度地为控制其抗菌药物的缓释提供了有效的方法。然而，抗菌药物的长期稳定性和生物安全性仍存在不确定性。另外，还有研究将氯化铵的衍生物引入口腔复合树脂中以此来增强抗菌性能，以期达到杀灭细菌来增加抗菌性能，然而氯化铵衍生物的引入也同时降低了复合树脂的机械性能。综上所述，现有复合树脂材料抗菌功能主要通过引入抗菌型无机粒子或抗菌型有机单体来实现，但以上策略不仅对复合树脂体系的力学性能和美观性等产生不利影响，还存在着长期抗菌粒子损失失去抗菌能力的问题（表4-2）。目前，抗菌复合树脂的相关研究已成为研究热点，但仍不能满足临床需求，转化为临床应用的尚少，未来还需要一种不影响长期抗菌稳定性的，具有良好生物相容性的长效抗菌设计策略，同时国产替代产品也有待进一步加强。

表 4-2　口腔复合树脂抗菌剂及其缺点

抗菌物质	缺点
金属离子	潜在毒性、抗菌功能短暂
纳米复合物	折光性差，影响美观
化学衍生物	降低机械性能
氧化物	耐磨耗、疲劳性较差

2. 粘接剂

1955年，Buonocore首次使用磷酸处理牙面从而提出全酸蚀技术，使得树脂和牙釉质之间的结合有所改善。1982年，日本学者Nakabayashi提出了关于牙本质粘接的混合层（Hybrid layer）理论及自酸蚀技术奠定了牙本质粘接的理论基础。近70年来，新的牙体粘接剂不断问世，临床使用程序不断简化，牙本质的粘接强度不断增强，满足着现代口腔治疗的高要求，推动现代口腔技术的发展。

临床上，通常将牙本质粘接剂分为8代（表4-3），第一代至第三代牙本质粘接剂并不酸蚀牙质，仅依靠同玷污层产生粘接力，因此粘接强度较弱，一般在2～6 Mpa，现在已经完全淘汰。

表4-3 粘接剂代表性产品

系列	酸蚀方式	层数	代表性产品	公司	主要成分
第四代	全酸蚀	双层（疏水）	Adper ™ Scotchbond ™	3M ESPE	N-甲苯基甘油酸-缩水甘油甲基丙烯酸树脂（NTG-GMA）
第五代	全酸蚀（部分自酸蚀）	单层（亲水）	Adper ™ Single Bond 2	3M ESPE	甲基丙烯酸酯、光引发剂、氧化硅填料
第六代	自酸蚀	双层（疏水）	Clearfil SE Bond	Kuraray	双酚A二甲基丙烯酸酯、甲基丙烯酸2-羟乙烷、二甲基丙基乙二醇二甲基丙烯酸酯、10-异丙烯酰氧化葵二磷酸二氢盐等单体及轻质无水硅酸增粘剂、甲苯二乙醇胺聚合促进剂
第七代	自酸蚀	单层（亲水）	Adper ™ Easy One	3M ESPE	甲基丙烯酸酯、磷酸酯（MHP）和硅烷化硅石
第八代（通用型）	全酸蚀&自酸蚀	单层（疏水）	Single Bond Universal	3M ESPE	2-羟乙基甲基丙烯酸/（HEMA）、2-甲基-2-丙烯酸（1-甲基亚乙基）双[4,1-苯氧基（2-羟基-3,1-丙亚）]酯（Bis-GMA）、无水乙醇、2-甲基-2-丙烯酸-1,10-葵二酯、硅烷化硅分子

第四代牙本质粘接剂问世于20世纪80年代中期，为传统的全酸蚀粘接系统，其由酸蚀剂、处理剂和粘接剂组成，采用多瓶多步骤操作方法（经典三步法）。其酸蚀剂多为浓度35%左右的磷酸，预处理剂中含N-甲苯基甘油酸-缩水甘油甲基丙烯酸树脂（NTG-GMA）等成分实现酸蚀表面从亲水到疏水的改性，最后涂覆粘接剂（adhesive），渗入的粘接剂树脂与脱矿剩余的胶原纤维构成了混合层，混合层形成的质量是粘接成功的关键。第四代粘接剂与牙本质的粘接强度（17～25 MPa），取得了较为理想的粘接效果，具有较高的微拉伸粘接强度和较好的边缘封闭性。20世纪90年代提出了自酸蚀粘接理论，因此第五代粘接剂可分为两类，一类粘接剂仍

采用全酸蚀技术（两步法），将预处理剂和粘接剂成分复合成一个组分，在酸蚀冲洗后涂覆粘接剂即可，将第四代的三步法优化成两步法。另一类为自酸蚀粘接剂，此类粘接剂采用的是自酸蚀粘接技术，是将酸蚀剂和预处理复合成一个组分，在酸蚀的同时实现牙齿表面的改性，免去了冲洗的步骤，操作简单、快捷，并且有效地避免治疗后的敏感。20世纪90年代末到21世纪初出现了第六代粘接剂产品，此类产品将酸蚀剂、预处理及粘接剂一步完成，大大简化了操作步骤，减少了操作时间。2002年后出现的第七代粘接剂将第六代材料简化为单一组分，进一步简化了操作步骤。近年来3M和BISCO率先开发了最新一代粘接剂：通用型一步法粘接剂，也被称为第八代粘接剂。随后几年里，DENTSPLY等其他公司也纷纷推出类似的产品。通用型粘接剂是单瓶装单层式的牙科粘接剂，可以用于自酸蚀，也可以用于全酸蚀。

牙本质粘接剂除了满足临床治疗需求的情况下，向技术简化方向发展，同时研究人员也通过技术的不断改进，赋予其更多的功能。如赋予材料抗菌性能，在复合材料中加入抗菌单体——甲基丙烯酰氧基十二烷基吡啶溴化物（MDPB），能够与其他单体共聚，导致抗菌基团固定在聚合物链中，这可能为复合材料提供长期的抗菌活性。赋予材料耐降解能力，将金属基质蛋白酶（MMP）抑制剂加入粘接剂中，并取得了良好的效果，因为活化的MMP可能会逐渐降解未被粘接剂树脂完全包裹的胶原纤维，可能会增加混合层内的含水量，导致牙本质修复键的破坏。生物活性玻璃赋予材料再矿化能力，将生物活性玻璃添加到树脂基材料中释放钙或磷酸根离子，从而促进再矿化。

二、口腔义齿制作材料

1. 树脂陶瓷复合材料

树脂陶瓷复合材料也被称为"类陶瓷"材料，是树脂基质和无机陶瓷材料的混合材料（图4-20），是为了改善陶瓷材料脆性大、颜色、稳定性差等问题研发出的兼具陶瓷材料和树脂材料优良性能的新型类陶瓷修复材料。由于含有树脂基成分，其具备了近似复合树脂的力学特性，弹性模量为12～28 GPa，抗弯曲强度约为200 MPa，接近牙本质，克服了传统玻璃基陶瓷脆性大、易折裂等缺点，作为修复体时可以承受并吸收更高的压应力而不发生永久形变或破坏；另外，树脂陶瓷复合材料又具有陶瓷材料的良好美学与机械性能，相比于复合树脂来说，树脂陶瓷复合材料的耐磨性及颜色稳定性得到了显著提升,作为后牙冠修复体应用时具有更好的耐磨性。作为一种新型的口腔义齿制作材料,树脂陶瓷复合材料所具备的发展潜力和市场前景得到了国家的高度重视。在"十四五"国家重点研发计划的支持下,"口腔仿生树脂渗透陶瓷冠桥材料"项目已于2023年正式启动,将会带动国产树脂陶瓷复合材料的高质量发展。

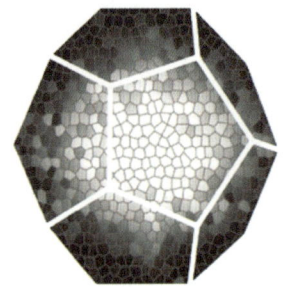
（a）树脂渗透陶瓷复合材料

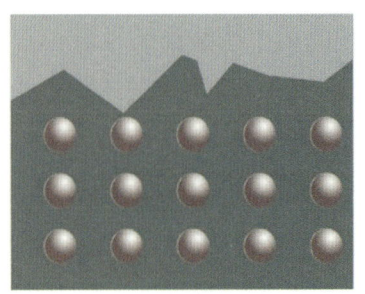
（b）陶瓷增强树脂基复合材料

图 4-20　树脂陶瓷复合材料结构示意

（数据来源：史佳敏,《大气压冷等离子体对树脂基陶瓷粘接性能的影响》）

目前树脂陶瓷复合材料主要分为两大类:一类是陶瓷网络结构中渗透加入树脂基质,通常称为树脂渗透陶瓷复合材料,代表产品为 Vita Enamic;另一类是在高度交联的树脂基质中加入改良强化的陶瓷颗粒,通常称为陶瓷增强树脂基复合材料,代表产品为 Paradigm™ MZ100、Block HC、Cerasmart、Gradia Block 和 Lava Ultimate 等（表4-4）。

表 4-4　树脂陶瓷复合材料的分类

公司	产品名称	类别	适应证
VitaZahnfabrik	Vita Enamic	树脂渗透陶瓷复合材料	牙贴面,嵌体,全冠修复
3M	Paradigm™ MZ100	陶瓷增强树脂基复合材料	牙贴面,嵌体,全冠修复
3M	Lava™ Ultimate	陶瓷增强树脂基复合材料	嵌体,高嵌体,贴面
松风	Block HC	陶瓷增强树脂基复合材料	牙贴面,嵌体,全冠修复
GC	CERASMART	陶瓷增强树脂基复合材料	牙贴面,嵌体,全冠修复
GC	Gradia Block	陶瓷增强树脂基复合材料	牙贴面,嵌体,桥,全冠修复
爱尔创	润瓷	陶瓷增强树脂基复合材料	牙贴面,嵌体,全冠修复

世界上第一款投向市场的树脂陶瓷复合材料是 Vita Zahnfabrik 公司于 2013 年推出的 Vita Enamic，是首款具有双重网络结构的口腔树脂渗透陶瓷复合材料，也是最具代表性的口腔树脂陶瓷复合材料。Vita Enamic 是由 86% 质量比的长石质玻璃陶瓷与树脂聚合物组成的双重网络结构树脂陶瓷复合材料。其弯曲强度为 150～160 MPa，弹性模量约为 30 GPa，非常接近牙本质。与传统的口腔义齿陶瓷材料相比，其具有更优异的韧性和弹性，与传统树脂材料相比其耐磨性、强度及抗变色能力更加优异，与天然牙釉质磨耗程度相似。同时拥有高透明度，可很好地完成前牙的美学修复。除此之外，材料的可加工性能，边缘稳定性都优于其他 CAD/CAM 陶瓷材料，适用于贴面、嵌体、高嵌体、单冠修复。2017 年，清华大学研究团队开发出了一种以硅酸盐陶瓷为无机组分的有机物渗透陶瓷材料——"软瓷"，其弯曲强度达到了 214 MPa，明显高于现有商业树脂基陶瓷，同时弹性模量也与天然牙相近，并且具有优异的生物相容性。目前"软瓷"已实现生产的稳定性和连续性，年产量可达 200 万颗，已完成注册检验，准备上市。

陶瓷增强树脂基复合材料是另一种主要的树脂陶瓷复合材料，目前市场上的多数商业树脂陶瓷复合材料都属于此类，常见的有 3M 公司的 Paradigm™ MZ100 和 Lava™ Ultimate，GC 公司的 CERASMART 等。国产陶瓷增强树脂基复合材料的代表性产品是爱尔创公司于 2020 年推出的"润瓷"系列树脂陶瓷复合材料，包括 LT（低透）、HT（高透）和 LT-M（颜色和透性分层）三款产品，是全球第一款在树脂陶瓷复合材料领域推广渐变色的产品。同时"润瓷"的致密性优异，弯曲强度可达 200 MPa，且拥有优良的色稳定性和化学稳定性，弹性模量与牙本质相接近。"润瓷"系列树脂陶瓷复合材料已获得国家三类医疗器械注册证。

2. 纤维桩

重度牙体缺损保存治疗难度大，是口腔临床面临的极大挑战。牙冠硬组织丧失超过 1/2 即为残冠，冠部硬组织完全或接近完全丧失即为残根。随着口腔技术的进步及生物材料的发展，很多以前认为应该拔除的患牙现在可以通过根管治疗、桩核修复得以保存和恢复。桩是插入根管内的部分，利用摩擦力和粘接力等与根管内壁之间获得固位，进而为核及最终的全冠提供固位。增加固位和提升牙齿抗力是桩的主要功能。核是固定于桩之上，与牙冠剩余的牙体硬组织一起形成最终的全冠预备体，为最终的全冠提供固位。桩核是根管治疗后恢复大面积牙体缺损患牙形态和功能的一种修复体，为全冠提供固位并提高牙齿抗力，可以分体或一体化制作。表 4-5 列出了不同类型的纤维桩产品。

表 4-5 不同类型的纤维桩产品对比

类别	亚类	产品	公司	材料
预成桩	锥形桩	Matchpost® Fiber Post	法国 RTD	树脂基体 + 石英纤维
		D.T. Light–Posts	法国 RTD	树脂基体 + 石英纤维
		通用锥形纤维桩	中国欧亚瑞康	树脂基体 + 玻璃纤维
	螺纹桩	Fiber Lux	瑞士康特	树脂基体 + 玻璃纤维
		Macro–Lock Post	法国 RTD	树脂基体 + 石英纤维
		RelyX Fiber Post 3D	美国 3M	树脂基体 + 玻璃纤维
		螺纹增强固位纤维桩	中国欧亚瑞康	树脂基体 + 玻璃纤维
个性化桩核	CAD/CAM 桩核	个性化一体化纤维桩核	中国欧亚瑞康	树脂基体 + 玻璃纤维

自 20 世纪 90 年代法国学者将碳纤维/环氧树脂复合材料制作而成的纤维桩引入口腔医学领域后，与牙齿颜色相近、美观性更好的玻璃纤维桩、石英纤维桩陆续得到研制及应用。

纤维桩不仅生物相容性优异，其弹性模量与牙本质更接近，使牙齿受到的咀嚼应力能沿桩体更均匀地分布，且它的挠曲抗折强度达到临床修复要求，高于牙本质的挠曲抗折强度，可以增强患牙牙颈部的抗折力。纤维桩与周围树脂粘结剂的化学粘结性能超过金属桩和陶瓷桩，同时机械加工成型纤维桩表面粗糙度大，有效增强固位粘结性能。随后法国 RTD 公司、瑞士康特公司及中国欧亚瑞康公司陆续推出了螺纹桩（图 4-21），在桩的表面形成微机械锁合结构，显著增加粘接面积，提升固位。因此，牙科纤维桩在牙齿重度缺损修复中的应用越来越广泛。

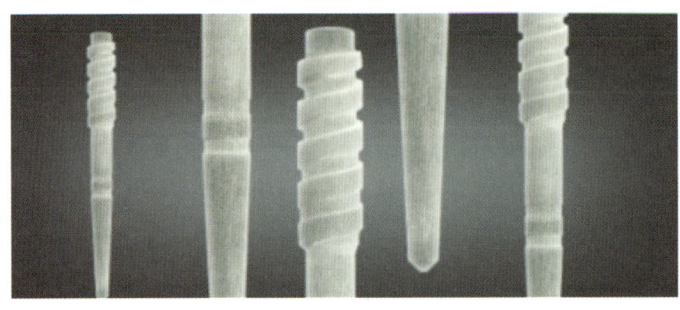

图 4-21 预成螺纹纤维桩

近年来，数字化技术几乎已经渗透到口腔修复领域的全流程中，CAD/CAM（计算机辅助设计和制造）作为一种先进的辅助工具，已经成为国内外口腔修复领域的研究热点。口腔数字化流程突破了传统口腔修复临床操作方式，特别是口内扫描、椅旁切削设备精度的大幅提升极大地提高了口腔修复体制作的质量水平和工作效率，减少了口腔修复治疗的时间。利用 CAD/CAM 制作全瓷贴面，全瓷冠、全瓷嵌体已经在临床上得到广泛的应用，近年来 CAD/CAM 纤维桩核也开始逐步向临床推广（图 4-22）。CAD/CAM 制作的纤维桩核具有高精度、高可靠性和稳定性的特点，极大地提升了重度牙体缺损的治疗效果。

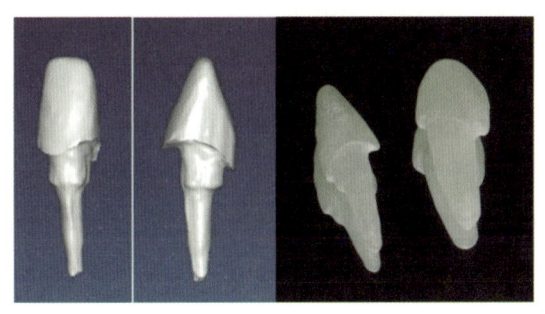

（a）利用数字化软件进行三维设计　（b）利用高精度切削系统加工　（c）CAM/CAM 一体化纤维增强树脂块

图 4-22　CAD/CAM 一体化纤维桩核的制作

2010 年，北京大学口腔医学院、北京化工大学与北京欧亚瑞康新材料科技有限公司联合开发出可用于 CAD/CAM 个性化切削加工的纤维增强树脂材料，并在国际上首次提出定制式一体化纤维桩核的修复理念和制备方法，申请了发明专利（ZL201010124736.1）。同时，北京大学口腔医院研究团队在《国际口腔修复学杂志》（J Prosthet Dent 2010；103：330-333）首次报道有关定制式一体化纤维桩核的临床修复病例。该产品为我国自主研发，是国际首创，在国际上处于领先地位。该产品自 2010 年起开展前期基础研究以来，经过近 10 年的技术积累和工艺优化，已实现连续稳定生产，产品的性能全部满足口腔临床需求。2021 年 10 月，个性化一体化纤维桩核取得国家药监局颁发的Ⅲ类产品注册证（国械注准 20213170796）。在研发的过程中，该产品获得 2 项国家科技支撑计划（2008 年、2012 年）、1 项北京市科技计划（2020 年）资助，荣获教育部"高等学校科学研究优秀成果奖"科技进步奖一等奖（2023 年），荣获中华口腔医学会科技奖一等奖（2022 年）。

3. 仿生修复材料

牙釉质是位于牙齿表面的一层坚硬组织，是人类身体最坚硬的组织之一。它覆盖在牙齿冠部的外层，起到保护牙齿的作用。牙釉质主要由羟基磷灰石（hydroxyapatite）晶体组成，这些晶体以高度有序和结构紧密排列的方式形成牙釉质的坚硬结构。由于人体的牙釉质中无机晶体相含量高达96%以上且缺乏包括细胞在内的生物有机基质，一旦受损或龋坏，便无法自行修复或再生。

牙釉质的仿生矿化是在天然牙因龋病或其他牙体硬组织疾病而导致牙体硬组织缺损后，根据仿生矿化的原理在脱矿釉质晶体上实现类釉质晶体沉积，并达到与天然釉质相似的形态及功能。20世纪50年代初，研究人员发现氟化物通过与牙齿组织中的羟基磷灰石结合，形成氟化羟基磷灰石（fluorapatite），增强了牙齿组织的稳定性和抗酸性能。氟化羟基磷灰石比原始的羟基磷灰石更难被酸侵蚀，从而降低了牙齿发生龋齿的风险。随后氟化物广泛用于口腔卫生产品中，如牙膏、漱口水、凝胶等。这些产品中含有适量的氟化物浓度，可提供每天所需的氟化物摄入量，并有效预防龋齿的发生。20世纪80年代，学者们根据天然矿化过程中有机-无机界面结构及其相互作用强度推测细胞外基质可以引导釉质晶体生物矿化过程，即通过蛋白的超分子自组装、稳定Ca-P簇、引导其排列成线性链的釉质重建机制重建釉质。20世纪90年代末，学者们通过大量的基础及临床试验证实，酪蛋白磷酸肽（CPP）对于早期釉质损伤具有再矿化作用，含无定形磷酸钙ACP的CPP-ACP复合物产品已广泛用于临床试验。1999年，研究者发现釉质蛋白在牙釉质矿化的无机相沉淀过程中起关键作用。釉质蛋白主要由釉原蛋白、釉蛋白和成釉蛋白组成，对磷酸钙的自然成核和HAP晶体的有序组装至关重要。作为主要蛋白质（体积分数>90%），釉原蛋白可起到引导磷灰石晶体和稳定无定形磷酸钙的重要作用。因此，许多由釉原蛋白或其类似物辅助来控制生物矿化过程的方法已被用于仿生牙釉质样结构。2000年，涂层技术（coating techniques）的发展为仿生牙釉质材料带来了突破。通过在基础材料表面应用特殊的涂层，可以改善材料的美观度、耐磨性和生物相容性。2011年，浙江大学研究团队通过在牙釉质表面吸附羟基磷灰石纳米颗粒，在甘氨酸的引导下再生釉质样结构，从而达到牙釉质的仿生。然而由于新生层与牙釉质基底缺乏力学连接性，随后浙江大学研究团队在2019年设计了一种由磷酸钙离子簇组成的材料，可以诱导羟基磷灰石外延晶体生长，模仿了自然界牙齿的生物矿化过程，完成牙釉质的修复。因此，纳米羟基磷灰石（nHA）类修复产品被广泛应用于市场。2017 年，美国密歇根大学研究团队利用层层堆叠的 ZnO 阵列制备了仿生牙釉质材料，具备良好的力学性能，但是与人类牙釉质的性能不相匹配，生物相容性也较差。为了探究制备仿生原位生长修复新策略，牙釉质牙本质内的梯度结构是需要进一步分析探明的。2020 年，美国西北大学的研究团队研究分析了牙釉质微晶中的化学梯度，进一步解释了牙釉质的等级结构，他们发现羟基磷灰石微晶为牙釉质的基本组成部分，微晶两侧为两个富含镁、钠离子、负离子和碳酸根离子的纳米层。这一化学梯度的发现为仿生牙修复材料的制备提供了指导思路。美国威斯康星大学的 Gilbert 课题组发现了人类牙釉质中的隐藏结构，即釉质晶体中并非所有的羟基磷灰石是沿着同一取向排列的，每个微晶中取向会不断改变。2022 年，北京大学口腔医院研究团队联合北京航空航天大学通过双向冷冻对齐组装形成了羟基磷灰石纳米线与聚乙烯醇交织的无定形晶间相涂层，设计出一种具有多尺度高度有序 HA 层次结构的人造牙釉质，实现了天然牙的成分、结构及性能的完美复刻，目前正在积极向临床转化推进。

以上方法解决了仿生牙釉质材料厚度有限的问题，可以批量工程制造，这是工程材料实际应用的先决条件。大多数非 HAP 成分合成方法在不影响高韧性的情况下实现了更高的硬度、刚度、杨氏模量和强度，因此具有与天然牙釉质相似的性能，明显超过传统材料的性能。此外，经济成本因素被认为与力学性能一样重要，因此采用成分丰富且廉价的方法更受青睐。未来的研究发展可能集中在合成具有超过天然牙釉质特性的仿生牙釉质材料。仿生牙釉质材料的最终目标是实现结构复杂性、多功能性、可持续性和自我修复能力。尽管牙釉质的矿化和相关的机械过程仍不清楚，目前提出的理论仍存在争议，但对天然牙釉质的探索和模仿将在仿生牙釉质材料领域不断产生新的进展。

三、口腔植入材料

1. 氧化锆陶瓷种植体

钛金属种植体在临床上已成功应用 40 余年，但也逐渐暴露出一些问题，使人们寻求一种新的材料以替代钛金属，主要基于以下 3 个原因。①钛金属的美学问题：牙龈黏膜厚度较薄的患者易透出金属种植体的颜色，从而使牙龈呈现灰色；种植后牙龈退缩导致的金属外露，从而影响美观；②患者更倾向于无金属修复：有学者在钛金属种植体邻近淋巴结和组织发现钛颗粒的聚集，也有学者报告部分患者对钛金属过敏，无法进行种植修复，这使患者更倾向于要求"无金属修复"；③氧化锆材料在临床的广泛应用：氧化锆陶瓷材料的强度高达 1200 Mpa，断裂韧性 10 Mpa，已在口腔冠桥修复和股骨头替换中广泛应用。因此，兼具良好美观性和生物相容性的氧化锆陶瓷种植体成为研究热点。2004 年，德国 Konstanz 公司上市了 Z-systems 氧化锆种植体系统；2006 年，德国 Senden 公司上市了 Bredent（White Sky System）氧化锆种植体系统，随后德国、西班牙和日本的公司都推出了自己的氧化锆种植体系统，直到 2015 年士卓曼公司和诺贝尔公司均推出了氧化锆全瓷种植体，Pure ceramic 系统 和 ZiUnite BioPearl 系统让全球口腔医学界重新考虑氧化锆种植体的可行性，引起了研究者和患者的极大关注（表 4-6）。

表 4-6 国外已上市氧化锆陶瓷种植体

名称	品牌	国家	表面处理方式
White Sky System	Bredent	德国	喷砂
Z-Systems	Senden	瑞士	激光处理（SLM））
CeraRoot	Barcelona	西班牙	涂层
Ceramic	Oral iceberg	德国	酸蚀
ZiUnite BioPearl	Nobel Biocare	瑞典	喷砂、酸蚀
Pure Ceramic	Straumann	瑞士	喷砂、酸蚀

氧化锆种植体由于陶瓷材料脆性高，其临床折断发生率高，是限制其临床应用的首要问题；另外，氧化锆材料惰性强，难以表面生物活化，虽然表面涂层等手段可改变材料表面的成分和形貌，提高生物活性，但涂层—氧化锆基底界面结合力一般较差，涂层脱落风险大，难以实际使用。因此，如何实现对最强陶瓷的氧化锆材料再增强增韧，提高耐低温老化性能，减少断裂风险，同时具备材料本体生物活性是其成功临床应用的瓶颈，也是关键科学问题。2019 年，士卓曼公司的全瓷种植体获得国家创新医疗器械特别通道，为发展我国国产全瓷种植体提出了迫切需求。北京大学口腔医院研究团队在国家重点研发计划政府间国际科技创新合作重点专项的支持下，开发了氧化锆粉末纳米包覆技术、制备出了高强、高韧的纳米氧化锆材料，其强度较传统 3Y-TZP 提高 28%，韧性是 3Y-TZP 的 2.5 倍，提高了材料抗折

断能力。针对氧化锆牙种植体表面生物活性不足的问题，建立了氧化锆牙种植体表面喷砂和酸蚀技术，实现了与国外同类产品同步。同时利用原子层沉积技术、表面成骨蛋白修饰等技术构建了表面活化处理体系，显著提升了种植体表面亲水性和成骨性能，将骨－种植体结合率提高至65%以上，同时建立了氧化锆种植体动态疲劳试验方法，并获国家医药行业标准立项1项，为氧化锆牙种植体的产品注册打下了坚实的基础。我国在下一代全瓷种植体上与国际实现了同步发展。

2. 骨充填材料

骨充填材料是用以充填骨缺损腔或骨植入器件与骨床间空隙的材料，其作用是加速骨缺损愈合或使骨植入器件固定。骨充填材料作为骨缺损修复的重要医疗器械，相关研究一直是骨缺损修复的重点内容，在医疗器械分类目录中也单独成为一类，是比较重要的一类骨科植入类医疗器械。骨充填材料具有以下特性。①生物相容性：能与周围组织相容，不引起免疫反应或排斥现象；②生物活性：促进骨组织再生和修复，有助于新骨生成；③机械强度：具备足够的强度和稳定性，能够承受咀嚼和咬合力；④可塑性：能够适应不规则的骨缺损形态，提供良好的填充效果；⑤可吸收性：能够逐渐降解和被人体吸收，为新生骨提供支持。

骨充填材料的发展经历了以下几个重要阶段。①传统材料时代：包括自体骨移植、异体骨移植和人工骨材料的应用，但存在供体获取困难、感染风险和排斥反应等问题；②生物陶瓷时代：陶瓷材料如羟基磷灰石和β－磷酸三钙开始应用，具备较好的生物相容性和生物活性，但机械性能仍有待提高；③生物复合材料时代：出现了骨基质蛋白复合材料、钙磷骨水泥等，进一步提高了生物活性和可塑性；④生物可降解材料时代：生物可降解聚合物如聚乳酸和聚己内酯等材料应用广泛，能够逐渐降解并促进骨组织再生。

近年来，骨充填材料领域出现了一些新的进展。①纳米技术的应用：通过纳米尺度调控材料的结构和性能，提高材料的生物活性和机械强度，促进骨组织再生；②生物打印技术的发展：利用3D打印技术制备具有复杂结构的骨充填材料，实现个性化修复；③生长因子的应用：引入生长因子如骨形态发生蛋白，促进骨细胞增殖和分化，加速骨缺损修复；④基因治疗的研究：通过基因工程技术，植入修复相关基因以改善骨缺损修复效果；⑤表面修饰技术的改进：通过改变材料表面的化学性质或形态结构，提高材料与周围组织的相容性和接触性能，促进骨再生。

我国骨缺损修复需求巨大，在口腔临床诊疗中，由于拔牙后骨吸收、外伤、先天性疾病或肿瘤切除等原因造成的颌骨缺损仍是口腔组织修复面临的难题。目前常用的临床治疗手段是自体骨移植和异体异种骨、合成骨植入。自体骨移植因会造成供区二次伤害还会增加感染的风险，逐渐被合成骨植入取代。异种骨、合成骨植入因其无须进行取骨手术，具有生物安全性、低免疫原性，且含有骨生成因子等活性成分和仿生的生物力学特征，成为未来骨修复临床治疗的研究方向。表4-7和表4-8分别汇总了已注册的国产口腔骨充填产品和进口口腔骨充填产品。

表4-7　国产口腔骨充填产品汇总

注册人名称	产品名称	主要成分
上海瑞邦生物材料有限公司	自固化磷酸钙人工骨	磷酸钙
陕西佰傲再生医学有限公司	傲塑®骨填充材料	天然骨颗粒复合透明质酸
北京奥精医药科技有限公司	人工骨修复材料	纳米羟基磷灰石，I型胶原
北京大清生物技术有限公司	可塑型生物活性骨修复材料	脱细胞健康人类骨组织
江苏阳生生物股份有限公司	奥邦骨修复材料	由硅、钙、磷、氧、镁、钠元素组成的多孔非晶态材料
陕西瑞盛生物科技有限公司	骼瑞天然煅烧骨修复材料	煅烧牛骨松质骨
天津中津生物发展有限公司	骨修复材料	牛骨松质骨制备的载体，牛骨皮质骨制备的保留有骨诱导活性的粗提取物
烟台正海生物科技股份有限公司	海奥骨修复材料	羟基磷灰石，I型胶原蛋白

表4-8　进口口腔骨充填产品汇总

注册人名称	产品名称	主要成分
瑞士盖氏制药有限公司 Geistlich Pharma AG	可吸收骨充填材料 Geistlich Bio-Oss®	煅烧牛骨的磷酸钙矿物质
瑞士盖氏制药有限公司 Geistlich Pharma AG	可吸收骨胶原充填材料 Geistlich Bio-Oss Collagen®	煅烧牛骨的磷酸钙矿物质，I型胶原蛋白
士卓曼集团 Straumann Group	天然牛骨移植材料 Straumann® Botiss cerabone®	煅烧牛骨，羟基磷灰石
士卓曼集团 Straumann Group	双相磷酸钙颗粒 Straumann® BoneCeramic™	羟基磷灰石和β-磷酸三钙
璞固生物科技有限公司 Purgo Biologics Inc.	口腔用骨充填材料 THE Graft™	煅烧猪骨矿物质

续表

注册人名称	产品名称	主要成分
美国诺邦生物制品有限公司 NovaBone Products, LLC	可吸收人工骨 NovaBone IRM™	磷酸硅酸钙
美国诺邦生物制品有限公司 NovaBone Products, LLC	可吸收骨胶原支架 NovaBone MacroFORM™	胶原蛋白生物活性玻璃支架
美国诺邦生物制品有限公司 NovaBone Products, LLC	生物活性条状骨充填材料 Bioactive Strip Bone Graft	纯化的纤维胶原蛋白和可吸收的生物活性合成颗粒
美国诺邦生物制品有限公司 NovaBone Products, LLC	可注射骨充填材料 NovaBone Putty®	磷酸硅酸钙
韩士生科公司 Hans BiomedCorp.	口腔用骨填充修复材料 SureOss® Powder	矿化冻干皮质骨
芬兰 INION 公司 Inion Oy	生物玻璃骨填充材料 Inion BioRestore™	可降解的生物活性玻璃
吉诺斯株式会社 Genoss Co., Ltd	人工骨植入物 OSTEON™ Ⅱ Synthetic Bone Substitute Material	羟基磷灰石和 β-磷酸三钙
吉诺斯株式会社 Genoss Co., Ltd	OSTEON™ Xeno	羟基磷灰石和 β-磷酸三钙
科卢森股份公司 Curasan AG	牙科骨粉 Cerasorb® M	β-磷酸三钙
百康有限公司 Bicon, LLC	人工骨粉 SynthoGraft®	β-磷酸三钙

当前在口腔种植领域最常用的植骨材料为异体异种骨,主要来自动物骨基质或者是钙化的珊瑚、煅烧鹿角等基质,具有一定的骨传导性,具有来源广泛、成本低廉等优势。国内口腔临床使用最广泛的骨充填材料 Bio-Oss® 是从牛骨中提取的去蛋白骨基质,这种骨充填材料经过一系列的纯化工艺,去除了骨中的所有有机成分,仅保留具有良好生物相容性的骨矿物质,其理化性能与人自然骨相似。它具有类似自然骨的连续微孔结构,有利于促进血管和骨细胞的生长。目前已广泛应用于各种口腔手术过程中,包括牙槽嵴保存、引导骨再生、上颌窦提升等。国外品牌 Cerabone,国产品牌骼瑞骨粉、海奥骨粉、天津中津骨粉等也属于异体异种骨产品。

陕西佰傲再生医学有限公司自主研发的口腔颌面产品"傲塑®骨填充材料"于2022年成功获得国家药监局批准上市。该产品获得国家重点研发计划支持，主要用于拔牙创颌骨再生及牙种植颌骨再生，为国内首款天然骨颗粒复合生物大分子透明质酸骨块填充材料。它采用天然骨颗粒复合透明质酸，经专利技术制备而成，能够快速、稳定成骨，1周即可观察到有明显的新骨生成，同时保持植骨空间的长期稳定性，最终实现缺损区域的骨重建。作为国内首款天然骨颗粒复合生物大分子-透明质酸的可塑形骨块材料，该产品极大地改善了临床操作性能，也为患者提供了口腔植骨材料的新选择。

合成骨是一类人工合成的材料，包括羟基磷灰石（hydroxyapatite，HA）、磷酸三钙（tricalcium phosphate，TCP）、生物活性玻璃等。HA具有良好的生物活性、生物相容性和骨传导性，使其成为口腔颌面部骨缺损修复的主要替代材料。TCP是目前外科手术中用于骨骼重建最常用的合成材料，比HA更易于吸收，因此在植入骨骼时具有高度的生物相容性，在颌骨切除后可用于填充缺损部位以促进骨修复。然而，HA和TCP存在生物机械强度和生物降解不足等缺点，而具有良好机械性能的双相磷酸钙（biphasic calcium phosphate，BCP）生物活性材料目前获得了更多研究者的关注。生物活性玻璃主要是由钙、磷和硅酸盐组成的具有可控降解性能的活性材料，其植入体内不会引起炎症、免疫排斥和组织坏死等症状，并且可以诱导新骨快速形成。已有研究将具有微/纳米结构的生物活性玻璃添加到高分子复合支架中，从而引导骨再生。合成骨中添加生物活性物质，如骨形态发生蛋白（BMP）、血小板富集血浆（PRP）、碱性成纤维细胞生长因子（bFGF）等。这些物质能够促进骨细胞的增殖和分化，有助于颌骨再生和修复。

上海瑞邦生物材料有限公司的自固化型磷酸钙人工骨产品（瑞邦骨泰）又称CPC，由华东理工大学研究团队研发，是非陶瓷型羟基磷灰石类合成骨材料。它由磷酸钙粉末和固化液两部分组成，使用时将两者按一定比例调和，其后呈膏体状，将其填充于骨缺损处，并可根据骨缺损处的解剖要求随意修整，达到准确修复骨缺损的目的。它克服了羟基磷灰石（HAP）陶瓷烧结、修整困难的缺点，避免了陶瓷与骨之间密接性差，易于导致纤维组织的介入生长而影响界面结合强度的不足。CPC的临床应用适用证为修复非负重或低负重部位的骨缺损，是一种良好的颌骨填充材料。华东理工大学研究团队研发出的载生长因子（rhBMP-2）高活性骨修复材料是采用基因工程重组技术开发的一种新型骨分化生长因子，能诱导植入区周围未分化的间充质细胞形成软骨和新生骨,促进成骨细胞分化成熟,参与骨和软骨的生长发育及其重建过程,进而加速骨缺损的修复,在骨科、脊柱外科、口腔科等领域均可应用,实现了植入的无生命材料向人体内有生命组织的转化,目前该产品得到国家重点研发项目立项以进一步拓展临床适应证和推广应用。

3. 引导组织再生膜

牙周炎常常导致患者多发性牙齿脱落和咀嚼功能障碍,影响美学和生活质量,并带来巨大的社会经济影响和医疗成本。2017年,全球疾病负担(GBD)研究报告称,牙周炎的经济影响包括大约442.8亿欧元(约合540亿美元)的直接成本和2050亿欧元的间接成本。牙周炎疾病负担的加重已成为一个重大的公共卫生问题,如何对牙周炎进行积极、可靠的治疗已成为亟待解决的问题。

在众多治疗方法中,Nyman及其同事于1982年开创的引导组织再生(GTR)和引导骨再生(GBR)已成为一种很有前途的再生疗法,可以在严重牙周炎晚期再生受损牙周组织的结构和功能。GTR/GBR的原理包括放置屏障膜,旨在阻碍竞争性上皮和结缔组织进入伤口区域,为具有再生潜力的缓慢迁移的祖细胞和/或干细胞(来自邻近的健康牙周组织)创造了一个分离的空间。

第一代GTR/GBR膜主要是无生物活性的屏障膜,包括聚四氟乙烯基膜(如Gore-Tex®、Cytoplast®TXT-200和Cytopplast®Ti-250)和钛网。该类型的屏障膜需要进行二次手术取出,增加了术后细菌感染的可能性,并可能对再生的组织造成损伤。为了避免二次手术,又开发了多种无须二次手术的第二代GTR/GBR膜。然而,大多数市售的GTR/GBR膜仅起到屏障作用,由于缺乏生物活性,无法对损伤微环境起到调控作用。因此促修复的效果还有待进一步提升。近年来研究重点进一步集中在具有生物活性及微环境调控作用的GTR/GBR膜上。例如,通过结合各种类型的生物活性剂来帮助和调节宿主骨和牙周组织的再生,已开发出生物活性不对称GTR/GBR膜,提供了额外的生物功能和抗菌性能。此外,还有利用材料的铁电特性开发出的仿生电活性纳米复合膜,从物理仿生的角度构建了具有生物响应性的GTR/GBR膜,利于缺损区电学微环境重构及组织修复。表4-9汇总了引导组织再生膜产品。

表4-9 引导组织再生膜产品

商品名称	公司	主要成分
海奥®口腔修复膜	烟台正海生物科技股份有限公司	高纯度的I型胶原蛋白成分
瑞拜欧®可吸收生物膜	北京大清生物技术股份有限公司	猪小肠黏膜下层组织（SIS）
可吸收生物膜 Geistlich Bio-Gide	瑞士盖氏制药有限公司 Geistlich Pharma AG	猪胶原加工纯化
口腔可吸收生物膜Collagen membrane	吉诺斯株式会社 Genoss Co.，Ltd.	牛胶原
GTR可降解膜 Inion GTR Biodegradable Membrane	芬兰INION公司 Inion Oy	由两种可吸收聚合物熔融共混制成，组成共聚物的单体为L-乳酸、乙醇酸和三亚甲基碳酸酯
可吸收生物膜	上海白衣缘生物工程有限公司	猪小肠粘膜下层组织（SIS）经脱细胞等工艺制成
医用胶原修复膜	福建省博特生物科技有限公司	牛腱的I型胶原蛋白，产品为经醛类交联加工制成
口腔修复膜	青岛杰圣博生物科技有限公司	以内消旋聚乳酸为原料经真空冷冻干燥技术制作而成，具有微孔结构
可吸收生物修复膜	北京湃生物科技有限公司	牛跟腱组织处理后制备
可吸收丝素修复膜	湖北赛罗生物材料有限公司	由丝素蛋白、甘油和水组成
口腔可吸收生物膜	陕西瑞盛生物科技有限公司	牛心包组织制成
NOVAMag® membrane	Botiss Biomaterials	生物可降解金属〔Magnesium（Mg）〕
Jason® membrane	Botiss Biomaterials	从猪的心包中获得的天然胶原膜
collprotect® membrane	Botiss Biomaterials	使用猪皮制备成的天然胶原
OSSIX Plus	Dentsply Sirona	基于胶原蛋白的糖交联膜

目前，瑞士盖氏Geistlich公司的Bio-Gide胶原膜，占据了国内口腔修复膜领域超过70%的市场份额。20世纪80年代，Geistlich Pharma AG的董事会主席Dr.Peter Geistlich决定投资再生生物材料，以骨和胶原为基础，研发用于天然骨和组织再生的医疗产品，还推出了一种用于骨科手术的骨充填材料Orthoss。1986年，Geistlich Bio-Oss®取得了第1例临床病例。1990年，Geistlich生物材料开始在瑞士推广使用。1996年，第一个可吸收的天然胶原屏障膜产品Geistlich Bio-Gide®问世。2003年，Geistlich Bio-Oss®成为世界上最广泛使用的骨替代材料。2008年，Geistlich在中国成立了其亚洲地区唯一的独资子公司，开始了Bio-Gide等产品在中国的推广使用。

由于传统的非功能性屏障膜无法与骨再生修复过程良好适配，研究者们基于仿生微环境的设计理念，致力于开发具有生物学功能的 GTR/GBR 膜。

北京大学口腔医院研究团队创新提出"电学微环境重构"设计思想，转变现有产品设计理念，设计构建出仿生骨电学微环境口腔种植修复膜材料，临床前大动物评价呈现出高效成骨诱导、稳定空间支撑和防止组织粘连三大独特优势。授权美国发明专利 1 项，授权国家发明专利 5 项，专利实施许可 1 项，正在向临床转化推进，该产品在研发过程中获得"十三五"和"十四五"国家重点研发计划的大力支持。

镁合金由于具有较好的力学性能，可为骨缺损提供足够的骨生成空间，同时又可被完全降解吸收和促进骨再生，兼具钛网的支撑能力和胶原膜的可吸收性能，因此，成为研究热点。在国际上，德国汉诺威大学研究团队正在开发口腔可降解纯镁材料及口腔镁合金引导骨再生膜产品，相关产品于 2021 年 4 月获得 CE 认证（德国 Biotiss 公司）。我国可降解镁合金研究与国际同步且水平相当，北京大学口腔医院研究团队多年来一直专注于可降解镁合金材料的口腔应用转化研究，在科技部"十四五"重点研发计划支持下，已完成了口腔可降解镁合金引导骨再生膜产品的设计定型和转化，相关产品正在注册检验中。

四、其他

1. 脱敏剂

牙本质敏感症作为临床上常见的口腔疾病，我国的患病率为 33.5%～40.7%，表现为暴露的牙本质对外界刺激如冷热、机械力、吹气等产生的短而尖锐的疼痛，严重影响患者日常生活，且致病机制仍存争议。传统讨论的致病机制有以下 3 种：一是"神经学说"，认为牙髓的神经末梢，直接受刺激而产生疼痛，但后续的组织学和形态学研究发现牙髓神经仅有部分延伸到前期牙本质和牙本质内层，而其外 2/3 并未看到神经结构。二是"成牙本质细胞传导学说"，认为成牙本质细胞能够作为感受器，在接受到外界刺激后，可以传导给牙髓神经而产生疼痛反应。1968 年，组织学家 Frank 曾报告牙本质小管中观察到有神经与成牙本质细胞突形成的复合体，迄今为止具体的传导机制仍未得到完全解析。三是"流体动力学说"，该学说是根据牙本质小管内部牙本质液受到刺激而产生内、外流动，这种液体的流动产生机械力，刺激牙本质—牙髓界的神经末梢产生痛觉，但临床上仍有许多现象不能因此解释。

目前，临床上的牙齿脱敏剂主要按照上述3种致病机制所研发。如使用腐蚀性药物使牙本质内蛋白凝固变性以堵塞牙本质小管，代表产品为德国古莎公司开发的GLUMA脱敏剂，主要成分为戊二醛和亲水性甲基丙烯酸-β羟乙基酯（HEMA），戊二醛能与牙本质小管中的内容蛋白产生作用使其沉淀，从而封闭牙本质小管，达到脱敏的作用，HEMA可溶于牙本质小管液，协助戊二醛进入牙本质小管，降低小管的通透性。英国葛兰素史克公司开发的舒适达牙膏的抗敏有效成分是硝酸钾，有学者认为硝酸钾能够提高神经纤维周围外钾浓度使其去极化并阻止其重新极化来阻止刺激通过神经通路，而同时钾盐能阻塞牙本质小管。而通过形成沉淀或促进再矿化来封堵牙本质小管的产品更迭多代，最早使用的氟化物能够与钙盐相结合，形成不溶性的氯化钙、氟磷灰石等化合物从而形成物理屏障，缩小小管直径，封闭牙本质小管。但氟化物的单一应用效果较差，如氟化钠，形成小尺寸的氯化钙晶体，易溶于唾液。生物活性玻璃是能与活体组织结合或诱导新组织生长的非晶陶瓷，其能够释放出钠、钙和磷酸根离子，在唾液中能够发生离子反应置换出水中的氢离子以提高pH值并为再矿化创造理想的环境，形成羟基磷灰石涂层来达到封堵目的。表4-10列出了目前市售脱敏剂相关产品。

表4-10 脱敏剂相关产品

作用机制	产品名称	公司（国家）	有效成分
蛋白变性	GLUMA® Desensitizer	贺利氏古莎（德国）	戊二醛、亲水性甲基丙烯酸-β羟乙基酯
	Systemp.Desensitizer	义获嘉·伟瓦登特（瑞士）	戊二醛、乙二醇二甲基丙烯酸酯、顺丁烯二酸
降低神经敏感	舒适达	葛兰素史克（英国）	硝酸钾、乙酸锶
	冷酸灵	登康口腔护理用品股份有限公司（中国）	硝酸钾、氯化锶
再矿化	奥敏清	大清生物技术股份有限公司（中国）	生物活性矿物质粉体、高分子聚乙二醇、甘油、二氧化硅
	贝哥仕	鸿元医药科技有限公司（中国）	生物活性玻璃

续表

作用机制	产品名称	公司（国家）	有效成分
多组分	极固宁	阿尔法·韦士曼（意大利）	磷酸钾、碳酸钾、甲基戊烯钠、氯化钙、氯化锶、苯甲酸钠
	牙科脱敏剂	登泰克牙科材料有限公司（中国）	氯化锶、草酸钾
	Oral Care Gel	迪斯卡仕牙齿护理有限公司（美国）	硝酸钾、硝酸钙、糖精钠、氟化钠、磷酸二钠、磷酸一钠

生物大分子的自组装在自然界中广泛存在，分子的自组装能够使生产达到纳米尺度，是一种纳米技术，在牙科方面有许多潜在的应用。生物矿化作用，特别是牙本质形成，涉及矿化前的蛋白质生物自组装。近年来，最新的矿化研究集中在自组装生物高分子作为牙损伤修复材料，利用仿生矿化机制，来调控牙损伤部位原位矿化修复损伤组织。在国家重点研发计划"诊疗装备与生物医用材料"重点专项的支持下，天津医科大学研究团队发现，自组装高分子可通过诱导蛋白质－高分子偶联物发生自组装聚集，进而诱导钙磷离子在其上附着，从而调控羟基磷灰石的形成（图4-23）。自组装聚集赋予其优异的界面黏附性能，因此其诱导生成的羟基磷灰石能够深入渗透并封闭牙本质小管，形成的矿化层与牙体结合力强、生物相容性良好、机械化学稳定性优异。自组装生物高分子系统作为一种治疗牙本质过敏症的方法具有广阔的前景，相关成果已向临床应用转化，目前处于临床试验阶段。

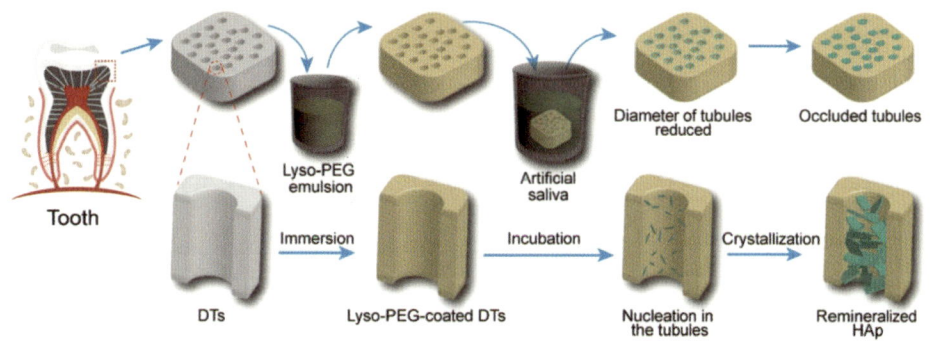

图4-23 自组装高分子组装聚集并诱导矿化

（数据来源：LI C，LU D，DENG J，et al. Amyloid-like rapid surface modification for antifouling and in-depth remineralization of dentine tubules to treat dental hypersensitivity [J]. Adv mater，2019，31（46）：e1903973.）

北京大学口腔医院研究团队揭示了牙本质敏感症的新机制——离子传感机制，发现牙本质敏感症是由于外界刺激引发牙本质小管内阳离子定向运输产生阳离子电流，从而激发牙髓神经产生动作电位引起疼痛症状，根据此机制为基础发明了离子迁移阻断技术，通过改变牙本质小管内部的带电环境，阻断外界刺激引发的牙本质小管的阳离子迁移，阻断离子电流产生（图4-24）。基于此机制，设计了离子迁移阻断技术来治疗和缓解牙本质敏感，开发构建了聚阳离子水凝胶，并进行性能调控。聚阳离子水凝胶携带大量阳离子呈现正电势能够渗透进入牙本质小管内部，并改变牙本质电势环境，并具有良好的生物安全性，前期临床实验具有较长的疗效维持效果。聚阳离子材料具有生物安全性高、疗效持续时间长、操作简便等特点，有望为临床上治疗牙本质敏感症提供新思路和新技术。

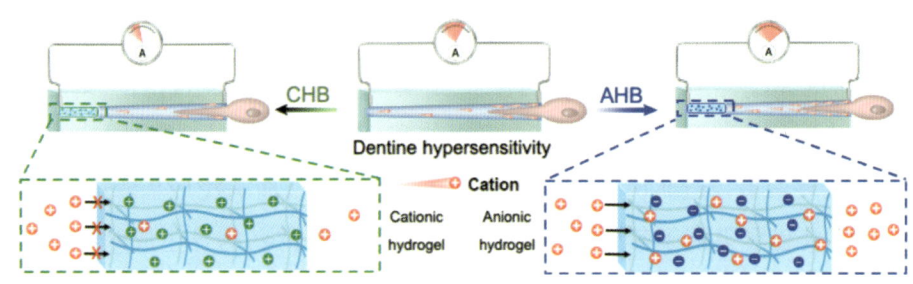

图4-24 聚阳离子水凝胶脱敏机制

（数据来源：CHEN N，DENG J，JIANG S，et al. The mechanism of dentine hypersensitivity：Stimuli-induced directional cation transport through dentinal tubules [J]. Nano res，2023，16C：991-998.）

生物材料在牙本质敏感症的治疗研究中成为创新重点，获得较好的效果，但不可忽视的是，起效速度、疗效长期维持、生物相容性、生物安全性及抗菌等性能仍需长期验证及优化。生物材料在口腔医学领域，因其优秀的生物相容性和使用便捷、经济、有效等优点，将会是各类口腔疾病治疗的研究和开发重点。

2. 黏膜修复材料

口腔黏膜病主要是指口腔黏膜及周围软组织正常色泽、外形、完整性与功能等发生改变的疾病。在口腔黏膜疾病的修复治疗中，黏膜局部用药占据重要地位。因为口腔解剖位置的特殊性，黏膜局部给药操作方便，药物易聚集至病损部位，同时可避免全身用药带来的不良反应。然而，口腔是不断有唾液流动的湿润环境，且因吞咽、咀嚼、讲话时口内肌肉的运动使药物较难在黏膜局部长时间维持。这一开放、湿润及运动的特殊环境给黏膜局部用药带来了极大挑战。普通的液体材料如含漱液、喷雾剂不能在黏膜局部长时间维持，而局部注射用药操作有创，患者接受程度低。口腔黏膜黏附药物是指药物借助于具有黏附性的材料在口腔内局部应用，延长材料作用时间，促进药物吸收，在口腔黏膜修复治疗中有巨大的应用潜力。目前，研究最多的黏膜黏附材料主要由聚合物材料制备而成，分为天然、半合成、合成3类，表4-11对这3种聚合物进行了简要分述。

表 4-11 黏膜修复材料的聚合物原料

分类	天然聚合物	半合成聚合物	合成聚合物
类型	明胶、淀粉、透明质酸、壳聚糖、脱乙酰壳聚糖、植物凝集素等	纤维素、甲壳胺、壳多糖等	卡波姆、甘油单酸酯、聚乙烯醇、聚丙烯酸、聚乙二醇等
黏附机制	结合黏膜糖蛋白	与黏液黏蛋白间的氢键、范德华力等	与黏膜形成物理缠结和氢键等
特点	生物降解性、相容性良好、毒性低	—	成本低

近些年来被广泛报道的黏膜修复材料有贴膜剂、贴片剂及凝胶剂，其余还包括糊剂、微球、脂质体、软膏等（图4-25），相关研究多停留在实验室阶段，仅少数材料用于临床治疗。口腔贴膜/贴片剂可以在黏膜局部环境中以缓慢和预定的速度释放药物，以促进损伤黏膜的愈合。近些年来已有大量用于治疗口腔溃疡的贴膜被开发应用，如早期的复方氧氟沙星口腔贴膜、雷公藤多苷贴膜等，以及已经应用于临床的醋酸地塞米松口腔贴片"意可贴"。而凝胶剂主要是利用高分子聚合材料作为成胶组分制备所得，近些年来在黏膜修复领域中的研究较多。例如，由京尼平和儿茶酚修饰后的壳聚糖交联得到的凝胶，可有效地黏附于口腔黏膜上，且不会引起任何组织炎症，是理想的药物载送平台。上海交通大学研究团队开发了一种快速、非自由基的光偶联反应——光诱导巯基与亚硝基交联反应构建水凝胶黏合剂用于口腔黏膜修复，该新型水凝胶黏合剂具有简便的操作性，优异的湿性组织黏附力和适配的机械强度，可适应于口腔黏膜所处的复杂生理环境，为口腔黏膜病局部治疗提供了新材料与新策略，有望帮助患者摆脱口腔溃疡等疾病带来的困扰。在科技部

"十四五"重点研发计划支持下,四川大学研究团队开发出一种双功能核苷超分子水凝胶,并证明其具有良好的抗病毒功效,在口腔黏膜癌的治疗中具有良好的应用前景。

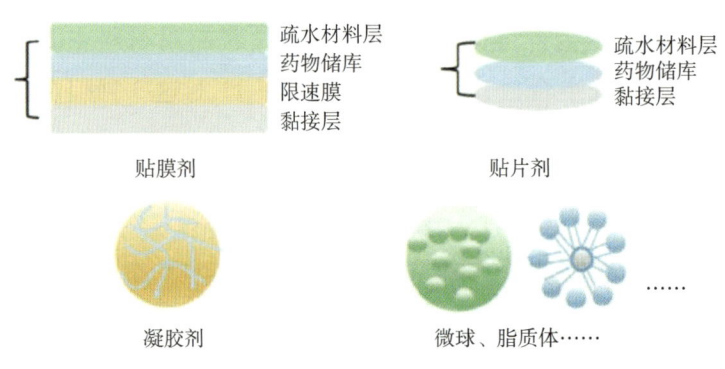

图 4-25 口腔黏膜黏附药物剂型示意

(数据来源:赵行. 口腔黏膜黏附材料的研究进展 [J]. 华西口腔医学杂志,2023,41(1):1—10)

随着研究的深入,黏附性修复材料的开发越来越受到重视,已有部分产品成功上市。但由于口腔的特殊环境,现有的黏附性修复材料还很难满足临床的需求。理想的黏膜修复材料应具备以下几个方面的要求:湿润黏附性强,促组织修复能力佳,生物相容性好,递送药物能力优,舒适性好。而目前制备黏附性材料的主要为壳聚糖、聚乙二醇等聚合物,这类材料的湿润黏附性能、降解性都有待提高,未来应开发具备生物相容性优、可控仿生湿黏附、抗菌等优点的黏膜修复材料。

第四节 国内口腔医疗器械前景展望

2021 年中国口腔医疗服务市场规模约为 1507 亿元,在国民爱牙意识增强、口腔诊疗需求扩大、国民收入快速增长、民营口腔医疗机构持续发力等因素的驱动下,预计未来口腔医疗服务市场将持续快速扩张,有望于 2026 年突破 3000 亿元,达到约 3182 亿元。预计 2022—2026 年的复合增长率将达到 15.6%,口腔行业未来市场前景广阔。在口腔生物材料方面,目前全球每年约 5000 万颗以上的牙齿需要进行冠桥修复,产生数十亿美元的治疗费用,对整个医疗体系造成了严重的经济负担。当前,我国的口腔生物材料90%仍然依赖进口,尤其高端产品几乎100%是进口产品,部分产品种类尚未有一家公司可以国内生产,导致进口口腔材料器械的价格居高不下。由于我国口腔生物材料起步较晚,单一口腔材料器械的市场容量不大,国产企业发展缓慢,在传统口腔生物材料上我国短期内仍然无法与进口抗衡,但是在口腔新型生物材料方面,由于我国巨大的市场容量,具有较大的发展空间。随着国内市场的扩大、资本的投入,口腔生物材料国产化进入了快车道,主要体现在以下方面。

一、口腔数字化材料发展迅速

口腔数字化修复技术对传统口腔工艺技术的影响可以说是革命性的,其在提高生产效率、降低生产成本、缩短生产周期、提高产品质量稳定性方面具有明显优势。一经产生,即在口腔中广泛应用,迄今为止,国内外市场上已先后出现数十种不同类型的口腔数字化系统,已占有极为重要的地位。

口腔数字化医疗器械主要包括四大部分,包括数据的获取、计算机辅助设计(computer aided design,CAD)、计算机辅助制造(computer aided manfacturing,CAM)、数字制造相关材料。近年来,随着人工智能技术和机器人技术在口腔领域的应用,口腔数字化医疗器械涉及的专业知识内容更加广泛,包括口腔医学、口腔工艺学、材料学、机电、软件、机器人、人工智能等多个学科,是一种口腔医学、制造工程技术、计算机软件技术,以及人工智能技术等紧密结合相互渗透而发展起来的一项综合性应用体系,具有知识密集、学科交叉、综合性强、应用范围广等特点。

同时,随着我国医用增材制造技术的研发和应用快速发展,我国国产口腔数字化设备、软件、耗材等企业大量涌现,大有可能在某些领域国际上领跑的趋势,但与全球科技创新和产业发展的迅猛态势相比,我国口腔数字化医疗器械仍然存在很多短板。

二、人工智能技术发展迅速

近年来，基于深度学习的人工智能与机器学习技术在口腔医学领域发展迅速，行业内头部企业均已开展人工智能技术的研发和产品化，并取得了初步的临床应用效果。逐渐渗透到口腔医学的各个环节，包括诊断、治疗规划、临床决策、手术导航和定位等。目前人工智能技术在口腔数据获取设备，尤其是锥形束CT方面，主要包括两大方向：一是提高图像质量，如提升低剂量条件下的图像信噪比、减轻金属等高密度物质带来的伪影等；二是辅助医生诊断，如自动分割牙齿、神经管等重要解剖结构、自动标记头颅侧位中的解剖标志点、提示口腔疾病等。借助人工智能技术提高锥形束CT图像质量、降低患者剂量、提升诊断效率和准确性。

三、隐形正畸发展迅速

正畸技术和理念从20世纪初发展至今，逐渐向更强的牙齿控制能力、更少的椅旁时间、更大的应用灵活性方向发展。无托槽隐形矫治技术是一项全新的正畸技术，延续了现代正畸理论及思想，并在此基础上继承、发展、创新，具有更高个性化程度、更短椅旁时间、更美观舒适等特征。

无托槽隐形矫治技术建立在五大基础学科的交叉融合之上，并从遵循生物整体性的理念出发建立技术体系，形成支持研发和方案设计的隐形矫治技术和研发平台，并通过一系列隐形矫治产品，最终帮助患者达到健康、平衡、稳定、美观的矫治目标。

以时代天使为代表的中国隐形正畸企业，通过全方位自主研发，形成了五大学科创新复合研发模式（图4-26），构建了针对复杂错颌畸形病例矫治方案的规则与系统，不断提升矫治的效率和效果。随着五大学科基础研究的深入和应用转化，整个隐形正畸产业在材料学、生物力学、智能制造和计算机科学方面，还将不断探索技术的下一代革新。

第四章
口腔生物医用材料

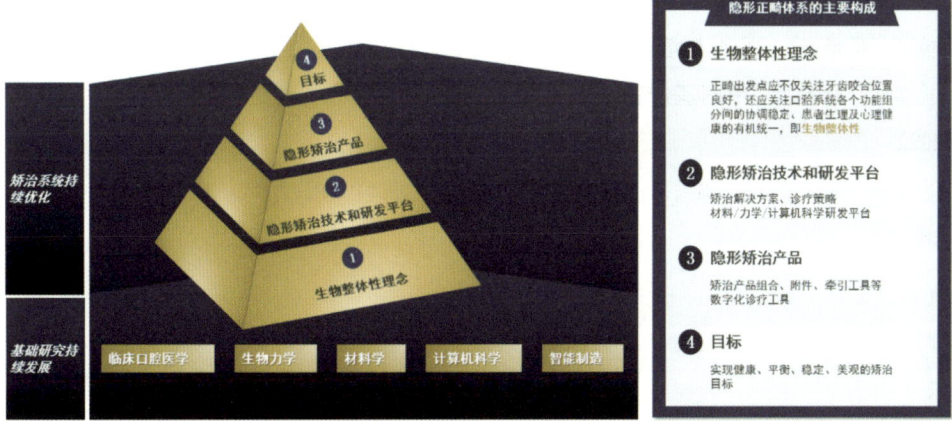

图 4-26 基于五大学科的隐形正畸体系探索

（数据来源：《中国隐形正畸行业白皮书》，灼识咨询）

未来，口腔生物材料将以解决口腔临床诊疗瓶颈和关键科学问题为牵引，围绕牙齿修复材料、颌骨修复材料、正畸矫治材料和材料智能设计等核心发展主题，通过突破材料与牙齿/颌骨生物适配原理、调控组织再生动态过程等基础科学问题，建立材料功能化设计和智能设计策略及材料主动调控组织再生技术，开发一批具有国际竞争力的高端口腔修复生物材料和材料性能智能设计系统，建立自主高端口腔修复产品的临床应用指南或标准。

参考文献

[1] Zhao H, Liu S, Wei Y, et al. Multiscale engineered artificial tooth enamel[J]. Science, 2022 375（6580）：551-556.

[2] Garcia IM, Balhaddad AA, Ibrahim MS, et al. Antibacterial response of oral microcosm biofilm to nano-zinc oxide in adhesive resin[J]. Dent mater. 2021, 37（3）：e182-e193.

[3] Tang S, Dong Z, Ke X, et al. Advances in biomineralization-inspired materials for hard tissue repair[J]. Int J oral Sci, 2021, 13（1）：42.

[4] Liu P, Deng XL, Wang XZ. Use of a CAD/CAM-fabricated glass fiber post and core to restore fractured anterior teeth：A clinical report[J]. J prosthet dent, 2010, 103（6）：330-333.

[5] Shao C, Jin B, Mu Z, et al. Repair of tooth enamel by a biomimetic mineralization frontier ensuring epitaxial growth[J]. Sci adv, 2019, 5（8）：eaaw9569.

[6] 孙皎. 口腔生物材料学 [M]. 北京：人民卫生出版社，2011.

[7] 林红，邓旭亮. 口腔材料学 [M]. 北京：北京大学医学部出版社，2022.

[8] 王宝亭，耿鸿武. 中国医疗器械行业发展报告（2022）[M]. 北京：社会科学文献出版社，2022.

[9] 王宝亭，耿鸿武. 中国医疗器械行业发展报告（2021）[M]. 北京：社会科学文献出版社，2021.

第五章 眼科生物医用材料

第一节 眼科生物医用材料概述

眼科生物医用材料是用于视力矫正和治疗、修复或替换眼部病变组织、结构的生物材料。眼科医疗器械包括眼科高值耗材、眼科治疗和诊断设备、眼科低值耗材等，就本章而言，讨论的眼科医疗器械为与生物医用材料相关的眼科高值耗材（含隐形眼镜），一般不包含眼科治疗和诊断设备及低值耗材。因眼睛是精密的光学器官，多数眼科生物医用材料除具备良好的生物相容性外，还兼具良好的光学性能。眼科生物医用材料经过与眼相匹配的光学设计、结构设计和精密加工制成眼科医疗器械，包括接触镜和人工晶状体、人工角膜、人工玻璃体、青光眼引流装置等眼内植入物等。通过配戴或手术方式用于人眼的视力矫正或治疗修复，从而达到增进视觉体验、改善视觉功能、恢复视觉健康的目的。

眼病已成为全球健康的重大挑战之一，我国形势更为严峻。2019年世界卫生组织发布的首份视力报告 World Report on Vision 显示，全球至少有22亿人患有视力障碍或者失明，排名前6位的眼病分别为：近视、老视、白内障、糖尿病视网膜病变、青光眼和沙眼。国家卫生健康委发布的《"十四五"全国眼健康规划（2021—2025年）》指出，我国患有致盲性眼病和视觉障碍的人数居世界前列。2019年研究显示，我国致盲性眼病患者近2.1亿人，近视人口已达7亿人。近视等屈光不正、白内障、近视性视网膜病变、糖尿病视网膜病变、青光眼、角膜病等致盲性眼病是我国的重点眼病。其中，儿童青少年近视率达60%，居世界第一；白内障为首位致盲性眼病，患者达1.3亿人；糖尿病患者居世界第一，糖尿病视网膜病变患者高达460万人；干眼症患者越来越多，保守估计3亿人，有年轻化趋势，并向幼龄群体扩散。根据2006年《全国第二次残疾人抽样调查结果》，我国单纯视力残疾的人数达到1230万人，视力残疾的患病率为0.94%，其中盲患病率0.31%。由此推测，目前我国视力残疾人数预计将达2000万人。引起视力残疾的第一原因是白内障，占 56.7%；其余依次是糖网病，占 14.1%；角膜病，占 10.3%；屈光不正，占 7.2%；青光眼，占 6.6%。眼病严重影响着人们的健康和生活质量，同时也造成了巨大的经济损失。2015 年，全球由于未矫正近视引起的视力损害和失明导致 2440 亿美元损失，其中，东亚地区超 1500 亿美元损失。推进面向视力障碍和致盲性眼病的生物医用材料和医疗器械的发展，对国民健康、经济发展、应对人口老龄化带来的社会问题均具有积极意义。

一、眼科生物医用材料分类及特点

眼睛是复杂的光学系统，不同眼部结构的功能和特性不同，因此不同眼病治疗方式和原理不同，选用的眼科生物医用材料和医疗器械各具特点。眼科生物医用材料按照功能，主要分为视光及屈光不正治疗材料、白内障治疗材料、角膜病治疗材料、青光眼治疗材料、玻璃体及视网膜治疗材料等。这些材料的用途、重要的眼科医疗器械产品、材料特点和主要基材如表 5-1 所示。

表 5-1 主要眼科生物医用材料功能及特点

材料类别	用途	重要产品	特点	主要材质
视光及屈光不正治疗材料	用于近视、远视、散光等屈光不正的矫正	软性角膜接触镜、角膜塑形镜、硬性透气性角膜接触镜（RGP）	良好的生物相容性、高光透过率、高折射率、高透氧性、良好的润湿性等	丙烯酸酯类高分子聚合物，如聚甲基丙烯酸羟乙酯（HEMA）水凝胶、氟硅丙烯酸酯（FSA）
	用于在有晶体眼内植入眼内镜矫正近视的手术	有晶体眼人工晶状体	良好的生物相容性、高光透过率、高折射率、低并发症	丙烯酸酯类高分子聚合物
白内障治疗材料	白内障术后无晶体眼的视力矫正，替换天然晶状体	人工晶状体	良好的生物相容性、光学性能、机械性能、抗 PCO 能力	高分子聚合物，包括亲水性丙烯酸酯、疏水性丙烯酸酯、硅胶
	白内障摘除和人工晶状体植入手术中维持前房填充	粘弹剂	生物相容性好、无抗原、具有黏弹性、假塑性、术后并发症少	透明质酸钠、硫酸软骨素和羟丙甲基纤维素

续表

材料类别	用途	重要产品	特点	主要材质
角膜病治疗材料	用于人工角膜植入术中替代混浊或病变的角膜	人工角膜（包括光学镜柱和支架两部分）	优良的光学特性、物理化学性质稳定、能够与自体角膜组织长期共存	镜柱材料有聚甲基丙烯酸羟乙酯（PHEMA）、聚甲基丙烯酸甲酯（PMMA）、硅胶、玻璃；支架常用陶瓷、氟碳聚合物、羟基磷灰石等
	用于板层角膜移植和角膜缘干细胞未完全损伤的角膜病	角膜修复补片、脱细胞角膜基质	优良的光学性能、免疫源性较弱、生物相容性好、诱导再生能力	生物材料，常见的有猪、鱼鳞、人体皮肤、羊膜等
青光眼治疗材料	用于治疗青光眼的微切口青光眼微创手术（MIGS）中减轻眼内压、加速房水排泄的装置	青光眼引流管、青光眼微型引流支架、青光眼引流阀	生物相容性好、支撑性能、力学性能、抗腐蚀、可精密加工	钛金属、高分子聚合物、胶原蛋白凝胶类物质
玻璃体及视网膜治疗材料	用于治疗增生性视网膜病变、原发性视网膜脱离等的玻璃体切除术中，替代玻璃体，修复视网膜脱离	人工玻璃体、人工玻璃体球囊	生物相容性好、不易被吸收、有持久顶压作用、并发症风险低	硅油、重硅油、C_3F_8气体、SF_6气体、水凝胶
	加固高度近视患者眼球后部薄弱的巩膜，控制病理性近视眼轴延长	后巩膜加固补片	生物相容性好、柔韧性强、抗张强度高	生物材料，包括阔筋膜、硬脑膜片、肋软骨、脐带材料、脱细胞异体真皮、牛心包材料等

二、眼科生物医用材料发展

接触镜和人工晶状体是目前最成熟且应用最为广泛的眼科医疗器械，其材料主要为高分子聚合物。最早的应用于眼科的生物医用材料是PMMA，可溯源至1936年，当时PMMA材料大规模工业化并引入美国，为接触镜和人工晶状体的研发奠定了材料和技术基础，同年研制出了世界上第一片接触镜，1949年研制出第一枚人工晶状体。PMMA因材料透明、质轻、生物相容性好、光学性能好、润湿性好、参数稳定、容易制造，迅速成为风靡全球的接触镜和人工晶状体材料，但在产品探索和应用中，人们也逐渐发现PMMA透氧性低、不可折叠等问题，这也促进了接触镜和人工晶状体材料的发展。在接触镜领域，先后经历了1936年聚甲基丙烯酸甲酯（PMMA）—20世纪50年代聚甲基丙烯酸羟乙酯（PHEMA）—20世纪60年代硅胶弹性体—20世纪70年代醋酸丁酸纤维素（CAB）&硅氧烷甲基丙烯酸酯（SiMA）—20世纪80年代氟硅丙烯酸酯（FSA）—20世纪90年代硅水凝胶的发展历程，其中，PMMA、CAB、SiMA、FSA为硬性材料，HEMA、硅胶弹性体、硅水凝胶为软性材料，接触镜的材料在软性、硬性两种材质上均向更高透氧性的方向发展。在人工晶状体领域，经历了1949年聚甲基丙烯酸甲酯（PMMA）—1984年硅胶（silicon）—1994年亲水性丙烯酸酯或水凝胶（hydrophilic acrylic or hydrogel）—1994年疏水性丙烯酸酯（hydrophobic acrylic）的发展历程，其中，PMMA是硬性材料，用于制造非可折叠人工晶状体；后3种为软性材料，用于制造可折叠人工晶状体。人工晶状体"从非可折叠"到"可折叠、小切口"的方向发展。近30年来，接触镜和人工晶状体发展突飞猛进，除材料不断迭代外，在光学设计、生产工艺、眼部参数测量等方面均不断升级，以满足更多患者需求。

随着近年来眼科医疗设备和手术的进步、生物材料的迭代，现代人工角膜、青光眼引流装置、眼内填充物等相关生物医用材料发展迅速。人工角膜已有200年的研发历史，现代人工角膜以人工合成型角膜和组织工程角膜为主，其中组织工程的角膜技术日趋成熟。在青光眼领域微创青光眼治疗器械MIGS是目前热点和前沿，相关引流装置最早于2012年获得审批，目前市面上使用的产品也不多，处于发展初期。眼内填充物，目前常用的有以硅油、重水为主的液体和以C_3F_8、SF_6为主的气体，由于这两类填充材料术后并发症风险较高，近年来水凝胶材质的填充物也有报道。眼内填充物在20世纪70年代开始被引入玻璃体切除术（PPV）中，经历了20世纪70年代膨胀气体（六氟化硫SF_6–全氟乙烷C_2F_6–全氟丙烷C_3F_8）—1978年硅油—1998年全氟化碳液体（PFCL，重水）的发展历程，目前较为理想的眼内填充是标准硅油，因其对玻璃体腔无毒，有较好的耐受性和持续顶压作用而广泛应用于临床，但仍存在乳化产生并发症的风险，更加理想的眼内填充物还有待进一步研究。

我国的眼科生物医用材料起步较晚，眼科高值耗材中80%的市场份额均被外资企业垄断，近30年来眼科医疗器械产品逐渐发展起来，尤其是在"十三五"和"十四五"期间国家重点研发计划的推动下，我国眼科医疗器械产品已经形成较为完整的产业链，如图5-1所示。其上游产业主要是原材料企业，主要包括合成丙烯酸酯类高分子聚合物、硅胶等企业，大部分由少数外资企业垄断。中游主要是眼科医疗器械公司（包括眼科高值耗材、低值耗材、诊断设备、治疗设备、视力保健领域），可按技术水平分为两类，一类是具有光学设计、可精密加工或具有组织生物学工程生产能力的企业，中高端产品领域集中度高，也多为外资企业垄断，少数国内企业也具备能力；另一类是中低端零部件，该领域国产厂商较多，行业竞争充分，产品同质化程度高。产业链下游主要以公立医疗机构、民营连锁医疗机构为主，小型民营机构占比较少。

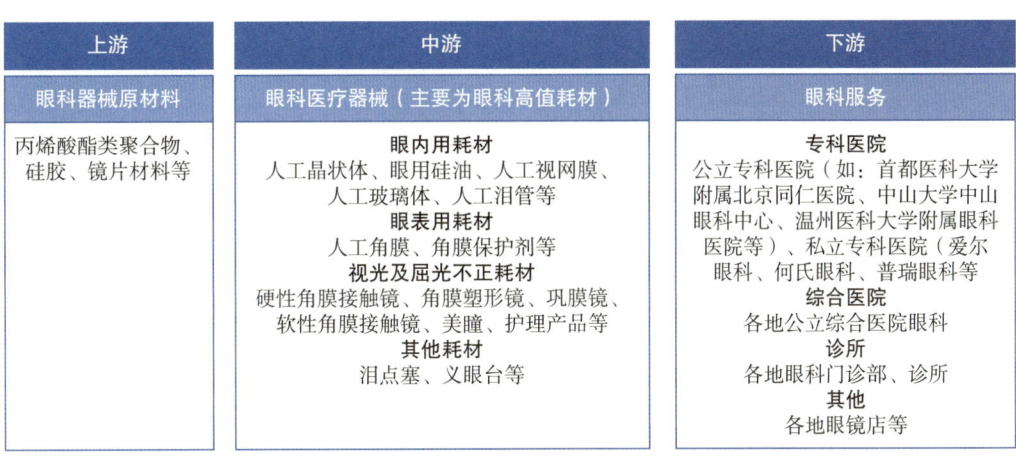

图5-1　我国眼科医疗器械产业链情况（眼科高值耗材和视力保健产品）

（数据来源：弗若斯特沙利文，格隆汇，中信证券研究部）

三、眼科生物医用材料市场规模及主要生产企业

Evaluate数据显示，眼科医疗器械是全球排名第5位的医疗器械应用领域，占市场份额的7%左右。2017—2022年，全球眼科医疗器械市场由315.8亿美元增长至402.2亿美元，复合增长率为6.2%。全球眼科医疗器械市场可分为外科手术类和视力保健两大领域，其中，外科手术类包括眼科植入物、治疗设备与器械、诊疗设备及其他；视力保健包括硬性透气性接触镜和软性隐形眼镜及其护理液等。本章所讨论的眼科生物医用材料主要指眼科植入物、视力保健类医疗器械（包括硬性透气性接触镜、软性隐形眼镜及其护理液），如表5-2所示。2017年，眼科生物医用材料市场规模为126.0亿美元，2021年增长至166.8亿美元，复合增长率为7.3%。目前全球眼科器械市场集中度较高，全球眼科市场排名前10位的企业，如表5-3所示。

表 5-2　2017—2021 年全球眼科医疗器械行业市场分类及预测

分类	细分产品	代表性产品	2017 年市场规模 / 亿美元	2021 年市场规模 / 亿美元	2017—2021 年复合增长率预测
外科手术类	眼科植入物	人工晶状体、有晶体眼人工晶状体、青光眼手术产品等	38.0	51.0	7.6%
	治疗设备与器械	白内障手术、玻璃体视网膜手术、屈光手术设备及其配件一次性耗材、手术显微镜、手术刀等器械	45.0	66.0	10.0%
	诊断设备	非激光光学诊断设备、激光诊断设备、超声诊断设备及视觉电生理设备	144.8	169.4	4.0%
视力保健类	硬性透气性接触镜	RGP、角膜塑形镜等	13.0	21.0	12.6%
	软性隐形眼镜及护理液	日抛型、非日抛型、彩瞳、护理液等	75.0	94.8	6.0%
眼科医疗器械总计			315.8	402.2	6.2%
眼科生物医用材料总计			126.0	166.8	7.3%

数据来源：中信建投 2023 年研报，弗若斯特沙利文数据，2022 年高视医疗招股说明书，观知海内咨询 2023 年报告。

表 5-3　全球眼科医疗器械排名前 10 位的公司（2017—2024 年）

排名	企业名称	销售额 / 亿美元		复合增长率	市场份额		排名变化
		2017 年	2024 年	2017—2024 年	2017 年	2024 年	2017—2024 年
1	依视路国际	73.43	115.67	+6.7%	26.5%	27.4%	—
2	诺华 Alcon	60.24	82.73	+4.6%	21.7%	19.6%	—
3	强生	40.63	58.98	+5.5%	14.7%	14.0%	—
4	博士伦	23.48	38.86	+7.5%	8.5%	9.2%	+1
5	豪雅 HOYA	25.61	34.63	+4.4%	9.2%	8.2%	−1
6	卡尔蔡司 Zeiss	21.97	32.40	+5.7%	7.9%	7.7%	—
7	库博光学 Cooper Vision	16.74	26.71	+6.9%	6.0%	6.3%	—

续表

排名	企业名称	销售额/亿美元		复合增长率	市场份额		排名变化
		2017年	2024年	2017—2024年	2017年	2024年	2017—2024年
8	拓普康 Topcon	4.17	6.91	+7.5%	1.5%	1.6%	—
9	尼德克 NIDEK	3.41	5.13	+6.0%	1.2%	1.2%	—
10	格劳科斯 Glaukos	1.59	3.66	+12.6%	0.6%	0.9%	+2
	前10位	271.28	405.68	+5.9%	97.9%	96.1%	—
	其他	5.92	16.32	+15.6%	2.1%	3.9%	—
	眼科医疗器械行业	277.19	422.00	+6.2%	100.0%	100.0%	—

数据来源：World Preview 2018，Outlook to 2024，Evaluate MedTech。

《中国医疗器械行业发展报告》数据显示，眼科医疗器械仅占我国医疗器械市场的1%，但近年来高速增长。如表5-4所示，2017—2022年，我国眼科医疗器械市场由157.3亿元增长至285.7亿元，复合增长率为16.0%。其中眼科生物医用材料包括（眼科植入物、视力保健类医疗器械），2017年市场规模为103.6亿元，2021年增长至201.9亿元，复合增长率为18.0%。从细分领域占比来看，人工晶状体和硬性透气性接触镜是增速最快的细分领域，增速分别为13.8%和36.6%。就企业而言，诺华、博士伦和强生分别以7.2%、6.8%、5.9%的市场份额排名前3位，总体来说，外资企业占据80%以上的市场份额，各级医疗机构的眼科医疗器械仍以进口为主。近年来，我国眼科医疗企业不断加强科研创新，在国际前沿领域不断实现技术突破，持续缩短与国际厂商的差距，逐渐实现国际同步甚至局部领先水平，国产替代成为行业大趋势。根据《中国医疗器械行业数据报告（2023）》，截至2022年年底，我国眼科医疗器械各类医用耗材共有48个二级产品类别国产化率超50%，其中，包括组织工程生物羊膜、义眼片在内的19个二级产品类别均已实现国产替代。此外，多个国产创新医疗器械实现国内眼科领域零的突破，如爱博医疗公司开发出的国内首款疏水性丙烯酸酯、Toric、多焦点等高端屈光性人工晶状体，市场占有率达到了20%，打破了国际厂商对高端人工晶状体技术和市场的垄断局面；广东佳悦美视和米赫医疗开发出国内首款人工角膜。以上这些产品均填补了国内空白，逐渐实现国际同步水平。

表 5-4　2017—2021 年我国眼科医疗器械行业市场分类及预测

分类	细分产品	代表性产品	2017年市场规模/亿元	2021年市场规模/亿元	2017—2021年复合增长率
外科手术类	眼科植入物	人工晶状体、青光眼手术产品等	26.2	44.0	13.8%
	治疗设备与器械	白内障手术、玻璃体视网膜手术、屈光手术设备及其配件一次性耗材、手术显微镜、手术刀等器械	38.7	58.8	11.0%
	诊断设备	非激光光学诊断设备、激光诊断设备、超声诊断设备及视觉电生理设备	15.0	25.0	14.0%
视力保健类	硬性透气性接触镜	RGP、角膜塑形镜等	8.0	27.0	36.6%
	软性隐形眼镜及护理液	日抛型、非日抛型、彩瞳、护理液等	69.4	130.9	17.2%
眼科医疗器械总计			157.3	285.7	16.0%
眼科生物医用材料总计			103.6	201.9	18.0%

数据来源：中信建投 2023 年研报，弗若斯特沙利文数据，2022 年高视医疗招股说明书，观知海内咨询 2023 年报告。

随着国家政策改革，高值医用耗材的集采促使较多国产产品逐渐替代进口，打破了进口高值医用耗材长期垄断的局面。截至 2022 年年底，我国进入医保集采的产品涵盖人工晶状体、眼内填充物、眶内填充物和青光眼引流植入物等高科技高风险产品如图 5-2 所示。

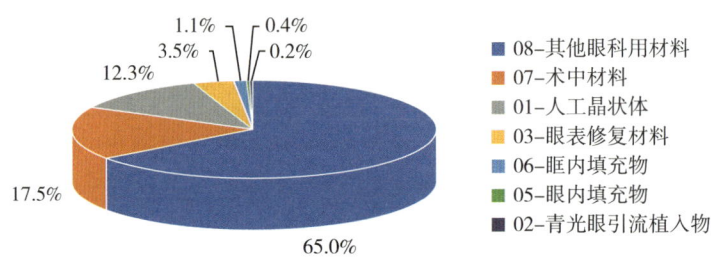

图 5-2　全国医保耗材中各类眼科国产产品数量占比

（数据来源：《中国医疗器械行业数据报告（2023）》（耗材编））

第二节 眼科生物医用材料市场现状

眼科生物医用材料品类丰富，按功能可概括为 5 类：视光及屈光不正治疗材料、白内障治疗材料、角膜病治疗材料、青光眼治疗材料、玻璃体及视网膜治疗材料。各细分领域国内外的市场现状与材料发展和相应眼病的临床治疗技术密切相关，呈现不同特点。

一、视光及屈光不正治疗材料

视光材料的市场规模在国内外眼科领域均排在第 1 位，与近视人群多、产品成熟度高和验配技术成熟有关。

屈光不正包括远视、近视及散光。其中，近视是世界上最常见的视觉障碍，当前全球近视人口已达 22 亿人，预计至 2050 年全球将有 47.58 亿近视人口，占总人口的 49.8%。我国是近视大国，近视人口达 7 亿人，儿童青少年近视率高居世界第一。近视矫正方法目前主要有配戴框架眼镜、使用接触镜和屈光手术 3 类。其中，接触镜是一种由高分子生物材料制成的眼科医疗器械，常见的接触镜包括软性角膜接触镜（俗称隐形眼镜）、硬性角膜接触镜（包括日戴的 RGP、夜戴的角膜塑形镜等）、巩膜镜等。

2023 年 4 月，Fortune Business Insights 的研究报告显示，2022 年全球接触镜市场规模为 99 亿美元，预计 2023—2030 年复合增长率约为 5.8%，将从 103.5 亿美元增长至 154 亿美元左右。北美主导隐形眼镜的主要市场，2022 年市场份额达 34.2 亿美元，占全球市场的 34.5%。欧洲占据全球接触镜市场第二大市场份额，占全球市场的比例为 28.1%，在其视力问题患者中，有 67% 的人会选择佩戴隐形眼镜，其中瑞典的隐形眼镜渗透率最高，为 14.8%，其次是丹麦（13.19%）和挪威（11.37%）。2021 年，亚太地区接触镜市场份额占据全球市场的 21.5%。未来几年，预计亚太地区将在预测期内的市场复合增长率最高，中国、日本、韩国、印度、澳大利亚、东盟和亚太其他地区接触镜用户逐年增加，我国接触镜市场规模为 130.9 亿元。

在全球镜片材料使用上，根据 Contact Lens Spectrum 发布的市场数据，2019—2021 年，硅水凝胶镜片在市场上一直保持着绝对优势，使用率分别达到 65%、70% 和 69%；而水凝胶镜片的使用率仅在 20% 左右，硬性接触镜 RGP 的比例分别为 9%、9%、7%，全球 2021 年用于验配/再验配的接触镜材料占比如图 5-3 所示。

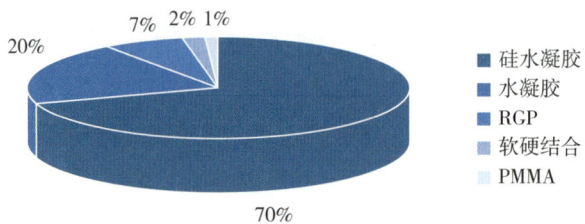

图 5-3 2021 年用于验配／再验配的接触镜材料占比

（数据来源：Contact Lenses 2021，Contact Lens Spectrum）

不同设计的接触镜在患者验配／再验配的比率如图 5-4 所示。其中，球面软镜占比最高，2021 年达到 48%；其次为环曲面软镜，占比 26%，多焦软镜占比为 14%；其他镜片占比不足 10%。环曲面硬性透气性接触镜、角膜塑形镜的占比较 2020 年均有提升。2022 年关于主流镜片未来增长潜力的调查结果显示，巩膜镜的使用预计会下降，而定制软镜和角膜塑形镜的预期使用将大幅增加。

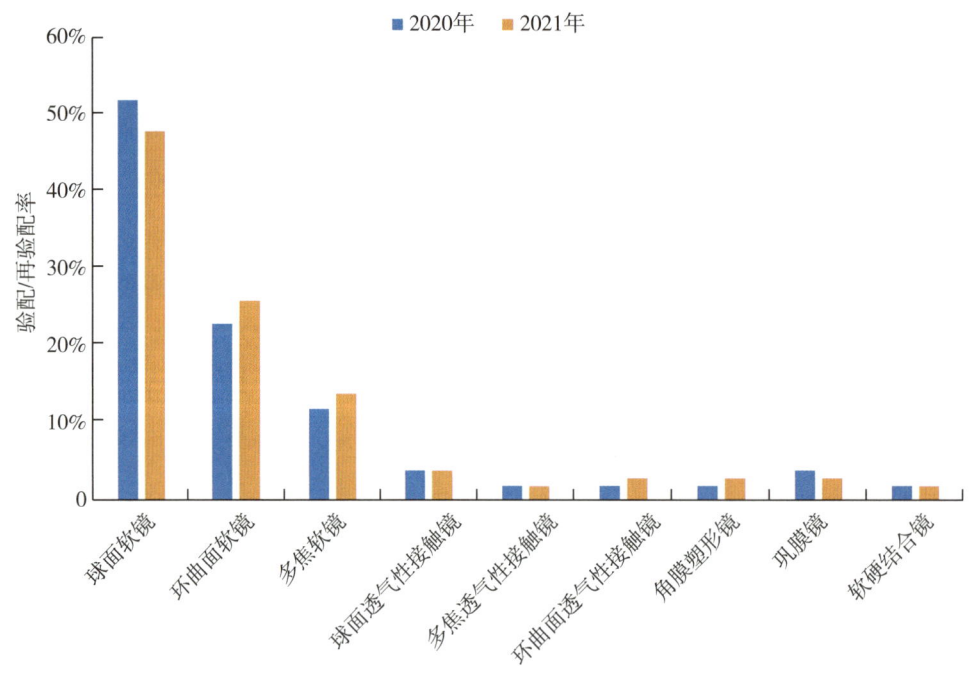

图 5-4 2020—2021 年接触镜验配／再验配率（根据镜片设计模式分类）

（数据来源：Contact Lenses 2021，Contact Lens Spectrum）

回看国内，2021年接触镜市场规模为130.9亿元，预测2025年将达到221.3亿元。国内目前无论长期（半年抛/年抛）还是短期（日抛/月抛）配戴，绝大部分都是软性接触镜；硬性透气性接触镜渗透率不足1%，远低于美国、日本等发达国家；相关数据显示，2022年，我国角膜塑形镜市场规模（出厂端）约为27.3亿元，2025年进一步增长至46.8亿元，年均复合增速达20%，但我国近视人口基数大，角膜塑形镜的渗透率不足2%，相对日本、韩国等国家仍很低，有较大提升空间。彩色接触镜(彩瞳)被部分年轻人视作高频率美妆消耗品，具有较高的用户黏性与复购率。

接触镜具有三大细分领域：软性接触镜、硬性透气性接触镜和接触镜护理产品，其产业链、国内外竞争格局的情况如下。

1. 软性接触镜（隐形眼镜）

软性接触镜占全球市场的90%，Baird 2019年数据显示，全球隐形眼镜市场零售额约为90亿美元，2027年，全球隐形眼镜市场规模将达到103.9亿美元。我国隐形眼镜零售额约达100亿元，近10年翻了5倍。隐形眼镜在我国已形成稳定的产业链，上游为材料商、中游为生产及品牌商、下游为线上线下销售渠道，如图5-5所示。

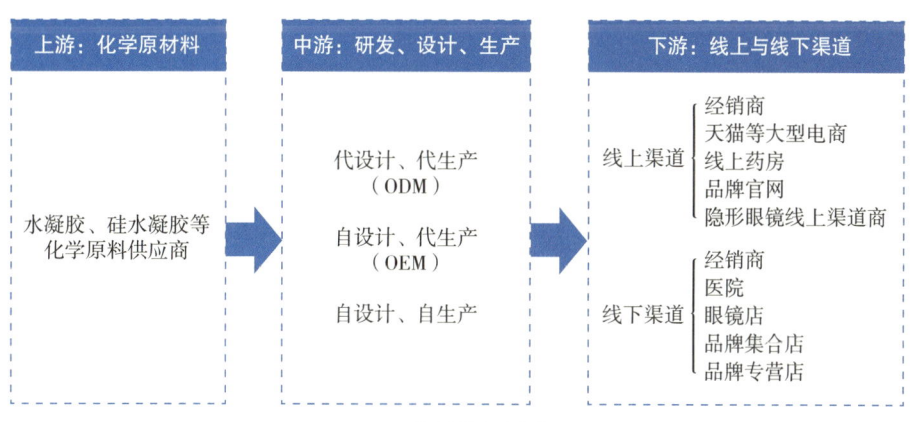

图5-5 软性接触镜产业链

（数据来源：华经情报网《2020年中国隐形眼镜竞争现状及发展趋势，"四大厂"垄断全球市场》）

上游原材料主要掌握在境外厂商手中，常见的原材料为4类含水量不同的水凝胶和硅水凝胶。对于水凝胶隐形眼镜，在HEMA材料的基础上，添加不同的亲水单体可以使水凝胶具有不同的含水量和表面离子性，常见的有polymacon、hioxifilcon

A、methafilcon A、ocufilcon D、etafilcon A、hilafilcon B、nelfilcon A、omafilcon A、nesofilcon A 等。

中游为隐形眼镜研发、设计和生产商。目前全球隐形眼镜市场份额占前3位的厂家为爱尔康、强生和库博光学Cooper Vision。其中，爱尔康推出了世界上第一代硅水凝胶隐形眼镜；强生产品不多，但品质出色；库博光学Cooper Vision的多焦点软性接触镜则是全球第一。据《中国眼镜科技杂志》报道，国内隐形眼镜市场中，2017—2019年，欧美品牌市场占有率由30%下降到不足20%，而中国和日本品牌的份额却在不断上升，从50%增加到了60%。当前国内软性接触镜生产厂家主要有4类：一是国际"四大厂"：强生、博士伦、爱尔康、库博光学Cooper Vision，在研发实力、国际市场地位、品牌认可度等方面，都远超其他厂商，在透明片市场占据绝对竞争优势；二是中国台湾厂商，主要包括金可国际、精华光学、晶硕光学、优你康光学等，生产能力积淀已久，长期为"四大厂"、日韩品牌、国产品牌代加工，规模效应显著，以彩瞳加工为主；三是日韩厂商，彩瞳产品丰富，设计先进，但受产能限制较大；四是中国大陆厂商，仍处发展阶段，目前业内认可度较高的厂家包括吉林瑞尔康、甘肃康视达等，产能均超5000万片/年，但自有品牌认可度、知名度不及其他厂商，技术积累也有一定差距。

目前硅水凝胶除了爱尔康、博士伦、强生、库博光学Cooper Vision、美若康，基本上没有其他品牌能够生产。彩色隐形眼镜又称彩瞳，由于具有"医疗＋美妆"的双重属性，成为许多年轻人化妆中的一个重要环节。除水凝胶或硅水凝胶的基体材料外，彩瞳还增加了色素层，为了避免色素层直接接触眼睛，绝大多数厂家采用"三明治"结构将色素层封在镜片中间。全球彩瞳的市场占比约3%，我国彩瞳的市场规模在2021年达到92.8亿元。彩瞳主要由日韩、中国台湾及中国大陆厂商提供，绝大多数为水凝胶材质。中国台湾厂商包括金可国际、晶硕光学、永胜光学、精华光学、优你康光学等，具有规模化的产能，长期为国际"四大厂"及日韩等品牌代加工。中国大陆的厂家仍处于发展阶段，以吉林瑞尔康、甘肃康视达为代表，近年发展迅速，但技术积累仍存在一定差距。从彩瞳主流线上销售渠道平台截至2022年销售数据来看，销量在前10位的品牌的市场份额仅占总销售额48.4%，绝大部分品牌销售规模较小，在市场销售额占比不足5%，市场极度分散，且市占率变化较大，国际、国内彩瞳品类销量占比分别如图5-6、图5-7所示。

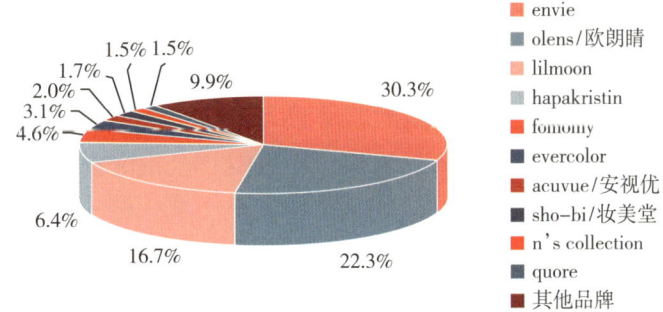

图 5-6 国际彩瞳品类销量占比

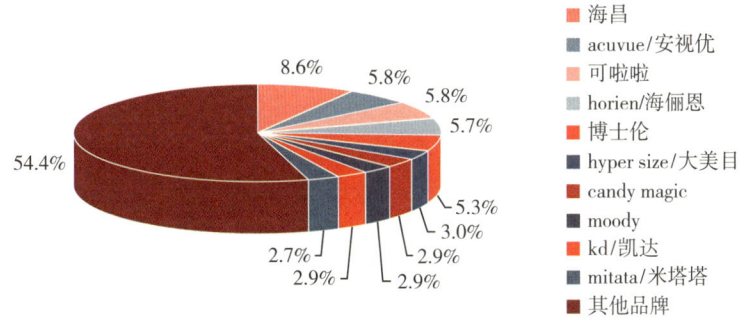

图 5-7 国内彩瞳品类销量占比

我国下游经营范围含隐形眼镜的企业已超过 10 万家，较 2018 年新增 2.5 万多家，仅电商大省浙江的企业数量就超过 4 万家，发展迅速，可满足近视群体的刚需，未来会有更大发展空间。中国彩瞳行业发展势头较好，按 Mob 研究院测算，未来 3 年，我国彩色隐形眼镜市场规模（零售端）将达到 500 亿元，将成为该领域在全球的重点战略市场。

2. 硬性透气性接触镜

硬性透气性接触镜按设计可分为日戴的 RGP 和夜戴的角膜塑形镜。日戴 RGP 目前主要应用于高度近视、高度散光、屈光参差、圆锥角膜前期和术后无晶体眼等患者的光学矫正，但因异物感较强、适应时间长，配戴者数量有限，市场容量较小。

据统计，全球硬性透气性接触镜（包括 RGP、角膜塑形镜、巩膜镜等）在 2017 年的市场规模约为 13 亿美元，2021 年增长至 21 亿美元，复合增长率为 12.6%。我国硬性透气性接触镜在 2017 年的市场规模约 8 亿元，2021 年增长至 27 亿元，复合增长率高达 36.6%。我国角膜塑形镜处于高速发展的阶段，根据中国健康管理协会接触镜安全监控与视觉健康专业委员会统计，2020 年，我国角膜塑形镜验配量超过 200 万片，占硬性透气性接触镜验配总量的 2/3。根据行业相关数据统计和测算，2016 年，中国角膜塑形镜零售端市场规模为 54 亿元，2021 年已达 125.32 亿元，2016—2021 年年均增长率为 18.73%，如图 5-8 所示。但我国近视人口基数大，中小学生近视人数超 1 亿人，角膜塑形镜市场渗透率不足 2%，潜在市场空间巨大。随着验配量的复苏，加之《"十四五"全国眼健康规划（2021—2025 年）》再次提升近视防控和矫治水平的要求，推进角膜塑形镜等近视科学矫治方法的规范，未来增速和市场规模将进一步提升。

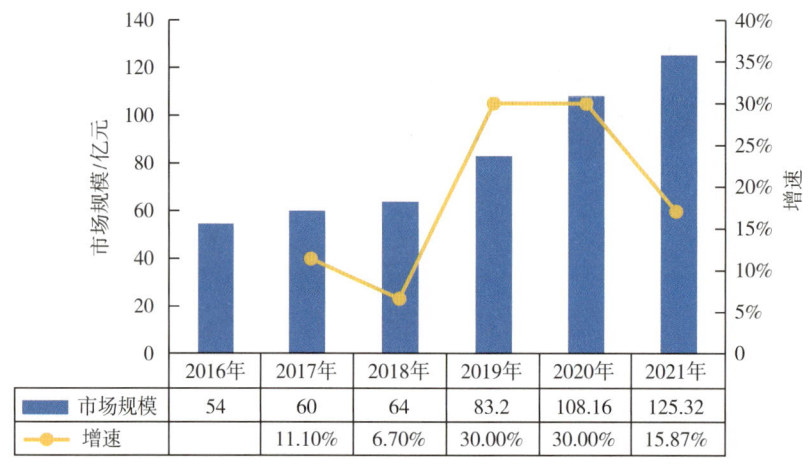

图 5-8　2016—2021 年中国角膜塑形镜零售端市场规模及增速

角膜塑形镜上游为镜片材料研发制造商。硬性透气性接触镜材料主要有硅氧烷甲基丙烯酸酯（siloxanyl methacrylate copolymers，SiMA）和氟硅丙烯酸聚合物（fluoro-silicone acrylates，FSA）两类，目前已上市的角膜塑形镜的材料均为 FSA。角膜塑形镜原材料严重依赖进口，目前境内仅爱博医疗可自主合成材料，其余 17 个角膜塑形镜和日戴 RGP 的材料均来自 4 家境外生产厂商：美国的博士伦（Bausch&Lomb）和 Paragon、日本的 Menicon、英国的 Contamac。主要包括 Boston EM、Boston Equalens II、Boston XO、Boston EO、Paragon Quadra RG100、hexafocon-B、RoflufoconE、Menicon Z 等型号，不同型号的材料在透氧系数 Dk 值、折射率、湿润角、力学等性能上略有差异。

中游为角膜塑形镜研发、设计、制造商，将原材料通过光学设计，经精密机加工车床车削，再经过抛光、表面处理后制成镜片。夜戴的角膜塑形镜分别于2004年、2008年获得美国FDA和中国国家药监局批准上市，并在30多个国家和地区使用。截至2023年4月，在我国获得国家药监局注册的角膜塑形镜产品有18个，其中境外产品10个，境内产品8个。2020年，我国角膜塑形镜的市场份额有72%被进口产品占据，国内仅有两家品牌生产商，分别为欧普康视和爱博医疗，也占有一定的市场份额，如图5-9所示。其他6个国内厂商均在2021—2023年获批，尚处于市场开拓阶段，属于国内第二梯队，包括昊海生科、天津视达佳、台湾鹰视、浙江天瞳、上海富螺、珠海艾康特等。此外，预计2024年前后仍将有多个产品获批上市，我国角膜塑形镜行业国产替代趋势明显。

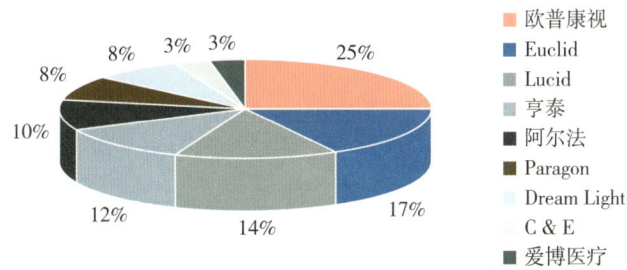

图5-9　2020年中国角膜塑形镜各品牌市场占比

下游主要为验配机构及患者，验配机构包括公立医院、民营专科医院、眼视光门诊部等二级及以上医疗机构，配镜师需具有中级以上技师职称，要参加培训并考核合格，因此验配镜片资格准入也较高。国内具备验配OK镜能力的终端超过2000家，民营渠道占比高于公立医院渠道。

3. 接触镜护理产品

随着透气性硬性接触镜（RGP）、水凝胶软性接触镜、硅水凝胶软性接触镜，以及角膜塑镜（OK镜）的广泛使用，接触镜的护理面临着一系列新的问题。首先，镜片的消毒问题。空气中的浮游微生物、手上的细菌、病毒、霉菌等很容易沾染到接触镜表面。如果接触镜表面携带致病微生物，很容易对人眼造成威胁，引发感染。其次，接触镜的清洁问题。接触镜与人眼接触，人眼分泌泪液，泪液包含约60多种蛋白质和多肽，以及电解质、酶类、脂质、代谢物、黏液。这些成分会不同程度地被接触镜材料吸附。根据镜片材料本身特性的不同，部分镜片更容易吸附蛋白质，如高含水离子型软性接触镜，部分镜片更容易吸附脂质，如硅水凝胶镜片、氟硅RGP镜片。此外，细胞碎屑或外来异物等都会在镜片上和镜片内积聚，这些吸附会使得镜片透明度下降影响视觉效果，导致透氧率下降，甚至会成为微生物的培养基，滋生微生物，影响眼部健康。最后，镜片舒适性的问题。镜片本身戴在角膜上，由于机械摩擦会产生异物不适感，尤其是对于硬性接触镜来说不适感更加明显。同时，镜片漂浮在原本覆盖在角膜表面的泪液层中，这使得泪液和眼组织间的亲和力降低，因此容易产生干涩的感觉。

经过多年的发展，目前接触镜护理产品按照护理对象，主要分为软性接触镜护理产品和硬性接触镜护理产品；按照功能，分为护理液、润滑液、冲洗液、除蛋白液等。其中，护理液用于镜片的消毒、清洁、保存等日常护理；润滑液用于镜片的润滑和湿润；冲洗液主要用于戴镜前的镜片冲洗；除蛋白液主要是针对镜片表面顽固蛋白沉积的定期清洁。

透明质酸钠是添加至接触镜护理/润滑液中主要的生物医用材料，因其润滑性、保湿性及生物相容性，可缓解戴镜期间眼部干涩及疲劳等不适症状。截至2023年9月，国家药监局已批准的接触镜护理液（不含双氧水）80个，其中境内49个，境外31个；接触镜润滑液25个，其中境内15个，境外10个。GFK（Growth from Knowledge）分析数据显示，2018年接触镜护理/润滑液销售额已超30亿元。我国护理液产品厂商比较集中，目前排名前5位的厂家主要有：诺华（爱尔康）、博士伦、强生（眼力健）、库博光学CooperVision、目立康等。虽然软镜近年来倾向于日抛镜片，但随着彩片市场规模的不断上升，将进一步激发软性隐形眼镜的护理市场的持续增长；而随着我国角膜塑形镜市场不断扩大，也将进而推动未来硬镜护理/润滑液市场需求的增长。

接触镜护理产品需要满足的基础前提是长期使用的安全性，即护理产品要生物相容，需要对人眼无刺激、无致敏反应、无细胞毒性、无累积毒性等。人们越来越意识到部分防腐剂对于人眼长期使用的影响，如硫柳汞、洗必泰等并不建议长期使用。在防腐剂方面，目前公认的比较安全的防腐剂是聚六亚甲基双胍（PHMB），PHMB是广谱的杀菌剂，并且不产生抗药性。此外，有些产品在接触人眼之前将防腐剂中和或者分解。例如，双氧护理液采用中和的方式使得最终溶液不含防腐剂。含有稳定态二氧化氯的润滑液，由于见光迅速分解，使得接触人眼时也更为安全。此外,越来越多的本身不含防腐剂产品陆续推出,如单剂量的润滑液、冲洗液产品。其次,护理产品还要满足功能性的需求,即消毒、清洁、润滑、保存、冲洗等。为了实现这些功能,目前接触镜护理体系已经形成了以护理液(多功能护理液、双氧护理液)为基础护理产品,配合润滑液、除蛋白液、冲洗液为辅的多维护理体系。最后,接触镜护理产品还需要考虑使用的便捷性、依从性。人们也在这方面做出了很多改进,如双氧护理产品摒弃了旧的两步式中和,采用了一步式操作;多功能护理液使得消毒不用再单独进行,大大降低了护理步骤的烦琐性。这些都使得护理更加便捷。此外,在护理产品的包装方面,人们也在探索使用更加准确、便捷、可靠的包装方式。

4. 有晶体眼人工晶状体

我国是近视大国,近视人口达 7 亿人,未来在全人口中至少有 9.6 亿人近视。高度近视高发是我国近视的特点,我国高度近视患病率在 6.69%～38.4%,且呈现年轻化趋势,高度近视人群的视力矫正和视觉健康不容忽视。目前,针对高度近视的矫正方式,主要有框架眼镜、接触镜、角膜屈光手术和有晶体眼人工晶状体(phakic intraocular lenses,PIOL)植入术。其中,PIOL 植入术是一种通常在天然晶状体前、虹膜后植入人工晶状体来矫正屈光不正的手术,具有可逆性、术后保持原有调节功能、屈光度范围广(最高矫正 −24.00D)等优点。特别适合晶状体完好的年轻高度近视患者,不适合角膜屈光手术又有摘镜需求的高度近视和超高度近视的患者。随着消费升级和患者口碑效应增强,PIOL 已成为中高度近视患者的首选屈光手术之一。

有晶体眼人工晶状体俗称眼内镜,常见的有晶状体眼人工晶状体包括前房型植入的 AMO 的 Verisyse、OII 的 Phakic 6H2 和 Bausch&Lomb 的 NuVita 等,后房型植入的 STAAR 的 ICL、ZEISS-Meditec 的 PRL,以及 IOLTECH 的 Sticklens 等。其中,ICL 是目前全球垄断的产品,占全球市场绝大多数份额,2017 年的市场规模达 0.9 亿美元,2021 年的市场规模达 2.3 亿美元,复合增长率达 26%。我国是 ICL 销售规模最大的地区之一,2017 年 ICL 的市场营收为 0.2 亿元;2018 年以来,近视矫正手术逐渐被国人熟知,国内屈光行业加速发展,带动了 ICL 晶体爆发性增长,到 2021 年时其营收已达 1.1 亿元,复合增长率远超中国以外的其他地区,高达 46%,其他地区增速仅为 17%。总的来说,我国 PIOL 在高度近视患者中的渗透率不足德国的 1/4，市场需求巨大。国内自主研发的企业主要有爱博医疗、昊海生科、蕾明视康等。

二、白内障治疗材料

白内障是世界范围内致盲类眼病中的头号杀手，据统计，47% 的致盲原因来自白内障。在我国，白内障也是首位致盲性的眼病，其中老年性白内障占比最高。2020 年，白内障患者达 1.32 亿人，每年大约增加 400 万新发病例。随着老龄化进程推进，预计 2030 年患者数量将增加至 1.75 亿人。白内障是晶状体透明度降低或者颜色改变所导致的光学质量下降的退行性改变，若不及时治疗，最终会发展为严重的视力障碍甚至失明。目前，治疗白内障唯一有效的手段是施行白内障超声乳化＋人工晶状体植入手术（图 5-10），经超声乳化吸除混浊变性的天然晶状体，在囊袋内植入人工晶状体，可使患者恢复正常视力。该手术具有安全、有效、省时、恢复时间短等优点，已在世界范围内推广。

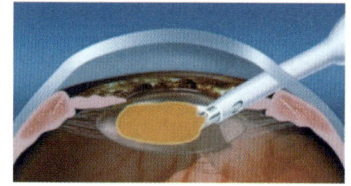
（a）超声乳化吸除混浊的晶状体

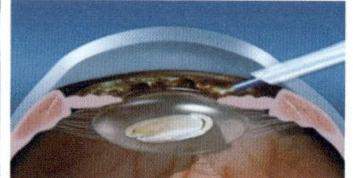
（b）植入人工晶状体

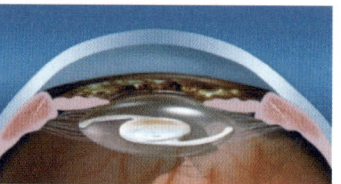
（c）恢复视力

图 5-10 白内障手术示意

白内障手术中主要的生物医用材料是人工晶状体和粘弹剂。人工晶状体（intraocular lens，IOL）为高分子合成材料制成的、替代人眼晶状体所设计的人工透镜。粘弹剂（OVD）是一种广泛用于白内障手术，用于维持前房深度、平衡前后房压力的凝胶状物质。

1. 人工晶状体（IOL）

人工晶状体行业产业链上游市场参与者为原材料生产商，如 PMMA、丙烯酸酯、硅胶生产商等。其中，PMMA 是硬式材料，用于制造非可折叠人工晶状体；丙烯酸酯类、硅胶为软式材料，用于制造可折叠人工晶状体。PMMA 材质和硅胶材质的分子结构组成相对比较简单，可调整或改良的空间有限，无法从根本上消除其主要缺点，这两种材质的人工晶状体产品市场份额正在减小。目前，市场上人工晶状体材质主要为亲水性丙烯酸酯和疏水性丙烯酸酯，疏水性丙烯酸酯材质在降低后发性白内障（PCO）、眼内植入长期稳定性、力学机械强度等方面较亲水性丙烯酸酯材质具有优势，是目前国际市场上主流的人工晶状体材料。由于人工晶状体需通过手术植入眼内，因此对原材料安全性及质量的要求极高，国内少数企业拥有生产疏水性丙烯酸酯材料的能力，如爱博医疗，但目前主要依赖于进口。

行业中游环节主体为人工晶状体的设计、研发生产与销售企业。人工晶状体属于高端眼科医疗器械，其结构复杂、技术要求高，研发需要大量的高端材料及高昂的研发资金做支持，行业市场长期被进口产品垄断。近年来涌现出一批拥有光学设计能力、精密加工能力的创新公司，突破技术壁垒，实力和产品水平与外资巨头相当，如爱博医疗、昊海生科等，但晶状体加工的设备仍高度依赖进口。下游涉及各级医疗机构，其中公立医疗机构仍为最主要的销售渠道。

人工晶状体是世界用量最大的人工器官和植入类医疗器械产品。2021年，全球市场规模约为48.4亿美元，预计2021—2026年复合增长率为7%。2021年，中低端人工晶状体市场规模约为33.4亿美元，占总体市场份额的69%。Toric、多焦点、EDoF等高端晶状体渗透率约为9%，市场规模约为13.7亿美元，占总体市场份额的31%，预计2020—2026年高端晶状体、中低端晶状体的复合增长率分别为12%、4%。在细分领域中，单焦点人工晶状体占比最高，为67.4%，其次分别为：老视纠正型（主要是多焦点）人工晶状体，占比18.0%，Toric人工晶状体，占比9.5%，有晶体眼人工晶状体（PIOL），占比4.2%，以及术后可调节人工晶状体（Post-op Adjustable），占比0.9%。

人工晶状体全球市场高度集中，这与其对材料和技术的精细化程度要求高相关。2021年，全球前五大企业分别为爱尔康、强生眼力健、豪雅、博士伦和卡尔蔡司，合计约占全球74%的市场份额。高端人工晶状体的市场更为集中，爱尔康和强生眼力健分别占据51.3%、23.2%的市场份额（图5-11）。

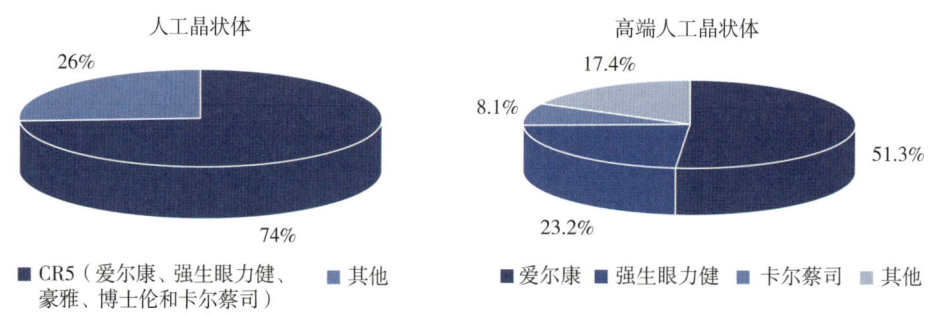

图 5-11　2021 年全球人工晶状体及高端人工晶状体市场份额

近年来,中国人工晶状体行业规模增长速度较快,但仍有较大市场空间。2021年,我国人工晶状体用量为 438 万,市场规模约为 43 亿元,后续每年增速约为 15%;到 2025 年,预计用量可达 684 万,市场规模达 55.7 亿元。我国百万人口白内障手术率(CSR)由 2012 年的 1072 增长至 2020 年的 2662,同比增长 2.7%。尽管我国 CSR 迅速发展,但仍落后于其他国家,我国的 CSR 距离 WHO 组织设立的消除白内障致盲所必需的 CSR 阈值 3000 仍有差距;欧美发达国家的 CSR 是我国的 5 倍左右,印度等东南亚发展中国家的 CSR 也高于我国。随着国家"十四五"眼健康规划开展的各类白内障防盲行动及人群脱盲需求的推动下,未来我国的人工晶状体行业仍具有较大发展空间。

在我国人工晶状体领域,高端人工晶状体由外资企业主导,代表企业有爱尔康、强生等,占 10% 的市场份额;中端人工晶状体梯队由内资、外资企业共同组成,代表企业有爱博医疗、卡尔蔡司等,占 50% 的市场份额;低端人工晶状体主要是国产品牌,代表企业有优视、蕾明视康等,占 40% 的市场份额。

2. 粘弹剂(OVD)

粘弹剂在 20 世纪 80 年代开始应用在眼科手术中,1979 年出现第一个产品 Healon® [Advanced Medical Optics, Inc.(AMO)],2000 年有了被行业广泛接受的专有名词 "ophthalmic viscosurgical devices(OVDs)" 即眼科用手术粘弹剂。粘弹剂的出现促进了眼科手术尤其是白内障手术的安全性和有效性。粘弹剂具有无菌、无抗原、粘弹性的特点,常用在眼科显微手术中,如白内障手术、青光眼手术、角膜手术、创伤手术和玻璃体视网膜手术等,其中在白内障手术中应用最广。粘弹剂具有的假塑性,在术中发挥重要作用,即在低剪切速率(相对静止的状态)下具有高黏度，可为前房提供手术空间，在高剪切速率下具有低黏度，便于粘弹剂通过细窄的针管注入眼内，且不影响医生对眼内压力的整体感受。为了减少术后高眼压，粘弹剂需要在植入人工晶状体后进行去除。

随着白内障手术的发展和眼前节手术的复杂化，对不同性能的粘弹剂产品需求也在增加。粘弹剂主要通过设计其组成的种类、链长和浓度来达到调整其黏性、弹性、粘聚性、假塑性等性质。目前市场上主要组成有3种，即透明质酸钠、硫酸软骨素和羟丙甲基纤维素。产品按性能分类从初期依据零剪切黏度分为内聚型（cohesive）和弥散型（dispersive），到2005年因DisCoVisc（透明质酸钠和硫酸软骨素组成）新产品的出现，增加内聚－分散指数CDI（cohesion dispersion index）开始细化产品分类。

现阶段国际市场主流产品有强生眼力健的Healon系列（透明质酸钠高黏度内聚型）、博士伦的Amvisc系列（透明质酸钠内聚型）、诺华（爱尔康）的Viscoat（透明质酸钠＋硫酸软骨素弥散型）和DuoVisc（两种粘弹剂的组合型）。

我国粘弹剂的研制和生产起步较晚，主要以透明质酸钠为主。白内障治疗等眼科疾病的治疗需求给眼科粘弹剂带来了广阔的市场空间。数据显示，2020年，我国眼科粘弹剂终端市场规模为15.15亿元，2021年国内市场规模增长至16.21亿元。我国眼科粘弹剂市场领先企业有昊海生科、博士伦福瑞达、强生眼力健和LG生命科学等。经过多年的发展，我国眼科粘弹剂行业市场集中度达到了较高水平，昊海生科是国内第一大眼科粘弹剂生产商，连续多年占据国内市场份额的首位，2021年眼科粘弹剂销量为260.87万支，占全国销量的比重达43.79%。产品类型主要为透明质酸钠。随着白内障手术的实施率不断增加，未来粘弹剂市场也必然会稳步增长，可见国内粘弹剂产品多种类的需求还有很大的研究和发展空间。

三、角膜病治疗材料

角膜病是由于角膜透明性丧失而导致的眼病，是最主要的致盲性眼病之一。据统计，全球角膜盲患者预计有6000万人，我国角膜盲患者超500万人，每年新增超10万人。针对角膜受损导致的视力丧失，最有效的治疗是移植同种异体角膜。目前根据流行病学统计，全国等待角膜移植的患者约有200万人，但是由于供体角膜来源的匮乏，每年完成角膜移植手术的只有8000例左右，因此人们不断研制可替代的材料来解决角膜短缺的问题，人工角膜移植术为角膜病患者提供了复明的新选择。预计板层移植角膜手术市场空间可达100亿元，全层移植角膜市场空间为数百亿元，整体来看，人工角膜整体市场空间巨大。

按材料来源，可将人工角膜分为非组织工程人工角膜和组织工程角膜（一般为角膜修复补片）。前者主要是由高分子聚合物材料制成的光学柱镜和高分子无机材料制成的周边支架构成；后者以生物组织作为原材料，也叫生物眼角膜，常见的有猪、鱼鳞、羊膜和人体皮肤等。

目前，人工角膜材料技术尚不成熟，而欧美地区角膜捐献可满足角膜移植需求，甚至还可以供给其他国家，对人工角膜材料的需求不足，导致研发缺失。国外人工角膜材料主要为医用高分子材料，因排异反应大，尚不能广泛应用。我国的人工角膜需求较高，主要以角膜修复补片为主。

1. 人工角膜

非组织工程人工角膜一般由光学镜柱和周边支架构成。其中，光学镜柱通常由生物相容性好、透光率高的高分子聚合物制成，如聚甲基丙烯酸甲酯（PMMA）、聚甲基丙烯酸羟乙酯（PHEMA）、硅胶等；周边支架用于支撑光学镜柱并锚定周围组织，通常由力学性能较好的无机材料制成，如钛合金、羟基磷灰石、陶瓷等。

目前，全球范围内用于临床的人工角膜主要有4种——波士顿型人工角膜、骨齿型人工角膜、AlphaCor型人工角膜、MICOF型人工角膜。其中，波士顿型人工角膜是使用最广泛的一款人工角膜，其手术方式简单，适应证广，可为无法移植供体角膜或预后差的患者提供解决方案，并且是首款可用于儿童且预后良好的人工角膜。合成材料的人工角膜近年来取得了很大进展，但始终存在术后并发症较多、术后植片坏死或溶解导致复明失败等问题，而以生物组织为原材料的生物角膜提供了更为有效的解决方法。我国人工角膜相关的企业共有297家，获批上市产品仅两款，均由PMMA材料制成，分别为广东佳悦美视生物科技有限公司和北京米赫医疗器械责任有限公司。市场仍然处于初级阶段，尚未形成竞争态势。

2. 角膜修复补片

角膜异物、角膜擦伤、间质性角膜炎等角膜病变都会导致角膜混浊、角膜撕裂、穿孔和缺失，并伴随疼痛、畏光、眼睑痉挛等，可以通过异体角膜移植或角膜修复补片进行治疗。针对角膜浅表层损伤的修复材料，主要包括羊膜和猪小肠黏膜下层（SIS）脱细胞组织基质补片等；对于角膜基质层损伤修复的材料，主要包括人源供体的眼角膜、猪角膜和生物合成角膜等。

国内上市的生物角膜大部分为猪角膜生物角膜修复补片，其应用场景仅限于板层角膜移植和角膜缘干细胞未完全损伤的角膜病，已形成产业链，上游原材料主要为猪角膜，中游为脱细胞角膜基质生产商及存储服务商，脱细胞角膜基质补片取材于猪眼角膜，经脱细胞基质、病毒灭活等工艺加工而成，其主要成分为胶原蛋白。国内生产厂家有优得清、艾尼尔、青岛中皓。此外，羊膜在角膜修复等领域上有着难以被代替的应用价值。羊膜中含有的促上皮生长因子（如 TGF-β），可以降低角膜炎性反应，促进角膜上皮化，快速抑制 TGF-β 的 mRNA 表达，减少瘢痕形成。市售的羊膜产品分为冻干羊膜和湿态羊膜，其中湿态羊膜为眼科临床应用的主流。国内的生物羊膜厂家有瑞泰生物、瑞济生物和青山利康药业。SIS 补片是一种天然细胞外基质类生物衍生材料，主要成分包括胶原蛋白、蛋白多糖、糖蛋白及生长因子（VEGF、FGF、TGF-β1），具有良好的生物相容性、低免疫源性和可吸收性，也被应用于腹壁疝、腹股沟疝、盆底、尿道、硬脑膜等各类软组织损伤修复。

四、青光眼治疗材料

青光眼是仅次于白内障的第二大致盲性眼病。目前全球约有 6000 万患者，其中 700 万人因此失明。中华医学会眼科学分会发布的《中国青光眼指南（2020）》指出，2020 年世界有上逾 7600 万原发性青光眼患者，我国该患者人数也达到 2100 余万人，其中致盲人数达 567 万人。

青光眼是一种起病急、可导致不可逆的视力受损的致盲性眼病，目前无法通过药物或手术挽救。现阶段青光眼治疗以药物、激光和手术治疗为主。相比于药物、手术治疗，结合青光眼引流器使用的微切口青光眼微创手术（MIGS）在青光眼的治疗手段中越来越受到关注，原因在于与青光眼手术相比，MIGS 具有侵入性更小、对解剖/生理结构破坏性小、安全性高、手术时间短、恢复更快等优势。安全性方面的潜力让 MIGS 被看作最有前途的青光眼疗法，全球手术量平均增长率达到 24%。

根据 FMI 数据，预测青光眼治疗市场的净价值将从 2021 年的 55 亿美元增至 2032 年的 76 亿美元，复合增长率为 3%。MIGS 按照临床治疗路径进行分类，可以分为 4 类。第一类是睫状体破坏手术，把生成房水的组织睫状体破坏掉，让它生产的房水变少，目前正在国内推广的 UCP（高强度聚焦超声睫状体成形术）属于这一类别；第二类是结膜下引流，把房水引流到结膜下，代表性产品如 XEN；第三类是经小梁网进入 Schlemm 管的途径，代表性产品如美国的 iStent inject；第四类是脉络膜上腔引流，代表产品如 iStar Medical 的 MINIject。全球的青光眼市场较为集中，2017 年美国的 MIGS 销售 131 935 例，且当年美国仅四款 MIGS 器械，按销售量分别是：iStent，XEN（2016 年 11 月获得美国 FDA，用于手术及药物失败的难治性青光眼），Cypass（2016 年 7 月获得美国 FDA，用于青白联合的原位开角型青光眼），iStent Supra（当时还在做临床试验）。2017 年，美国青光眼导管（MIGS）市场约为 2.63 亿美元。美国的 iStent 支架在 2018 年销售额超 1.8 亿美元。截至目前，iStent 累计植入 80 万～100 万例；预测 MIGS 类耗材在 2030 年将达到 16.1 亿美元，复合增长率为 26%。目前，国外已有 MIGS 术式及器械技术路线纷杂，获批 MIGS 手术器械 10 余种，主要涉及的厂家有 Glaukos Corporation、艾尔建、爱尔康、EllexScience、日本参天、新泽眼科。

国内存量青光眼患者约有 370 万人，是 MIGS 手术的潜在治疗人群，随着技术的发展和推广，MIGS 占整体青光眼治疗方案的比例 2030 年预计可达到 10%～15%，即超过 250 万患者人群，保守估计仅围绕 MIGS 药械及服务可形成逾百亿元的市场。我国 MIGS 青光眼微创手术的应用当前仅处于起步阶段，国内与青光眼有关的植入医疗器械仅有一款，为开创手术用青光眼引流板。截至 2023 年 9 月，仅一款 MIGS 相关产品微创青光眼引流器 XEN，于 2020 年取得国家药监局注册证。涉足 MIGS 手术材料的初创公司至少有 7 家，处于研发、动物实验等不同阶段，未来商业化前景值得期待（表 5-5）。

表 5-5　国内青光眼 MIGS 手术器械相关企业一览

公司	成立时间	地点	MIGS 手术器械相关产品	融资进展
超目科技	2018 年 6 月	北京	布局植入式青光眼微引流仪	2021 年 8 月，完成 5220 万元 A 轮融资
海思盖德	2020 年 9 月	苏州	青光眼领域微创术式解决方案全管线产品开发	2021 年 3 月，完成天使轮融资，2021 年 8 月，完成 Pre-A 轮融资
明澈生物	2021 年 8 月	苏州	微创青光眼引流管 2.0 代引流支架 + 微米级光学传感器眼压监护引流管	2022 年 3 月 23 日，完成天使轮融资

续表

公司	成立时间	地点	MIGS 手术器械相关产品	融资进展
朗目医疗小梁医学	2020年3月	温州	支架产品 AqueFishTm，是国际上少有的能够同时适用于闭角型和开角型青光眼的支架产品	2021年8月，完成天使轮融资，2022年6月，完成 Pre-A 轮融资
优视眼科	2016年1月	天津	微导管疏通并扩张 Schlemm's 管及小梁网，重建房水自然流出	母公司证鸿科技于2022年1月完成 A 轮融资
米戈思	2021年2月	北京	由 SIBS 材料制成的房水引流导管	2022年3月，完成天使轮融资
华视诺维	2018年8月	北京	新型脉络膜上腔房水引流装置、新型结膜下房水引流装置	2020年12月，完成 Pre-A 轮融资

（数据来源：公开新闻报道，融汇器械团队整理）

五、玻璃体及视网膜治疗材料

随着手术设备的革新，微切口眼内精细操作更加安全且成熟。眼内填充物作为玻璃体切除术的辅助，在治疗眼底疾病中起到重要的作用。眼内填充物主要应用于玻璃体视网膜手术术中维持眼内压、稳定视网膜、协助手术中操作，术后顶压视网膜裂孔、促进视网膜复位等，目前所使用的眼内填充物主要分为眼用气体、硅油、全氟化碳液体（重水）。

目前我国每年的玻璃体手术超过120万，市场规模约为45亿元。常用的眼内填充物各有优劣，眼用气体无毒、无色无臭、简便微创、顶压效果好、可膨胀、并发症少，但存留时间短、折光率低、膨胀气体眼压升高、晶状体混浊、术后需俯卧位；全氟化碳液体（重水）透光性好，折光接近玻璃体、表面张力适中，但并发症多、长期毒性大，只推荐手术中临时应用；硅油透明、存留时间延长（大于6个月）、透光性好、毒性低、良好顶压，但需屈光矫正、下方顶压欠缺、易乳化、并发症多（白内障、青光眼、角膜变性、硅油视网膜病变）、还需二次手术取油。因此，寻找一种符合玻璃体解剖结构，生物相容性良好，无须二次手术取出的新的玻璃体填充物迫在眉睫。囊内填充生理盐水、硅油或水凝胶的可折叠囊袋式人工玻璃体、载有营养物质及药物的高分子水凝胶、温敏的智能水凝胶等其他玻璃体替代物也是当前的研究热点。

玻璃体及视网膜治疗眼内填充物市场主要被爱尔康、卡尔蔡司、博士伦、飞龙、阿基米亚等占领，我国华捷视等在国内市场不到10%份额。2015年眼用全氟丙烷可疑群体不良事件暴发，国家食品药品监管总局印发《关于暂停销售使用天津晶明新技术开发有限公司生产的眼用全氟丙烷气体的通知》（食药监办械监〔2015〕94号），一段时间内眼用气体短缺，无气可用。直到2019年，爱尔康及阿基米亚眼用气体以临床急需品种按特殊审查路径认可获批。目前，国产创新医疗器械人工玻璃体球囊于2017年获批上市，可有效减少硅油并发症的发生，已在中国、欧洲、澳大利亚投入临床应用。

第三节 国内外重要技术和产品研究进展

一、硬性接触镜

硬性透气性镜的材料与设计的变革推动着硬性接触镜的不断发展。

自1936年PMMA材料制成的硬性角膜接触镜以来，硬性接触镜的材料经历了PMMA（聚甲基丙烯酸甲酯）—CAB（醋酸丁酸纤维素）—SiMA（硅氧烷甲基丙烯酸酯）—FSA（氟硅丙烯酸酯）的发展历程。PMMA因透氧差等缺点基本已弃用，现代高透氧硬性透气性接触镜材料基本上为FSA，它是在PMMA中通过添加氟和硅来改善材料的透氧性能；相较于SiMA，FSA中氟的加入在提高透氧系数的同时，可改善材料的抗沉淀性、增加镜片的亲水性，从而提高镜片的安全性和舒适性。更高透氧系数是硬性接触镜尤其是角膜塑形镜材料的重点发展方向。同时，材料的生物力学性能、表面亲水特性等对配戴舒适性、塑形有效性有较大影响，也是材料的优化方向。

硬性接触镜的设计关系到镜片的使用效果，分为日戴的RGP和夜戴的角膜塑形镜。日戴RGP的设计于20世纪70年代萌芽，20世纪90年代逐渐成熟，目前主要有球面RGP、环曲面RGP设计，近年来还有渐进离焦设计的RGP可用于延缓儿童青少年近视进展。

角膜塑形镜是特殊设计的硬性接触镜，又称OK镜，主要应用于儿童青少年近视控制和干预，采用逆几何设计的硬性透气性接触镜，是一种夜间配戴、可将角膜的弧度变平，暂时性降低近视度数、提高裸眼视力的物理矫正手段（图 5-12）。角膜塑形镜于 20 世纪 60 年代诞生，其设计经历了 20 世纪 60 年代一弧设计（第一代）—20 世纪 70 年代反几何三弧设计（第二代）—1995 年四弧设计（第三代）—2002 年四弧多区设计（第四代）的发展历程。现代角膜塑形镜大部分采用后表面 4 个弧区的设计，分别为基弧区（又称中央光学区或治疗区）、反转弧区、定位弧区（又称平行弧或配适弧区）和周边弧区，各弧区共同作用达到矫治近视的效果。此外，临床研究表明，角膜塑形镜是最有效的延缓近视发展的光学矫正手段，长期配戴可延缓儿童青少年 35%～80% 的近视进展，平均约为 55%，是国家卫生健康委发布的《近视防治指南》和《儿童青少年近视防控适宜技术指南》等近视防控指导性文件中列出的唯一可减缓近视进展的光学矫正手段。

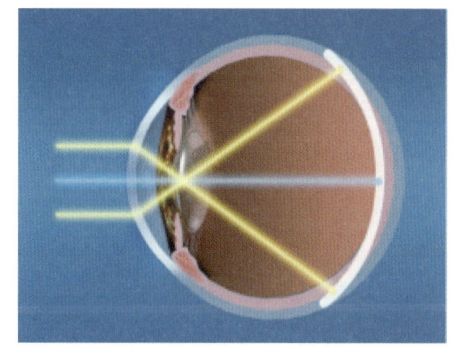
一般的近视矫正措施，会造成边缘光线的焦点落在视网膜后方，由于眼球系统的自我调节功能，会通过眼轴增长来适应边缘光线的屈光力，近视不断加深

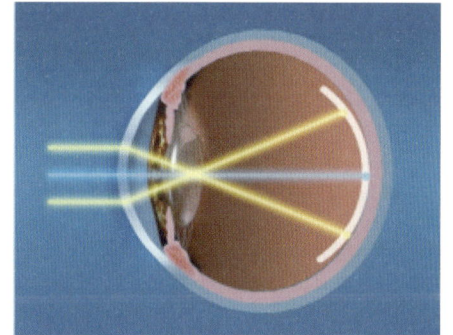
配戴角膜塑形镜后，形成近视化周边离焦，不会引起额外的调节反射和眼轴伸长，近视发展延缓

图 5-12　角膜塑形镜延缓近视发展原理示意

角膜塑形镜主要有两类设计技术，一类是美国 Paragon 公司的 CRT 设计（corneal refractive therapy，角膜屈光矫治），为三区设计，仅有 1 个品牌；另一类是美国 Boston 公司的 VST 设计（vision shaping treatment，视觉重塑治疗），为四区设计。目前，我国有 18 个角膜塑形镜注册证，其中进口产品 10 个，国产产品 8 个。市面上大部分品牌为 VST 设计，主要的角膜塑形镜产品对比情况如表 5-6 所示。近些年来，探讨角膜塑形镜近视控制的机制，拓展其临床适用范围（尤其是中高度近视的适应证、近视延缓适应证的扩展），以及如何更有效、更精准地实现近视防控功能，将是角膜塑形镜开发者努力追求的目标。

表 5-6 我国主要的角膜塑形镜产品及其参数对比

序号	注册人名称	注册证编号	产地	品牌	镜片材料	设计	透氧系数	湿润角	作用方式	用途
1	爱博医疗（北京）医疗科技股份有限公司	国械注准20193160198	中国	普诺瞳	高透氧氟硅丙烯酸酯聚合物	四弧区反几何设计，全弧段非球面	125*	43°	夜戴	该产品适用于近视度数在-1.00~-4.00 D，顺规则散光不超过1.75 D，逆规则散光不超过1.50 D的配戴者近视的暂时矫正；对于近视度数在-4.00~-6.00 D，顺规则散光不超过1.75 D，逆规则散光不超过1.50 D的配戴者可在一定程度上暂时矫正，但矫正程度由患者角膜可变形程度决定，部分患者不能完全矫正。严格按照产品说明书使用
2	欧普康视科技股份有限公司	国械注准20163220131	中国	梦戴维	高透氧氟硅丙烯酸酯聚合物（Hexafocon A）	四弧区反几何设计	100*	49°	日戴、夜戴或日夜交替配戴	适用于满足该产品说明书中所列条件，并且近视度数在-0.50~-6.00 D，散光度数在1.50 D以内的配戴者近视的暂时矫正
3	中国台湾亨泰光学有限公司	国械注许20163220006	中国台湾	亨泰	高透氧氟硅丙烯酸酯聚合物（Optifocon A）	四弧区反几何设计	90*	30°	夜戴	适用于满足该产品说明书所列条件，并且近视度数在-4.0 D之内，散光度数在1.50 D以内配戴者近视的暂时矫正
4	中国台湾亨泰光学有限公司	国械注许20193160009	中国台湾	亨泰	高透氧氟硅丙烯酸酯聚合物（Hexafocon B）	四弧区反几何设计	>90*	未知	夜戴	适用于满足该产品说明书所列条件，并且近视度数在-4.00 D之内，散光度数在1.50 D以内配戴者近视的暂时矫正，严格按照产品说明书使用

续表

序号	注册人名称	注册证编号	产地	品牌	镜片材料	设计	透氧系数	湿润角	作用方式	用途
5	Euclid Systems Corporation	国械注进 20163220204	美国	Euclid	高透氧氟硅丙烯酸酯聚合物（Oprifocon A）	四弧区反几何设计	127*	36°	夜戴	适用于满足该产品说明书所列条件，并且近视度数在-5 D之内，散光度数在1.5 D以内的配戴者近视的暂时矫正
6	Procornea Nederland B.V 荷兰普罗克尼有限公司	国械注进 20173226392	荷兰	DreamLite	高透氧氟硅丙烯酸酯聚合物	四弧区反几何设计	100*	49°	夜戴	适用于满足说明书中所列条件，并且近视度数在-0.75～-4.50 D，散光度数在1.50 D以内的配戴者近视的暂时矫正
7	阿迩发集团株式会社 株式会社アルファコーポレーション	国械注进 20163221583	日本	阿尔法	高透氧氟硅丙烯酸酯聚合物	四弧区反几何设计，配适弧2段球面	104*	35°	夜戴	适用于满足该产品说明书所列条件，并且近视度数在-1～-4 D，散光度数在1.0 D以内的配戴者近视的暂时矫正
8	Lucid Korea Co., Ltd. 韩国露晰得株式会社	国械注进 20163220203	韩国	Lucid	高透氧氟硅丙烯酸酯聚合物（Hexafocon A）	四弧区反几何设计	100*	49°	夜戴	适用于满足该产品说明书所列条件，并且近视度数在-5 D之内，散光度数在2 D以内的配戴者近视的暂时矫正
9	Paragon Vision Sciences, Inc. 普睿光视觉科学有限公司	国械注进 20163220202	美国	菁视	高透氧氟硅丙烯酸酯聚合物（Paflufocon D）	四弧区反几何设计	75**	42°	夜戴	适用于近视范围在-1.00～-3.00 D，散光范围在0～-1.50 D的患者进行近视性屈光不正的暂时矫正

续表

序号	注册人名称	注册证编号	产地	品牌	镜片材料	设计	透氧系数	湿润角	作用方式	用途
10	Paragon Vision Sciences Inc.	国械注进 20163223260	美国	CRT	高透氧氟硅丙烯酸酯聚合物（Paflufocon D）	三弧区反几何设计，配适弧直线段	75**	42°	夜戴	适用于暂时矫正近视度数在 −4.0 D 之内，散光度在 1.5 D 以内配戴者的视力

注：* 单位：$\times 10^{-11}$ (cm^2/s) $[mlO_2/(mL \times mmHg)]$
** 单位：$\times 10^{-11}$ (cm^2/s) $[mlO_2/(mL \times hPa)]$
（数据来源：国家药监局官网，各公司官网，弘则研究，中信建投）

二、软性接触镜

软性接触镜材料经历了 20 世纪 50 年代聚甲基丙烯酸羟乙酯（PHEMA）—20 世纪 60 年代硅胶弹性体—20 世纪 90 年代硅水凝胶的发展历程。按镜片光学设计，软性接触镜可分为球面软镜、环曲面软镜、多焦软镜；按颜色，可分为透明片和彩片。

从全球发展趋势来看，硅水凝胶由于其更高的透氧性能，能够最大限度地降低配戴过程中出现的角膜水肿、角膜新生血管、角膜缘充血等不良反应，因此在全球市场中逐渐占据了主流地位，占有率高达 69%。截至目前，硅水凝胶镜片经历了一代、二代、三代的发展，在镜片的硬度、疏水性及舒适性上有了非常大的提升，从而提高配戴者的体验感。第一代硅水凝胶的镜片透氧量高，但含水量较低，偏硬，且表面润湿性较差，需要特殊的表面处理工艺，配戴舒适度较低，代表产品有爱尔康的舒适氧日夜型和博士伦的纯视。第二代硅水凝胶在基体中内嵌保湿因子，如高分子量的亲水聚合物，以提高镜片的表面润湿性，这一阶段的代表产品有强生的欧舒适、悦氧，以及爱尔康的 O_2 Optix，镜片的含水量较第一代有一定的提升，且更柔软，配戴舒适性有所提升。第三代硅水凝胶的代表产品有库博光学 CooperVision 的佰视明、爱维纳、强生的恒润氧、博士伦的奥澈、爱尔康的水梯度等，含水量进一步提高，且镜片模量进一步降低，通过材质本身的亲水性及独特的表面处理，使得镜片的保湿性能更优异，配戴更舒适，并且打破了含水量和透氧系数之间的必然联系。

多焦点隐形眼镜的出现，成为近年来解决老视问题的非手术治疗方法。通过看远与看近时瞳孔大小的区别，将隐形眼镜分区设计成不同的度数，同时满足患者看远和看近的需求。强生多焦老视隐形眼镜通过 Pupil Optimized Design 设计，共计 183 种特殊的光学设计，满足不同年龄、屈光度及在不同场景下的视觉需求。临床研究表明，安视优老视隐形眼镜可达到 94% 的验配成功率。

三、人工晶状体

人工晶状体最早于 1949 年在美国上市，1994 年以后由于人工晶状体的材料的优化，实现了手术微切口。2005 年以后，非球面的折叠式人工晶状体上市，该类软性人工晶状体可以针对不同的患者，实现更加接近人自然晶状体的功能。过去 5～10 年，国际人工晶状体的发展重点是各类屈光性人工晶状体，用于使人眼术后获得最佳的视觉质量，恢复年轻时的视力。人工晶状体材料合成经历了"聚甲基丙烯酸甲酯（PMMA）—硅胶（silicon）—亲水性丙烯酸酯或水凝胶（hydrophilic acrylic or hydrogel）—疏水性丙烯酸酯（hydrophobic acrylic）"的发展历程；人工晶状体的光学设计经历了"球面—非球面—环曲面（Toric）—多焦点—景深扩展型（extended depth of focus，EDoF）—可调节"的发展历程。白内障手术已进入屈光性白内障手术时代，患者需求也从简单的复明转变为追求各种场景下更优质的视觉质量，时代的进步与患者需求的转变进一步促进了人工晶状体材料、光学等技术的持续提升。

球面人工晶状体是最早期的晶状体，会给患者带来眩光、光晕、视物模糊等视觉干扰，尤其是夜间或是昏暗条件，人眼瞳孔放大，球差带来的困扰也更大，因而在发达国家已逐渐退出市场。非球面人工晶状体（Aspheric IOL）能显著改善患者在昏暗条件下和夜间的视力，是屈光性人工晶状体的起点，也是目前国际市场上最主流的人工晶状体，已成为发达国家人工晶状体基本款。环曲面人工晶状体（Toric IOL）同时具有球镜度和柱镜度，在完成普通人工晶状体屈光矫正功能的基础上，完成角膜散光矫正功能。多焦点人工晶状体（Multifocal IOL）可以产生多个焦点，旨在使手术植入后无须再配戴老花镜，是目前国际上热门的探索方向。多焦点人工晶状体有多种设计方式，根据分光机制，可以分为折射型和衍射型；根据焦点数量，可以分为双焦点、三焦点等。现有的多焦点人工晶状体产品仍然存在由于分光机制带来的眩光等视觉干扰问题，以及多个焦点带来的视程不连续的问题，技术上仍在不断探索改善中。环曲面、多焦点人工晶状体在设计、加工、检测方面均具有一定难度，早期核心技术只掌握在少数大型人工晶状体生产厂家手中，产品价格相对较高，目前也有国内厂家可生产并获批上市。

近年来，全程连续视力人工晶状体、可调节人工晶状体、表面改性技术、载药技术是人工晶状体行业发展方向和热点。

1. 有晶体眼人工晶状体

有晶体眼人工晶状体是用于近视矫正的手术方式之一，相比屈光手术而言，具有对角膜破坏性小、手术进程可逆、可用于高度近视的视力矫正的优势。有晶体眼人工晶状体始于1953年，由Strampelli植入第一枚具有负屈光度的有晶体眼人工晶状体，开创了屈光性有晶体眼人工晶状体植入术的先河。但由于当时的技术有限，晶体植入后出现了角膜内皮细胞慢性损失、虹膜萎缩、瞳孔椭圆化、葡萄膜炎、青光眼、前房积血等一系列并发症，该项技术并未得到广泛的临床应用。20世纪 80 年代起，人工晶状体的材料、制造工艺及手术方式均取得了一定的进步，受到了开发者和临床研究者的重视。几款不同类型的有晶体眼人工晶状体也相继在临床上使用，根据其在眼内的固定方式，可分为房角支持型、虹膜夹持型、后房悬浮型及睫状沟固定型，前两种植入位置为人眼前房，后两种植入位置为人眼后房，如图 5-13 所示。

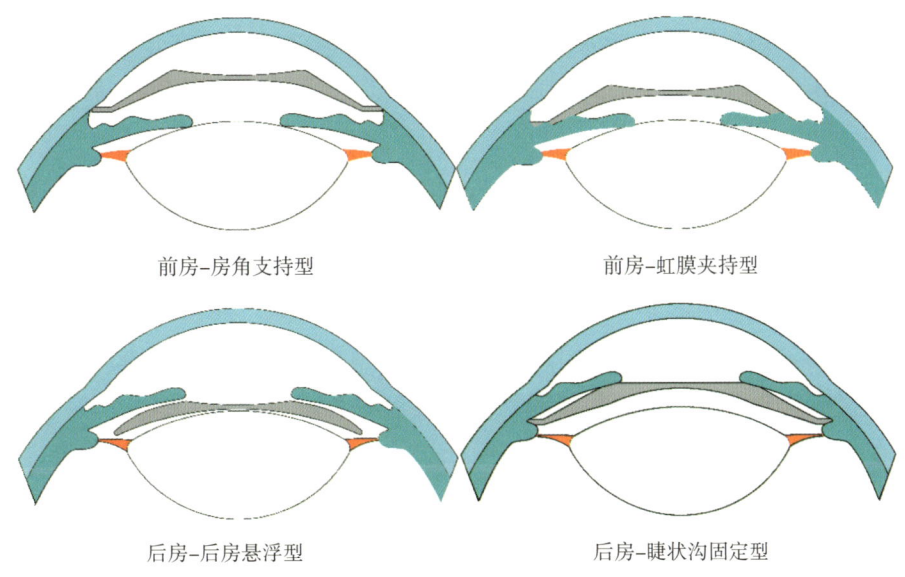

图 5-13 有晶体眼人工晶状体类型

（数据来源：爱博医疗）

最早被使用的有晶体眼人工晶状体为房角支持型，代表产品包括 ZS、I-CARE、Kelman Duet、Vivarte/GBR、AcrySof、Phakic 6H 等。1986 年，Fechner 和 Worst 在有晶体眼内植入了第一枚用于屈光矫正的虹膜夹持型人工晶状体，随即出现了一片式的 Artisan 和可折叠 Artiflex 两种型号的虹膜夹持型有晶体眼人工晶状体。以上前房型的有晶体眼人工晶状体植入术后并发症较多，由于植入位置贴近角膜，导致术后角膜内皮细胞损失率较高。现阶段多数前房型产品已经退出市场，仍在售的几款产品也并未得到广泛的使用。

20 世纪 90 年代，有晶体眼人工晶状体的植入位置发展向后房，增加与角膜内皮之间的距离，从而减少内皮细胞的损失。目前用于屈光矫正后房有晶体眼人工晶状体主要有两款，后房悬浮型的 PRL 和睫状沟固定型的 ICL。PRL 由硅胶材料制成，折射率为 1.46，通过约 3.0 mm 的手术切口植入眼内，依靠房水的流动性悬浮在房水层上，术前需进行虹膜周切。PRL 这种悬浮的固定方式带来很多临床隐患，一方面位置的不稳定不适用于散光的矫正；另一方面增加了与人眼天然组织接触的风险，严重的甚至会掉落至玻璃体腔，目前临床医生对该晶体的选择十分慎重。

ICL 由 Collamer 胶原材料制成，折射率为 1.44，通过约 3.0 mm 的手术切口固定于人眼睫状沟处。ICL 在眼内的存在位置相对稳定，同时可用于散光的矫正，术后并发症相对上述产品发生率更低，大量的临床结果证实了该产品用于近视矫正的安全、有效性，相对角膜屈光手术矫正中高度近视更准确，术后视觉质量更高。EVO ICL 中央孔的引入，在不影响视觉质量的前提下，使得术前无须进行虹膜周切，简化了手术操作，也推动了有晶体眼人工晶状体植入术进入快速发展期。目前，ICL 是唯一一款同时通过美国 FDA 和中国国家药监局认证的有晶体眼人工晶状体产品。

有晶体眼人工晶状体的植入位置由前房发展向后房，晶体在眼内的存在方式由"支持""悬浮"向"固定"发展，手术操作也逐渐趋向简单、微创。更具有长期安全、稳定性的材料，在眼内更加稳定的位置，更加多元化的光学设计，更加优质的术后视觉质量将成为未来有晶体眼人工晶状体的发展趋势。

2. 全程视力人工晶状体

全程视力人工晶状体是近几年国际上研究的热点。实现方式上分为 3 类：基于单焦人工晶状体的扩景深（EDoF）设计、多焦点设计、扩景深（EDoF）和多焦点相结合设计。

单焦点人工晶状体的扩景深（EDoF）产品，主要包括 3 种技术：一种是非球面像差干预技术，通过高次非球面设计增加中心光学部的负球差或者人工晶状体的光学部正负球差交替设计，拉长聚焦点的纵向焦深，实现景深扩展，代表产品如 Tecnis Eyhance ICB00（J & J）、Mini Well Ready（SIFI）；另一种是采用针孔技术，使光学部中心很小孔径范围内透光，周边部不透光，通过缩小孔径的方式增加景深，代表产品如 IC-8（AcuFocus）；还有一种是小附加光焦度的多焦设计，附加光焦度设计在 +1.75 D 之内，利用人眼景深将焦点之间的视程连接起来，代表产品如 AcySof IQ Vivity DFT015（Alcon）、Tecnis Symfony ZXR00（J & J）、AT Lara 829 MP（Zeiss）、Lentis comfort LS-313 MF15（Oculentis）。临床上，这类产品可以提供远中连续视力,近视力较差。

多焦点人工晶状体,包括双焦点设计、三焦点设计,采用的技术包括折射技术、衍射技术、衍射折射相结合技术。环形区域折射多焦人工晶状体临床上眩光和光晕现象严重,逐渐退出市场。目前临床上常用的是扇形区域折射型和衍射型多焦人工晶状体。扇形区域折射多焦设计为光学区的上部负责视远,下部负责视近,代表产品如 SBL-3(Lenstec)、M-plus MF30(Oculolentis)。衍射型多焦人工晶状体采用衍射原理分光,实现看近看远。衍射多焦人工晶状体的代表产品如 AcrySof IQ ReSTOR SN60D1/SV 25T0(Alcon)、Tecnis ZKB00/ ZLB00/ ZMB00(J & J);衍射三焦人工晶状体的代表产品如 AcrySof IQ Panoptix TFNT00(Alcon)、AT LISA Tri 839MP(Zeiss)。临床上,这类产品能提供清晰的远、近\远、中、近视力,但焦点之间视程不连续,且光学干扰现象严重。

扩景深 EDoF 和多焦点相结合设计,利用多焦点设计实现远、近视力,利用非球面扩景深 EDoF 设计,将远、近焦点之间连接起来,实现远、中、近全程视力,这类产品最接近人眼自然晶状体的功能,代表目前光学设计的先进水平。代表产品如爱博医疗的 AM1UH ~ AM4UH 型非球面衍射型多焦人工晶状体、J&J 的 Tecnis Synergy ZFR00 人工晶状体。

3. 可调节人工晶状体

可调节人工晶状体(Accommodating IOL)是人工晶状体的最终发展目标,其理论基础是人眼的调节机制,正常人眼在生理状态下通过晶状体的厚薄来实现调节,AIOL 是通过睫状肌的收缩松弛使人工晶状体光学部在囊袋内移动或产生变形实现调节,旨在模拟天然人眼天然晶状体的调节力功能,即无穷远到 +3.0 D 以上,连续、全程获得全部光能的调节力。AIOL 的常用设计方式包括:单光学面位移型、双光学面位移型和变形型。

各大国际公司在材料、结构设计等方面做了很多尝试,行业内主要尝试的技术包括:①位移可调节,基于现有材料,通过特殊复杂的机械结构设计,将人眼睫状沟/囊袋在看远、看近时的调节力落差传导至人工晶状体,并使人工晶状体发生位移或是形变,产生调节力。单光学面位移型 AIOL 的产品主要包括博士伦的 Crystalens、人类光学的 1CU Lens 和 Lenstec 公司的 Tetraflex;双光学面位移型 AIOL 产品主要包括雅培的 Synchrony 和 AkkoLens 公司的 Lumina。②变形可调节，在人工晶状体中设计液态或采用特殊的材质，或配合以机械传导泵，通过机械设计传导眼部力学特征，泵的设计对液态或胶黏态物质进行挤压或放松，调节人工晶状体的位置或是形状。变形型 AIOL 产品主要包括 Herzliya Pituah 的 NuLens、Medicem 的 WIOL–CI、PowerVis 的 FluidVision。③光控可调节/磁力/液晶可调节，开发对光强或是磁力敏感的材料，通过外部刺激条件，如光照强度改变、电磁控制等方式，对人工晶状体进行面形形态调节。在这些可调节人工晶状体类型中，博士伦的 Crystalens AT45 是美国 FDA 唯一批准的可调节人工晶状体，但仍存在调节力有限的问题，其他大部分处于研发的早期阶段，在材料、设计方面均有待突破。因此，至今没有可安全植入眼内、真正具有足够可调节能力的人工晶状体问世。

4. 人工晶状体表面改性技术

人工晶状体表面改性是一种通过在人工晶状体表面接枝亲水或抗粘连基团，达到提高 IOL 与眼部组织生物相容性的技术。

目前，表面改性的研究方向较多，可概括为 3 类：一类是通过生物惰性表面改性改善 IOL 与葡萄膜的生物相容性，以降低 IOL 与眼内组织及 IOL 周围环境中的细胞和蛋白质的相互作用；另一类是通过高黏附性表面改性改善 IOL 与囊膜的生物相容性，从而增加 IOL 与后囊膜贴附的紧密程度，减少残留晶状体上皮细胞（LECs）的移行和增殖，降低发生 PCO 的风险；还有一类是在 IOL 表面接枝生物活性分子，使其在眼内发挥相应的生物学效应，从而提高 IOL 的生物相容性。

在人工晶状体表面接枝亲水或抗粘连基团，增加葡萄膜生物相容性。肝素表面修饰（HSM）可以改善材料的葡萄膜生物相容性，并应用于临床多年，特别是对于术前葡萄膜炎患者。采用等离子体处理将 2-甲基丙烯酰氧乙基磷酸胆碱（MPC）与甲基丙烯酸（MAA）一起移植到疏水性丙烯酸人工晶状体上，MPC–MMA IOL 显著减少蛋白质吸收和炎症反应。采用紫外线照射技术将亲水的 MPC 接枝到疏水性丙烯酸酯 IOL 的前表面，后表面保持疏水，能够控制炎症反应而不会引起严重的 PCO。通过表面引发的可逆加成断裂链转移聚合（SI–RAFT）将 MPC 引入疏水性丙烯酸酯 IOL 表面，是一种通用的提高生物相容性的改性方法。采用大气压辉光放电 APGD 技术，以聚乙二醇（PEG）和乙烯基吡咯烷酮（NVP）修饰人工晶状体表面，术后很少发现血小板和巨噬细胞黏附，具有良好的葡萄膜相容性。采用氨等离子体技术，重组水蛭素修饰的人工晶状体表面，通过抵抗炎症细胞和蛋白质的非特异性吸收而起作用，类似于 MPC 的作用。

后囊膜混浊（PCO）是由晶状体上皮细胞（LECs）的迁移和生长引起的，是白内障手术后的主要并发症。PCO 的预防主要集中于抑制细胞生长、迁移和杀伤细胞。大致分为载药表面改性、光动力表面改性、疏水表面改性等。载药表面改性是通过将药物与化学物质结合在人工晶状体表面增加药物的载药量，降低药物的释放速度来降低 PCO。光动力涂层表面改性通过光学刺激，引发或激活抑制细胞生长的因子，进而达到预防 PCO 的目的。采用氧等离子体对亲水材料表面进行 RGD 肽表面改性，改性后的材料具有高度亲水性，同时具有显著的降低 LECs 的附着力，进而说明 RGD 可能具有抑制 PCO 的作用。

通过特定的表面改性技术，可使人工晶状体具有承载抗生素和缓释的功能，从而使携带药物的人工晶状体具有预防术后眼内炎、PCO 等多种并发症的作用。

5. 人工晶状体载药技术

将药物载入人工晶状体并控制其释放速度以控制术后的并发症的方法，包括药物浸泡吸附法、超临界流体技术、表面改性技术和将药物传输系统连接到 IOL 上等。

药物浸泡吸附法的原理是将 IOL 浸泡到不同的药物溶液中，通过单纯的物理吸附将药物装载到 IOL 上。影响药物吸收和释放量的因素包括人工晶状体材料的溶胀能力、药物与基质材料之间的亲和力、药物的浓度、使用的溶剂和时间环境等。一般亲水比疏水材料载药量多，浸泡时间越长，载药越多。

超临界流体技术是一种广泛应用于基于聚合物的药物递送系统的方法。物体处于超临界状态时，气液两相性质非常接近，无法清楚分辨，称为超临界流体。CO_2（sCO_2）是最常用的超临界流体。为了进一步改善药物在聚合物基质中的增溶作用，可以将极性共溶剂（如乙醇）掺入 sCO_2 相中。超临界流体技术主要分为 3 个阶段：①药物的溶解和聚合物基质的溶胀；②从流体相到聚合物基质的传质；③通过控制减压释放 CO_2，导致药物分子被截留在聚合物基质内。通过优化不同的参数以获得所需的药物加载/释放量，如压力、温度、浸泡时间、工艺模式、sCO_2 相中的药物浓度、共溶剂的性质和量，以及加压/减压速率。

使用表面改性技术将药物载入人工晶状体上，层层组装沉积、喷涂、旋涂、接枝、纳米颗粒附着是最常用的方法。这种方法不会损害 IOL 的光学性能，药物载入量与 IOL 材料的性质无关，受到涂层厚度的限制。

四、人工角膜

人工角膜材料的探索从 1789 年就已经开始了，法国学者 Pellier 首次提出用玻璃代替混浊的角膜。早期使用的无机材料多为玻璃、塑料、氧化铝等，这些材料坚硬、无通透性，同时手术后并发症极容易发生；1953 年，聚甲基丙烯酸甲酯（PMMA）成为主要的光学材料，但后续发现其硬度高，不能耐受高压蒸汽消毒，不利于上皮细胞黏附生长；20 世纪 60 年代初，意大利科学家研究出骨齿人工角膜手术（OOKP），主要来源于自体材料包括牙齿、骨组织等，大多数此种设计的人工角膜支架因与宿主角膜界面发生角膜坏死或穿孔而失败。近年来，随着材料科学和生物工程等学科的快速发展，具有生物活性的组织工程角膜技术日渐成熟，以良好的生物相容性、安全性、组织修复能力和术后效果，获得眼科研究者的青睐。总结起来，人工角膜按材料类型主要分为两类：一类为非组织工程人工角膜（合成材料角膜），另一类为组织工程人工角膜（生物材料角膜）。

1. 非组织工程人工角膜（合成材料角膜）

目前，国际临床上主流的非组织工程人工角膜主要有：美国的波士顿（Boston）型人工角膜、意大利的 OOKP 骨齿型人工角膜、澳大利亚的 AlphaCor 人工角膜、俄罗斯的 MICOF 人工角膜和以色列的 CorNeat 人工角膜等（图 5-14）。

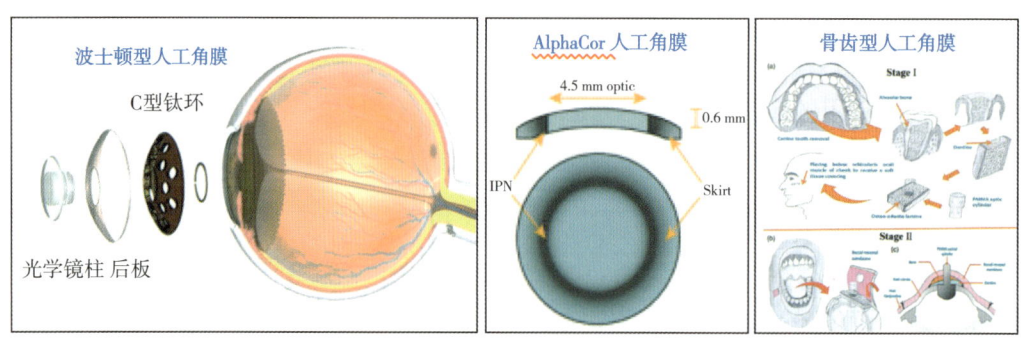

图 5-14　主要的合成材料角膜产品

波士顿型人工角膜（Boston I 型 - 领扣型人工角膜），由光学镜柱、后板和 C 型钛环 3 个部分组成。镜柱材料由透明医用 PMMA 制成，后板材料为医用钛，钛环由钛合金制成。载体角膜由后板和 C 型钛环固定，位于光学镜柱与后板之间，装配后的人工角膜形似领扣，故又称为"领扣型人工角膜"。该产品主要适用于常规角膜移植手术失败、预后差的严重角膜疾病、穿孔性角膜疾病的患者。其主要的并发症是术后镜后增殖膜的形成，由于其生物相容性相对较差，术后也常出现干眼症、眼内炎症并导致青光眼、玻璃体视网膜疾病等问题。

AlphaCor 人工角膜是由 PHEMA 制成的一体式人工角膜，其光学柱镜类似于软性角膜接触镜，周边支架呈裙摆样，具有海绵状结构，具有相互连接的孔隙，可与周边角膜组织整合，同时能承受较高的压力和拉力。AlphaCor 人工角膜的植入分为两期：I 期将 AlphaCor 植入角膜板层间，并在角膜表面覆盖上结膜；II 期暴露人工角膜的光学区，通常在 I 期术后 2～3 个月后进行。

骨齿型人工角膜（OOKP）也是由柱镜 - 裙边结构组成，不同的是其裙边材料为自体骨质，如牙根 - 牙槽骨复合体、软骨或胫骨等。它的基本原理是用一块颊黏膜遮盖眼表组织并通过骨 - 牙齿 - 丙烯酸薄膜来替代眼表结构。手术过程主要分为两个阶段：第一阶段为制备重建眼表用的牙齿骨片，第二阶段为将埋植在眼睑的牙骨薄片进一步移植到受体角膜。该人工角膜的适应证为严重晚期 Stevens-Johnson 综合征、眼瘢痕性类天疱疮、大疱性表皮松解症、沙眼、化学性烧伤、机械性损伤、眼睑缺失、干眼症、多次角膜移植失败的患者。相比其他非组织工程材料来源的人工角膜，OOKP 的远期保留完整率非常好，有研究发现 20 年的 OOKP 保留完整率平均为 81.0%，其主要的并发症是术后继发的青光眼。

以上 3 种非组织工程人工角膜中，波士顿 I 型人工角膜在国外市场上应用多年，尚未获得国家药监局的批准在国内上市，但基于"国九条"政策作为特许医疗器械已在博鳌乐城国际医疗旅游先行区博鳌超级医院植入 20 余例。2021 年，由广东佳悦美视生物科技有限公司生产的"领扣型人工角膜"，实现了我国国产人工角膜"零的突破"。该产品是在波士顿 I 型人工角膜的基础上，结合我国患者眼轴长度等特征自主研发的，适用于角膜移植高危排斥患者，但与波士顿人工角膜相似，仍需要使用供体角膜。同年，北京米赫医疗器械有限责任公司生产的创新产品"人工角膜"获得国家药监局审批上市，该产品由 PMMA 和钛材料制成的支架和 PMMA 镜柱组成。该产品无需供体角膜，是其最大的亮点和优势，能在一定程度上缓解我国角膜供体缺乏的现状，可为自身免疫性疾病、终末期干眼引起的角膜致盲患者带来复明的希望。

2. 组织工程人工角膜（生物材料角膜）

组织工程人工角膜是由角膜上皮种子细胞、支架材料及其调控微环境组成。种子细胞经离体培养，分化成特定的角膜结构且达到一定面积时，通过干细胞移植的方式植入眼表，以取代损伤或缺失的角膜。目前常用种子细胞包括角膜缘干细胞、胚胎干细胞（ESC）、诱导多能干细胞、骨髓间充质干细胞、皮肤干细胞、口腔黏膜干细胞，常用的角膜支架材料有天然生物材料、天然高分子材料及合成高分子材料（图5-15）。

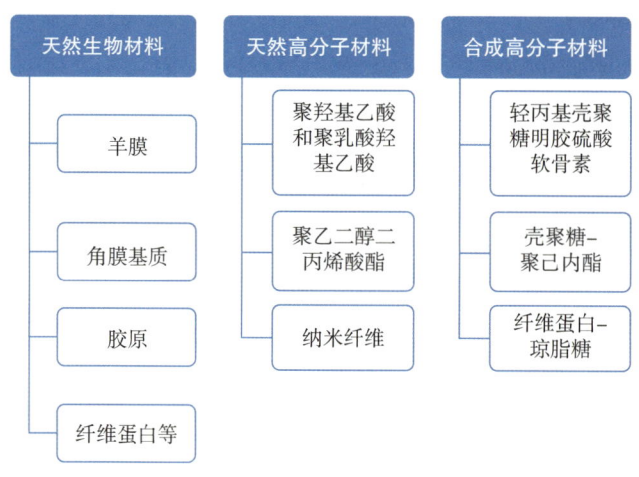

图5-15 组织工程角膜的载体支架材料类型

其中，天然生物材料可以分为两大类：同种异体材料、异种异体材料。前者主要包括亡者捐献的皮肤组织和眼角膜，以及孕产妇捐献的羊膜等，其中皮肤组织的胶原结构同角膜较为类似，可经过脱细胞改造后成为理想的载体支架。同种异体角膜修复材料主要应用特点是免疫源性较弱，生物相容性好，诱导再生能力强，相比于异种角膜材料更具优势，最适合临床推广。其工艺制备的关键是如何保留胶原的框架结构。异种异体材料包括猪角膜、鱼鳞、蚕丝（丝素蛋白）等，目前应用最广泛的是猪角膜的脱细胞基质支架。

此前的生物角膜主要由脱细胞基质制成，由于很难保持材料来源的一致性，可能导致产品性能的不稳定。瑞典 Linköping 大学和 LinkoCare Life Sciences 公司的科学家合作，从猪皮中提纯得到胶原蛋白，并通过化学和光化学方法，制成了一种名为 BPCDX 的生物工程角膜，是一种类似于隐形眼镜，坚固又透明的水凝胶，在存储 24 个月之后仍然能够维持它的机械、光学和化学特征，这一工作发表在 *Nature Biotechnology* 上。在印度和伊朗试点研究，2 年跟踪回访显示，受试者视力改善到和接受传统人类角膜移植相同的水平，且接受免疫抑制治疗的时间大大缩短。

目前，国产经国家药监局批准的脱细胞角膜植片有 3 家，分别为广州优得清生物科技有限公司的优得清角膜（国家创新医疗器械产品）、青岛中皓生物工程有限公司的皓尔®脱细胞角膜植片和广州悦清再生医学科技有限公司的脱细胞角膜植片，并有 3 家企业的同类产品正在申报注册。目前已获注册证的用于眼表疾病治疗的生物羊膜生产企业有 2 家，分别为江西瑞济生物工程技术股份有限公司和广州瑞泰生物科技有限公司。

从动物体内提取的胶原蛋白仍然属于异种异体材料，存在免疫排斥的可能，而由酵母发酵所产生的高纯度重组Ⅲ型人胶原蛋白制成的透明生物合成角膜，直接解决了这一问题。典晶生物医药科技（苏州）有限公司生产的利用人Ⅲ型胶原制成的生物合成角膜，具备优质的光学性能，于 2023 年 1 月 6 日成功完成中国首例生物合成人工角膜移植手术。该产品目前处于临床试验阶段，未来有望成为国内首个生物合成人工角膜。

五、人工玻璃体

玻璃体是位于晶状体和视网膜之间的一种透明眼组织，光线穿过其到达视网膜。它主要由胶原蛋白、透明质酸钠和水（98%～99%）组成，起到定位视网膜、减缓震动、保持光路、循环营养物质和代谢的作用。因玻璃体不可再生，需要临时或长期的人工玻璃体替代物，用于糖尿病视网膜病变、眼外伤和玻璃体异常等情况玻璃体切割（PPV）联合眼内填充物手术。

目前临床上使用的玻璃体填充物主要为气体（空气、氟化气体）、硅油和水凝胶（包括天然、合成、天然与合成混合和智能的）3 类。气体和硅油均可能出现毒性和并发症，不能长期稳定地填充玻璃腔体，理想的玻璃体替代物需要有良好生物相容性、高透明度、高亲水性、适当力学性质、长期稳定填充和可注射。因此，一些具有高含水量和高透明度的聚合物水凝胶成为玻璃体替代材料的研究热点，同时为了避免填充物直接接触玻璃体腔组织所带来的问题，广州卫视博公司于 2017 年推出了一款折叠式人工玻璃体球囊（FCVB）并且通过国家药监局创新通道获批上市，为玻璃体替代提供了新思路。

六、青光眼引流装置

青光眼引流器是 MIGS 手术中用于引流房水、促进房水流通，从而降低眼压的装置，是青光眼治疗的突破性成果，也是医疗器械领域研究和开发的热点方向。青光眼引流器的使用，可降低形成结膜下瘢痕和滤过道瘢痕的概率，大幅度降低青光眼手术的风险，提高手术的安全性和有效性。根据引流的部位和机制的不同，目前临床大量推广的青光眼引流器大概可以分为 3 种（图 5-16）。

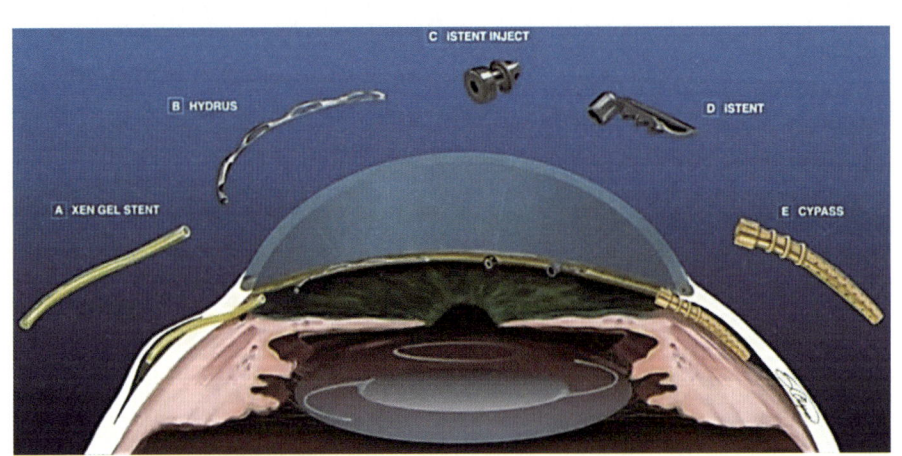

图 5-16 青光眼 MIGS 手术产品

第一种是结膜下引流，作用机制为通过引流钉连通结膜滤过池与前房，达到引流房水的目的，其原理类似青光眼小梁切除术。代表产品有：爱尔康公司的 EX-PRESS，由 316 L 医用不锈钢制成，于 1998 年获美国 FDA 上市，于 2015 年在国内获批上市；艾尔建的 XEN，是一种用戊二醛交联明胶制成的引流器，于 2013 年获美国 FDA 批准上市，于 2020 年在国内获批。

第二种是经小梁网进入Schlemm's管的途径，这是行业内关注比较多的路径，因为小梁网—Schlemm's管路径本身就是房水流出最多的路径。产品通过微创的切口植入眼内，开口两端分别为Schlemm's管和前房，从而搭建起房水至Schlemm's管的通道，保证房水循环。代表性的产品是美国的iStent inject，美国FDA在2012年批准了iStent（Glaukos）在白内障手术时使用，目前iStent已经成为全美最普遍的微创青光眼手术术式。除此之外，还有Hydrus、Eyepass均为此类。

第三种是脉络膜上腔引流，脉络膜上腔这一治疗路径同样是基于房水排出自然结构，虽然脉络膜上腔只占到了5%～30%的房水流出，但是将脉络膜上腔的通道打通，有可能它的引流效果会远高于30%，所以国际上至少有超过3家公司在这个领域布局。这个领域此前最具代表性的产品是爱尔康（Alcon）在2016年收购推出的CyPass，但CyPass在上市两年后由于导致角膜内皮细胞损失过多而被召回。但这一路径依然被巨头看好，获得艾伯维（AbbVie）3亿元投资的iStar Medical研发的MINIject就属于脉络膜上腔治疗途径。

除已知这3种以外，眼科巨头在这一领域的不断投入也是希望开发更好的下一代MIGS技术。MIGS热度上升的原因之一也与近几年全球涌现了更多创新产品有关，如SOLX Gold Shunt XGS青光眼金质分流器，可用于增加葡萄膜巩膜途径引流，适用于难治性青光眼及POAG患者的手术治疗。该产品由于临床应用时间尚短，目前主要应用于难治性青光眼。美国Staar外科公司开发的AquaFlow，采用可吸收的胶原制成，因其吸水性较强，在植入患者巩膜后，可吸收掉眼内过多的房水，达到降低眼压的目的，特别适用于开角型青光眼患者的治疗。青光眼引流装置是目前国内研究的热点和前沿，随着生物医用材料的进步，更多创新设计的青光眼引流装置不断被开发出来，如Krupin引流阀、Baerveldt青光眼引流植入物、White glaucoma pump-shunt泵分流装置等青光眼引流装置，进一步推动着青光眼手术的持续发展。

对于国内企业来说，MIGS产品的研发面临更多挑战，主要来自中国患者和美国患者患病类型的不同，以及医疗环境的差异。与欧美相反，我国80%以上的青光眼患者为闭角型青光眼。虽然从远期发展趋势来看，近年来由于早期诊断水平的提高，近视人群的不断增多，白内障手术的尽早开展，闭角型青光眼占比明显降低，但闭角型青光眼患者在国内治疗需求仍不可忽视。且由于原发型开角型青光眼发病具有隐匿性，早期可能没有任何症状。我国患者在确诊时往往是在中后期，而欧美企业研发的MIGS产品大部分都只能用于早期或轻度患者。不同的患者结构和临床需求导致了中美企业在解决青光眼问题上有所分化，国内企业的MIGS产品除了会关注开角型青光眼，也会关注闭角型青光眼及中晚期的患者。

国内的MIGS的发展还处于非常早期，在研阶段的产品如朗目医疗的青光眼支架产品AqueFish，是国际上少有的能够同时适用于闭角型青光眼和开角型青光眼的支架产品；海思盖德针对开角型青光眼病症研发了MicroCOGO；明澈生物在产品结构上和XEN一脉相承，但不同于XEN的等直径引流管，明澈生物采用渐变式内径设计以有效提升引流效率，同时实现定向引流、防回流，防止术后过低眼压并发症等功能。

总体来说，全球MIGS在美国市场发展得最好，在世界其他地区，尤其在中国市场，MIGS的发展还处于非常早期，要让更多医生和患者真正认可MIGS，还需要更多中国自己的数据来回答更多问题。国内的眼科器械创新热潮也在勃发，期待为全球眼部疾病治疗带来更多创新解决方案。

第四节　眼科生物医用材料前景与展望

随着患者人口的扩大及先进技术的发展，预计未来全球眼科生物医用材料市场将快速增长。根据弗若斯特沙利文2022年数据推测，全球眼科医疗耗材（包括眼科植入物和硬性透气性接触镜）于2025年和2030年市场规模将分别达到128亿美元和193亿美元，2021—2025年，2025—2030年的复合年增长率将分别为14.3%、8.5%；中国眼科医疗耗材市场预计将以更高的速度增长，预计于2025年和2030年将分别达到140亿元和272亿元。根据Fact MR及隐形眼镜相关研究数据推测，全球隐形眼镜市场规模于2025年和2030年将分别为110亿美元和154亿美元，中国隐形眼镜市场规模于2025年和2030年将分别为200亿元和260亿元。综上可推算，眼科生物医用材料（包括眼科医疗耗材和隐形眼镜）全球市场规模于2025年和2030年预计可达238亿美元和347亿美元，我国眼科生物医用材料市场规模预计2025年和2030年将分别达到340亿元和532亿元。

我国通过医疗改革，致力于提高医疗服务的可及性和可负担性，在促进民营医疗服务、升级基础医疗设施和扩大医疗保险覆盖范围等方面投入了大量的资金和资源。针对眼科诊疗，在全国范围内启动白内障慈善项目，显著促进了白内障手术率（CSR）的增长。国家卫生健康委2022年印发的《"十四五"全国眼健康规划（2021—2025年）》指出，要建立完善国家—区域—省—市—县五级眼科医疗服务体系，优化医疗资源布局；要强化二级以上综合医院眼科设置与建设，补齐眼科及其支撑学科短板。针对我国青少年近视高发的情况，国家将近视防控提升至国家战略高度。2018年8月，教育部等八部门联合印发的《综合防控儿童青少年近视实施方案》中指出，到2023年，力争实现全国儿童青少年总体近视率在2018年的基础上每年降低0.5个百分点以上，近视高发省份每年降低1个百分点以上。眼科市场需求的增加必将带动技术的进步和越来越多创新型产品的上市。

一、眼科生物医用材料的前沿方向

眼科生物医用材料目前正处于快速发展期，微型化、功能化、智能化、精准医疗是未来发展方向。随着人工智能、组织工程、微创手术等科技进展，仿生视觉、智能化、免疫反应更小的眼科医疗器械被研究和开发出来，为人们眼科疾病的早期筛查和监测、精准治疗，以及实现更优质视觉体验提供了可能。

1. 多焦软性接触镜

多焦点软性接触镜主要用于近视防控和老视矫正。用于近视防控的多焦软镜是目前研究的热点和和前沿。产品光学区中央一定范围为矫正区，用于视力矫正，周边具有相对中央更高屈光力，呈现近视化离焦状态，在近视控制中起到重要作用。2019年，库博光学Cooper Vision的Misight软性角膜接触镜获得了美国FDA的批准，适用于8～12岁的无眼病儿童用于近视矫正并延缓近视的发展，这也是美国FDA首次认可产品具有延缓近视发展的功效。2021年，美国强生公司（Johnson & Johnson）的ACUVUE® Abiliti™日戴软性角膜接触镜片经加拿大卫生部的批准，用于7～12岁儿童的近视管理。

用于老视矫正的多焦点软性角膜接触镜，其光学区一般为中央到周边屈光力不断变化，呈现渐进多焦点的设计，以此满足患者同时看远和看近的需求。强生ACUVUE®，库博光学Cooper Vision的MyDay®、Biofinity®、clariti®，爱尔康DAILIES、AIR OPTIX®等，均为有用于老视矫正的多焦点设计。

2. 载药隐形眼镜

对于干眼症（Dry eye disease，DED）患者，促分泌剂是治疗水缺乏性DED最重要的药物之一。这些分子可以促进泪液、黏蛋白和脂质分泌，改善泪液膜的稳定性，从而改善这种情况。目前，褪黑素类似物是其中一种，能够在兔眼实验中引发明显的泪液刺激。但如果直接以滴眼液形式给药，则由于眼表滞留的减少，需要高浓度和频繁给药。因此，如果通过隐形眼镜载药缓释，则可以延长药物在角膜中的滞留时间，提高其治疗性能。Francisco Javier Navarro-Gil等对比了不同市售隐形眼镜负载褪黑素类似物的缓释效果，可能是对抗水性泪液缺乏性干眼病的一种可行方案。强生推出全球首款且唯一载药型隐形眼镜 ACUVUE®Theravision™ with Ketotifen，在提供视力矫正的同时，能够提升给药效率且保证稳定性，可以有效缓解因过敏引起的眼痒症状，解决近40%患过敏性眼病且有矫正视力需求人士的困扰。基于隐形眼镜的载药技术，可以预期未来可能出现负载近视防控药物的隐形眼镜，以药物及光学手段的协同作用，起到更好的近视控制效果。

3. 智能隐形眼镜

2014年，谷歌旗下的生命科学部门Verily启动与诺华旗下眼部护理部门爱尔康合作，尝试在隐形眼镜中集成可检测泪液中葡萄糖水平的微型传感器，可帮助糖尿病患者监控血糖，作为一种无创的血糖检测方法。但遗憾的是，2018年，可测血糖的"智能隐形眼镜"项目进程宣布暂停，但全球的研究机构对于通过隐形眼镜无创检测血糖的技术研发热情并没有被浇灭。

韩国浦项科技大学研究团队报道了一种用于连续血糖监测的智能隐形眼镜，这种眼部葡萄糖传感器具有灵敏度高、响应时间快、检测限低、滞后小、传感器预热时间快等优点。在动物实验中，可检测到和血糖仪测量的血糖水平一致的泪液葡萄糖水平。

美国FDA批准了瑞士SENSIMED公司一款可以在一天中连续测量患者眼压的隐形眼镜（SENSIMED Triggerfish®），这款产品在软性隐形眼镜中嵌入一个传感器，可检测眼睛体积的微小变化，并通过蓝牙传输数据到医生电脑中，最长可配戴24小时，能够帮助临床医生连续检测患者眼压的变化，从而及时干预，预防青光眼的发展。由于嵌入传感器的影响，该隐形眼镜最常见的不良反应主要为压痕、充血和角膜炎症。而美国普渡大学研发团队开发了一项非常独特的技术，可以将薄膜传感器与市售的软性隐形眼镜通过多巴胺粘合,可在睡眠期间也能连续24小时监测眼内压。

Mojo Vision在2020年宣布研发了一款世界上首款真正意义上的AR智能隐形眼镜:Mojo Lens,并于2021年推出了其原型(图5-17)。这款产品是由硬性透氧材料制成的巩膜镜,根据穿戴者的眼睛,进行特定的拓扑结构定制设计,保证在穿戴过程中,镜片始终保持位置居中,而嵌入在其中的显示器,则保证始终面向穿戴者眼睛的中心凹。该原型在镜片中内嵌了microLED(µLED)显示器、低延迟通信系统、精确的眼动追踪硬件和医疗级供电系统,可以在不影响人们正常视野的前提下,为人们提供所需的有用信息,这也是Mojo Vision所提出的"隐形计算"技术。

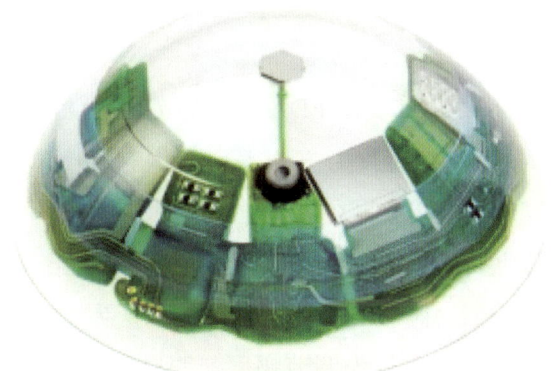

图5-17 AR智能隐形眼镜Mojo Lens

与Mojo Lens不同,AR隐形眼镜公司InWith在2021年CES(国际消费类电子产品展)上,展示了一款可集成于模制水凝胶材质的微型电子元件,这样的AR模组可支持伸缩,因此有望制成水凝胶AR智能隐形眼镜(图5-18),用于屈光调节、生物传感(测血糖等)、multiverse体验等场景,是目前唯一一家可将AR模组集成到软性隐形眼镜材料中的公司。

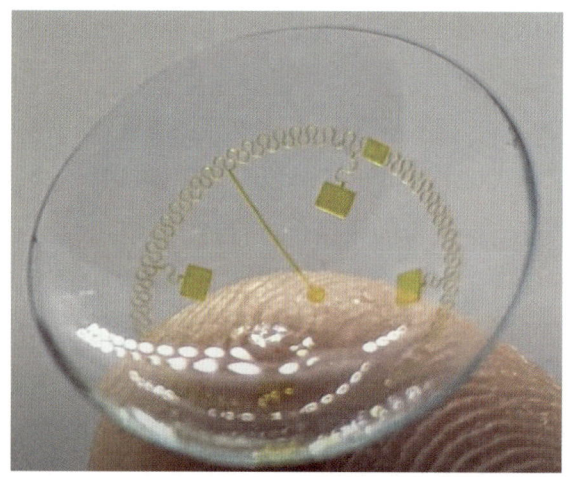

图 5-18　InWith AR 智能隐形眼镜

4. 可调节人工晶状体

Crystallens AT-45 是 2003 年美国 FDA 批准的第一个 AIOL。初期的临床研究表明，Crystallens AT-45 AIOL 在近视力方面表现出优势，比单焦组增加 1.12 D 的视近调节能力。随着研究的深入，业界在中视力、近视力方面，报道结果相互矛盾，结论不一。有研究结果表明，Crystalens 近视力的改善可能跟眼睛的伪调节作用，如高阶像差、晶状体倾斜和偏心、瞳孔缩小等因素有关，认为总调节力不超过 0.4 D。其他 AIOL 的临床表现结果类似，认为调节幅度与眼睛伪调节有关。总体而言，目前还未研发出具有真正可调节功能的 AIOL。

其他类型的 AIOL 还包括折射率调控型 IOL、流体填充型 IOL、光调控型 IOL、电调控型 AIOL 和磁调控型 IOL 等，目前还处于正在设计开发的阶段，没有真正地进入临床。

将药物载入人工晶状体并控制其释放速度以控制术后的并发症的方法，包括药物浸泡吸附法、超临界流体技术、表面改性技术和将药物传输系统连接到 IOL 上等。还有一种载药方法是将药物传输系统通过 IOL 的光学部或襻连接到 IOL 上，这种方法不常用，缺陷是药物传输系统与 IOL 的连接困难。最近一项新的研究使用了"从零开始"的人工晶状体载药新思路，研发了一种用 3D 打印技术辅助、可快速成形、以聚氨酯丙烯酸酯为主体材料的新型人工晶状体，并在人工晶状体的制作过程中成功将目标抗生素——加替沙星均匀分布于交联网络中，形成了可通过原料配比调控药物缓释行为的释药体系。这一研究成果为白内障术后眼内炎的临床防治及研究工作提供了新的选择。

5. 3D 打印和可注射人工角膜

目前，市面上的生物角膜仍然以提供角膜基质的支架结构，而不具有活性的上皮及内皮细胞为主，需要依靠移植后，患者自身的细胞爬覆生长。英国纽卡斯尔大学的组织工程师研究团队开发出了世界首款 3D 打印人工角膜。研究人员通过大量实验，将角膜干细胞与海藻酸盐和胶原蛋白混合在一起制成一种 3D 打印所需的完美的"生物墨水"。3D 打印角膜最大的优势是可定制、速度快，通过扫描患者的眼睛获得数据，从而快速打印出大小和形状合适的眼角膜，整个过程不到 10 分钟。目前 3D 打印人工角膜仍然需要使用供体角膜，提取其中的角膜干细胞做为生物墨水的原材料，这一技术可使一块健康的角膜，"分裂"成 50 块人工角膜，可大大减少患者等候的时间，不过 3D 打印人工角膜还需要更多的测试来确定其安全性和临床适应性。

此外，加拿大蒙特利尔大学、比利时安特卫普大学、瑞典林雪平大学、伦敦 Moorfields 眼科医院和 UCL 眼科研究所等多家眼科部门和机构，合作开发了一种用于角膜修补的新型可注射人工角膜（LiQD 角膜），由胶原样肽、聚乙二醇和纤维蛋白混合而成，相关成果发表在 *Science Advances*。这种可注射的凝胶在切除角膜病变组织后，可在体温下 5 分钟内原位凝胶化，从而封闭角膜穿孔，促进角膜组织再生，可大大降低医疗成本，并无需昂贵的医疗设施，极大地拓展了应用场景，为治疗角膜盲提供了新的技术和治疗方案。

6. 水凝胶类人工玻璃体

水凝胶类材料的研究一直是热点方向，从最初的使用与玻璃体成分相似的透明质酸钠和胶原（力学性质不稳定），到交联水凝胶的设计，到不同聚合物类别的研究。2017 年，日本东北大学发表了针对植入的水凝胶降解引起的膨胀会对周围组织造成严重不良反应的缺点的改进，研究了一款低聚合物含量、极低膨胀压力、低毒性的新型聚乙二醇（PEG）类水凝胶，并在兔眼实验中作为人工玻璃体功能持续了 1 年多时间。水凝胶研究正在逐步趋近理想的玻璃体替代物标准，如北京大学第三医院研究团队于 2021 年发表的关于 DNA 超分子水凝胶的研究，该研究改善了传统化学交联水凝胶注射后分布不均的问题。该研究研制的DNA超分子水凝胶具有良好的分子通透性，有利于眼内环境营养物质和代谢的循环，通过2个月的兔眼试验结果表现出良好的生物相容和稳定性，几乎没有不良反应。四川大学生物医学工程学院研究团队发表了以聚乙二醇为基础的具有生物防污能力的两性离子水凝胶的研究，通过兔眼试验表明具有良好的生物安全性、光学性质和稳定性，为减低蛋白质和细胞吸附提出了新思路。

7. 后巩膜加固补片

据估计，国内病理性近视患者数量超千万人，每年有相当数量的患者因此致盲。目前认为，后巩膜加固术是防止病理性近视患者致盲唯一有效的方法。后巩膜加固术由苏联学者Shevelev在1930年最先提出，20世纪70年代报道了其手术疗效。后巩膜加固术通过植入加固材料加强高度近视患者眼球后部薄弱的巩膜，通过炎症反应、瘢痕形成等生理反应与自身巩膜融合，使巩膜强度和弹性增加，可以有效控制病理性近视眼轴延长（图5-19）。后巩膜加固材料生物相容性、柔韧性及抗张强度等性能指标非常关键。传统的同种异体的巩膜、硬脑膜片等加固材料较为短缺，而自体的阔筋膜、肋软骨等原材料也远远不足，并且还存在储存不便、易感染等问题。随着后巩膜加固术的推广，在加固材料方面，研究人员进行大胆尝试，验证脐带材料、脱细胞异体真皮、牛心包材料等。

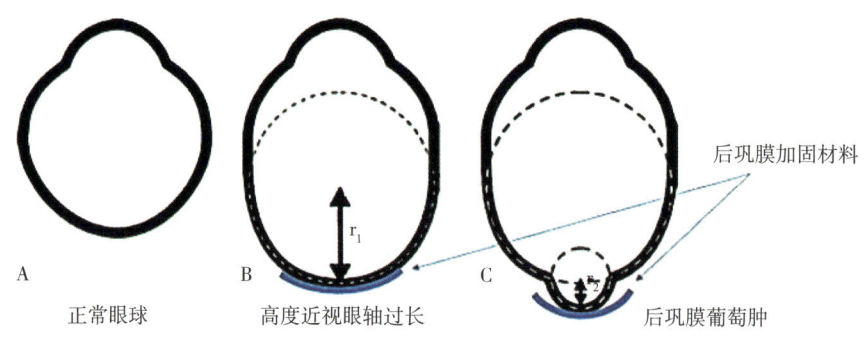

图5-19 后巩膜加固术示意

脐带组织后巩膜加固补片，具有生物相容性好、制备过程容易、原材料充足的优势。河南洛阳150中心医院的研究团队应用胎儿脐带对100例136眼进行了后巩膜加固治疗，1.5年随访显示术后近视度数稳定或减少者占91.2%，与术前相比，患者眼轴长度术后无明显变化；在随访期间未发生玻璃体出血、视网膜脱落、排异等术后并发症；由此验证了脐带组织后巩膜加固材料的安全性和有效性，证实脐带组织后巩膜加固术是一种可稳定眼轴且并发症少的延缓近视发展的手术方法。

脱细胞异体真皮是采用脱细胞技术处理人的真皮组织，脱出引起免疫排斥的各种细胞和物质，余下的基质和胶原框架成分可在植入后促进患者成纤维细胞迁移，形成胶原，同时植入物就近被吸收，逐渐转化为结缔组织。河南省郑州大学第一附属医院眼科研究团队应用脱细胞异体真皮植入兔眼，进行后巩膜加固，发现脱细胞异体真皮加固巩膜引起的炎症反应的风险较低，生物相容性较好。

牛心包材料广泛应用与心胸外科、口腔科、骨科等。国外报道使用牛心包材料对后巩膜加固，治疗病理性近视，4年随访结果显示，近视稳定患者占88.3%～92.6%，有效性得到证实。2023年4月，佰仁医疗年报披露，完成北京人民医院牵头的多中心眼科生物补片的后巩膜加固手术治疗，并完成1年随访，数据显示全组患者术后恢复良好，眼轴延长被抑制，患者近视度数得到明显抑制，初步验证产品安全有效。

此外，有研究报道聚酯纤维网、血浆繁育硅胶、人工心包补片等非生物性材料用于后巩膜加固也有良好的生物相容性，促进巩膜组织增生，实现了阻止眼轴延长的目的。

二、眼科生物医用材料发展趋势

在市场环境、政策导向、资本市场等几方面的因素影响下，未来眼科生物材料将向着国产化、创新升级和技术融合等方向发展。

1. 国产品牌市场占有率将不断提升

长期以来，眼科领域的设备和耗材被进口产品垄断，国产品牌市场占有率极低。近几年，以爱博医疗、昊海生科、欧普康视为代表的国内眼科企业通过自主研发，突破了进口产品的技术垄断，不断提高国产品牌的市场占有率。其中，爱博医疗的人工晶状体已在中国大陆市场占据市场份额第一，昊海生科在粘弹剂国内市场排名第一，欧普康视在角膜塑形镜市场排名第一。随着中国企业自身研发实力的升级和国民对国产品牌信任度的提升，眼科生物材料产品以进口为主的局面正在改变,未来国内研发的产品出口海外,实现全球化的趋势将逐渐凸显。具有产品组合及正面品牌声誉的眼科医疗器械供应商将更可能凭借其现有的优势在不断扩展的市场中建立领先地位,中国有希望诞生全球型的眼科龙头企业。

2. 创新型眼科医疗器械将成为开发热点

"十三五"期间,通过科技部国家重点研发计划"生物医用材料研发与组织器官修复替代"重点专项,重点支持了人工晶状体、人工玻璃体、软硬组织填充物等一批创新型的眼科生物材料的研发过程。国家药监局通过创新医疗器械特别审查程序,批准了多焦点人工晶状体等多项眼科产品的注册申请,加速了创新型医疗器械产品的上市过程。眼科医疗器械投融资市场持续火热。动脉橙数据库数据显示,2021年,我国眼科一级市场共发生近50起融资事件,近40家企业获得融资,融资金额约达80亿元,且90%的融资发生在眼科药械领域。创新型眼科产品正逐渐成为资本追逐的热门领域。

3. 与新兴技术融合成为趋势

随着多种新兴技术与医疗器械领域的深度融合,近年来许多 AI 眼科医疗器械陆续获批上市。2020年8月,国家药监局批准了深圳硅基智能和上海鹰瞳医疗两家企业基于深度学习算法开发的创新产品——糖尿病视网膜病变眼底图像辅助诊断软件。此后,北京致远慧图的糖尿病视网膜病变眼底图像辅助诊断软件、微医(福建)医疗的眼底影像计算机辅助诊断软件也相继获批上市。此外,苏州微清医疗、苏州比格威医疗等企业也在积极研发眼科智能设备产品。上述 AI 眼科医疗器械的运用能够有效辅助糖尿病视网膜病变、年龄相关性黄斑变性、青光眼、白内障等常见眼科疾病的筛查和诊断工作,应用前景广阔。

中国眼科疾病患者人群基数较大,随着人口老龄化程度的提高、电子产品的广泛使用,屈光不正、白内障、青光眼、视网膜疾病的患病率仍在不断攀升。在政策扶持、民众健康意识和支付能力提升的背景下,现有眼科医疗和生物医用材料的市场将持续增长,眼科生物医用材料的创新开发也将受到高度重视。

参考文献

[1] BASHSHUR R, ROSS C .World Report on Vision[J]. International journal of eye banking,

2020，8（3）．

[2] World Preview 2018，Outlook 2024[R/OL]．(2018−11−01）[2023−05−04]. https：//www.evaluate.com/PharmaWorldPreview2018.

[3] 国家卫生健康委，国家卫生健康委关于印发"十四五"全国眼健康规划（2021—2025年）的通知[EB/OL].（2022−01−04）[2023−05−04].−https：//www.gov.cn/zhengce/zhengceku/2022−01/17/content_5668951.htm

[4] 杨晓慧，王宁利．中国视力残疾人群现状分析[J].残疾人研究，2011（1）：3.

[5] 金东，陈玉俊，崔筱平．中国医疗器械行业数据报告（2023）（耗材编）[M]. 北京：社会科学文献出版社，2023.

[6] BENNETT E S. GP and custom soft annual report 2021[J]. Contact lens spectrum, 2021, 10（36）：20−27.

[7] 2020年中国隐形眼镜竞争现状及发展趋势，"四大厂"垄断全球市场[EB/OL].（2021−07−30）[2023−05−04]. https：//xueqiu.com/1973934190/192660063.

[8] 吕帆．接触镜学[M]. 北京：人民卫生出版社，2017.

[9] 中国健康管理协会接触镜安全监控与视觉健康专业委员会．中国接触镜不良反应诊断和治疗专家共识（2021年）[J]. 中华眼科杂志，2021，57（8）：7.

[10] 爱博医疗首次公开发行股票并在科创板上市招股说明书[EB/OL].（2020−7−24）[2023−05−12].http：//www.sse.com.cn/disclosure/listedinfo/bulletin/star/c/688050_20200724_1.pdf.

[11] 葛坚，王宁利．眼科学[M]. 3版．北京：人民卫生出版社，2015.

[12] 中信建投证券研究所．眼科医疗器械：优质赛道，黄金时代[R]. 2023.

[13] PIOTR KANCLERZ, et al. Extended depth−of−field intraocular lenses：An Update[J]. Asia−pacific journal of ophthalmology, 2020, 9（3）：194−202.

[14] J ZVORNIČANIN, E ZVORNIČANIN. Premium intraocular lenses：The past, present and future[J]. Journal of current ophthalmology, 2018, 30（4）：287−296.

[15] 2022年中国眼科粘弹剂行业供需、市场规模、竞争格局及前景分析[EB/OL].（2022−10−24）[2023−05−12]. https：//mp.weixin.qq.com/s/x3mmuJzWCZCySoUXstBxmA.

[16] 人工角膜：百亿市场，借我借我一双慧眼吧[EB/OL].（2023−01−13）[2023−05−13]. https：//mp.weixin.qq.com/s/McZiQ364w7kAQGyutJih1A.

[17] 邵春益，傅瑶，范先群．组织工程角膜和人工角膜材料研究进展[J]. 国际眼科纵览，2007，31（1）：29−33.

[18] 中华医学会眼科学分会青光眼学组，中国医生协会眼科医生分会青光眼学组．中国青光眼指南（2020年）[J]. 中华眼科杂志，2020，56（8）：14.

[19] 眼科MIGS手术器械：下一代青光眼诊疗技术[EB/OL]．（2023-06-03）[2023-06-15]．http：//mp.weixin.qq.com/s/EqRcKzSPNkNTADDipcQBJw．

[20] 眼科巨头争相投入超50亿元，这一赛道为何突然爆火？[EB/OL]．（2022-08-09）[2023-05-15]．http：//www.cn-healthcare.com/articlewm/20220809/content-1415018.html．

[21] 李涛，刘宝怡．硅油填充在微创玻璃体手术时代的新认识[J]．中华眼底病杂志，2022，38（4）：261-264．

[22] 滕文琪，姚克．人工晶状体生物相容性与表面改性研究进展[J]．实用医院临床杂志，2010，7（6）：4．

[23] 中华医学会眼科学分会角膜病学组．中国人工角膜移植手术专家共识（2021年）[J]．中华眼科杂志，2021，57（10）：7．

[24] 崔雯雯，肖国蓓，龚小娜，等．人工角膜的临床应用进展[J]．实用临床医学（江西），2018，19（7）：5．

[25] 王翠玉，陈颖欣．人工角膜研究进展[J]．创伤与急危重病医学，2017，5（4）：3．

[26] 陈娜，石栋，赵江月．构建组织工程人工角膜的天然生物材料的研究进展[J]．国际眼科杂志，2022，22（1）：44-48．

[27] 眼科医疗器械市场巨大开发生机勃勃[J/OL]．（2023-07-03）[2023-07-05]．https：//wenku.baidu.com/view/ac7b1975a417866fb84a8e53？pu=&fr=xueshu&_wkts_=1688373896423．

[28] WICHTERLE O，LÍM D. Hydrophilic gels for biological use[J]. Nature，1960（185）：117-118.

[29] RAFAT M，JABBARVAND M，SHARMA N，et al. Bioengineered corneal tissue for minimally invasive vision restoration in advanced keratoconus in two clinical cohorts[J]. Nature biotechnology，2023（41）：70-81.

[30] HAYASHI K，OKAMOTO F，HOSHI S，et al. Fast-forming hydrogel with ultralow polymeric content as an artificial vitreous body[J]. Nature biomedical engineering，2017，1（3）：0044.

[31] 高婷婷，邝启斌，龙琴．后巩膜加固术研究新进展[J]．临床眼科杂志，2017，25（4）：3．

[32] 梅颖．后巩膜加固术：高度近视患者最后的"救命稻草"？[J]．中国眼镜科技杂志，2021，(11)：126-129．

[33] 国家卫健委调查：全国儿童青少年一半以上近视[EB/OL]．（2019-04-30）[2023-05-15]．http：//www.nhc.gov.cn/xcs/s7847/201905/3d1cbd8234e047279cf61c7fe43cd4a4.shtml．

[34] 教育部，卫生健康委，体育总局，财政部，人力资源社会保障部，市场监督管理总局，新闻出版署，广播电视总局．教育部等八部门关于印发《综合防控儿童青少年近视实施方案》的通知[EB/OL]．（2018-08-30）[2023-05-12]．https：//www.gov.cn/zhengce/zhengceku/2018-12/31/content_5443466.htm．

第六章　神经科修复生物医用材料

第一节　神经科修复生物医用材料概述

神经是人体内比较关键的系统之一，是可以把信息与消息传递到大脑和人体的不同部位，由于神经损伤，会出现肌肉问题或者是感觉丧失，因为人们得到的感觉和动作都是从大脑和脊髓发出。另外，由于老年人口的扩大，神经损伤与神经系统疾病的高发生率，全球神经修复生物材料市场在快速增长。辰宇信息咨询市场调研公司发布的《全球及中国神经修复生物材料行业研究及十四五规划分析报告》显示，2022年全球神经修复生物材料市场规模大约为16亿元，预计2029年将达到70亿元，2023—2029年复合增长率为23.0%。

临床上神经科的主要疾病类型包括神经损伤、神经疾病和神经肿瘤等，随着医疗技术的革新和材料科学的发展，这几类疾病由于生物医用材料的介入，临床疗效获得极大提高。神经损伤主要包括由外力、疾病（糖尿病、脑卒中等）或手术等导致的脑损伤、脊髓损伤（SCI）和周围神经损伤（PNI），这类损伤需要生物医用材料作为支架、膜、导管等实施修复。神经疾病主要包括中枢神经系统的疾病，如多发性硬化、帕金森病、阿尔茨海默病等，这些疾病往往伴随神经细胞的损失和功能缺陷，生物材料主要是作为活性分子和细胞治疗的载体材料发挥作用。神经肿瘤是指起源于神经组织的良性或恶性肿瘤，如脑膜瘤、胶质瘤等，神经肿瘤大多需要外科手术，在外科治疗过程中，可能需要移除受损的神经组织，并通过生物医用材料来填充、保护或帮助修复缺损区域。

从对生物医用材料需求程度分析，神经外科（肿瘤和创伤等）手术后对材料的需求最大，其中颅骨修复材料如钛合金材料、PEEK等归为骨科材料，这里不做讨论。神经外科修复材料还包括止血材料（可吸收止血纱、止血粉、流体明胶），脑膜材料［人工硬脑（脊）膜、神经补片］，闭合材料（可吸收医用胶、可吸收组织密封膜等），引流材料（脑室－腹腔分流管系统、脑脊液引流管系统等），这4类材料的需求在整个神经科修复材料中占比 60% 以上。其次是神经损伤修复，中枢神经损伤和周围神经损伤修复均严重依赖材料的化学、生物及物理性能，目前国内外周围神经损伤修复的产品较多，包括神经保护膜、神经鞘管、神经导管、脱细胞神经移植物等；脊髓损伤修复产品匮乏，但是脊髓损伤是最具挑战性的世界医学难题之一，产品的研发也是人口健康领域的重大社会需求，目前全世界只有两款产品进入临床研究。脊髓损伤修复材料主要包括三维多孔支架、可注射水凝胶等。生物医用材料直接用于神经系统疾病的治疗很少，材料可能在将来的细胞移植、神经疾病的类器官模型、脑机界面等发挥作用，这类研究目前还处于比较前沿和基础阶段。这类材料主要有微纳米微球、可注射水凝胶等。

应用于上述领域的原材料主要来自天然和人工合成。天然材料包括动物来源的具有复杂组分的脱细胞基质材料（支架和水凝胶），以及提取的单组分如胶原、透明质酸、明胶、血蛋白等，还包括自然界中提取的壳聚糖、纤维素等，这类材料生物相容性好，临床接受度高，但也存在免疫源性风险。合成材料种类繁多，综合性能最好的还是聚羟基酸酯类的均聚物和共聚物，如聚丙交酯（PLA）、聚乙交酯（PGA）、聚己内酯（PCL），以及它们的共聚物、微生物合成的聚羟基丁酸酯（P3HB）、聚羟基戊酸酯（PHVB）等系列共聚物（PHA），这类材料的优势是质量和性能便于控制，不足是无生物活性，降解产物特别是累积后可能会有一些不良组织反应。

无论天然材料还是合成材料，现有的加工技术都有很多，早期多孔支架和薄膜多采用相分离或者结合模具－相分离等手段，现在电纺丝、3D 打印、微流控等技术相继成熟，如电纺丝的人工硬脑（脊）膜由于具有细胞外基质的纳米纤维结构，在临床获得很好的效果。微流控制备的微球在细胞装载方面也是很有优势和应用前景。

虽然神经修复生物材料在临床上的广泛应用时间并不长，但市场增势非常明显。全球范围内从事神经修复生物材料的主要企业包括 Axogen、Integra LifeSciences、Synovis、Collagen Matrix、Polyganics，北美是最大的市场，约占 72% 的市场份额；其次是欧洲，约占 23% 的市场份额；这些企业在北美、欧洲、亚太、南美、中东及非洲市场份额占到 94% 以上。国内企业包括天新福、迈普、中大医疗等，目前仅人工硬脑膜（迈普、天新福）完成替代。

本章拟从神经外科、周围神经及中枢神经（脊髓）损伤修复用生物医用材料的市场情况、国内外产品、技术进展与发展趋势做初步分析。

第六章 神经科修复生物医用材料

第二节　神经科修复生物医用材料市场现状

一、神经外科修复材料

神经外科作为医学领域最为复杂的学科之一，是以手术为主要手段，医治中枢神经系统（脑、脊髓）、周围神经系统和植物神经系统疾病的一门临床外科专科。随着我国人民生活水平的不断提高、人口老龄化加速及意外伤害等原因，颅脑肿瘤、颅脑创伤、脑出血及功能神经疾病等主要通过外科手术治疗的脑疾病亦呈升高趋势。同时，随着疾病认知水平的提高，手术器械的发展促进治疗方式的改变，越来越多的如癫痫、疼痛等疾病，也可以通过外科治疗方式取得理想的治疗效果。整体而言，神经外科领域的发展潜力较大。

神经外科作为高精尖的前沿学科之一，对应用在手术中的高值医用耗材技术含量和精细程度要求都非常高。不过，我国神经外科医用耗材的发展时间尚短，国产产品和国外产品仍有不小的差距，目前除了人工硬脑（脊）膜完成了进口替代，其他细分市场仍由国外产品主导，进口替代率非常低。但随着国家出台一系列政策鼓励国产医疗器械企业创新发展，审批制度优化、高端器械进入国家扶持目录等，多项创新产品进入资金扶持和优先审批通道，市场格局逐渐发生转变，拥有核心研发实力、不断推出新产品进行迭代的公司将从中受益，进口替代程度不断加快。截至2019年，全国神经外科开颅手术数量接近70万例，同比增长约15%。按产品类别划分，神经外科开颅手术高值耗材主要包括颅骨材料、脑膜材料、止血材料、闭合材料、引流材料等，具体如表6-1所示。

表6-1　神经外科修复材料分类

分类	主要产品
颅骨材料	钛材料、PEEK等颅骨修补和固定材料
脑膜材料	人工硬脑（脊）膜、神经补片等
止血材料	可吸收止血纱、止血粉、流体明胶等
闭合材料	可吸收医用胶、可吸收组织密封膜等
引流材料	脑室－腹腔分流管系统、脑脊液引流管系统等

数据来源：公开资料整理。

2016—2020年，我国神经外科高值医用耗材市场规模持续扩大。《中国医疗器械蓝皮书（2021）》统计数据显示，2020年，我国神经外科高值医用耗材市场规模达56亿元。随着人口老龄化加速及外伤等原因，颅脑肿瘤、颅脑创伤、脑出血及功能神经疾病等主要通过外科手术治疗的脑疾病呈现升高趋势，从而推动了我国神经外科高值医用耗材行业的不断增长。初步统计，2021年我国神经外科高值医用耗材市场规模约为58亿元（图6-1）。

图6-1　2016—2021年中国神经外科高值医用耗材市场规模

（数据来源：http：//baijiahao.baidu.com/s？id=1734870713091631693&wfr=spider&for=pc）

我国神经外科领域起步较晚，尚未掌握核心技术，与进口品牌存在较大的技术差距。当下，我国神经外科高值医用耗材市场除了人工硬脑（脊）膜市场完成了进口替代，其他领域主要还是以进口产品为主，进口替代程度较低（表6-2）。

表6-2　2021年中国神经外科高值医用耗材竞争局面

分类	海外企业	国内企业
颅骨材料	德国蛇牌、史赛克、美敦力	康尔、康力、双羊、双申、康拓、迈普医学
脑膜材料	德国蛇牌、英特格拉、库克	天新福、冠昊生物、迈普医学、正海生物、佰仁医疗、赛克赛斯
引流材料	美敦力、德国蛇牌、法国索菲萨	山东百多安、山东大正、威海世创
缝合材料	德国蛇牌、日本杉田、PeterLazic	—

续表

分类	海外企业	国内企业
神经刺激材料	美敦力、德国蛇牌	品驰、景昱
脑电监测材料	德国蛇牌、美敦力、英特格拉	华科恒生
辅助工具	德国蛇牌、史赛克、ACRA-CUT	—

数据来源：Eshare 医械汇，前瞻产业研究院。

近几年，国内神经外科领域主要在硬脑膜和神外止血材料市场占有取得进展，具体分析如下。

1. 硬脑（脊）膜市场

从临床适应证分析，人工硬脑膜主要用于硬脑膜破损后的修补与修复，防止开颅手术术后发生脑脊液漏。所有神外开颅手术都需要进行硬脑膜的修补与修复，50%～60%需要使用人工硬脑膜。神经科各个部位手术包括常规幕上手术、鞍底重建手术、颅后窝病变手术等，除此之外，还可以在术中进行多种方法的联合使用（适当缝合、三明治交叠、联合使用蛋白胶等方式），从材料特性和目前使用效果看，免缝合性与可吸收性特点已成为获得临床应用普遍认可的关键性硬脑膜修复材料。其直接带来的临床获益还包括：①显著缩短手术时间；②显著改善临床手术治疗的预后；③显著减少开颅手术后脑脊液漏及局部感染等并发症的发生。

从效益分析，随着神经外科市场的发展，人工硬脑（脊）膜的使用量亦逐年增加，并日趋成熟。据估算，2019 年国内人工硬脑（脊）膜市场容量接近 8 亿元，该数据的具体测算过程如下。

硬脑（脊）膜缺损常见于脑血管病、中枢神经系统炎性疾病、颅内损伤及脑恶性肿瘤等神经疾病，根据统计，上述疾病的 2018 年出院人数为 655.93 万人，较 2017 年同比增长 15.47%，2014—2018 年的复合增长率为 18.70%。根据佰仁医疗的公开资料，截至 2018 年，全国神经外科开颅手术数量超过 60 万台，以此为基数，若按年增长速度 15% 倒推，2017 年，全国神经外科开颅手术数量超过 50 万例；按年增长速度 15% 估算，2019 年，全国神经外科开颅手术数量接近 70 万例。

在同行业可比公司中，冠昊生物、正海生物未披露同类产品的价格，以佰仁医疗与发行人的硬脑（脊）膜补片价格作为参考，具体如下。

以 1300 元 / 片的价格、2019 年全国神经外科开颅手术数量接近 70 万例［约

85%的手术使用硬脑（脊）膜产品]进行测算，2019年国内人工硬脑（脊）膜市场容量为7.74亿元，接近8亿元。

其中，国内市场销售动物源性材料的企业主要有天新福、冠昊生物、正海生物、佰仁医疗等，销售人工合成材料的企业主要有迈普医学、强生公司、贝朗医疗等。在国内人工硬脑（脊）膜市场，动物源性材料占比大于80%，由于进入市场较晚，人工合成材料的占比小于20%。

动物源性材料国内龙头企业为北京天新福医疗器材有限公司，2002年天新福Ⅰ型胶原蛋白材料的免缝合脑膜上市，带动了整个市场规模的大幅度提升。天新福作为人工硬脑膜市场的龙头企业，不仅打破了进口产品的垄断，更是拉动了市场需求，并逐渐形成了国产产品成为绝对主流的态势。近10年来，国产品牌人工修复材料已成为临床应用的主要选择，国内品牌产品从技术、质量等方面已完全甚至超越同类进口品牌产品。在价格、渠道、投入等方面国产品牌具有绝对的优势。2021年，国内人工硬脑膜出厂整体规模40余万片，已超过8亿元，其中，2021年天新福生物膜产品销售额已超过3亿元（公司财务数据），稳居国内市场第一，其后为冠昊生物、正海生物、迈普医学、佰仁医疗。5家品牌共占据国内市场份额超过90%，进口品牌及国内其他品牌综合不足10%。

根据近4年（2019—2022年）国内各人工硬脑膜生产企业营收财报（如冠昊生物、正海生物等）及天新福的销售额数据，显示2022年国内人工硬脑膜总规模为8.5亿元（销售额），天新福硬脑膜产品销售规模在本报告期（2022）年销售额占比37%。在国内人工硬脑（脊）膜市场，动物源性材料占比大于80%，广州迈普等人工合成材料由于进入市场较晚，占比小于20%，如表6-3所示。

表6-3 中国人工硬脑膜的竞争局面

材料	公司
动物源性材料	天新福、冠昊生物、正海生物、佰仁医疗等
人工合成材料	迈普医学、强生公司、贝朗医疗等

数据来源：Eshare医械汇，前瞻产业研究院。

在国际市场，根据iDataResearch研究报告，在欧洲市场，由于监管原因，同种异体材料被禁止使用，2019年脑膜销售数量（德国、法国、英国、意大利、西班牙）为3.66万片，其中动物源性材料为1.72万片，占比为47.10%；人工合成材料为1.94

万片，占比为52.90%。

2. 神经外科止血材料市场

由于脑组织血运丰富、微神经网络结构复杂，且有些手术部位深，视野狭窄、操作不便，传统的结扎及电凝操作可能会破坏微神经网络，对患者造成无法挽救的功能性损伤，局部使用可吸收止血材料是脑部损伤止血的有效方法。在神经外科手术中，止血是否成功是决定手术成败的关键因素之一：一方面，术中大量出血容易导致脑水肿等严重并发症，降低手术成功率；另一方面，若止血不彻底，则将有可能导致术后再次出血，形成的颅内血肿可能危及生命。神经外科手术中，除了使用电凝止血、使用棉片压迫进行物理吸收止血，还需要使用可植入类耗材进行止血，但由于神经外科手术复杂性，对止血材料的安全性提出较高要求，普通纱布、棉球等中低端止血材料无法完全满足临床需求。

目前，临床上代表性的高性能植入类止血耗材包括纤维蛋白胶、可吸收止血流体明胶及氧化再生纤维素止血纱等，具体为：①纤维蛋白胶通过将纤维蛋白原与凝血酶结合涂抹后形成血凝块需要1~2分钟，因此，纤维蛋白胶并不适用于动脉快速出血或意外出血的情况。②激活凝血机制而起到止血作用。但该产品需要冷冻储存，术前水浴加热至体温，制备较为麻烦，同时可吸收止血流体明胶产品由流体明胶与凝血酶构成，一般通过长的涂抹器涂抹在止血部位。该产品的缺点包括如未去除过多止血后产物，可能引起病灶周围水肿，或者直接注射到血管中可能形成血栓、贫血、感染和出血等。③氧化再生纤维素类止血材料，以强生公司开发的高性能氧化再生纤维素可吸收止血纱为代表，其可以快速放置于指定区域，易塑形并牢固贴附于伤口，最大程度地增加止血面积。由于其在神经外科手术止血中具有明显优势，该产品上市后迅速成为神经外科手术止血中使用占比最高的医用耗材。目前，有不少国内厂家在进行氧化再生纤维素产品的国产化，但由于产业化的技术难度，尚未有大规模应用并替代强生公司等国外产品的国内产品出现。广州迈普公司开发的氧化再生纤维素可吸收止血纱产品已取得CE证书，尚在国内注册报批阶段，未来在国内上市将有望打破国内神经外科手术高性能止血产品的进口垄断。

根据MarketsandMarkets的统计数据，以出厂价格计算，2020年预计全球止血材料的销售规模为27.61亿美元，2015—2020年的复合增长率为6.20%。其中，凝血酶相关的止血材料（包括纤维蛋白胶）的销售规模为9.13亿美元，占比为

33.07%；多种材料复合的止血材料的销售规模为7.48亿美元，占比为27.07%；氧化再生纤维素止血材料的销售规模为4.91亿美元，占比为17.78%；基于凝胶的止血材料（包括可吸收止血流体明胶）的销售规模为3.92亿美元，占比为14.18%。根据中商产业研究中心的统计数据，在国内市场，2019年可吸收止血纱的销售规模为9.03亿元，2015—2019年复合增长率为6.10%，预计2024年将达到9.85亿元的销售规模。

二、周围神经损伤修复材料市场现状

周围神经疾病所致的功能障碍，影响患者的日常生活，甚至丧失劳动能力，已逐渐成为继心脑血管疾病和肿瘤之后危害人类健康的全球第三大病征。周围神经损伤（peripheral nerve injury，PNI）在临床上较为常见，损伤原因包括劳损性损伤、运动性损伤、创伤性损伤。其中由外伤导致的PNI患者为1.2%～2.8%。交通事故比率为46%，55岁以下的患者为83%。周围神经损伤部位中上肢损伤占80%，臂丛神经损伤（占创伤总数的1.2%）和坐骨神经损伤尤为多见，手部损伤占所有急诊数的10%～30%，约占骨科急诊的28%。手部和手臂部的神经损伤多为牵拉伤，损伤范围交广（常为多神经损伤），部分可为不可逆性撕脱伤，手术效果差。

截至2021年底，中国周围神经损伤后存在功能障碍的患者数量接近2000万人，且以每年近200万人次的速度递增，其中需要通过神经移植修复的有30万～45万例。周围神经慢性损伤性疾病更是如此，我国人口基数庞大，使得该类疾病患者数量位居世界第一，加上因其他医源性和肿瘤切除等引起的神经损伤患者，每年需要进行神经修复的伤病患者人数将更多，所需护理和治疗的经济费用也很高。有文献报道尽管我国交通事故的发生率有下降趋势，但是仍为美国的8.2倍。

2019年国际糖尿病联盟公布的流行病学调查数据显示，全球成年人中约有4.63亿人诊断为糖尿病，发病率高达9.3%，中国糖尿病患者有1.15亿～1.30亿人，是全球糖尿病患者最多的国家。糖尿病周围神经病变是糖尿病最常见的慢性并发症之一，同时也是导致足部溃疡、残疾，甚至最终截肢的主要原因。随着病程的延长，糖尿病患者中约50%的患者最终会发展为糖尿病周围神经病变。

周围神经损伤可导致中枢神经系统与周围器官之间感觉神经和运动神经的神经元通信丧失，严重影响患者的日常活动。根据损伤性质的不同，临床上采用的对策

第六章 神经科修复生物医用材料

及使用的材料也不同（图6-2）。临床上神经缺损可分为4度，其中Ⅰ、Ⅱ度缺损可以通过改变关节位置或者通过病理方法如游离神经干、前置、改道、延长或缩短骨与关节而克服，而Ⅲ度以上的缺损则必须依靠神经移植或各种代用品桥接才能修复。即轻度损伤的治疗方法是通过显微外科手术进行神经外膜无张力缝合，在无法达到端端缝合的神经缺损的情况下，自体神经移植是金标准。然而自体神经移植的供体神经源有限、手术时间较长，易出现供体部位发病率和功能丧失的阻碍，对于周围神经损伤的治疗效果并不理想。因此，出现很多神经缺损修复材料。早期主要采用不可降解硅胶套管等，现在较长神经缺损主要采用脱细胞神经和神经移植物修复，较短的神经断裂经延长后为防止瘢痕等采用神经套（或鞘）管和膜修复，神经挫伤主要采用神经修复膜和水凝胶修复等。WHO统计全球每年新增周围神经损伤1000万～1500万例，我国每年新增周围神经损伤病例约150万例，其中需要使用神经修复产品的病例约50万例。因此，神经修复材料在临床上的需求非常大，主要产品与厂商如表6-4所示。

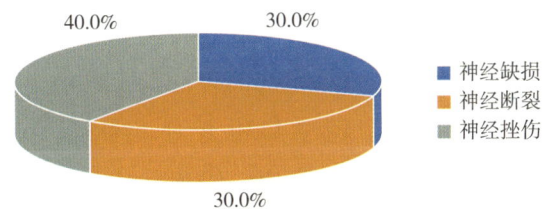

图6-2 神经领域细分产品及其占比

表6-4 神经损伤修复材料与产品（生产商）

产品类型	生产商与产品	原材料
脱细胞神经	AxoGen's Avance Nerve Graft Cook Medical's Reaxon Nerve Conduit 广州中大医疗器械有限公司"神桥"	人源性和动物源性脱细胞神经
可降解神经修复移植物	Integra LifeSciences' NeuraGen Nerve Guide Synovis Micro Companies Alliance's Neura Wrap Nerve Protector 江苏益通生物科技有限公司"宜通"	胶原，PLGA，壳聚糖等
神经导管	Stryker's NeuroMend Collagen Nerve Wrap Polyganics' Neurocap 天新福（北京）医疗器材股份有限公司"人工神经鞘管"	胶原，壳聚糖，聚乙醇酸

续表

产品类型	生产商与产品	原材料
神经修复膜	Integra LifeSciences' NeuraWrap Aesculap's TissuDura 山东隽秀生物科技股份有限公司"脱细胞基质周围神经修复膜"	胶原，壳聚糖，PLGA
水凝胶	AxoGen's AxoGuard Nerve Connector DSM Biomedical's Bionate hydrogel	海藻酸盐，壳聚糖，PEG

从国内市场分析，"神桥"（去细胞同种异体神经修复材料）是国内用来修复 3～5 cm 的神经缺损独家产品，由中山大学附属第一医院和广州中大医疗器械有限公司联合开发，2012 年获得生产许可证（国械注准 20163131598）。与 Avance 产品（Axogen 公司，美国）相比，在临床应用效果和使用量及生物安全性上，中大医疗"神桥"具有高度的相似度。在保存和运输条件上，"神桥"明显优于 Avance 产品。其中"神桥"2022 年的销售额在 6000 万元以上，而 Axogen 公司除"去细胞同种异体神经修复材料"外，还经营神经帽、神经连接器、神经保护器，以及评估神经损伤的设备，其销售额大概是神桥的 5 倍。

天新福公司的人工神经鞘管主要用于短的神经缺损（小于 2 cm）或者未离断的神经损伤，2022 年出厂规模整体已超过 4350 万元，约 3 万余根，约占全国市场份额的 90%，稳居第一，其后为隽秀、汇福康、纽莱克（进口）等品牌。

山东隽秀生物开发的脱细胞基质周围神经修复膜于 2019 年 5 月 31 日经 CFDA 批准上市，注册证号为国械注准 20193130355。用于无实质缺损或经吻合的周围神经损伤修复。该产品是国内外首款采用异种动物周围神经加工制成的神经修复产品。产品上市以来，在周围神经吻合术后应用近 3 万例，神经功能恢复有效率达到 98%，取得了良好的临床应用效果。

三、脊髓损伤修复材料

中枢神经损伤后修复是当今神经科学最重要的研究领域之一，也是难点之一。中枢神经损伤包括脊髓损伤（SCI）、中风（Stroke）及脑外伤（TBI）等多种中枢神经损伤性疾病，TBI 和脑中风系统修复材料主要是脑外科用生物医用材料，这里主要讨论 SCI 临床应用的生物医用材料市场现状。

第六章
神经科修复生物医用材料

脊髓作为中枢神经系统的一部分,是大脑和躯体间运动及感觉信号传递的主要载体。SCI 导致神经环路破坏及细胞特性改变,形成抑制神经再生的微环境。脊髓损伤患者不仅损伤部位以下感觉与运动功能障碍,还可能导致多种并发症(疼痛、痉挛、泌尿系统感染、便秘、下肢深静脉血栓、压疮等),严重影响生命质量,也给社会和家庭造成巨大负担。脊髓损伤的修复是最具挑战性的世界医学难题之一,脊髓损伤修复产品是人口健康领域的重大社会需求。

就全球范围看,SCI 的年发病率为 15～40 例/百万人口,中国每年新增 10 万～14 万例,现存有约 200 万脊髓损伤患者。2022 年全球脊髓损伤治疗市场规模约 162 亿元,预计未来将持续保持平稳增长的态势,到 2029 年市场规模将接近 201 亿元,未来 6 年复合增长率为 3.1%。上述规模包括了治疗 SCI 用药物、干细胞和生物材料,以及脊髓刺激设备与康复医疗产业,但生物医用材料市场需求也是相当巨大的。

应用于脊髓损伤(急性、亚急性和慢性)修复通常涉及使用的各种生物医用材料包括水凝胶、三维多孔支架、纳米载体和膜。这些材料用于提供结构支持、递送治疗剂或促进移植细胞的整合。迄今为止,目前国内外还没有直接用于临床的生物医用材料产品,只有 2～3 家进入和准备进入批准的临床试验。

中国科学院遗传与发育生物学研究所团队研发了具有自主知识产权的神经再生胶原支架 NeuroRegen,该产品是有序胶原纤维支架。不但具有良好的生物相容性,而且可以引导神经突起沿支架延伸方向有序生长,同时抑制损伤部位瘢痕形成。并且可与多种生长因子、信号分子或干细胞特异结合,调控干细胞贴附、生长、增殖、分化,帮助建立脊髓损伤再生微环境,为脊髓损伤再生修复提供新方法。在完成神经再生胶原支架标准检测和动物实验等临床前研究的基础上,2014 年开始进入临床研究阶段,建立了急性完全性脊髓损伤的严格判定标准、电生理检测条件下瘢痕清理等多种创新性技术,在国际上首先开展胶原支架材料应用于脊髓损伤患者的临床治疗研究,已入组患者 100 多例。近期完成了 15 例急性完全性脊髓损伤患者和 51 例陈旧性完全性脊髓损伤患者 2～5 年长期的随访,结果表明神经再生胶原支架移植治疗急性和陈旧性完全性脊髓损伤安全有效。目前神经再生胶原支架相关专利技术体系已转移公司进行产品的临床转化,有望实现脊髓损伤修复生物材料产品由 0 到 1 的突破。根据 clinicaltrial 网站注册和 PubMed 文献检索的结果,中国神经再生胶原支架 NeuroRegen 和美国 InVivo Therapeutics 公司的高分子 PLGA 支架

Neuro-Spinal是进入临床研究的两个主要产品（表6-5）。相比较高分子PLGA支架，神经再生胶原支架在基础研究和临床转化研究中具有独特的优势（表6-6），使得我国脊髓损伤修复支架材料的临床转化研究处于世界领先水平。

表6-5 国际上利用支架材料修复脊髓损伤的临床研究汇总

支架类型	NCT号	方法	损伤分级AISA	损伤阶段/位置	临床阶段	国家
Neuro-spinal	NCT03762655	损伤移植	A	急性损伤，胸椎	—	美国
NeuroRegen	NCT02510365	坏死组织清除后移植	A	急性损伤，颈椎，胸椎	1	中国
NeuroRegen	NCT02688049	清除瘢痕后负载NSCs or MSCs 移植	A	慢性损伤，颈椎，胸椎	1,2	中国
NeuroRegen	NCT02352077	清除瘢痕后负载BMMCs or MSCs 移植	A	慢性损伤，颈椎，胸椎	1	中国
NeuroRegen	NCT03966794	结合硬膜电刺激	A	急性和慢性损伤，颈椎，胸椎	1,2	中国
NeuroRegen	NCT02688062	清除瘢痕后负载BMMCs 移植	A	慢性损伤，胸椎	1,2	中国
Neuro-spinal	NCT02138110	移植	A	急性损伤，胸椎	-	美国

表6-6 目前进入临床研究阶段的脊髓损伤修复支架材料比较

支架材料项目	神经再生胶原支架NeuroRegen	Neuro-Spinal支架
材料组成	有序胶原蛋白纤维	PLGA涂布多聚赖氨酸
完全性脊髓损伤动物实验	大鼠、犬和猴的大段缺损完全性脊髓损伤实验	未开展完全性脊髓损伤大动物实验
临床研究情况	急性、陈旧性脊髓损伤	急性脊髓损伤
临床方案	急性患者直接移植 陈旧性患者清除瘢痕组织	急性患者直接移植
与再生因子、细胞结合方式	特异性结合，在损伤部位的富集	简单混合，会在损伤部位扩散
材料降解	再生与降解同步 降解为氨基酸	被动降解 产物为酸性降解物

第三节 国内外重要技术和产品进展

一、神经外科修复材料

神经外科修复材料的发展和演变经历了动物源性材料、合成材料（惰性材料到可降解吸收材料），以及具有一定功能的材料的演变过程，临床上很早就有外科医生在大胆使用，随着材料性能的优化、加工技术的进步，研发具有可控降解速率、特殊微纳结构和药物缓释等特殊功能的材料，是将来发展的重要趋势。本节分别介绍外科手术用人工硬脑膜和止血材料的种类、制作技术及产品进展。

1. 人工硬脑（脊）膜

1890 年，Beach 在颅脑手术中首次应用金箔材料开启了硬脑（脊）膜修补的先河之后，逐步出现了自体组织修补材料、同种异体修补材料、异种生物修补材料、人工合成材料等硬脑（脊）膜修补产品。随着神经外科市场的发展，人工硬脑（脊）膜的使用量亦逐年增加，并日趋成熟，据估算，2019 年国内人工硬脑膜市场容量接近 8 亿元。上述人工硬脑（脊）膜材料的发展情况如下。

①自体组织修补材料、同种异体修补材料，一般常取用颅骨骨膜、颞筋膜或阔筋膜或其他人体部位的膜组织。基于该类材料感染、脑脊液漏等并发症发生率较低，自 1900 年以来，逐步被临床用作硬脑（脊）膜修补产品。但受限于来源有限、取材困难、手术操作复杂及潜在病毒风险等原因，该两种材料已退出历史舞台。

②异种生物修补材料主要来源于牛、羊、猪等动物组织。该类材料经过化学处理，具有一定的伸展性和弹性等特点，作为人工硬脑膜材料应用于临床。1905 年，Craig 和 Ellis 发表了用加工过的牛腹膜作为脑膜修补材料的研究报告，后续羊猪心包膜、牛跟腱、牛羊腹膜、肠系膜等异种生物膜材料逐渐出现，一定程度上解决了自体组织修补材料和同种异体修补材料的来源有限等问题，但该类异种生物修补材料仍存在病毒传播、免疫反应的风险，且溯源难度高。

③来源于动物组织的胶原材料。胶原蛋白为细胞外基质中的主要组分，以胶原为原料制造的体内植入残留器械在临床上得到广泛应用。国内天新福 I 型胶原蛋白免缝合人工硬脑膜产品，在神经外科手术中的应用极为重要和普遍，是目前国内市场主打产品。这种产品可应用于全部的、占总手术数量 70% 的幕上开颅手术、占比

为 15% 的幕下颅后窝开颅手术和占比为 15% 的经鼻内镜颅底外科手术。在所有的硬脑膜修补众多种类的产品中，天新福 I 型胶原蛋白免缝合人工硬脑膜从总体材料学特性上来是唯一一款适用于神经科各个部位手术的需求，包括常规幕上手术、鞍底重建手术、颅后窝病变手术等的人工硬脑膜产品。除此以外，还可以在术中进行多种方法的联合使用（适当缝合、三明治交叠、联合使用蛋白胶等方式），是目前神经外科临床应用范围、应用方式、应用方法最为全面、免缝合性与可吸收性特点已获得临床应用者普遍认可的关键性硬脑膜修复材料。其直接带来的临床获益主要包括：缩短手术时间；改善临床手术治疗的预后；减少开颅手术后脑脊液漏及局部感染等并发症的发生。

④人工合成材料。1895 年，Abbe 在硬脑膜成形术中运用医用橡胶来预防组织粘连；1974 年，为预防瘢痕组织增生，LaRocca、MacNab 在椎板切除术中将明胶海绵置于硬膜外；1996 年，贝朗医疗以聚氨基甲酸酯类共聚物为原料的硬脑（脊）膜上市，在价格方面和颅底等特殊部位的使用具有一定优势，但因不可降解，容易导致慢性无菌性炎症，激发局部组织肉芽生长，相关企业逐步将研究重心转向可吸收材料的研制。同时，传统的人工合成材料具有来源广泛、性能稳定、无病毒风险等特点，但其在生物相容性方面弱于动物源性材料。2000 年左右，因生物增材制造技术具有个性化、高精度、复杂成型的特点，可满足复杂组织或器官的高精度构建等要求，为组织缺损修复带来技术变革，迅速成为国际生物医用材料领域的研究热点。在该浪潮中，广州迈普再生医学科技股份有限公司（简称"迈普医学"）以聚乳酸为原料，将生物增材制造技术应用于人工硬脑（脊）膜的制备，实现了人工合成材料的微观仿生结构，具备与人体脑膜相似的三维微纤维支架，具有较好的临床应用空间。此外，聚乳酸类人工合成材料是在美国 FDA 备案可用于人体的生物降解性材料，具有良好的水密性，能够为硬脑（脊）膜再生提供基质，降解时间可控，还具有结构设计性强、无病毒传染风险等诸多特点。

迈普医学核心产品"睿膜®（ReDura™）"、"睿康®（NeoDura™）"是公司利用生物增材制造技术开发的人工硬脑（脊）膜补片，具有独特的三维仿生多孔微纤维结构，与人体天然硬脑膜的微观结构高度相似，有利于新生细胞的附着迁移和增殖分化，在材料逐渐降解的同时，实现新生脑膜的再生修复。同时，原材料选用可降解、生物相容性良好的人工合成材料，与市场上脱细胞基质的动物源性材料相比具有更高的生物安全性，可以有效避免病毒传播等风险。凭借领先的技术工艺和优异的产品性能，可吸收硬脑（脊）膜补片产品入选科技部《创新医疗器械产品目录（2018）》，为仅有的 9 项"国际原创"产品之一。同时，经过多年发展，公司已成为国内少数具有规模化出口海外高端医疗市场能力的神经外科高性能植入医疗器械生产企业。自产品上市以来，公司产品覆盖欧洲、南美、亚洲、非洲的 80 多个国家和地区，临床应用超过 30 万例。

与硬脑膜相配合的是近几年开发的一种神经修复封闭胶。在神经外科的硬脑（脊）膜修复手术中，医生一般通过缝针缝合硬脑（脊）膜，但缝合过程中会产生微小的针孔，较难形成完全密闭的环境，导致存在脑脊液渗漏的风险，硬脑膜医用胶是国外神经外科手术中普遍使用的用于防止脑脊液渗漏的产品。目前，在国际市场，仅有英特格拉的 DuraSeal、Dural Sealant System 和史赛克公司的 Adherus、AutoSpray Dural Sealant 两款产品。国内神经外科手术对该产品的使用尚处于普及阶段，迈普医学自主研发的"硬脑膜医用胶"首次注册已完成并获得第三类医疗器械注册证。随着国外此类神经外科手术使用习惯在国内逐步得到推广，该产品在国内具有广阔的市场空间。

二、周围神经损伤修复材料

周围神经损伤分为无缺损和有缺损两类。前者通过显微缝合技术可以将断裂的神经对端吻合，使近端再生的神经纤维能长入远端，主要包括外膜法和束膜法。后者又分为两种情况：短节段神经缺损传统方法通过延长或游离损伤神经、屈曲关节等方式克服神经缺损，再按照无缺损的方式处理；长节段神经缺损，临床上无法进行无张力缝合，不能有效达到桥接修复的目的，修复效果差，目前临床上采用最为广泛的技术是自体神经游离移植或自体神经局部转位移植，借助材料的桥接是将来发展的主要趋势。

1. 国内外已经上市的周围神经修复产品

现有产品在解决上述神经缺损方面已经取得一定进展，如美国 Axogen 公司神经修复产品（表 6-7）、美国 Integra 公司神经修复类产品（表 6-8），以及国内已上市同类型神经修复产品（表 6-9）。目前产品开发最全面的公司是美国上市公司 Axogen 公司，可覆盖长段缺损修复的产品目前全球仅两款，分别为 Axogen 公司的

Avance Nerve Graft 同种异体去细胞神经和中大医疗的脱细胞同种异体神经修复材料（神桥）。可覆盖短段缺损的产品较多，包括国外 Axogen 公司的 Nerve Connector [脱细胞猪小肠黏膜下层（SIS）导管]、Synovis 公司的 NEUROTUBE（PGA 螺旋状导管），Integra LifeSciences 公司的 NeuraGen Nerve Guide（牛胶原导管）、Polyganics 公司的 Neurolac Nerve Guides（PLCL 导管）、Stryker 公司的 NeuroMatrix（牛胶原导管）和 Neuroflex [增强型牛胶原螺纹导管（复合可吸收聚合细丝，抗弯，抗折）]；国内江苏益通的周围神经修复移植物（壳聚糖内置 PLGA 纤维导管）（2020 年）、北京汇福康的周围神经套接管（2021 年）、北京天新福的人工神经鞘管（胶原导管）、山东隽秀的脱细胞基质周围神经修复膜（国械注准 20193130355），如表 6-10、表 6-11 所示。

表 6-7 美国 Axogen 公司神经修复产品

产品名称	产品用途	结构组成
Avance Nerve Graft	桥接神经	同种异体神经
Nerve Connector	桥接神经	脱细胞猪小肠黏膜下层制成的导管
Nerve Protector	包裹和保护受损神经	脱细胞猪小肠黏膜下层制成的膜
Nerve Cap	保护神经断端	猪小肠黏膜下层制成

表 6-8 美国 Integra 公司神经修复类产品

产品名称	产品用途	结构组成
NeuraWrap Nerve Protector	包裹和保护受损神经	胶原蛋白，膜
NeuraGen Nerve Guide	桥接神经	胶原蛋白，导管
NeuraGen 3D Nerve Guide Matrix	桥接神经	胶原蛋白，导管

表 6-9 国内已上市同类型神经修复产品

产品名称	产品用途	结构组成
去细胞同种异体神经（神桥）	用于修复各种原因所致的 1～5 cm 外伤感觉神经缺损	同种异体神经，条状
人工神经鞘管（天新福）	用于周围神经的修复。修复神经缺损长度不得大于 2 cm	胶原蛋白，海绵管状
周围神经修复移植物（江苏益通）	用于 30 mm 以内的指神经、桡神经浅支及前臂正中神经缺损的感觉功能恢复	壳聚糖/明胶/PLGA 纤维，管状

续表

产品名称	产品用途	结构组成
周围神经套接管（汇福康）	用于非病理性神经损伤的上肢正中神经、尺神经、桡神经离断伤，进行神经断端的端对端无张力套接缝合修复	乙酰化壳聚糖，管状
脱细胞基质周围神经修复膜（隽秀生物）	用于无实质缺损或经吻合的周围神经损伤修复	猪来源脱细胞基质周围神经

国外近5年新获批产品不多，主要如表6-10所示。

① Nerve Protector（神经保护器）：Axogen 公司 2023 年获批的这款产品为透明质酸（HA）和海藻酸盐涂层的去细胞小肠黏膜下层（SIS）保护套膜，预期为未横断的周围神经损伤提供非收缩保护。这种复合神经保护器在水合状态下易于操作，柔软、柔韧、不易变形且多孔，在水合状态，润滑剂涂层可以减少神经和周围组织之间的摩擦。这种神经保护器还具有灵活性，可适应关节和相关肌腱的运动，并具有足够的机械强度来固定缝线。

② Nerve Tape（神经胶带）：BioCircuit Technologies 公司 2022 年获批的神经胶带，是一种由嵌入生物膜中的微型挂钩组成的设备。创伤后，微小的钩子与神经的外部结缔组织牢固、安全、可逆地结合，使周围神经对齐。对于神经损伤患者来说，胶带最终可以带来更好的神经再生和临床恢复，为外科医生提供一种更快、更简单的方法，以精确、可靠地修复受伤的神经。该产品效果与神经套接管产品等效。

③ NervAlign Nerve Cuff（神经套膜）：Renerve Ltd 公司 2022 年获批的神经套膜，采用猪心包来源的胶原膜制备。预期用于修复没有间隙或通过四肢屈曲实现间隙闭合的周围神经损伤。对神经愈合过程其保护作用。

④ VersaWrap Nerve Protector［神经保护器（膜）］：由 Alafair Biosciences 公司于 2017 年推出，是 2020 年获批的神经保护器，采用藻酸钙和透明质酸材料制备，神经保护器被设计为受伤神经和周围组织之间的接口，适用于神经组织没有显著损失的周围神经损伤。神经保护器是一种薄而灵活的植入物，设计成一个非收缩的凝胶状界面，包裹周围神经和神经环境，在植入后开始吸收。它是一种基于植物（非组织、非胶原）的生物可吸收水凝胶植入物。也是唯一一种用于肌腱、韧带、骨骼肌保护，以及包裹周围神经的Ⅱ类医疗设备。VersaWrap 通过减少相对组织之间的摩擦起到滑动界面的作用，从而防止不必要的术后束缚。VersaWrap 易于使用，超薄，不

收缩，完全吸收，无须重塑。VersaWrap可以以薄片或凝胶的形式植入（通过注射器），使应用变得简单灵活，以满足各种程序的需要。

表 6-10　国外已上市的周围神经修复产品实物图

产品	实物图
Avance Nerve Graft	
Axoguard Nerve Connector（脱细胞 SIS 导管）	
Neurotube（PGA 螺旋状导管）	
NeuraGen Nerve Guide	
Neurolac Nerve Guides（PLCL 导管）	
NeuroMatrix（牛胶原导管）	
Neuroflex（增强型牛胶原螺纹导管）	
AxoGuard Nerve Protector（脱细胞 SIS 保护套膜）	
NeuroMend（胶原保护套膜）	
Axoguard Nerve Cap（脱细胞 SIS 材料）	
Neurocap（PLCL 材料）	

第六章 神经科修复生物医用材料

续表

产品	实物图
Nerve Tape 神经胶带	
NervAlign Nerve Cuff 神经套膜	
VersaWrap Nerve Protector 神经保护器（膜）	

表 6-11　国内已上市的周围神经修复产品实物图

产品	实物图
去细胞同种异体神经修复材料（神桥）	
益通周围神经修复移植物（壳聚糖内置 PLGA 纤维导管）	
汇福康周围神经套接管	
天新福的人工神经鞘管	
山东隽秀生物的脱细胞基质周围神经修复膜	

2. 国内外周围神经修复材料和制造技术进展

国内外开展神经损伤修复的研究单位很多，每年发表的文章浩如烟海。归纳起来，采用的原材料除了传统的 PLA、PGA、PLGA、PCL、PHAs，以及胶原、壳聚糖、明胶、蚕丝蛋白等，与神经组织模量相近的可吸收弹性材料和水凝胶材料近几年受到重视，如 PGS 类材料是以酯键共价交联的热固性弹性材料，首先由 Wang Y D 在 2002 年作为模拟细胞外基质的亲水性弹性体合成出来，参加聚合的单体甘油和癸二酸是天然代谢物，甘油是油脂的基本构成，癸二酸是在 ω-氧化中长链脂肪酸的天然介质。PGS 可通过编制制成神经导管，其表面经过涂层后用于体内，研究表明其具有比 PLA、PCL 等脂肪族聚酯更好的生物相容性和力学顺应性，但 PGS 类聚合物仍有需要改善强度低、保水性差、降解速率过快等问题，并需要在细胞毒性和机械性能及匹配软组织的非线性弹性之间取得平衡。同类还有可降解弹性体聚柠檬酸酯 PDC，它由无毒的柠檬酸和二元醇聚合而得，PDC 满足周围神经再生过程中对材料弹性的需求，因此该类材料也被用作周围神经再生的新材料。已有的研究表明，利用 PDC 材料能构建出多个内部纵向通道及模仿天然神经内膜微管结构和神经外膜结构的支架材料，该类多通道管道的力学强度为 (2.83±0.24) MPa，断裂伸长率为 259.60%±21.49%，能满足周围神经的力学性能要求。

在众多天然材料里，来源于动物组织的脱细胞基质（decellularized extracellular matrix，dECM）支架和水凝胶是离临床转化最近的一类材料。相比于单一组分的天然材料，脱细胞基质材料极大程度地保留了天然组织的细胞外基质成分，包括大量的蛋白质、多糖及各种活性因子等，因此具有很高的生物活性。中山大学团队采用来源丰富的猪神经进行脱细胞处理，并经过酶消化等步骤制备成去细胞神经基质水凝胶（porcine decellularized nerve matrix hydrogel，pDNM-G）保留了大部分活性物质，该水凝胶具有温敏性，能在体温 37 ℃下发生溶胶-凝胶转变，并能方便地负载生长因子、细胞等，具有很高的生物活性。与脱细胞神经支架相比，具有更好的可加工性，如相分离、3D 打印和静电纺丝制备出各种样式、形貌的导管支架，呈现出良好的临床应用前景。

近些年，导电材料包括导电水凝胶、不同生长因子多模态/梯度缓释材料、不同来源的细胞或外泌体等活性材料均在引导神经再生方面获得重视和研究，但活性材料的功能验证及转化可能等审批将更为严格，这方面的研究报道很多，但是负载活性物质的产品归属药械产品，目前还未被批准用于临床。

除材料组分和活性因子外，周围神经的修复还严重依赖移植体灵活的结构设计。周围神经由细胞外膜、细胞内膜和神经束组成，呈多级脉管结构，且每条神经束的走向并不是固定不变的，因此如何引导神经轴突定向延伸，如何区分感觉神经和运动神经，如何构建功能性的分叉神经移植体，以及如何在神经再生过程中保障血运等营养物质等都面临诸多挑战。

许多研究通过引入内部结构（纤维或通道）来引导再生轴突通过，不同的天然（COL-1、CS、HA 和丝蛋白）和合成聚合物材料（PGA、PCL、PLGA 和 PLA）用于制造神经引导导管（NGCs），使用多种制造技术，包括静电纺丝，薄膜卷曲，注塑成型，同轴挤压和浸涂（表 6-12）。然而，这些方法无法帮助获得不同的 NGCs 需求。在当今世界，3D 打印技术在神经组织再生领域已经引起极大的兴趣，可以开发功能化的神经修复支架，模仿神经解剖复杂结构，具有高分辨率、独特的可定制性和可扩展性（表 6-13）。各种 3D 打印技术可以设计多种多样的 NGCs，包括分支导管、空心导管和具有多个微通道的导管，以及原位在体打印，如图 6-3 所示。

表 6-12 传统的周围神经制造技术

材料总体设计	间隙模型和长度	最小尺寸
浸涂 天然与合成材料 单腔和多腔	鼠坐骨（3~20 mm） 犬（10~80 mm）	厚度：170 μm，内径：1.4 mm 依据模具尺寸及浸涂厚度
静电纺丝 天然与合成材料 单腔	鼠坐骨（8~30 mm） 兔胫骨（20 mm） 犬坐骨（30 mm）	纤维直径：520 nm 依据溶液黏度和电纺电压
模具成型 天然与合成材料 单腔	鼠坐骨（10~30 mm） 犬（30~60 mm）	厚度：100 μm 内部直径：1.5 mm 依据模具尺寸变化
膜/板材卷曲 天然与合成材料 单腔	鼠坐骨（10 mm） 兔喉（10~40 mm） 犬坐骨（35 mm）	厚度：60 μm 直径：5 mm 依据基质材料厚度而变化
自体移植物 静脉，中枢/颈/坐骨神经，表皮，筋膜	鼠坐骨（10 mm） 兔坐骨（25 mm） 人（40 mm）	依据材料而变化

续表

材料总体设计	间隙模型和长度	最小尺寸
同种异体移植 肠、膀胱、静脉、肌肉	鼠坐骨（10 mm） 兔坐骨（25 mm）	依据材料而变化
美国 FDA 批准 天然与合成材料 单腔	人类/临床 Neurotube （20～40 mm） Neuragen（20～30 mm） Neuroflex（25 mm）	内径：（1.5～8 mm） 外径：（1.5～10 mm）

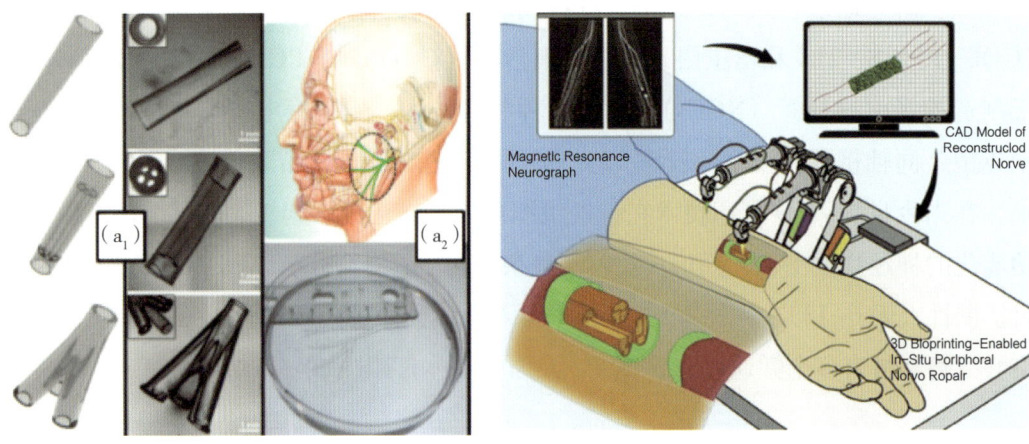

图 6-3　3D 打印空心导管、多通道导管及分支导管（左），在体打印神经移植体

表 6-13　3D 打印和 3D 生物打印神经导管（NGCs）

	材料总体设计		间隙模型与长度	最大分辨率
3D 打印 NGCs	立体印刷	天然，合成 单通道，多通道	大鼠坐骨神经（10 mm）	250 μm（激光束） 2～20 μm（微印刷）
	喷墨	天然，合成 单通道	大鼠坐骨神经（10 mm）	85 μm（液滴）
	挤出	天然，合成 单通道，多通道，分叉	大鼠坐骨神经（10 mm）	100 μm（喷嘴直径）
	间接打印	天然，合成 单通道，多通道，分叉	大鼠坐骨神经（10 mm）	150 μm（模具特征）
3D 生物打 印 NGCs	微挤压	天然，合成 单通道，多通道，分叉	大鼠坐骨神经（3～10 mm）	250 μm（喷嘴直径）
	间接打印	天然，合成 单通道，多通道，分叉	大鼠坐骨神经（10 mm） 大鼠胫骨神经（10 mm）	

三、脊髓损伤修复材料

脊髓损伤包括不完全性的脊髓损害和脊髓的横贯性损害。不完全性的脊髓损害损伤脊髓的前角，出现相应节段的肌肉的萎缩，腱反射的消失等；也可出现脊髓的半侧损害，损伤同侧的运动功能障碍，损伤对侧的痛温觉障碍等。脊髓横贯性损害表现为脊髓受损的节段以下肢体完全瘫痪。所以不完全性脊髓损害损伤部分的功能，完全性的横贯性的损害就是运动、感觉、括约肌这些功能完全丧失。

SCI 后脊髓破坏的病理学变化主要表现为两个阶段：①受损初期的原发性损伤阶段，由于压缩和剪切应力的作用导致大量神经细胞，特别是神经元及其轴突出现功能性障碍和死亡。②继发性损伤阶段，又称二次脊髓损伤，主要表现为损伤区域微环境的持续恶化，包括局部缺血、自由基和氧化应激、炎症反应等，导致神经回路难以重新接续。

SCI 治疗的靶点包括促进神经（轴突）再生与组织修复，激活再生和（或）残存的神经环路，重建脑对躯体的功能性支配。①促进神经（轴突）再生：成年哺乳动物的绝大多数中枢神经纤维（轴突）损伤后不能再生，主要有两方面抑制因素。一是神经细胞缺乏内在的再生能力；二是损伤区域会有瘢痕组织的形成。②组织修复：除了提高神经元自身的生长能力，加速受损组织修复也能促进神经再生。通过移植各种神经元、神经胶质细胞和（或）凝胶材料等增强中枢神经系统组织修复能力、促进炎症消退并降低瘢痕组织形成，从而实现更多的神经再生。③重新激活沉默的神经环路：约 90% 脊髓损伤患者的患处并非全横断，在受损的脊髓节段上，往往会残存一些未断开的神经纤维。通过原位缓释生长因子、基因或小分子药物，重建损伤区附近神经元的兴奋－抑制平衡，唤醒脑－脊髓固有神经－运动神经环路，实现运动功能恢复。

依据损伤的模型、脊髓损伤处于不同的阶段及治疗的靶点，分别采用可注射水凝胶、三维多孔支架、微纳载体及膜进行修复，上述材料可负载或不负载细胞、生长因子、基因及小分子药物进行治疗。

1. 可注射成型水凝胶

脑和脊髓是高含水的软组织，目前研究的神经修复材料大多比脑和脊髓硬，有些移植到体内后会进一步膨胀，会挤压宿主组织造成损害。并且，临床上中枢神经损伤大多是由撞击造成的不完全断裂，所产生的伤口不规则，移植预制成型支架难以与宿主有效融合。如何获得与脑脊髓组织具有高度生物适配性的生物材料是中枢神经再生修复亟待解决的难题。可注射水凝胶材料能够在损伤部位发生溶液-凝胶转换，完全填充空缺并获得优异的移植物-宿主界面，其粘弹性能可通过控制水凝胶交联密度调节，在中枢神经损伤修复中优势明显。

组织来源的脱细胞基质水凝胶（decellularized extracellular matrix hydrogel，dECM-G）是一种天然活性生物材料，具有近似于细胞外基质的纳米纤维网络结构，能在37℃左右快速成胶，可用于损伤部位的注射式原位修复治疗。此外，dECM-G较好地保留了原组织细胞外基质的蛋白成分和活性因子，具有较高的生物活性和组织特异性，是干细胞移植的理想载体材料，近年来成为软组织修复或组织替代疗法的研究热点。目前，多种来源的dECM-G已被广泛应用于组织工程和再生医学的研究，其中几种已应用于临床试验中。中山大学团队利用脊髓来源的脱细胞基质水凝胶（decellularized spinal cord matrix hydrogel，DSCM-G）包埋NSPCs进行三维培养，发现DSCM-G能够有效促进NSPCs的增殖、迁移与神经元向分化，提示其在促进脊髓灰质再生方面具有极大潜力（图6-4）。将DSCM-G植入大鼠脊髓全横断模型，结果显示DSCM-G可有效募集内源性NSPCs至损伤区域参与组织修复，在植入四周内观察到运动功能的恢复。生物信息学分析和生物化学验证进一步表明，与COLI水凝胶相比，DSCM水凝胶能促进星形胶质细胞（ASCs）表达上皮-间充质转变（EMT）相关基因，抑制ASCs的成熟相关基因的表达；还能降低ASCs对TNFα刺激的响应，减少可能发生的炎症反应；DSCM水凝胶能显著增加内皮细胞紧密连接相关基因的表达水平，降低渗透性。由于DSCM-G保留了脊髓的细胞外基质活性成分和细胞因子，既是对脊髓组织的"成分"仿生，又可实现SCI后组织再生修复中的"功能"仿生，认为DSCM-G是修复脊髓灰质的理想材料。

来源于组织的水凝胶还包括细胞外基质中的单组分，如胶原、透明质酸、明胶等水凝胶，这类水凝胶成分单一，大多是作为各种因子、基因或小分子药物的载体材料用于SCI。

短肽自组装水凝胶是一种新型的软物质材料，它由短肽通过自组装形成，具有生物活性和生物相容性高、易于设计与合成，以及对外部刺激能快速响应等优点，是最早用于SCI修复的一类活性水凝胶材料。中山大学团队开发了一类功能短肽，注射至体内可原位自组装形成纳米纤维水凝胶，特异性促进轴突生长的功能氨基酸

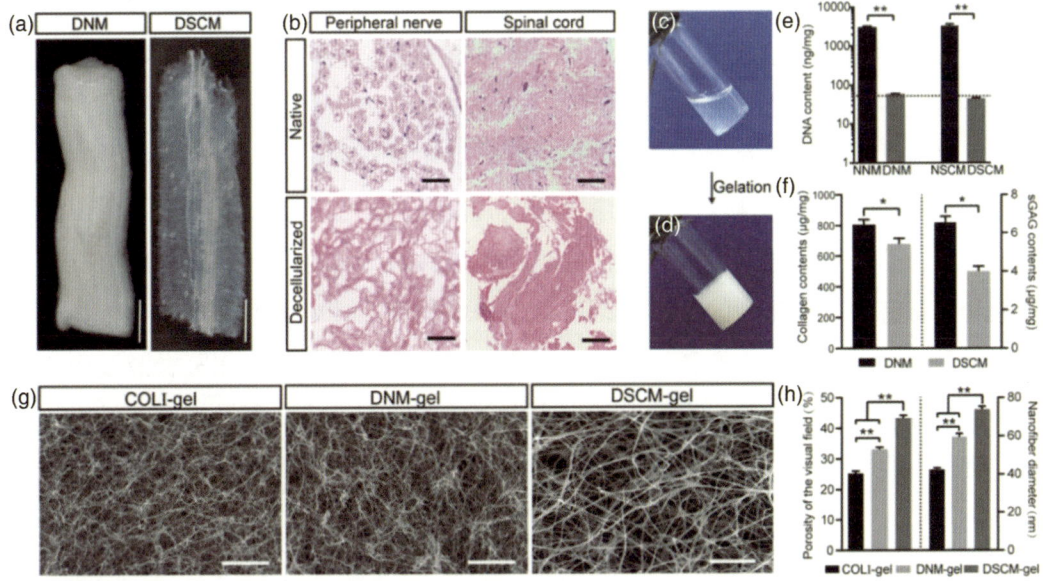

(a) 脱细胞周围神经基质（DNM）和脱细胞脊髓基质（DSCM）；(b) 脱细胞过程前后 H&E 染色结果对比；(c) 脱细胞基质溶胶经凝胶－溶胶转变形成；(d) 脱细胞基质水凝胶；(e) I 型胶原（COLI-gel）、DNM-G 和 DSCM-G 的扫描电镜照片对比

图 6-4　脱细胞材料制备与性能

序列呈现在纳米纤维表面，在脑损伤和脊髓损伤修复中均证明可有效促进神经再生。这种短肽分子原位注射形成的水凝胶能够与宿主脊髓紧密结合，与预制成型的三维支架相比，更有利于支持轴突生长和跨过移植/植入物－宿主界面。短肽结构明确，易于转化，极具临床转化前景；缓释生长因子和小分子药物姜黄素，在神经再生过程中保持结构完整性和生物力学的稳定性，增强轴突再生和髓鞘化，促进功能恢复。

2. 三维支架

理想的神经修复材料应具有包括良好的生物相容性、与神经组织相匹配的生物力学性能，以及优异的生物化学活性等多种优势，帮助生物材料模拟体内组织的原生细胞外基质，促进神经轴突生长和细胞黏附、增殖、迁移和生存。周围神经、去细胞肌管、血管及胚胎神经组织等作为移植物保留了细胞外基质的有效成分和整体的结构完整，能够诱导轴突向移植物再生和延伸，在中枢神经损伤修复中取得了良好的修复效果。同时，一系列天然材料如明胶、胶原、海藻酸盐、壳聚糖，透明质酸、脱细胞基质和合成材料如聚乳酸、聚乙醇酸、乳酸-乙醇酸共聚物、聚ε-己内酯共聚物等被加工成三维支架、单/多通道导管，能够很好地改善损伤环境，增强神经再生能力，进而促进损伤修复。

中国科学院遗传与发育生物学研究所团队研发的胶原支架NeuroRegen，具有有序排列微结构，可引导神经纤维有序生长。其设计思路鉴于脊髓上下行神经纤维具有有序生长的特点，理想的脊髓损伤修复材料应具有导向性。神经再生胶原支架在结构上具有有序平行排列的微结构，可以在一定程度上替代细胞外基质成分为受损的神经元轴突再生提供支撑和引导。同时具有一定的力学弹性，在脑脊液浸泡条件下可较好地伸展，植入体内后可以减少损伤部位的空洞形成，引导神经纤维沿支架的方向有序延伸（图6-5）。

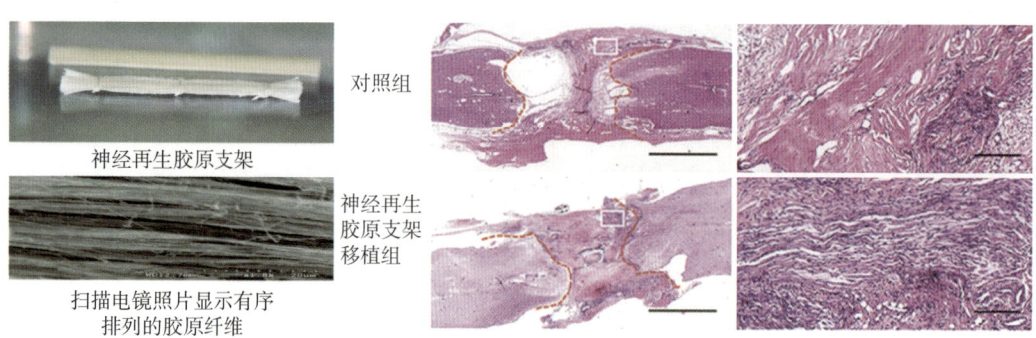

图6-5 神经再生胶原支架组织学

（注：组织学HE染色显示神经再生胶原支架植入减少空洞面积，引导神经纤维沿支架方向有序延伸。左侧标尺4 mm，右侧标尺200 μm）

这种取向排列的胶原支架具有如下特点：①组成成分为胶原蛋白，具有良好的生物相容性；②具有有序排列微结构，可引导神经纤维有序生长；③具有脊髓部位适宜降解特性，可显著抑制瘢痕形成；④可与多种信号分子和干细胞联合重建脊髓再生微环境，神经再生胶原支架通过特异性结合多种具有胶原结合能力的生长因子（CBD-BDNF、CBD-NT3、CBD-bFGF、CBD-VEGF等）、具有胶原结合能力EGFR抗体（CBD-EGFR-Fab）、神经黏附分子N-钙黏蛋白（N-cadherin），以及治疗药物（Taxol、Cetuximab）等，防止这些活性分子在脊髓脑脊液中扩散，提高局部治疗浓度，实现可控长效释放；⑤实现大段缺损全横断脊髓损伤动物神经功能恢复。团队提出，挫伤、压迫伤、半横断和完全横断损伤动物模型等多种类型的脊髓损伤动物模型应用于脊髓损伤修复研究,但挫伤、压迫损伤、半横断损伤等一个显著的缺点是其在损伤周边留下不同程度的完整组织,损伤常常是不完全的。有研究表明,即使不到5%的周围白质残留,都可导致残存组织出芽再生引起明显的自发运动功能修复,这为判断脊髓损伤修复效果带来了干扰。而完全横断损伤切断了上下行纤维束,排除了残存正常组织的干扰,被认为是研究神经再生和运动功能恢复机制最合适的模型。通过建立大段缺损全横断脊髓损伤模型,在多批次大鼠、犬和猴的全横断脊髓损伤实验证实,神经再生胶原支架与神经营养因子、再生抑制因子的拮抗剂或干细胞结合能有效促进损伤部位的神经再生和运动功能的恢复。明确了神经再生的机理是脊髓损伤激活的大量内源神经干细胞迁移到损伤部位,并分化神经元形成神经桥接(图6-6)。

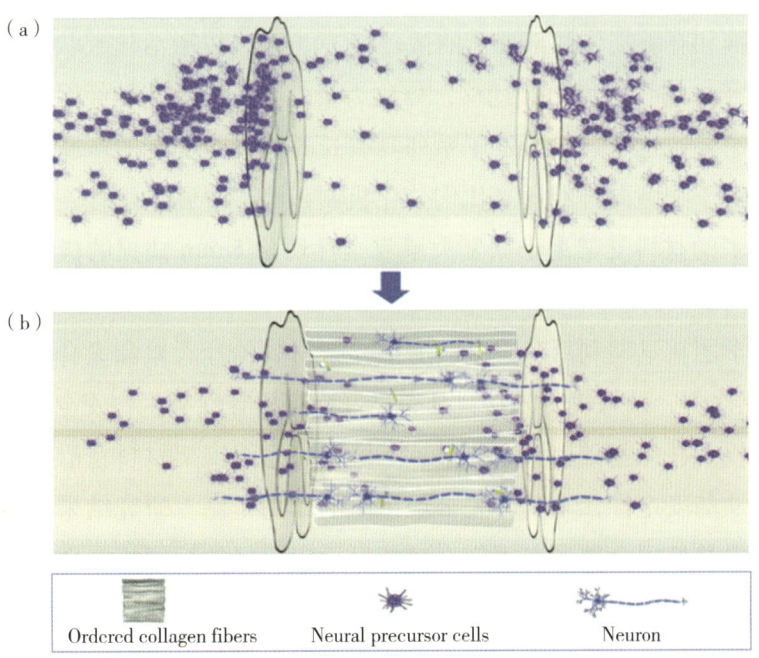

图6-6 神经再生胶原支架调控神经干细胞分化为神经元重建神经环路

首都医科大学团队长期致力于运用生物活性材料改善损伤局部的微环境促进成年内源性神经发生以修复中枢神经系统(脊髓、脑及视神经)损伤的研究。团队自主研发了一系列能缓释神经营养因子的生物活性壳聚糖支架(分别载有NT3、NGF、bFGF及CNTF),通过体外细胞培养实验评价了不同生物活性材料支架的细胞相容性，对干细胞增殖、神经元向分化和迁移的影响，以及对不同蛋白类神经营养因子的控释动力学等，并进一步结合单细胞测序技术揭示了载有不同神经营养因子的生物活性材料对干细胞向不同类型的神经元分化的作用机制。团队将载有不同神经营养因子的生物活性材料分别植入成年啮齿类及非人灵长类的脊髓损伤、脑损伤、脑卒中及视神经损伤的动物模型的损伤区，生物活性材料支架不仅能改善损伤局部的微环境－促进血管生成、抑制炎症，阻止瘢痕浸润等，还能大量激活内源性的神经干细胞，募集其迁移至损伤区分化为神经元，新生的神经元与宿主重建功能性神经环路最终导致相应功能障碍的改善。这在一定程度上解决了中枢神经系统再生领域的难题。此系列研究方法的创新性在于避免了免疫排斥、伦理纠纷和肿瘤形成的风险，具有较高的临床转化价值。

团队在国际上首次提出了成年哺乳类"内源性干细胞孵化学说"，即通过改善成年哺乳类的脑和脊髓损伤局部恶劣的微环境－土壤，以激活休眠状态的内源性神经干细胞－种子，诱导其增殖、迁移、分化为新生神经元重建神经网络修复中枢神经系统损伤。主要特色有：①研发了系列具有长时程控释功能的多肽释放体系，并揭示其诱导神经干细胞向神经元高比例分化机制；②"脊髓重建管"修复完全性脊髓损伤，优化了的材料支架用于修复大鼠完全性切除 5 mm 缺损的极端模型，全基因转录组分析阐明机制。

中山大学团队早期利用三维明胶海绵支架材料治疗大鼠和犬脊髓损伤共发表了数 10 篇研究论文，结果表明该材料具有良好组织相容性与生物安全性，并获得国家发明专利授权。在此基础上深入探索了三维明胶海绵支架材料在治疗食蟹猴脊髓损伤中的相容性与安全性，及其修复神经组织的作用机制。研究结果显示，三维明胶海绵支架材料移植到食蟹猴受损伤脊髓处显示出良好的组织相容性和治疗效果。组织学分析发现有数量众多的组织细胞迁移到植入三维明胶海绵支架材料中，并分泌丰富的细胞外基质，在受损伤脊髓中形成促再生微环境，增强神经组织再生。尤其值得注意的是，在非人灵长类动物猴脊髓的受损伤后，处于急性期损伤区呈现的炎症诱发软脊膜和血管周围的成纤维细胞转分化为肌成纤维细胞形成纤维瘢痕组织。这种组织对其分布在脊髓损伤区界面起到一种收缩压迫的机械力作用，会造成残存的神经组织萎缩和退行性变。然而，在损伤区植入三维明胶海绵支架材料可抵抗损伤 / 移植区界面处平滑肌肌动蛋白（α-SMA）阳性肌成纤维细胞的入侵。从而阻断纤维瘢痕的形成，及其对损伤区残留神经组织的挤压。因此，该研究提示，对早期有坏死组织或液化空洞的脊髓损伤区实施减压清创术后，可移植入力学性能匹配的生物材料如三维明胶海绵支架材料等，达到减轻炎症刺激成纤维细胞，替代肌成纤维细胞来稳定脊髓损伤区的界面的目的，从而避免因形成的纤维瘢痕收缩压迫邻近残存神经纤维束路而导致神经信息传递障碍，为上、下行神经通路的传导功能修复创造有利的条件。

清华大学团队提出了基于生物材料的多模态组织工程策略，即开发具有多模态细胞调控信号"All-in-One"集成式的生物活性材料为核心任务，使其发挥多信号协同增效作用，促进神经组织再生修复和功能重建。团队依据仿生思路设计并筛选细胞调控信号，包括模拟天然神经再生修复过程中形成的纤维蛋白条索成分，神经细胞外基质低弹性模量、神经纤维多级取向结构、神经再生过程中的神经血管龛、干细胞募集/归巢/黏附调节信号等，以及针对神经系统电信号传导功能，整合磁电响应信号，实现多模态信号协同作用。基于此，该团队开发了一系列具有促血管和神经营养活性、干细胞功能调节的多级定向纳米纤维水凝胶材料。利用液体电纺丝技术和分子自组装技术制备了多级定向的纳米纤维蛋白水凝胶（AFG），其具有仿生天然神经组织的定向结构和软的基质力学特性，可以协同调控干细胞的定向迁移和神经分化，神经突触的快速生长等。将 AFG 和导电纳米材料、磁性纳米材料复合，具有良好的导电性和磁响应特性，加速神经再生修复。采用功能化自组装多肽（fSAP）水凝胶原位递送生物活性信号，包括血管内皮生长因子、脑源生长因子、神经生长因子和细胞外基质的功能片段等，构建了适宜的神经血管微环境。将 AFG 和 fSAP 结合获得的互穿网络纳米纤维水凝胶，同时传递生物物理（定向结构、纳米纤维、低弹性）和生物化学（生长因子/细胞外基质功能片段）调节信号（图 6-7、图 6-8）。复合水凝胶在体外和体内协同促进了神经元细胞和血管内皮细胞之间的相互作用。大鼠坐骨神经缺损模型、大鼠脊髓缺损模型、比格犬脊髓缺损模型、大鼠大脑皮层缺损模型和食蟹猴脊髓半横断损伤模型等用于评估水凝胶在神经再生和修复中的作用。结果表明，复合纳米纤维水凝胶可通过多信号的协同作用，更好地促进外源性和内源性干细胞的募集、迁移和神经分化，轴突的快速生长，调控损伤区域免疫微环境，促进血管化和神经组织再生，加速运动功能的恢复。相关研究表明，基于生物材料的多模态组织工程策略对神经再生修复和功能重建效果显著，具有巨大的临床应用前景。

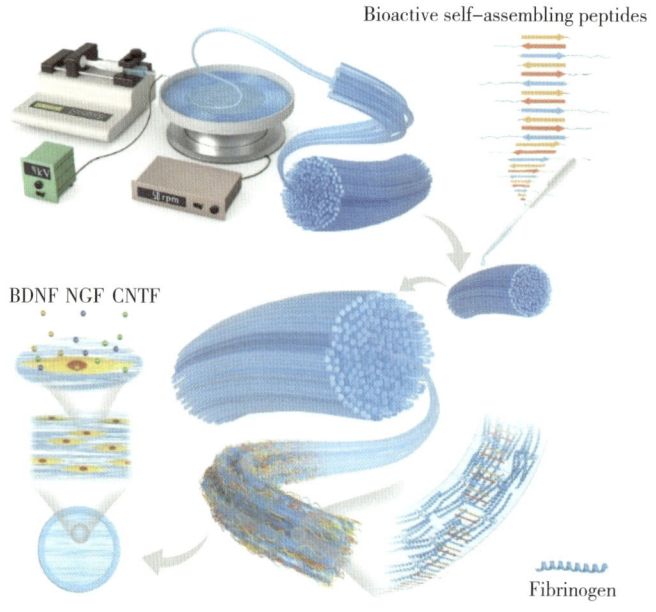

图 6-7 AFG 和功能化自组装多肽互穿网络水凝胶

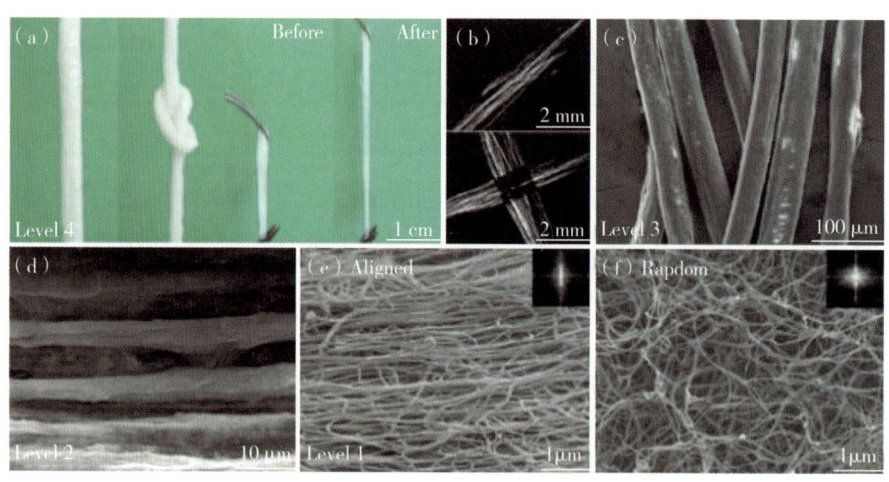

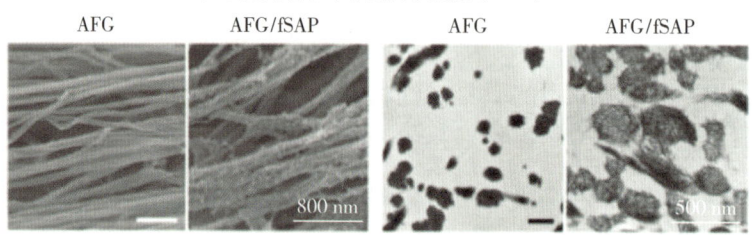

图 6-8 多级定向纳米纤维蛋白和自组装多肽互穿网络水凝胶

3. 微载体（微凝胶）

细胞移植在临床治疗中是一种具有巨大潜力的策略，微凝胶负载细胞可在体外实现细胞的大批量扩增，同时微凝胶负载细胞移植也是一种重要的细胞移植方式。

细胞移植中自体细胞是最佳的细胞来源，但从体内捕获的自体细胞的数量往往有限，而患者往往需要数目众多的细胞，已有研究表明每个患者每千克体重需要数千万到数十亿的干细胞，因此如何在细胞移植之前实现细胞的体外快速扩增是亟待解决的问题。传统的培养瓶二维表面通常需要很大的培养空间和很高的培养成本，高比面积微凝胶的应用极大地缩减了体外扩增大批量细胞所需的培养空间，节省了细胞体外扩增所需的时间与成本。同时微凝胶在细胞培养中的应用可免除细胞从培养瓶表面剥离的步骤，避免多次酶消化传代步骤对细胞活力的削弱。

此外，由可降解材料组成的微凝胶可作为细胞或活性功能分子的运输载体直接注射回体内，不仅可简化细胞移植的步骤，还可延长细胞在移植宿主体内发挥作用的时间，这对于细胞的活力保持是相当有利的。虽然细胞治疗已广泛应用于各种组织器官的修复，但细胞直接注射往往导致细胞在损伤部位的低滞留，同时注射的细胞可能受到机械剪切力的破坏，在移植期间或移植后不久，移植的细胞在体内会迅速分散，甚至因为失巢凋亡效应而流失，这严重阻碍了细胞移植治疗的发展和临床转化。采用微凝胶负载细胞用于细胞移植治疗，可延长移植细胞在损伤部位的滞留时间，减少移植过程的剪切力对细胞的损伤，表面修饰特殊功能基团的微凝胶包裹的细胞还可实现细胞对宿主免疫系统的逃逸，因此微凝胶负载细胞对于细胞移植治疗具有重要意义。

微凝胶的突出优势可归结为以下3点：①微凝胶扩增细胞相比传统的培养瓶二维表面，节省了很大的培养空间和很高的培养成本；②微凝胶负载细胞移植可在移植过程中更大程度保证细胞的活力；③微凝胶提供的三维、可调节的微环境可在体外更好地实现定向分化。

能用来制作微凝胶的材料包括透明质酸、胶原、壳聚糖、明胶、海藻酸盐等，制备微凝胶的技术包括传统的乳化法、粉碎法、微模具法、静电微滴法、3D打印技术、微流控等。微流控技术的灵活性表现为芯片的可设计性和微载体形貌的可控性，微流控装置可根据微载体所需产量、尺寸、几何形状或生物化学和机械性能进行灵活调整设计。

中山大学团队采用周围神经脱细胞基质，通过微流控技术制备出能够维持 dECM 水凝胶的纳米纤维结构，具有良好的溶胀性能、稳定性能、机械强度及载药能力微凝胶（pDNM-MG）。体外孵化研究显示，pDNM-MG 可支持 NSPCs 活跃增殖。此外，背根神经节（DRG）打散细胞粘附在 pDNM-MG 上也显示出施万细胞铺展及神经轴突再生能力。微载体 3 个突出的优势如图 6-9 所示。

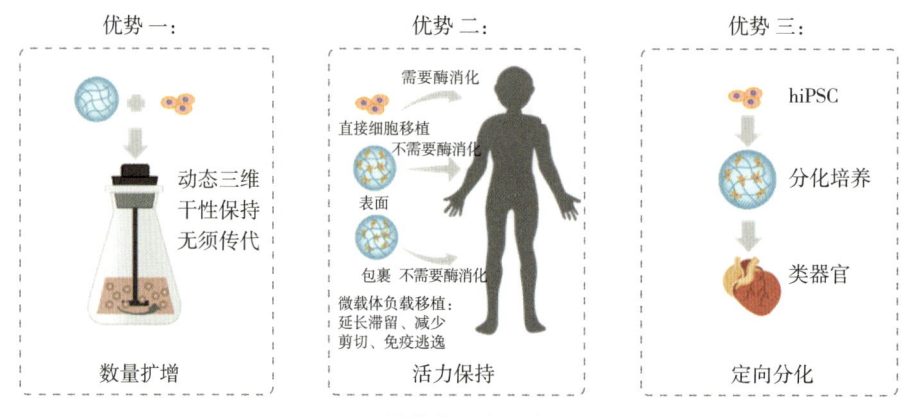

图 6-9 微载体 3 个突出的优势

在此基础上，该团队还通过微流控技术制备了一种包埋细胞的脱细胞基质微载体，构建了一种以载细胞 dECM 微凝胶作为分散相，GelMA 作为连续相的复合生物墨水。该墨水具有良好的可打印性，以及较高的打印后细胞存活率，拓展了脱细胞基质作为挤出式生物墨水的应用形式，为微凝胶基生物墨水在细胞打印中的工艺优化提供了新的设计思路及实验依据。同时，使用该模块化生物墨水建立了三维细胞共培养体系，这种模块化生物墨水在脊髓组织工程及再生医学领域具有良好的应用前景（图 6-10）。

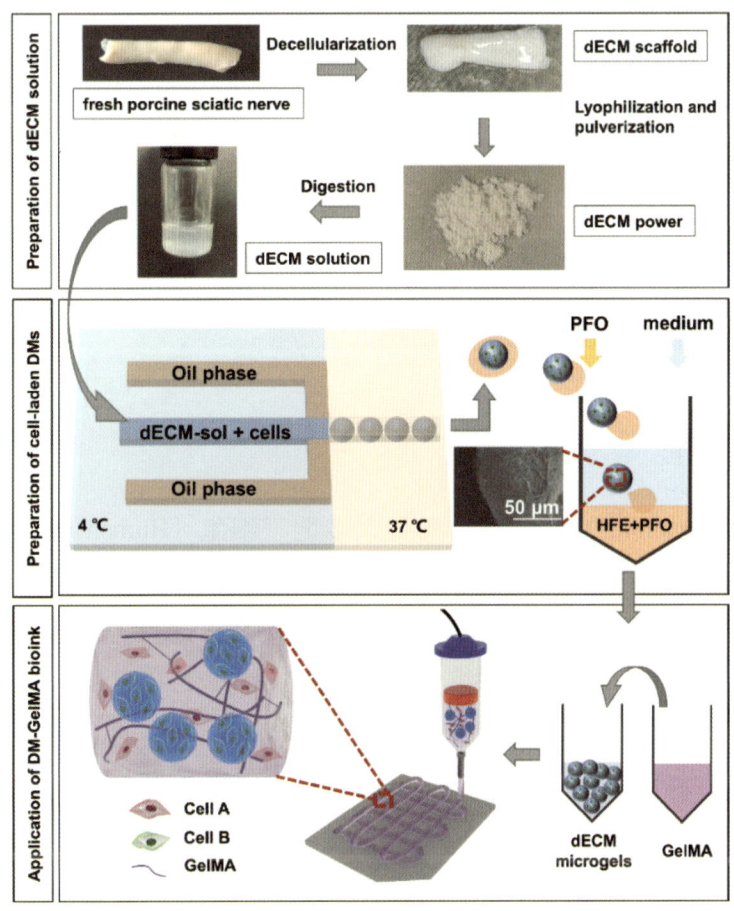

图 6-10 脱细胞基质微凝胶复合明胶生物墨水的制备

第四节 神经科修复生物医用材料前景与展望

从近几年国内外公开报道的研究及国内授权与神经损伤修复相关的发明专利可以看出，神经科修复材料主要朝多功能化方向发展，包括生物活性、导电性和干细胞治疗等功能。神经外科需要免缝合、快速止血和封闭的材料，在发挥隔离封闭等功能的同时实现药物递送和缓释是将来发展的一个重要方向。周围神经更多地是在结构上和生物功能上仿生，为再生神经营造一个微环境，迅速建立血运，引导神经轴突快速从近端向远端迁移，实现粗大或分叉神经损伤修复。目前为止，脊髓损伤修复再生研究中依据生物材料或材料负载生长因子促进内源性再生已经启动临床研究，但从现有报道来看，功能恢复还是有限，可能还需与后期康复训练、电刺激等密切配合实现功能恢复。

神经科修复材料除直接用于损伤后修复再生外，随着细胞生物学、纳米技术、微电子技术等的发展与进步，在研究神经发育、损伤、再生机制，以及神经相关炎症、肿瘤等模型的研究中，由生物材料构建的三维类器官模型将会进一步发挥重要作用。同时，中枢神经系统中纳米载药系统，新的IA、脑机接口及干细胞技术的发展，也为神经损伤修复再生提供了新的契机。

一、类器官

类器官（Organoids）是一种由诱导人多能干细胞（Human Induced Pluripotent Stem cell，hiPSCs）通过细胞间的自组装形成的仿生组织器官模型。与传统的体外细胞培养不同，类器官的形成可以模拟体内组织的发育过程，进而获得与组织或器官高度相似的细胞类型何组织结构。通过类器官的构建，可以研究组织发育、组织稳态及各种病理过程中不同类型细胞间的相互作用和信号传递，进一步了解器官组织的生理功能和病理机制。由于中枢神经系统的高度复杂性，由hiPSCs诱导产生的脑类器官包括各种脑区如皮质、小脑、丘脑、纹状体等类器官，在研究人类大脑发育和神经系统相关疾病方面发挥了重要的作用。例如，由患者自身的细胞诱导产生的特异性大脑类器官，已经阐明了神经发育过程中导致神经发育障碍，如头畸形和自闭症谱系障碍等疾病的缺陷机制。与此同时，脑类器官也可用于模拟胶质母细胞瘤等脑肿瘤的病因和进展，以及药物筛选的开发。此外，hiPSCs诱导的脊髓类器官和运动神经类器官也被相继构建并应用于创伤性神经损伤的修复研究。

近几十年来，类器官培养及其在疾病和发育建模及再生医学中的应用取得了巨大进步，但未来仍然存在需要克服的各种挑战。随着生物材料和工程技术的飞速发展，通过具有特定结构和功能的支架材料对类器官的培养过程进行干预，可以很好地解决目前类器官的应用过程中遇到的各种困难。首先，现有类器官的培养过程大多需要依赖基质胶（matrigel），然而由于基质胶的各种未定义成分，大多数类器官可能会经历不统一的发育过程，导致批次间的差异。这种糟糕的重复性与基质胶潜在的致癌风险，对类器官研究的临床转化性有巨大的影响。因此，现有研究已开始着眼于利用具有生物相容性及生物活性的材料来培养类器官，以寻找基质胶的替代物。例如，由透明质酸钠和壳聚糖制备的复合水凝胶可诱导 hiPSCs 形成脑类器官，在没有额外神经元诱导成分的情况下，大脑类器官能表现出神经管样结构，并表达前脑、中脑和后脑相关的特异性蛋白。动物来源的脱细胞基质水凝胶由于保留了组织内细胞外基质的主要成分，具有组织特异性，有望为类器官形成过程中细胞聚集、扩增和分化提供特异性的化学和机械线索。已有研究表明肾脏组织来源的脱细胞基质水凝胶，不仅可以代替基质胶作为肾类器官的培养基质，使用肾脱细胞基质水凝胶构建的类器官在植入体内后其血管化效果更优，证明了细胞外基质成分在类器官培养和植入中的巨大潜力。因此，为了实现类器官形成的动态调控并发挥其应有的功能，未来的研究需要对生物材料的理化性质如组分、形貌、粘弹性等进行充分的研究和设计，以制备出适用于不同阶段类器官发育，并能特异性诱导类器官发挥功能的先进仿生生物材料。

随着对疾病和发育过程研究的深入，以单一组织或器官构建为主构建的类器官模型，已无法模拟体内真实的多系统互相作用的生理或病理过程。例如，神经系统的自主运动，大脑皮层发起电信号，电信号沿着脊髓传递并激活肌肉产生运动，一旦运动回路的某一节点受到损伤或发生退化，都会导致严重的肢体运动功能障碍。因此，开发由不同种类的类器官相互连接形成多器官联合培养模型，是未来类器官的应用和发展的重要目标。而想要构建这种体外模型，需要各种工程技术如微流控芯片、3D 打印技术等与生物材料相互配合，才能实现多个类器官的精准定位、组装、特异性培养，以及相互交流与作用。这种具有多种类器官相互作用形成的培养模型，将为未来涉及多器官功能障碍的全身性疾病的发病机制和治疗手段的研究提供重要的平台。

二、中枢神经系统的药物递送

在全世界范围内，中枢神经系统（CNS）疾病的发病率不断上升，但 CNS 药物开发仍然极具挑战性。中枢神经系统受到生理屏障的高度保护，特别是血脑屏障和血脑脊液屏障，这限制了绝大多数药物的进入。生物材料可以被设计成绕过或穿越这些屏障，使药物可控递送到中枢神经系统。

中枢神经系统疾病包括癌症（胶质瘤和脑转移）、创伤[创伤性脑损伤（TBI）和脊髓损伤（SCI）]、神经退行性疾病和中风。如创伤性脑损伤（TBI）和脊髓损伤（SCI）的共同主题是神经炎症和继发性损伤。减轻创伤后神经炎症可促进临床前啮齿动物损伤模型的功能改善。炎症是继发性损伤级联的重要组成部分，导致进一步的细胞损伤和死亡。因此，损伤后的前 72 小时似乎是减少炎症的最佳时间窗口。然而，由于副作用，抗炎药物的体内递送具有挑战性。另外，脑中风在国内近几年呈现多发态势，中风除急性干预外，亚急性和慢性期中风也可通过受控药物的释放，促进神经再生或神经可塑性。多种生物学过程限制了中枢神经系统的再生能力，包括神经胶质瘢痕的形成。硫酸软骨素蛋白聚糖是胶质瘢痕的关键组成部分，局部递送软骨素酶 ABC 可以帮助降解这一障碍。基质金属蛋白酶（MMP）也具有治疗价值，它们可以帮助重塑细胞外基质（ECM）。然而，MMP 的递送时机至关重要，它们在急性期可能是有害的，但如果在中风后 1 周内使用，则可以促进恢复。其他策略包括神经保护、通过缓释材料递送生长因子或 miRNA 以促进干细胞的存活和分化。

如何实现中枢神经系统的药物递送，目前的策略包括：全身给药（例如静脉注射）、侵袭性局部给药（如鞘内注射、脑实质内给药）和其他给药途径，如鼻内和外周给药。

①静脉注射为药物进入大脑提供了一个微创的机会，但这需要通过血脑屏障。血脑屏障的存在，导致超过 98% 的分子量＜500 Da 的小分子和几乎 100% 的分子量＞500 Da 的分子无法通过系统给药进入大脑。a. 利用递送和穿越血脑屏障的蛋白质靶点，设计合成制剂通过大脑内皮胞吞作用实现药物递送。b. 生物载体递送：临床中容易获取的红细胞可以用作向大脑进行药物递送的载体，细胞外囊泡、外泌体同样也是。生物载体是一种有吸引力的将药物递送到大脑的方法。c. 暂时破坏血脑屏障：局部中断血脑屏障，可以通过利用先天的、非破坏性的途径来操纵血脑屏障，也可以通过短暂破坏血脑屏障来实现跨血管药物递送。

②侵袭性局部递送，在恶性肿瘤切除、蛛网膜下隙出血、帕金森病或创伤性损伤治疗的手术干预中，局部或非全身给药途径通常是侵入性的。例如，缓释晶片、水凝胶支架、聚合物薄膜、微球或纳米颗粒可以直接植入大脑实质内。给药途径包括脑实质注射给药和鞘内给药到脑脊液。尽管由于大量存在的生物屏障，生物制剂的递送很困难，但这些限制可以通过适当设计生物材料的尺寸、电荷和形状来克服。例如，智能、刺激响应的生物材料或储存递送的聚合物配方可以用来改善治疗中枢神经系统疾病的药物的吸收和药代动力学。

③鼻内和外周递送。通过鼻上皮给药为进入中枢神经系统提供了两条途径。亲脂性药物和生物制剂可通过鼻上皮渗漏进入大脑和脑脊液,或沿嗅觉和三叉神经轴突通过跨神经元通路转运。因此,与全身或局部给药相比,鼻内给药易于使用,减少全身暴露,具有更快的药物起效和更大的生物利用度。肌内注射后也可通过神经轴突从外周到脊髓和大脑的逆行运输实现中枢神经系统的递送。在啮齿类动物和非人灵长类动物中已经证实了通过肌内注射和逆行运输将病毒和非病毒生物材料递送到中枢神经系统。

由于血脑屏障的存在,向中枢神经系统递送药物在技术和临床上仍然具有挑战性。而且,临床前研究的成功与进入人体临床试验的少数药物递送系统之间存在脱节,特别是人类病理的复杂性和多样性。哺乳动物模型只能部分模拟人类药物递送载体所面临的生物屏障,体外培养不具有复杂的多细胞网络或细胞外基质(ECM)微环境。因此,研究能够介导整个中枢神经系统递送的材料以提高递送效率、增加突破血脑屏障递送和远端目标组织渗透的作用是一个重要的发展方向。利用转铁蛋白受体、脂蛋白受体和胆碱转运体在动物模型中成功演示了中枢神经系统药物递送,包括用于脑癌等应用的全身注射。鼻内PLGA给药方式有望用于神经退行性疾病例如阿尔茨海默病(AD)和帕金森病(PD)的治疗。鞘内途径已被证明可用于中枢神经系统递送DNA、siRNA或纳米颗粒复合物。非侵入性方法通过全身给药进入大脑,特别是对于生物药物,将改变需要反复给药的神经退行性疾病和转移性脑癌的治疗。近年来,抗体和纳米颗粒工程及聚焦超声介导的递送取得了实质性进展。但也还需要进一步提高向中枢神经系统的递送效率,以免疾病病理恶化。

三、脑机接口界面材料

脑机接口的创新与发展,可能会改变通过再生修复神经损伤的策略,特别对于中枢神经、粗大长段周围神经缺损的连接尤为重要。

材料和结构的创新是推动神经接口进步的两个关键因素。在该领域的早期阶段,所选择的电极材料通常由金属制成,如铱、钨和不锈钢。然而,由于金属诱导的免疫排斥反应和高侵袭性,金属微探针难以支持大规模神经记录和多点采集,限制了其在医学上的应用。为了减少电极植入造成的组织损伤,具有比金属更低模量的无机材料(如硅和碳)已被成功地用作微探针,用于密歇根电极和犹他电极等系统。由于大脑表面是不规则的、潮湿的和动态的,而传统的电极是刚性的、干燥的和静态的,因此在电极和大脑之间建立可靠的界面往往是困难的,而且实施起来不可避免地会损伤脑组织。为了克服这个问题,已经证明了在神经界面上创建电极和神经系统无缝集成的技术,该方法可以获得具有高信噪比(SNR)和长时间可靠电极性能的信号。

具体来说,这种新方法依赖于高度灵活、柔软、生物相容性好和易于制造的神经接口的发展。生物活性聚合物已被认为是刚性材料的替代品。首先,聚合物材料可以克服金属在柔韧性方面的弱点,它们可以紧密地贴合在不规则的表面上,并在没有任何后处理的情况下创建共形界面(conformal interfaces)。生物活性聚合物的柔软特性还可以减少正常动物活动对组织和电极的损伤,从而延长有效记录时间。其次,生物活性聚合物具有良好的生物相容性和生物活性。最后,生物活性聚合物易于加工的能力和可定制的特性使开发具有不同类型和结构设计的神经接口成为可能。

在各种电极中,基于生物活性聚合物的神经接口在脑电图信号记录方面表现出独特的优势。①生物活性聚合物衬底可以实现高通道电极的大面积集成,从而能够同时收集大脑多个区域的脑皮层电图(ECoG)信号。②高分子材料提供的神经电极具有极高的柔韧性,可以与弯曲的皮质表面,特别是大脑沟产生共形接触。这种共形接触不但保证了神经信号的高信噪比,而且减少了皮层组织表面运动引起的组织损伤。③生物活性聚合物作为基底或涂层可以提高神经电极的工作效率,因为良好的神经电极生物相容性对于维持神经元活性检测同时抑制胶质细胞形成至关重要。④在基于物理的沉积策略中,全金属导电层与基底之间的相互作用往往不够稳定,在生物活性聚合物基底表面集成非金属导电层(如导电聚合物)相对容易(加工)。由于神经电极长期浸泡在含有各种阴离子的潮湿环境中,非金属神经界面可以抵抗侵蚀并保持其电稳定性(如阻抗、电导率和绝缘)。最重要的是,神经接口性能的长期稳定是ECoG信号监测用于人机交互和相应疾病治疗应用的重要前提。

在开发可行的聚合物基电极时,材料的生物相容性并不是唯一要考虑的因素,还有其他要素要考虑。如提高电极对目标神经元的亲和力,减少电极周围不需要的神经细胞(如神经胶质细胞)的黏附和增殖。美国佐治亚理工学院等多家单位的一个研究小组提出了一种柔性生物兼容脑植入装置,研究小组采用脑组织的细胞外基质(ECM)和抗炎症药物涂在电极表面,能很好地解决生物兼容性问题,并能促进神经再生、增强神经元和接口间的连接性。这些ECM分子还能调节免疫反应，减少发炎和神经胶质瘢痕的形成。其他改进生物相容性的方法包括，在聚合物底物或导电层表面引入活性肽序列和非特异性黏附分子（如低分子量PEG），是增强记录神经元的活性和记录信号质量的可行而有效的策略。对于植入电极，还应仔细考虑界面阻抗、信号转导和长期电稳定性问题。例如，组织通过离子传递生物电信号，而金属通过电子传递电荷。因此，在电极－组织界面的转导机制是一个离子到电子的转换过程；反之，亦然。除了良好的共形接触，开发有效的生物活性水凝胶和弹性体，促进离子－电子信号转导，是另一个开发高效率和长期电稳定性的神经界面的重要策略。此外，生物活性聚合物的柔软调节值得进一步研究。大多数柔性高分子材料的模量（小于100 kPa）远低于传统硬质材料的模量（大于1 GPa），但仍不完全适合于真实脑组织的界面（其模量为B1 kPa）。由于生物活性聚合物与脑组织之间的机械性能和稳定性存在明显的不匹配，因此将高密度电极阵列与衬底集成在一起以形成真正的共形神经界面仍然存在局限性。此外，高温高压集成对聚合物的耐久性提出了挑战。聚合物对组织运动的耐受性和植入后的降解特性也需要考虑和研究。

未来的神经接口将采用先进的制造技术向小型化和低维化方向发展。例如，合成聚合物为基础的神经束，由数千个一维纤维电极组成，其横截面为31.5 μm^2，具有高记录密度和一致性的特点。这既是机遇，也是挑战，因为先进的电极类型和进一步的应用对材料本身的性能提出了苛刻的要求，如多功能适应性。从这个角度来看，生物聚合物更具竞争力。以一种典型的生物聚合物丝素蛋白（SF）为例，SF比合成聚合物具有更大的天然丰度和更好的组织亲和力。此外，全水处理体系和氨基酸上的官能团使SF具有良好的功能化可行性，如药物负载和表面改性，可适应不同的应用要求。这些基于SF的功能平台可以通过使用非瞬态SF更有效地建立。然而，基于非瞬态SF的神经电极的开发仍处于起步阶段。利用非瞬态SF与先进制造技术相结合来制造新的可行电极的重要性日益增加，将扩大其在神经接口中的应用。综上所述，使用基于生物聚合物的电极可以减少使用者的疼痛反应和植入前后的一些风险，提供更方便的可及性和更长的工作寿命。很明显，神经接口不仅可以作为一种治疗工具，还可以作为疾病诊断和预测、健康监测甚至健康人群娱乐的重要载体。

参考文献

[1] XING L, YANNAN Z, SHIXIANG C, et al. Cetuximab modified collagen scaffold directs neurogenesis of injury-activated endogenous neural stem cells for acute spinal cord injury repair[J]. Biomaterials, 2017,137: 73−86,

[2] WEIYUAN L, BAI X, WEIWEI X, et al. A functional scaffold to promote the migration and neuronal differentiation of neural stem/progenitor cells for spinal cord injury repair[J]. Biomaterials, 2020,243:119941.

[3] CAIXIA F, XING L, YANNAN Z, et al. Cetuximab and Taxol co-modified collagen scaffolds show combination effects for the repair of acute spinal cord injury[J]. Biomater Sci,2018, 6:1723−1734.

[4] XING L, DINGYANG L, ZHIFENG X, et al. Scaffold-facilitated locomotor improvement post complete spinal cord injury: Motor axon regeneration versus endogenous neuronal relay formation[J]. Biomaterials,2019, 197:20−31.

[5] HE S, CAIXIA F, ZHIFENG Y, et al. Advances in biomaterial-based spinal cord injury repair[J]. Adv funct mater,2022: 32

[6] ANGELA R D, SHAILLY H J, ZOE B, et al. Bridging the gap in peripheral nerve repair with 3D printed and bioprinted conduits[J]. Biomaterials, 2018, 186: 44−63.

[7] YIWEI XU, JING ZHOU, CUICUI LIU, et al. Understanding the role of tissue-specific decellularized spinal cord matrix hydrogel for neural stem/progenitor cell microenvironment reconstruction and spinal cord injury[J]. Biomaterials, 2021, 268: 120596.

[8] JINGHUA L, XUESHUANG S, LIMING L, et al. An injectable and self-healing hydrogel with controlled release of curcumin to repair spinal cord injury[J]. Bioactive materials, 2021, 6(12): 4816−4829.

[9] YU QIAO S, WEN L, XIAOLI W, et al. Functional self-assembling peptide nanofiber hydrogels designed for nerve degeneration[J]. ACS applied materials & interfaces, 2016, 8(3):2348−2359.

[10] FEI H, FAN J, PENG H, et al. Proper wiring of newborn neurons to control bladder function after complete spinal cord injury[J]. Biomaterials, 2023, 292: 121919.

[11] ZIJUE W, HONGMEI D, FEI H, et al. Circuit reconstruction of newborn neurons after spinal cord injury in adult rats via an NT3-chitosan scaffold[J]. Prog neurobiol,2023, 220: 102375.

[12] XIANG Z, QINGSHUAI W, JICHAO Y, et al. A biocompatible gelatin sponge scaffold confers robust tissue remodeling after spinal cord injury in a non-human primate model[J]. Biomaterials, 2023:299, 122161.

[13] BIQIN L, RONGJIE W, WEITAO H, et al. Tail nerve electrical stimulation promoted the efficiency of transplanted spinal cord-like tissue as a neuronal relay to repair the motor function of rats with transected spinal cord injury[J]. Biomaterials ,2023, 297:122103.

[14] CHAI Y, HE Z, SHUHUI Y, et al. Structural alignment guides oriented migration and differentiation of endogenous neural stem cells for neurogenesis in brain injury treatment[J]. Biomaterials, 2022, 280: 121310.

[15] ZHENG C, WEITAO M, YUHUI G, et al. White matter regeneration induced by aligned fibrin nanofiber hydrogel contributes to motor functional recovery in canine T12 spinal cord injury[J]. Regenerative biomaterials,2022, 9: rbab069.3

[16] ZUDONG L, ZILONG R, JIAXIN C, et al. Bioactive decellularized extracellular matrix hydrogel microspheres fabricated using a temperature-controlling microfluidic system[J]. ACS biomater. Sci, 2022, 8: 1644−1655.

[17] HANYU C, KEXIN Z, ZILONG R, et al. Harnessing decellularised extracellular matrix microgels into modular bioinks for extrusion- based bioprinting with good printability and high post-printing cell viability[J]. Biomater transl,2023, 4(2)：115−127.

第七章　血液净化生物医用材料

第一节　血液净化医用材料概述

血液净化是基于慢性肾功能衰竭治疗的基础上发展起来的一种新型医疗技术，通过将患者的血液导出体外，经过一个血液净化装置去除血液中的毒素，从而达到净化血液和治疗疾病的目的。血液净化治疗的适应证早已超越肾脏疾病范围，拓展到免疫性疾病、代谢性疾病、感染性疾病、多器官功能衰竭和肿瘤等领域，已成为众多重大、疑难性疾病的终末治疗手段之一，被誉为与呼吸机、心脏起搏技术具有同等重要地位的治疗措施。血液净化治疗有别于药物和手术治疗，其通过物理方法直接从血液中清除致病物质，对于采用常规治疗手段效果不佳的疾病，如肝肾衰竭、脓毒血症、急性中毒、病毒性疾病、家族性高脂血症等，正发挥着越来越重要的作用。人工肝、人工肾、体外膜肺等，都是血液净化材料与技术在重症疾病治疗领域的典型应用。血液净化作为器官替代或重大疑难性疾病的终末期治疗手段，其疗效确切，且较药物、手术、放疗、化疗等毒副作用轻，机体创伤小，在可移植器官短缺的情况下，必将在临床重大疾病的治疗领域发挥越来越重要的作用。

血液净化材料广义上可分为血液净化用膜材料和血液净化用吸附剂材料。血液净化用膜材料主要是指透析膜和血滤膜等，其通过膜孔大小实现血液中水溶性小分子或中分子毒素的选择性清除。血液净化吸附剂材料则主要通过物理或化学吸附作用实现对血液中脂溶性小分子、中大分子及蛋白结合类毒素的选择性清除。两种血液净化材料对毒素的清除机制不同，适应证也有所不同，临床多数情况下往往联合使用。透析膜材料国内起步较晚，临床透析器产品国外品牌占据主导地位，近年国产化率正在逐步提高，但用于透析膜制备的原材料基本完全依赖进口。血液灌流材料国内和国外基本同时起步，也是国内在生物材料研究方面少数不落后于国外的领域之一。目前国内血液净化灌流器产品国内品牌占据市场主导地位，但产品性能方面较国外还是有一定差距。

第七章 血液净化生物医用材料

一、血液净化生物医用材料的定义

血液净化生物医用材料是指用于清除患者血液中致病物质的生物材料,如人工肾或人工肝辅助装置中的膜、中空纤维和吸附剂等。

二、血液净化生物医用材料的分类

血液净化医用材料按照材料清除血液中毒素的原理来分,大致可分为两类,即血液净化用膜材料(主要通过弥散、超滤、渗透、对流等作用实现对血液中毒素的清除)和血液净化用吸附剂材料(主要通过吸附或交换作用清除血液中毒素)。基于此原理形成了血液透析(HD)、血液滤过(HF)、血液透析滤过(HDF)、血浆或血液灌流(HP)等治疗技术,以及由以上多种技术的联合应用模式。

1. 血液净化用膜材料

血液净化用膜材料按用途可分为血液透析(HD)、血液滤过(HF)、血液透析滤过(HDF)等。

①血液透析:血液透析也叫血透,是血液净化常用的方法之一。利用透析器中透析膜弥散作用去除血液中的小分子代谢废物或毒性物质,包括尿素氮、肌酐、尿酸和水等。透析膜材料从最初的纤维素质膜,发展到现在各种合成膜,如聚丙烯腈、聚甲基丙烯酸甲酯、聚乙烯醇、聚砜、聚醚砜等。

②血液滤过:模仿正常人肾小球滤过和肾小管重吸收原理,以对流方式清除体内过多的水分和尿毒症毒素。与血液透析相比,血液滤过具有对血流动力学影响小、中分毒素清除率高等特点。常用的血液滤过膜材料有聚砜、聚丙烯腈、聚醚砜、聚酰胺及聚纤维素酯等。

③血液透析滤过:综合血液透析和血液滤过的优点,即通过弥散高效清除小分子物质和通过对流高效清除中分子物质。

2. 血液净化用吸附材料

血液灌流就是将血液通过体外循环,经过装有吸附剂的吸附装置,清除血液中内源性或外源性致病因子,从而达到血液净化的一种治疗方法。血浆或血液灌流在弥补血液透析清除脂溶性小分子毒素、大分子毒素及蛋白结合毒素不足方面具有独特优势，广泛应用于人工肝、脓毒症、免疫性疾病的治疗。临床上，透析和灌流联合使用（又称组合型人工肾）治疗终末期肾病已逐步形成专家共识。按照临床使用方式可分为血液灌流和血浆灌流。

①血液灌流（HP）：血液灌流又称全血灌流，在治疗前不需要进行血浆分离。该类吸附剂材料要具备优异的血液相容性，常用的材料有天然生物材料，如纤维素、琼脂糖、活性炭等；非离子型合成高分子材料，如聚苯乙烯、聚丙烯酸酯类和聚乙烯醇类等。

②血浆灌流：血浆灌流是指在灌流前需要将血液通过血浆分离器，使血细胞与血浆分离，然后再将吸附后的血浆和血细胞混合后回输到体内，从而达到解毒的目的。常用的材料和血液灌流类似，但对血液相容性要求稍低，如人工肝用血浆灌流材料常采用强碱性离子交换树脂，血脂清除用血浆灌流材料采用了强酸性离子交换树脂等。

三、血液净化生物医用材料的基本要求

血液净化生物医用材料在使用过程中直接和人体接触，必须符合以下基本要求。①良好的生物相容性：包括组织相容性和血液相容性。组织相容性是指在生物材料的使用过程中，对人体组织不产生不可接受的破坏，且耐生物老化；血液相容性即当生物材料与血液接触时不产生凝血和溶血，使用中不引起发炎症及异常变态反应等。②稳定理化性能，持久的生理惰性及一定的力学性能，不容易发生变形、降解、破裂等。③便于灭菌与贮存。④制备过程简单、可控，且对清除目标物质具有一定的选择性等。从透析器的安全有效性和生物相容性出发，用于血液透析的透析膜还需要满足以下要求：①容易透过需要清除的中分子毒素，不允许大量地透过蛋白质；②具有适宜的超滤渗水性，具有足够的湿态强度与耐压性，具有良好的血液相容性，不引起凝血、溶血现象发生。

四、血液净化生物医用材料的国内外情况

血液净化产品近年来一直处于高速增长阶段，我国血液净化市场以透析和血液灌流技术为主，血液透析器械市场进口器械处于优势，而血液灌流器械市场以

国产化为主。

1. 透析材料国内外情况

根据费森尤斯 2022 年年报数据分析，2022 年全球血液透析产品（包括透析设备、透析液及相关耗材等）市场规模约为 157 亿美元，全球生物医用材料市场占比约为 6%。2022 年，我国的血液透析膜材料相关器械（不包括透析设备等）市场规模在 66 亿元左右。此前，由于制作空心纤维膜技术还不够成熟，国内血透器中空纤维透析膜需从国外进口。高端透析器产品主要以进口产品为主，进口产品占 60% 以上份额。近年来，国内多家血透器厂家（如威高、三鑫等）打破了国外技术垄断，实现了核心部件中空纤维透析膜国产化，加速了透析器产品的国产替代趋势，尤其是在中低端产品领域。但是，中空纤维透析膜的医用级聚砜类材料，包括聚砜、聚醚砜，目前国内还没有厂家能够生产（国内厂家仅能生产工业级膜材料），仍然面临着供应链中断的风险。新思界产业研究中心发布的《2021—2025 年血液净化用聚砜/聚醚砜行业深度市场调研及投资策略建议报告》显示，为保证产品性能达到医用要求，血液净化用聚砜/聚醚砜及膜材在全球范围内，主要有日本旭化成、日本东丽、日本尼普洛、德国费森、瑞典金宝等企业生产。

2. 血液灌流材料国内外情况

血液灌流类产品在 2022 年的市场规模约达 32 亿元。从国际范围来看，血液灌流相比血液透析起步较晚，国内外科研基本处于同一水平，国内外产品性能的差异主要反映在加工技术方面。目前，血液灌流器国内产品占据 80% 以上的市场份额，这可能和国内产品的价格优势有关。从血液灌流器产品所用吸附剂材料来源来看，市场上国产人工肾灌流器材料基本均为国内自主生产的材料；人工肝灌流器核心材料，约 50% 依赖进口，但正在被国产化材料逐步取代。用于灌流器的进口材料主要为美国罗门哈斯和日本的三菱化工。

第二节　血液净化生物医用材料市场现状

血液净化材料相关医疗器械是近年发展较快的高值耗材，《2021 中国医疗器械蓝皮书》数据显示，2020 年我国血液净化类高值医用器械市场规模为 97 亿元，同比增长 19.75%，2021—2022 年仍保持着较高增速水平。在我国高值耗材市场占比中仅次于血管植入和骨科材料，与眼科、口腔科占比相当，均占 7% ~ 10% 的市场份额。

一、血液净化生物医用材料总体市场状况

目前，我国血液净化材料相关器械基本形成完整产业链，但整体能力仍不强，血液净化管路等耗材已经实现国产化，但是核心的血液净化设备和透析器还以进口产品为主，国产产品市场占有率在快速提升，国产替代趋势明显。目前，我国血液净化市场以血液透析和血液灌流技术为主，血液透析市场进口器械处于优势，而血液灌流器械市场以国产化为主。截至 2022 年 6 月底，国内上市的血液净化器械产品近 400 个，其中国产产品占比 2/3（图 7-1）。国产产品占比较高的主要有灌流器、净化管路和透析粉液等血液净化耗材，而血液净化的核心产品血液净化设备和透析器，进口批件数量占比较高。

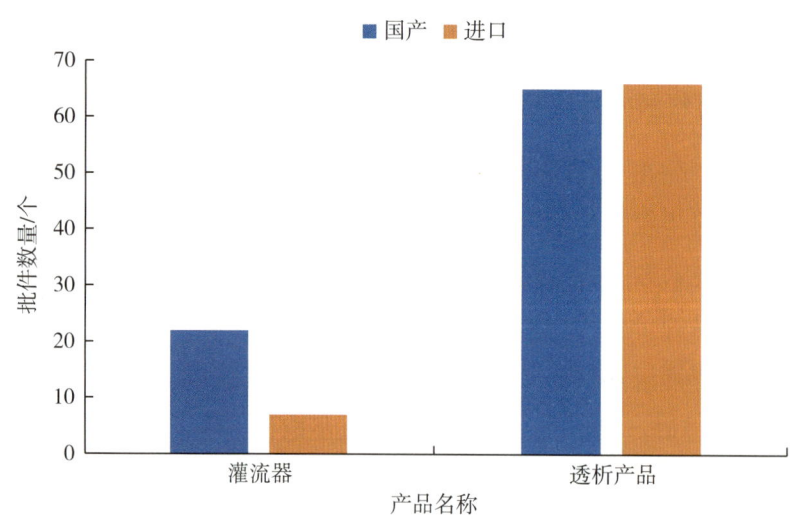

图 7-1　国内外注册的透析器和灌流器批件数（截至 2022 年 6 月）

在国内血液净化器械生产企业中，生产透析器和灌流器企业分别为 22 家和 8 家。其中，有较多国际龙头品牌如费森尤斯、贝朗、东丽、泰尔茂、日机装等，均在我国以外资或合资形式设立公司。在国内血液净化器械生产企业中，以威高集

团相关产品线最为全面，涵盖血液透析设备、透析器、净化管路和透析粉液的完整产品线；健帆生物在血液灌流领域拥有血液灌流设备、灌流器和净化管路的完整产品线。此外，宝莱特和新华医疗能够生产血液透析设备和透析器，具备血液净化核心产品的生产能力。

公开资料显示，我国血液透析器械2021年市场规模达到118亿元，其中，透析机28亿元、透析器49亿元、其他耗材41亿元。透析器作为血液透析的核心器械，目前还以国外品牌为主，2021年国产化率在45%左右。国内企业威高血液净化近年来增长迅速，其招股书披露数据显示，2021年，其透析器国内市场份额占32.4%，市场份额第一。血液灌流器械主要为灌流器产品，国内以健帆生物为主导，据其公布的招股财报，2022年营收24.91亿元，占据了80%左右的市场份额，其他企业如淄博康贝、广州博新、广州康盛、成都欧赛等灌流器企业也正在快速崛起，以天津优纳斯为代表的新生力量也正在布局新兴灌流器产品的开发，并已经进入创新医疗器械审评程序。当下，血液灌流产品正在形成一超多强的局面。

二、血液净化医用透析材料市场现状

1. 血液透析材料发展现状

血液透析（HD）是应用于肾脏替代治疗的主要方法，可有效清除终末期肾病（ESRD）患者体内积累的代谢废物。尽管近年来HD技术的迅速发展明显改善了ESRD患者的临床预后，但其患病率和病死率仍高出一般人群，这与血液透析不能完全替代正常肾脏功能有关。进一步改善透析质量，是提高ESRD患者生存率的关键途径。2017—2021年，中国ESRD患者人数从252.9万人增长至359.2万人，复合增长率为9.2%，高于全球同期增速的3.6%。未来4年，我国ESRD患者人数预计将以8.83%的复合年增长率增长，至2025年将提升至504万人。但国内接受透析治疗的人数比例较低，2019年每百万人口接受透析治疗人数约为美国的1/3、日本的1/5，未来仍有很大提升空间。

血液透析膜是血液透析装置中的核心组件，是保证血液透析效果的最重要部分。血液透析膜对膜材料的要求较高，需要兼具生物安全性与生物功能性。安全性体现为无毒、不致癌、有良好的生物相容性与一定的抗蛋白吸附性；功能性则主要包括血液透析性能，即中小分子毒素的清除能力，以及抗凝、抗氧化、抗炎等额外性能。同时膜应该具有一定的机械强度，原料及制备过程经济简单等。

自 1926 年 Georg Haas 首次将一种火棉胶制成管状透析器用于人体，血液透析已有 90 多年的历史，经过这些年的发展，血液透析的安全性和有效性有了极大的提高，明显有效地改善了尿毒症患者的生活质量。然而由于对尿毒症毒素和透析患者远期并发症的具体机制还未完全认识清楚，制约了透析膜材料研究的进一步发展，目前血液透析治疗比起肾脏自身的功能还相差甚远，透析膜的生物相容性、对小分子和中分子毒素的选择通透性还需进一步改善。随着材料科学和医疗技术的不断发展，目前临床用的血液透析膜主要经历了两代。第一代透析膜主要有醋酸纤维素透析膜、铜氨纤维素透析膜等。第二代透析膜材料为合成高分子，主要包括聚砜（PSF）、聚醚砜（PES）、聚乳酸（PLA）、聚乙烯醇（PVA）、乙烯－乙烯醇共聚物（EVOH）、聚甲基丙烯酸甲酯（PMMA）、壳聚糖（CS）、聚丙烯腈（PAN）等。血液透析膜材料使用的合成聚合物中有 93% 来自聚砜家族，其中 71% 为聚砜、22% 为聚醚砜。

透析膜材料是影响血液透析治疗效果的关键因素，不同膜的主要特性也有所不同（表 7-1）。目前，血液透析膜材料主要存在两方面的问题：其一，血液相容性问题；其二，对中分子毒素及蛋白结合类毒素（如硫酸对甲酚、硫酸吲哚酚、马尿酸等）的清除问题。针对这些问题，从材料研究方面主要做了以下几方面的工作：①膜的抗凝改性：血液透析膜表面改性的方法主要有接枝、共混、自由基聚合等，改性物质主要有肝素、维生素 E、氧化石墨烯和聚丙烯酰吗啉（PACMO）等。②膜的功能强化：通过构建超薄功能层降低传质阻力、调控膜表面孔径可使中分子物质透过，或在膜中引入吸附剂以强化蛋白质结合化合物毒素的清除。③创新型透析膜：新型血液透析膜致力于通过构建独特的膜结构来改善血液透析膜的生物相容性并强化尿毒症毒素的清除，如蛋白质仿生膜、纳米通道定向传输膜、三维模板多层纤维膜、抗凝生物大分子层层自组装膜和自抗凝膜等已被广泛应用于开发新型血液透析膜的开发。

血液净化用透析膜，如聚砜/聚醚砜及膜材制备技术壁垒高，国内企业为保证产品性能达到医用要求，多数只能依靠进口膜丝（如德国的 Membrana）进行封装，或者透析膜制备的关键技术几乎全部从国外（如德国 Filatech 的纺丝设备及工艺，

第七章 血液净化生物医用材料

苏威和巴斯夫的聚砜等原材料）进口。可喜的是，近年来，国内多家血透器厂家如成都欧赛和江西三鑫等，打破了国外技术垄断，实现了核心部件中空纤维透析膜国产化，为进一步降低透析成本提供了空间，但制备透析膜的原材料仍依赖进口。

表 7-1 常用透析膜材料的功能与特性

膜材料	通量	主要特性
三醋酸纤维素	高	超滤率高，可清除中小分子毒素，生物相容性好
聚砜	低 高	机械性能优良，膜较薄，生物相容性好 溶质透过性高，中分子毒素清除率高，残血量少
聚醚砜	高	与聚砜膜相比，亲和性和耐热、耐腐蚀性更高，与强氧化剂接触时不产生甲基自由基
聚甲基丙烯酸甲酯	高	具有较高的吸附功能，生物相容性好，但对中分子物质清除仍不足

2. 血液透析材料相关产品发展现状

根据《2021 中国医疗器械蓝皮书》数据，中国透析器市场目前仍然由外资品牌主导，高端市场中的代表企业为费森尤斯、百特和贝朗等国际巨头，几乎占据了 70% 的市场份额，其中费森尤斯的市场份额占比超过 30%（图 7-2、图 7-3）。国内企业威高集团、宝莱特等处于中端市场，具有一定的市场竞争力，成都欧赛、江西三鑫、苏州君康、河南驼人等企业也陆续进入透析器市场，在全球及国内血液透析器产品的市场竞争中，国外品牌仍占据绝对优势（表 7-2）。

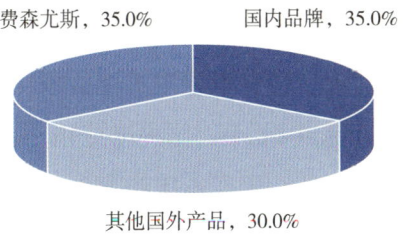

图 7-2 国内血透产品市场份额 (2020 年)

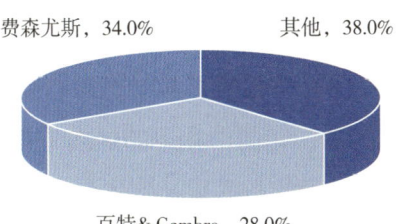

图 7-3 全球血透产品市场份额 (2020 年)

表 7-2 血液透析企业产品业务分布

企业名称	2022 年		设备端	耗材端	
	血透业务营收	血透业务增速	血透机	血透管路	血透粉液
费森尤斯医疗／亿欧元	194.0	2%	✓	✓	✓
Baxter－美国百特／亿欧元	37.48	−4%	✓	✓	✓
德国贝朗／亿欧元	18.62	1.7%	✓	✓	✓
日本东丽／亿美元	3.85	2%	✓	✓	
日机装／亿日元	6.42	9.2%	✓	✓	
重庆山外山／亿元	3.82	34.85%	✓	✓	✓
威高血液（包含合资威高日机装）／亿元*	29.48	14.92%	✓	✓	
宝莱特／亿元	7.87	16.77%	✓	✓	✓
华仁药业／亿元	2.76	18.45%			✓
三鑫医疗／亿元	8.82	19.85%	✓	✓	✓
广州贝恩／亿元	/	/		✓	✓
宁波天溢／亿元	2.20	−16.35%	✓	✓	
广州暨华／亿元	/	/	✓	✓	✓

注：*为 2021 年财务数据；美国百特于 2013 年收购了瑞典金宝，宝莱特于 2013 年收购了重庆多泰；三鑫医疗于 2019 年收购了成都威力生。数据来源：国泰证券，医药生物：血液透析行业，证券研究报告。

从透析材料来看，国内透析器产品仍集中在聚砜、聚醚砜等传统中空纤维材料上，在材料创新上稍显不足。国外产品除传统聚砜和聚醚砜外，一些新材料如醋酸纤维素、聚芳醚砜、甲基丙烯磺酸钠膜等已被广泛使用。不同膜材料透析器在安全性、有效性等方面的差异一直是行业进步的源动力，也是审评中关注的重点。截至 2023 年 5 月，在国内注册的国内外透析或血滤产品共 98 个，国内外分别为 49 个，在国内已上市的产品中，国内品牌聚醚砜占比约 65%，聚砜占比约 21%，聚芳砜占比为 1.5%（仅 1 个），其他占比约 12%（注册证中未明示材料类型）。在国外品牌中，三醋酸纤维素约占 13.5%，聚醚砜约占 30%，聚砜约占 31%，聚芳砜约占 6%，聚丙烯腈类约占 6%，聚丙烯类约占 1.5%，其他约占 10%，分别如图 7-4 和图 7-5 所示。

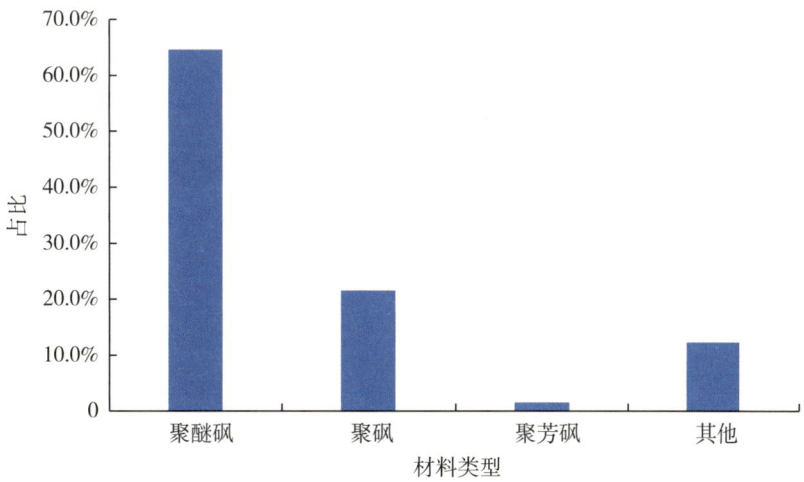

图 7-4　国内透析和血滤产品膜材料材质分布

（数据来源：国家药监局，截至 2023 年 5 月）

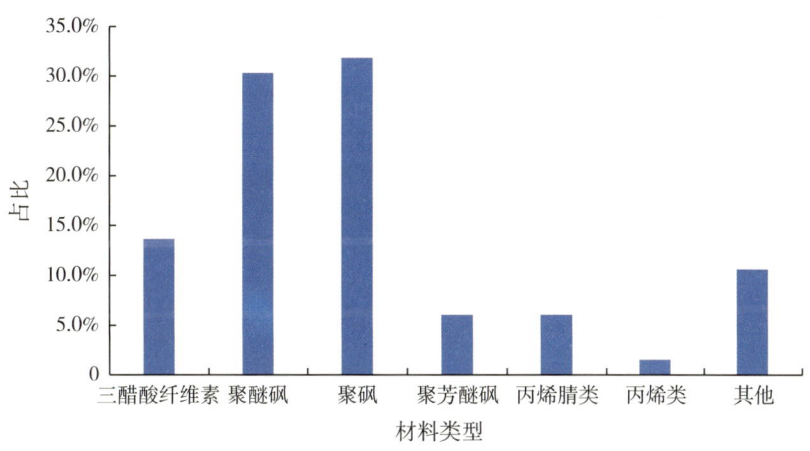

图 7-5　国外透析和血滤产品膜材料材质分布

（数据来源：国家药监局，截至 2023 年 5 月）

3. 血液透析材料相关专利情况

血液透析膜作为透析或血滤过程中的核心元件，是影响透析或血滤治疗效果的关键因素，科学与产业工作者一直致力于开发品质优良的血液透析材料，以期为患者的生命保驾护航，作为科技创新的成果标志——专利，更是体现了一个国家在该领域进行的前瞻性布局。统计近年来血液透析膜领域中国专利主要申请人情况，其中甘布罗伦迪亚、天津工业大学、东华大学、东丽株式会社、旭化成医疗株式会社、浙江大学、费森尤斯、巴斯夫欧洲公司、威海威高血液净化制品有限公司、中国科学院宁波材料技术与工程研究所位列前10位。据统计,血液透析膜领域前10个单位的专利申请量占总申请量的25.8%左右,且专利申请集中度很高。前10位中有5家国外企业,分别为瑞典的甘布罗伦迪亚、日本的东丽株式会社、旭化成医疗株式会社,以及德国的费森尤斯、巴斯夫欧洲公司,特别是甘布罗伦迪亚股份公司位列在华申请的第一名,旭化成医疗株式会社、东丽株式会社分别位列在华申请的第四名、第五名。表明国外大公司均重视在华的专利布局,同时也凸显了该领域国外申请人在技术领域的统治力,以及国内企业在血液透析膜领域技术储备的不足。此外,天津工业大学、东华大学、浙江大学等表现亮眼,表明高校在血液透析膜研究领域扮演着十分重要的角色,加强校企联合,共同攻关,将是实现我国在透析材料领域突破瓶颈的重要手段(图7-6)。

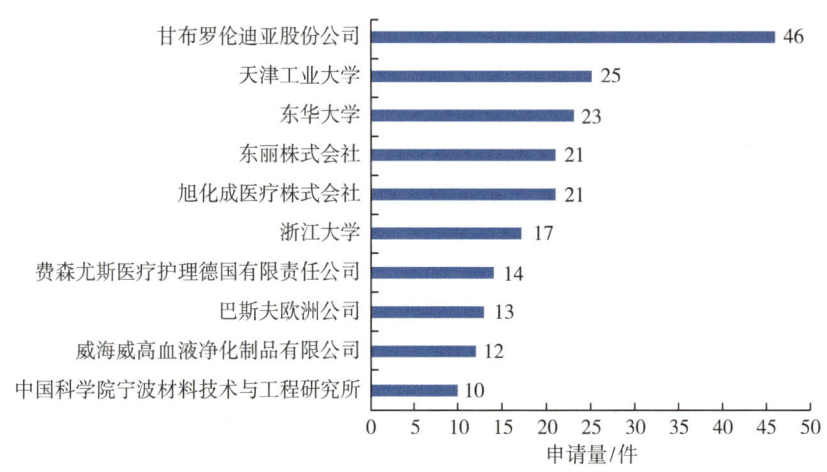

图7-6 血液透析膜领域中国专利申请人分布(2007—2021年)

三、血液灌流材料市场现状

1. 血液灌流材料的发展现状

血液灌流(HP)是将患者的血液引入装有固态吸附剂的灌流器中,通过吸附作用,清除血液中透析不能除去的外源性或内源性毒素、药物或代谢废物的一种血液净化技术。和透析相比,其在清除脂溶性小分子毒素、中大分子毒素和蛋白结合类毒素方面具有独特的优势。它主要用于抢救药物和毒物中毒、肝衰竭时胆红素及胆酸清除、脓毒血症患者体内炎症因子清除、免疫性疾病患者体内免疫复合物清除和高脂血症患者血脂的清除等，也常与血液透析合用以清除慢性肾功能衰竭维持性透析患者体内的大分子毒素。

血液灌流的核心单元是吸附材料，吸附材料通过孔径排斥效应、物理吸附、氢键和静电等作用力，吸附患者血液中的目标毒素，尤其是中大分子毒素和蛋白结合毒素，达到净化血液的目的，吸附作用是血液灌流净化血液的重要机制之一。与基于"扩散/对流"原理的膜分离式的血液透析/滤过相比，血液灌流对较大分子量、脂溶性、蛋白质结合性的毒素清除效果更佳。与基于"换血"原理的血浆置换相比，血液灌流可避免异体血浆输入带来的排异反应和传染疾病的风险。血液灌流材料因要与血液直接接触，必须具有良好的血液相容性、吸附选择性（尽量减少对血液有益组分的吸附）和稳定性（物理结构及化学性能）等。高性能血液灌流吸附剂材料的开发，有助于从根本上改善该疗法对患者的治疗效率和效果，并且减少或根除副反应的发生，从而推动血液灌流技术的发展。

血液灌流较之血液透析，算是一项新兴技术，经过近几十年的发展，血液灌流材料主要可分为以下三大类。

①活性炭类吸附材料：活性炭具有较大的比表面积、价廉、广谱等优点，早期尝试用于尿毒症患者肌酐、尿酸、酚类、胍类等内源性毒物清除。因早期活性炭血液相容性及脱颗粒等问题，限制了其进一步在HP领域的发展。加拿大麦吉尔大学张明瑞教授提出人工细胞概念，发明了树脂包膜技术，推动了活性炭在血液灌流中的应用。但由于活性炭存在孔径较小、对中分子物质清除率低等缺点，之后国内外学者陆续开发了人工合成的活性炭及炭化树脂，赋予了碳基材料良好的机械性能和血液相容性，同时具备大孔径结构及对毒物一定的吸附选择性。目前，炭化树脂在国内仍被临床广泛应用。

②高分子聚合物吸附材料：高分子树脂是目前市场上最常用的血液灌流吸附材料，其具有结构可控、理化性质稳定、易于修饰等特点。功能化离子交换树脂很早就被用于临床清除尿素、血氨、胆红素和戊巴比妥等，但因其血液相容性较差，容易引起血小板破坏和溶血，所以一般仅用作血浆灌流，使用前需要将血细胞与血浆进行分离，而后再将净化后的血浆与血细胞混合，回输到患者体内。大孔型吸附树脂是目前市场主流的血液净化吸附材料，根据用途不同，采用不同的本体结构材料，如尿毒症中，大分子毒素清除多采用聚苯乙烯结构大孔吸附树脂；炎症因子

或免疫复合物清除多采用苯乙烯类或聚乙烯醇类高分子材料；细胞或病毒清除多采用多糖或纤维素基高分子材料等。其中，苯乙烯基高分子材料吸附谱广，对目标毒素的吸附选择性相对较差，但结构稳定、强度高，成本也相对较低；聚乙烯醇或纤维素基高分子材料亲水性好，血液相容性优异，表面可修饰基团丰富，适合通过表面改性技术制备成特异性或高选择性的血液净化材料（或吸附剂）。

③复合型血液净化材料：随着科技及医疗的发展，临床对血液净化材料的安全性、有效性及高效性也提出了更高的要求。通过纳米材料（碳纳米管或石墨烯）掺杂技术，制备纳米复合高分子血液净化材料，用以提高吸附剂的吸附效能；采用无机纳米材料掺杂技术，制备有机－无机复合高分子血液净化材料，来改善吸附材料的强度，提高临床使用的安全性；利用在高分子材料孔内生长金属－有机框架材料（MOF），提高对某种特定物质的高效清除；通过计算机模拟技术设计亲和型配基，而赋予血液净化材料对目标产物的特异性吸附能等。总之，在需求的驱动下，以及多学科交叉势必促进生产越来越多的功能新颖的血液净化吸附材料。目前，南开大学、四川大学、大连理工大学、华中科技大学等高校已成为血液灌流材料研发的主力军。目前常用的血液灌流材料如表7-3所示。

表7-3 常用血液灌流材料的功能与特性

材料	配基	性能/清除物质
聚苯乙烯基材料	无	β2微球蛋白等
	无	IL-6等炎症因子
	无	戊巴比妥为代表的小分子毒素
	胺（铵）基	胆红素或胆酸
	磺酸基/羧基/磷酸基	低密度脂蛋白（LDL）等
碳基材料	无	尿毒症中分子毒素
	无	戊巴比妥为代表的小分子毒素
聚乙烯醇基	DNA	抗核抗体
	色氨酸	免疫复合物、类风湿因子等
	苯丙氨酸	抗DNA抗体、免疫复合物、类风湿因子等
	多肽	肿瘤坏死因子
	抗体	AB型血抗体
	胰岛素	抗胰岛素抗体

第七章 血液净化生物医用材料

材料	配基	性能/清除物质
多糖类	蛋白A	免疫复合物、IgG、补体
	羧酸	白细胞
	多黏菌素/赖氨素等	内毒素等

2. 血液灌流材料相关产品现状

血液灌流在疑难重症治疗领域正发挥着越来越重要的作用,甚至被誉为心脏起搏器和呼吸机之外的第三大生命支持技术。近年来,全球血液灌流器市场保持增长趋势,2021年,全球血液灌流器市场规模达到50亿元,预计2022—2027年,全球血液灌流器市场将以15.6%以上的年均复合率增长。我国医疗市场庞大,血液灌流器市场增速高于全球平均水平,国内血液灌流器市场增速在19.0%左右。

我国人口基数庞大,近年来,随着人口老龄化进程加快,免疫性疾病、感染性疾病、尿毒症、肝衰竭等病症患者增加,对血液灌流产品的需求进一步扩大,当前产品的理论市场容量达到185亿元(图7-7),未来随着血液灌流在恶性肿瘤、病毒性疾病、代谢性疾病中的应用,市场容量预计可达千亿元规模。

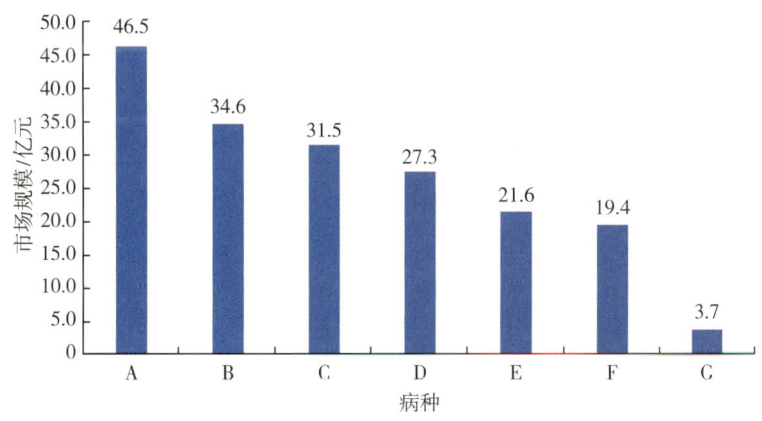

A.高胆红素血症/高胆汁酸血症 B.尿毒症 C.危重症 D.系统性红斑狼疮
E.重症肝病 F.过敏性紫癜/类风湿关节炎 G.急性中毒

图7-7 血液灌流器在常见病种的理论市场规模

目前,国内血液灌流器生产厂家主要有健帆生物、广州康盛、廊坊爱尔、淄博康贝、天津阳权、佛山博新、重庆希尔康、成都欧赛医疗、天津优纳斯等。进口企业主要包括瑞典金宝、意大利贝而克等。国外厂家主要采用血浆灌流技术路径。

但由于血浆灌流操作复杂、产品售价昂贵、需要配血浆分离器同时使用，因此国外产品在国内销售较少。而国内全血灌流产品操作简单，产品价格仅为进口类似产品价格的 1/3～1/2，在市场中处于主导地位。2022 年之前，国内健帆生物占据的市场份额接近 80%，其余国内、国外厂家销售规模均较小。2022 年之后，随着诸多公司在血液灌流净化器材领域的布局与投入，国内正形成一超多强的市场分布。就血液灌流技术的研究来讲，我国和欧美等发达国家相比基本处于同等水平。在全球范围内，血液灌流核心材料技术主要由美国、中国、日本、德国、瑞典等国家所掌握。从产品材料来看，主要为聚苯乙烯基材料、碳基材料、聚乙烯醇基材料、多糖基材料。国外产品聚乙烯醇基材料占了较大比例，这与聚乙烯醇具有较好的血液相容性及表面易于修饰有关（表 7-4），国内产品多为碳基和聚苯乙烯基材料（表 7-5）。国内外产品从所用材料类型来看基本相似，差别主要体现在制备工艺及所修饰的配基方面。从产品材料使用性能方面来看，国外产品更重视对目标物质的吸附选择性。截至 2023 年 5 月，在国内注册的血液灌流器产品共 29 个，国内品牌 22 个，其中聚苯乙烯基材料产品约占 77%，活性炭产品约占 18%；国外品牌 7 个，聚苯乙烯基材料约占 42%，活性炭材料约占 28%，聚乙烯醇基材料约占 28%。具体情况如图 7-8、图 7-9 所示。

表 7-4　国外血液净化材料及灌流器产品

吸附剂类型	修饰/共聚物	清除物质/适应证	产品名称	厂家
苯乙烯基高分子材料	无	慢性肾衰竭	一次性使用超滤液灌流器	意大利贝而克
	氯化芳基乙烯基-N，N-二甲基-N-苯甲基苯甲胺与二乙烯苯和苯乙烯的聚合物	选择性吸附血浆中胆红素、胆汁酸	选择性血浆成份吸附器	日本旭化成
	未注明	吸附中大分子、炎性介质用于肾脏疾病治疗	一次性使用血浆灌流器	意大利贝而克
活性炭基材料	无	急性严重药物中毒	一次性使用血液灌流器	瑞典金宝
	无	严重药物中毒或立即清除有毒物质以延续生命	血液灌流器及管路配套	瑞典金宝

第七章 血液净化生物医用材料

续表

吸附剂类型	修饰/共聚物	清除物质/适用证	产品名称	厂家
聚乙烯醇基高分子材料	色氨酸	吸附有害物质治疗免疫性神经疾病	选择性血浆成份吸附器	日本旭化成
	苯丙氨酸	吸附有害物质改善胶原病自身免疫疾病	选择性血浆成份吸附器	日本旭化成

表 7-5 国内血液净化材料及灌流器产品

材料类型	配基	清除物质/适用证	产品名称	厂家
苯乙烯基高分子材料	无	内源、外源性毒素	一次性使用血液灌流器	珠海健帆
	无	内源、外源性毒素	一次性使用血液灌流器	廊坊爱尔
	无	尿毒症	一次性使用血液灌流器	成都欧赛
	无	尿毒症 β2 微球蛋白等中大分子毒素	一次性使用血液灌流器	珠海健帆
	无	尿毒症中分子毒素	一次性使用血液灌流器	淄博康贝
	无	尿毒症中分子毒素	一次性使用血液灌流器	天津阳权
	无	终末期肾病	一次性使用血液灌流器	佛山博新
	无	终末期肾病蛋白结合毒素	一次性使用血液灌流器	北京中科盛康
	无	终末期肾病中蛋白结合毒素	一次性使用血液灌流器	北京中科太康
	无	终末期肾病 β2 微球蛋白等中大分子毒素	一次性使用血液灌流器	重庆希尔康
	无	终末期肾病 β2 微球蛋白等中大分子毒素	一次性使用血液灌流器	广州康盛
	无	白细胞介素-6 等细胞因子	细胞因子吸附柱	珠海健帆
	无	吗啡	一次性使用血液灌流器	天津阳权
	胺（铵）基	胆红素	一次性使用胆红素血浆吸附器	广州康盛
	胺（铵）基	胆红素、胆汁酸	一次性使用血浆胆红素吸附器	珠海健帆
	胺（铵）基	胆红素	一次性使用阴树脂血浆吸附柱	廊坊爱尔
	胺（铵）基	胆红素	一次性使用胆红素吸附柱	广州博新
活性炭基材料	无	外源性毒素	一次性使用血液灌流器	淄博康贝
	无	内源、外源性毒素	一次性使用血液灌流器	廊坊爱尔

续表

材料类型	配基	清除物质/适用证	产品名称	厂家
活性炭基材料	无	分子量小于1000，蛋白结合率大于40%的中毒药物	一次性使用血液灌流器	重庆希尔康
	小牛胸腺DNA	系统性红斑狼疮	DNA免疫吸附柱	珠海健帆
琼脂糖	蛋白A	IgG等致病性抗体	蛋白A免疫吸附柱及其配套溶液	广州康盛

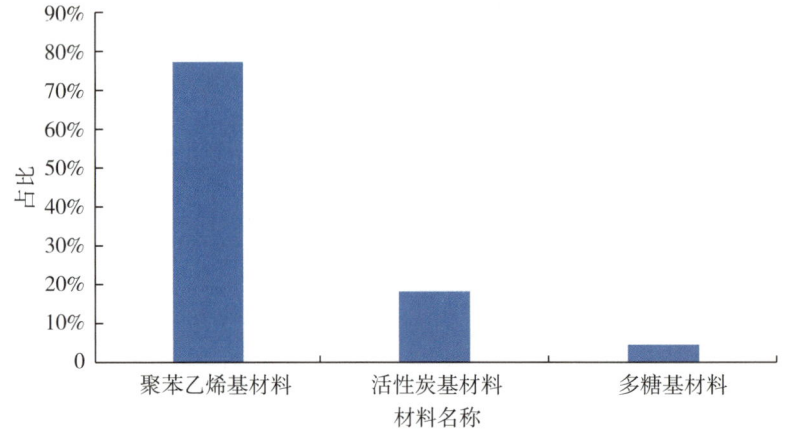

图 7-8　国内品牌灌流器产品材料分布

（数据来源：国家药监局，截至 2023 年 5 月）

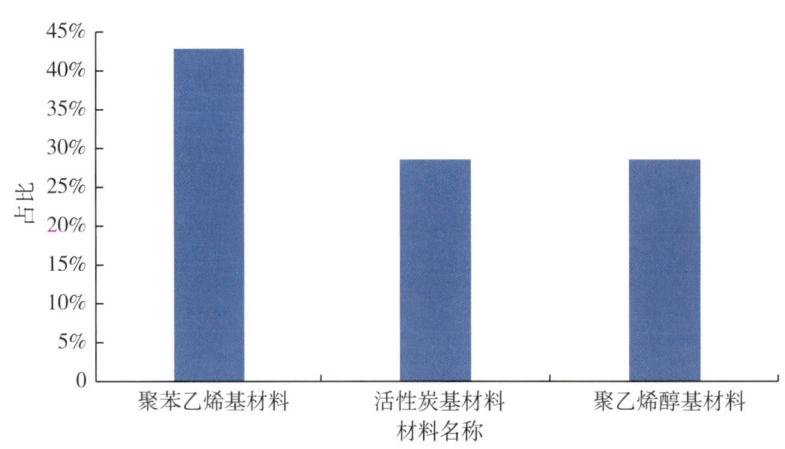

图 7-9　国外品牌灌流器产品材料分布

（数据来源：国家药监局，截至 2023 年 5 月）

第三节　血液净化材料重要技术和产品研究进展

血液净化生物医用材料属于典型的多学科交叉研究领域，材料加工理论与技术的进步，以及生物学、医学、计算机科学的发展，都会促进血液净化材料进步与革新。在新理论、新技术指导下，一些产品已经走向临床，也有许多血液净化材料的基础研究距离临床还有一段距离，但却给未来的发展打下了坚实的基础。相关技术与产品研究的进展如下。

一、透析膜技术重要进展

血液透析技术在治疗肾功能疾病、挽救人类生命中取得了巨大成功，血液透析用膜材料的研究受到世界各国的重视。目前已经研究和开发用于制备血液净化用高分子膜的材质多达十几种，例如，再生纤维素及纤维素衍生物、聚碳酸酯、聚砜、聚醚砜、乙烯-醋酸乙烯共聚物、聚苯乙烯、丙烯酸甲酯的共聚物等，而实际获得临床应用的只有少数几种，如纤维素类膜、聚砜类膜、聚丙烯腈膜、聚乙烯醇膜。如何解决透析膜材料存在的相关问题，如蛋白分子黏附导致的膜孔堵塞、血小板吸附引发的凝血，以及基于膜孔的清除选择性等至关重要，因此优异的血液相容性、较高的清除选择性、高通量的透析膜仍将是未来发展的主要方向，当前在该技术领域也取得了很好的进展。

1. 新型血液相容性透析膜

血液相容性是血液透析膜的重要评价指标之一，当血液与外源性材料接触时，蛋白质在材料表面的黏附、凝血因子的激活会引起一系列不良反应，从而引起凝血、炎症和血栓等。因此，提升血液透析膜表面的亲水性、使膜表面带适量的负电荷是改善血液透析膜血液相容性的关键。当前，血液透析膜表面改性的方法主要有：①肝素或类肝素接枝改性，膜表面的肝素可延迟活化部分凝血活酶的时间，赋予材料较好的抗血栓特性；②维生素E改性，利用维生素E具有抗炎、抗氧化应激作用，降低透析膜的溶血率、减少血小板黏附和活化、延长凝血时间，从而降低血液透析过程中产生的副作用；③氧化石墨烯改性，利用氧化石墨烯表面富含丰富的羧基、羟基和环氧基团，可以为膜表面提供负电荷，提高膜的亲水性，增强透析膜的血液相容性；④其他，如本体改性、表面亲水性修饰等。

2. 多功能血液透析膜

透析材料通过膜孔选择性清除尿毒症患者体内的某一类毒素，对于分子直径超过膜孔直径的毒素则无法清除，因此临床上将透析和灌流配合使用，赋予透析膜一定的吸附功能，可大大简化终末期肾病患者治疗过程的复杂性。近年，Stamatialis等提出了MMM膜，它有着改善血液净化的特性，可以通过过滤和吸附机制相结合，进一步去除白蛋白结合的尿毒症毒素。这种膜的内层由聚醚砜（PES）和聚乙烯吡咯烷酮（PVP）共混物组成，外层由嵌在PES/PVP中的活性炭（AC）微粒组成，如图7-10所示。最近的研究表明，与标准膜相比，双层中空纤维MMM可以明显去除更多与蛋白质相结合的毒素。

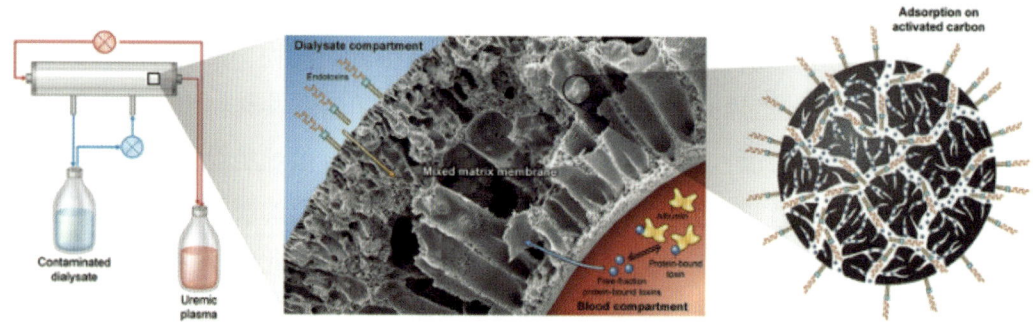

图7-10　MMM膜组成结构模式

3. 中截留透析膜

中截留量膜MCO（Medium Cut-off）更接近生理肾小球膜，膜制造过程中精密技术的出现使得对孔径分布及其合格率的控制得到改进。这促使了中截留量血液透析（HDX）的引入，可以通过使用中截留透析膜（MCO）的标准处理过程提高中、大分子的清除能力而不需要HDF技术和置换液。膜通透性和净化质量的改善为推进ESRD尿毒症的治疗提供了新的希望。德国百特公司开发了世界上首款中截留量透析器，但该产品还没有在国内获得注册证。

二、血液灌流材料技术重要进展

血液灌流材料通过吸附作用清除患者体内的致病性毒素，具体可通过吸附剂材料理化结构调控、分子手臂改性、亲和性配基的设计等方式，实现对小分子毒素、中（大）分子毒素、蛋白结合毒素、病毒、甚至细胞的选择性或靶向性清除，有效弥补透析材料的部分不足。科技的进步使人们对疾病的认识更为深入与精准，人工智能技术的发展，使针对致病因子设计亲和性配基变得更为便捷。在血液灌流材料的研究领域，正体现出以下几个方面的特点。

1. 全血灌流用血液净化材料

血液或血浆灌流是临床血液净化中两种重要治疗模式，其中血浆灌流在实施前，需要通过血浆分离器将血浆和血细胞分开，然后将净化后的血浆和血细胞混合回输体内。血浆分离技术操作相对复杂，在三级甲等以下级别的医院难以普及，同时也增加了治疗成本。而且目前国内外用于胆红素清除的灌流器（人工肝核心组件）普遍价格偏高，国产产品 3900 元/支左右，进口产品达到 7000 元/支左右。之所以采用血浆灌流，是因为该类产品所用材料多为强碱性阴离子交换树脂，血液相容性差，容易引起溶血和凝血等严重副作用。"十三五"期间，科技部国家重点研发计划支持了"全血灌流高选择性吸附剂及装置开发"项目，南开大学团队通过材料结构调控、表面改性及亲和配基设计等措施，成功制备出了一系列可高效清除肝衰胆红素、尿毒症蛋白结合毒素及脓毒血症患者体内中大分子炎症因子的全血灌流吸附剂产品。目前多数产品已进入取证或临床阶段。

2. 特异性血液灌流材料

目前在我国注册的血液灌流器产品，除日本旭化成 IMMUSORBA TR-350 和 IMMUSORBA PH-350，以及国内广州康盛的蛋白 A 免疫吸附剂（因为蛋白 A 脱落所引起的超级抗原反应，美国在 2008 年已经禁止该类产品 Prosorba 的临床使用）具有一定的吸附选择性外，其余产品均为广谱型吸附剂，在清除目标毒素的同时，也会清除与目标毒素理化结构相似的有益成分，不符合未来医学对精准医疗的要求。因此，开发对目标毒素具有特异性清除作用的血液灌流材料，将是学界和业界共同关注的焦点。目前，用于特异性血液灌流的载体材料多选用聚乙烯醇类、多糖类（纤维素、琼脂糖等）、聚丙烯酸类等材料；亲和配基多采用人工智能手段设计或筛选出的小分子物质或多肽类物质。该类吸附剂研究很多，基于成本与工艺因素，至今还没有真正走向产品化。

3. 新型血液灌流材料

对中、西医无法有效解决的重大疑难性疾病的治疗，血液灌流技术具有独特优势，其可以通过吸附手段从血液中移除人体无法代谢或药物无法干预的致病因子，如针对肿瘤或病毒的新型吸附剂的开发可有效解决当前的重大需求。①病毒用血液净化材料：至今无特效药的艾滋病病毒、屡次肆虐的冠状病毒、埃博拉病毒等，均可以通过血液灌流的方法清除，从而达到降低病毒负荷，甚至治愈该类疾病的目的。目前国内有研究团队采用分子印迹或生物识别的方式，开发了具有高效清除病毒的吸附剂材料。②肿瘤用血液净化材料：肿瘤的快速生长与转移特质、让患者心理恐惧是导致高致死率的原因。开发制备可直接清除血液中的循环肿瘤细胞或可干预肿瘤微环境的血液净化材料，将是肿瘤治疗手段的重要补充，在不久的将来有可能成为一种人们习惯的慢性病。

三、国内外重要产品研究进展

血液净化产品自 1943 年荷兰医生 Willem Kolff 研制出转鼓式人工肾，美国科学家于 1964 年开创中空纤维式透析器，在这期间，透析器挽救了无数生命。我国血液净化产品从无到有，至今一直处于跟跑状态，从未领先。科技信息的发展，国家科研投入的快速增长，给我国未来的科技工作指明了并跑甚至领跑的路径或方向。当下，从血液净化产品方面来讲，国外仍处于领跑状态，相关新产品也均为国外产品，具体介绍如下。

1. 中截留膜透析器

近年来，德国百特公司推出了一种创新型中截留量透析（MCO）膜，MCO 膜由聚芳醚砜/聚乙烯吡咯烷酮（PAES/PVP）构成，平均孔径为 5 nm，介于高通量膜和高截留量透析（HCO）膜之间。在过去的临床实践中，使用 MCO 膜的 HD 成为一种新型疗法——延展性液透析（HDx），加强对大－中分子毒素清除，并改善维持性 HD 患者预后。在 HDx 治疗中，由于弥散和对流在使用 MCO 膜的中空纤维透析器内结合在一起，因此无须使用替换液。使用中截留量膜的延展性血液透析是目前公认的最接近人体肾脏的人工肾模型。2022 年 11 月，百特申报的基于 MCO 技术的一次性使用血液透析器 Theranova 已获得中国国家药监局批准，Theranova 支持的创新的延展性血液透析将为广大血透患者提供全新的治疗选择，有助于提升患者生活质量。

2. 吸附型透析膜

在进行复杂疾病的血液净化治疗时，未来必定会从"血液透析联合血液灌流"的治疗模式转化到"血液透析融合血液灌流"的模式，将透析材料和灌流材料的优势整合成为一种材料，从而赋予透析材料吸附的功能。德国百特公司开发的一次性使用血液透析滤过器 Oxiris，是一种表面经过特殊处理的吸附性膜材（材料为丙烯和甲磺酸钠聚合物＋聚乙烯亚胺＋接枝肝素），膜材带正电的聚乙烯亚胺（PEI）能够吸附血液中带负电的内毒素，滤器内部还预制了药物涂层，同时实现祛除细胞因子及内毒素、替代肾脏和抗血栓形成三重作用。该产品于 2021 年在我国正式进入临床。

3. 便携式人工肾

终末期肾病患者在接受血液净化（血液透析、腹膜透析或血液灌流等）治疗时，每周有 3～4 次的治疗频率，净化间期体内毒素水平的潮汐性变化，都对患者的工作、生活产生巨大影响，也给家庭和社会带来巨大的负担。因此，便携式或可穿戴型血液净化设备（人工肾）将有利于提高患者的工作、生活和精神状态，进一步改善患者的最终预后。目前国外已经有 3 款便携式的血液透析设备上市，分别是 NxStage® System one™、Physidia S^3 及 QuantaSC+™，解决了患者每周需要数次往返于家庭和医院的问题。上述 3 种上市设备属于现有透析机的小型化，使用一次性的透析液进行治疗，流程操作简单，患者只需要进行简单的培训即可在家中自己进行透析。目前，已经有 5 种可穿戴式腹膜透析和 1 种便携式血液透析器进入临床前或临床研究，具体如下。

① ViWAK 便携式腹膜透析机（美国），通过双腔腹膜导管和小型电池驱动进行连续腹膜透析，目前尚未进入临床研究。ViWAK 系统通过聚苯乙烯树脂和活性炭对毒素进行吸附。在日间透析时，将 2 L 标准葡萄糖基透析液注入腹膜腔内，透析液可循环使用 10 小时。日间透析结束后，排出所有透析液使用 2 L 艾考糊精透析液进

行夜间透析。然而，ViWAK 缺乏选择性尿毒症毒素清除系统，也不能纠正电解质变化。尽管体外研究表明，ViWAK 可以去除肌酐和中分子，但由于其局限性，目前暂无动物或人体研究报告。

② AWAK 便携式腹膜透析机（新加坡），AWAK 是一个单腔型腹膜透析机，已进入临床研究。其透析流程为，注入标准葡萄糖透析液至患者腹膜腔，以 4 L/h 的间歇透析液再循环方式进行透析，等效透析量为 96 L/d。为了达到减少透析用水，减轻整机质量的需求，AWAK 采用了改良型循环透析吸附技术（REDY）。REDY 可监测尿毒症毒素和电解质的变化，并且可以调节电解质。应用 REDY 后，AWAK 的透析液大约只需要 1 个月更换一次（需要补加损失成分），但吸附剂单元需要 4~8 小时更换一次。目前，动物和人体研究结果显示，AWAK 超滤尿素、肌酐和磷的效果较好，与常规腹透相当，但有超过一半的患者在透析液引流后有腹部不适。目前，AWAK 的商业应用正在开发中。

③ WEAKID 便携式腹膜透析机（欧盟），由欧盟资助，荷兰科学团队进行的研究，尚未进入临床研究，旨在制造可商用的便携式透析机。WEAKID 项目有 2 种透析系统，分别是大容量的夜间治疗装置和小体积的日间连续治疗装置。采取间歇式透析模式，并有吸附单元。吸附单元需每日更换两次，含有活性炭与离子交换器。WEAKID 并未采用标准葡萄糖透析液，其透析液中葡萄糖较少，但因其没有静态驻留，保留了高渗透梯度，使 WEAKID 可高效超滤。同时，由于减少了葡萄糖浓度，可以防止腹膜恶化，增加腹膜透析的时间。体外研究证实，WEAKID 可以清除钾、磷、尿素和肌酐，并且其效率优于普通腹膜透析。

④ CLS 便携式腹膜透析机，由瑞典公司 Triomed AB 设计，已进入临床研究。当初次使用 CLS 时，需要向患者腹膜腔内注入 2 L 透析液。CLS 的腹膜透析液可连续循环使用，但每 4 小时需要更换吸附单元。在临床研究中，CLS 与自动化腹膜透析在尿素、肌酐和磷酸盐清除方面有相同的效率。此外，在透析期间，CLS 组患者腹膜腔内透析液的葡萄糖浓度稳定，可实现长期高效超滤，并且未观察到不良事件或患者不适。

⑤ BFAK 便携式腹膜透析机（中国），由南开大学团队开发，尚未进入临床试验。该透析机由可穿戴的腹膜透析设备、吸附转化单元和电池驱动泵组成。使用时需要向患者腹膜腔内注入 2 L 透析液。BFAK 的腹膜透析液可连续循环使用，透析废液被透析器的吸附转化单元持续不间断将尿酸、肌酐和尿素等吸附或转化为人体

无害的成分，经部分新组分补充后，再生为正常透析液，这样既减少了透析液的用量，也减少了尿素等的吸附清除过程，大大减轻了设备体积，但每24小时需要更换吸附转化单元。

⑥ WAK 便携式血液透析机（美国），由 Gura 团队开发，暂停临床研究。该透析机由可穿戴的血液透析设备和电池驱动的透析泵组成。与常规血液透析相似，透析泵将肝素化的血液泵入透析机。在便携式血液透析机中，废液通过含尿素酶的腔室，将尿素分解；通过含磷酸锆、水合氧化锆的腔室，可吸附、净化废液中的磷酸盐；通过活性炭腔室，则吸附与净化其他化合物。经过上述步骤，废液将重新变为透析液，这便是透析液再生功能，将极大地减少透析液的用量。目前，美国 FDA 已批准该设备的相关临床试验。该试验的结果显示，在 7 名受试者中，5 人完成了计划的 24 小时研究治疗。由于透析回路中二氧化碳气泡过多、血液和透析液流量变化等设备相关技术问题，试验在第 7 个受试者后停止。2021 年，获批美国专利的 WAK 3.0 质量仅为 2 磅（约 0.91 kg），可模仿正常肾脏连续、均匀地清除毒素，对患者几乎没有饮食限制。

便携式透析设备开发尽管仍面临着诸多挑战，但还是取得了部分成效。相信在不远的未来，ESRD 患者仅需一个"腰包"或"背包"即可回归社会、工作和家庭。

第四节　血液净化医用材料前景与展望

血液净化技术和传统中、西医治疗手段相比，仍是一种新兴技术，其在重症、疑难性疾病（器官衰竭，脓毒血症，心血管疾病、免疫性疾病、病毒性疾病及肿瘤）的治疗领域正在发挥着越来越重要的作用。采用传统中、西医手段无法解决的临床疑难问题（如感染所致的炎症因子风暴、肝衰导致的高胆红素血症、免疫性复合物沉积导致的器官损伤、各类中毒等），医学界开始寻求从血液净化中找寻答案。随着血液净化技术越来越普及并被患者和医生所接受，血液净化技术的应用场景也得到了进一步拓展。在临床实际应用过程中也取得了传统手段所无法达到的效果。

一、血液净化医用材料的前景

血液透析技术在终末期肾病的治疗中正在并将继续发挥巨大的作用,但当下国内外所用的透析治疗技术仅仅是维持了患者的生命,无法保证患者的生存质量,给患者带来了额外的精神负担。因此,血液透析研究必将朝着高安全性、低成本和便捷化方向发展。这些目标可能要通过血液净化材料变革,并利用新兴的学科如微型化、微流体技术、纳米技术、人工智能在人工肾交叉融合来实现。便携(可移动性、便携性,甚至可植入装置)将可能会使透析进入新时代,虽然这个时间的到来还需要一个过程,但国内外已有很多机构或企业在该领域进行了很好的尝试或研究布局,相信在不远的将来,透析将可以不在医院进行,而是连续、实时地随身进行,也将彻底恢复因肾衰竭而丧失的劳动力。

血液灌流材料通过吸附作用来清除患者体内的致病物质,其治疗谱较透析更为广泛,但因其起步较晚,当下临床使用尚不及透析广泛。但随着医生临床经验的积累,逐渐拓展出更多血液灌流治疗的应用场景。目前,国内外的血液灌流器产品所用材料基本仍局限于活性炭、聚苯乙烯等广谱性吸附材料,其血液相容性及清除目标物质的靶向性都有所不足,很多产品仍只能进行血浆灌流,导致治疗手段的复杂化和治疗成本的居高不下。因此,未来血液灌流材料的发展必将朝着全血灌流、特异性吸附及多应用场景的方向发展。开发血液相容性优异的材料,使其具备全血灌流的条件,可大大增加血液灌流技术在我国的普适性。人工智能及材料制备技术的发展,为特异性吸附材料开发提供了便捷,也可进一步提高血液灌流材料的治疗安全性。同时,血液灌流材料的应用范围也将进一步得到拓展,病毒和细胞(尤其是肿瘤细胞)的净化材料将会得到广泛关注,期待有一天,肿瘤真正可以成为类似终末期肾病一样的慢性病。

血液净化生物医用材料作为生物材料的重要分支,其应用领域已经拓展到人类疾患治疗的各个领域,并取得了令人振奋的效果。在血液净化材料的研究领域,透析膜的研究方面我国和国外差距明显,产品开发也处于跟跑状态;血液灌流材料的研究方面,我国与国外并跑,产品开发较国外稍有差距,临床应用方面则更为广泛。总之,血液净化生物医用材料及产品已经成为了一个巨大的产业,该领域的进步关系到健康中国目标的达成,期待国家的重视、业界的投入和学界的努力。

二、血液净化医用材料的展望

血液净化医用材料属于多学科交叉研究,分子生物学、医学、化学、材料、人工智能等领域的理念或技术进步,无论是成本还是性能方面,都会为血液净化材料带来飞跃发展。

1. 基于材料基因工程的设计理念,必将带来血液净化医用材料开发的质变

材料基因工程是材料科学技术发展历程中的一次重大飞跃,使材料研发逐步由"经验指导实验"向"理论预测和实验验证相结合"的材料研究新模式转变,可极大提高新材料的研发效率,缩短研发周期,降低研发成本,建立从微观组织结构预测宏观性能的桥梁。这种材料设计理念的改变,对于血液净化材料的设计尤其具有重大的意义,因为人体血液组分复杂,致病因子和非致病因子有时差异性很小,过往传统的制备方法,很难做到材料微观结构的精确调控,致使现有的血液净化产品无法满足特异性或高选择性清除血液毒素的目的。材料基因工程技术的发展,必将会使血液净化材料的血液相容性及吸附选择性得到极大提高,促进新一代产品的面市。

2. 纳米材料及微电子技术的进步,使便携式人工器官成为可能

器官移植是器官衰竭患者的最佳治疗选择,但同种异体移植器官的短缺,以及异种移植的技术发展仍有很长路程,使得医院或家庭血液净化成为了器官衰竭患者的重要选择,这种方式虽然可有效替代人体器官的部分功能,但无法改善患者的生活质量。因此,便携式人工器官(重量小于5千克)成为最佳选择,也必将会取代传统的透析或灌流方式。有机碳纳米材料如碳纳米管、石墨烯等,无机纳米材料如纳米碳酸钙、纳米钛、纳米硅等,金属有机框架材料(MOF)的发展及其在血液净化材料制备中的应用,赋予了材料优异的吸附性能和巨大的吸附容量,为人工器官的小型化奠定了基础。微电子芯片及电驱动技术的进步,也大大减轻了相关设备的体积与重量。这些都给便携式人工器官的发展提供了坚实的技术基础,第一款真正的便携式人工器官有望在2027年左右面市。

3. 人工智能与血液净化材料的融合,将会催生新型人工器官的诞生

人工智能正在以超出预想的速度进入我们的世界,并渗透到生活的各个领域。赋有智能的血液净化材料,将会像一个个纳米清道夫,直接进入血液循环,在可控可视的情况下,实现对患者血液中毒素清除及损伤机体的功能性修复。

总之，血液净化技术作为重要的生命支持手段之一，正在危重症疾病的救治中发挥着重大作用，除了传统的器官衰竭支持治疗，代谢性疾病、免疫性疾病、病毒性疾病、恶性肿瘤等正在逐步被纳入血液净化适应证范畴，该领域蕴藏着巨大市场，也承担着巨大的社会责任。加大在该领域的基础研究与产业布局，是事关国家战略与人类健康的重大任务。

参考文献

[1] 牛小旦．血液透析膜研究进展 [J]．云南化工，2020，19（3）：15-18.

[2] MOLLAHOSSEINI A，ABDELRASOUL A，SHOKER A. Materials chemistry and physics[J]. Materials chemistry and physics 2020，248：122911.

[3] 钱林．中国血液透析膜专利情报分析 [J]．中国科技信息，2022（9）：9-11.

[4] CHAI Y, LIU Z, DU Y, et al. Hydroxyapatite reinforced inorganic-organic hybrid nanocomposite as high-performance adsorbents for bilirubin removal in vitro and in pig models[J]. Bioactive materials，2021，6（12）：4772-4785.

[5] CHEN J, SUN J, HAN W, et al. Computer-aided design of short peptide ligands targeting tumor necrosis factor-alpha for adsorbent applications[J]. Journal of materials chemistry B，2018，6（26）：4368-4379.

[6] 赵长生，赵伟锋，张翔，等．新型血液净化材料及佩戴式人工肾的研究构想和预期成果展望 [J]．工程科学与技术，2018，50（1）：1-8.

[7] 赵新菊，血液透析前沿：创新和技术进展 [J]．中国血液净化订阅号，2021.

[8] JOSE I, D'AGATI VD, JERROLD S L. Acute glomerulonephritis occurring during immunoadsorption with staphylococcal protein A column（Prosorba）[J]. Nephrol dial transplant，2004（19）：3155-3159.

[9] DAVID M W. Conventional apheresis therapies：a review[J]. Journal of clinical apheresis，2011（26）：230-238.

[10] Wearable Artificial Organs, Inc. Granted patent for the wearable artificial kidney（WAK）3.0[EB/OL]．(2021-09-01)．[2022-03-13].https://www.businesswire.com/news/home/20210303006039/en/.

[11] GURA V, RIVARA M B, BIEBER S, et al. A wearable artificial kidney for patients with end-stage renal disease[J]. JCI insight，2016，1（8）：1-16.

第八章 创面修复生物医用材料

第一节 创面修复生物医用材料概述

据统计，我国每年因创伤就医患者数高达6200万人次，其中致死人数高达70万～80万人，尤其老龄化引发的代谢性疾病导致慢性创面的发病率急剧攀升，若不能及时得到有效处理和救治，会延误患者最佳救治时机，导致截肢，甚至死亡，严重影响生命健康。因此，2019年，国家卫生健康委办公厅发布了《关于加强体表慢性难愈合创面（溃疡）诊疗管理工作的通知》，要求高度重视体表慢性难愈合创面诊疗管理工作，加强创面修复科等相关科室能力建设，提高创面修复诊疗能力，丰富创面修复医疗服务内涵。

皮肤位于人体的表面，直接与外界环境接触，是人体面积最大的器官。成年人的全身皮肤面积为1.5～2.0平方米，其重量约占人体重量的15%，主要分为表皮、真皮和脂肪层。皮肤是抵御各种外部因素的保护屏障和温度调节器，具有一系列的生理功能，包括保护功能、感觉功能、吸收功能、分泌和排泄功能、调节体温功能、代谢功能、免疫功能等。皮肤损伤是临床常见疾病，一般具有自愈能力。然而，大出血、感染及代谢性疾病等因素将会导致包括休克、复杂的持续性感染，甚至危及生命。皮肤修复是一个高度耦联的动态过程，涉及表皮和真皮细胞间的相互作用，包括血管生成、细胞外基质，细胞因子和生长因子协调等，涉及发育学、细胞生物学、生物材料学、分子生物学和临床医学等多学科交叉。目前针对皮肤损伤修复的材料有很多，然而能有效调控及促进细胞间交互响应实现组织有序形成的材料仍然十分有限。

创面修复生物医用材料是创面修复的主要工具，主要参与对伤口及创面进行止血、护理和修复。皮肤伤口直接暴露在外界环境中，容易受到外界各种微生物（细菌、真菌等）的感染，导致愈合缓慢、伤口疼痛、化脓等，同时会增加伤口管理的成本，造成巨大的个人和社会经济负担。急性创伤往往导致大出血，如抢救不及时，患者将面临缺血性休克并导致死亡。特别是由战伤、灾害、意外等导致的大出血仍然是临床救治的难点。有效的急性止血材料将会大大提高患者的生存概率，为后续救治赢得时间，特别是当下国际形势复杂，局部战争及冲突产生伤员救治需求。然而，由于救治第一现场往往条件有限，亟待开发有效抑制大出血的新型止血材料提高救援效率和挽救生命。慢性创面往往由糖尿病、感染等导致的皮肤组织难愈合，救治率低并加重医疗负担。目前的慢性创面修复材料存在抗感染能力弱，血管形成能力差，细胞迁移及重建皮肤组织能力弱的问题，进而导致感染持续及反复。因此，随着老龄化社会的快速发展，我国创面修复生物材料领域市场前景广阔，但是进口厂商占据中高端市场，国内厂商主要在中低端市场竞争异常激烈，产品种类单一，技术含量低。虽然近年来涌现出一批创新型企业，但产品性能及市场份额还需进一步加强和提升。加快提升创面材料的发展必将是健康中国发展的重要内容。整合多部门及多学科交叉研发，积极调动潜在的创业和投资机会是创新发展的重要途径。因此，本章将主要探讨新材料及临床诊治新技术如何针对临床严重皮肤损伤导致的急性创伤（如大出血）和慢性创面（感染及糖尿病并发症）进行有效的治疗。

1. 创面修复材料市场

全球创面修复材料行业规模持续增长，预计 2023 年将达到 180 亿美元，高端创面修复材料市场规模持续扩大，代表国际企业有 3M、Acelity、康维德（ConvaTec）、保赫曼、施乐辉（Smith & Nephew）、康乐宝（Coloplast）、小林制药等。我国创面修复材料产业经历了几个阶段的发展，成就了稳健、奥美、振德、昊海生科、正海生物和冠昊生物等一批龙头企业，产品逐渐从低端传统医用敷料向高端功能医用敷料发展。

2. 创面修复产品与技术分类

创面处于不同状况或不同的创面阶段，所需要选取的创面修复材料种类也不同。按照创面类型，可分为普通创面、大面积皮肤创面、烧伤创面、慢性难愈合创面等。慢性难愈创面的临床治疗较为困难，引起的原因包括糖尿病、压疮、血管性溃疡、化学试剂腐蚀、严重细菌感染和放射性溃疡等。针对创面治疗，每类创面修复材料均具备一定的特性与优点，但每种创面修复材料也均有自身的局限，应根据具体的伤口状况选择合适的创面修复材料。创面治疗涉及止血材料、创面封闭材料、创面修复材料和皮肤组织替代物。创面修复材料包括传统医用敷料、湿性医用敷料、抗菌敷料、活性敷料、生长因子与敷料连用、负压敷料、物理技术等。

湿性医用敷料符合"湿性伤口愈合"理论，能够加速伤口愈合过程，包括薄膜敷料、泡沫敷料、水胶体敷料、水凝胶敷料、海藻酸盐类敷料等。负压创面治疗通过产生负压促进毛细血管新生，加速肉芽组织生长，能够促进各类急性、慢性伤口的疗愈。富血小板血浆（platelet-rich plasma，PRP）是近几年发展较快的一项再生医学新技术，来源于自体血液，无免疫排斥和疾病传播风险，利用自体愈合机制治疗创面，目前已广泛应用于多种组织损伤的修复，且取得了令人满意的效果。大面积皮肤损伤需要人工皮肤覆盖，国际上医护人员已将人工真皮移植术列为部分皮瓣移植术的替代选择，国内外已有多个人工皮肤敷料应用于临床，如Lando®、Integra®人工真皮等，脱细胞真皮基质和含细胞的人工合成真皮是近年出现的新技术。

3. 生物医用材料前景

我国每年有近3000万人因意外事故和手术造成皮肤创伤，加上人口老龄化的加剧，低耗高效的高端功能医用敷料市场需求逐步扩大，因此，创面修复材料行业应该加快高端敷料的开发，不断满足国内医疗需求，同时提高我国出口医用敷料的附加值。

第二节　创面修复生物医用材料市场现状

一、创面修复生物医用材料全球市场现状

2018—2023年，全球创面修复材料行业规模持续增长（图8-1）。有资料统计，2018年全球创面修复材料市场规模达121.58亿美元，2019年约为124.83亿美元，2020年约为132.84亿美元，2021年增长到约145亿美元，预计2023年全球创面修复材料市场规模还将持续增长，将达到180亿美元。

中国医疗器械科技创新发展报告——生物医用材料

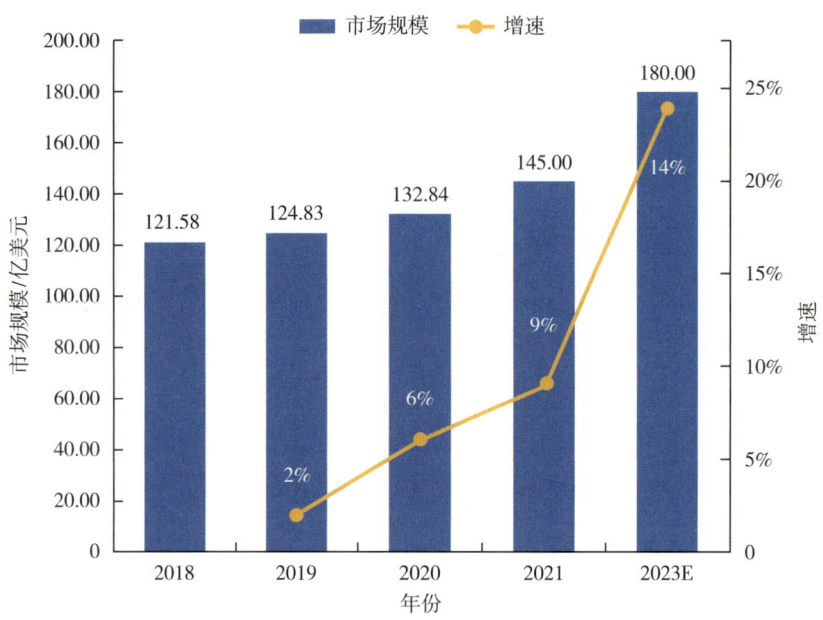

图 8-1　2018—2023 年全球创面修复材料市场规模及增速情况

（数据来源：BMI Research，中国报告大厅，北京宇博智业市场咨询）

此外，行业整体市场规模的增长带动了高端创面修复材料市场规模的扩大（图 8-2）。据统计，2019 年全球高端创面修复材料市场规模约 60.9 亿美元，2021 年市场规模增长到 66.7 亿美元，2022 年增长至 70.1 亿美元。高端创面敷料主要包括凝胶创面敷料、水胶体创面敷料、泡沫创面敷料、纤维创面敷料、薄膜创面敷料、生物创面敷料等（图 8-3）。预计 2023 年全球高端创面修复材料市场规模有望达到 80 亿美元。进而，高端创面修复材料在所有创面修复材料中占有接近 50% 的比例。

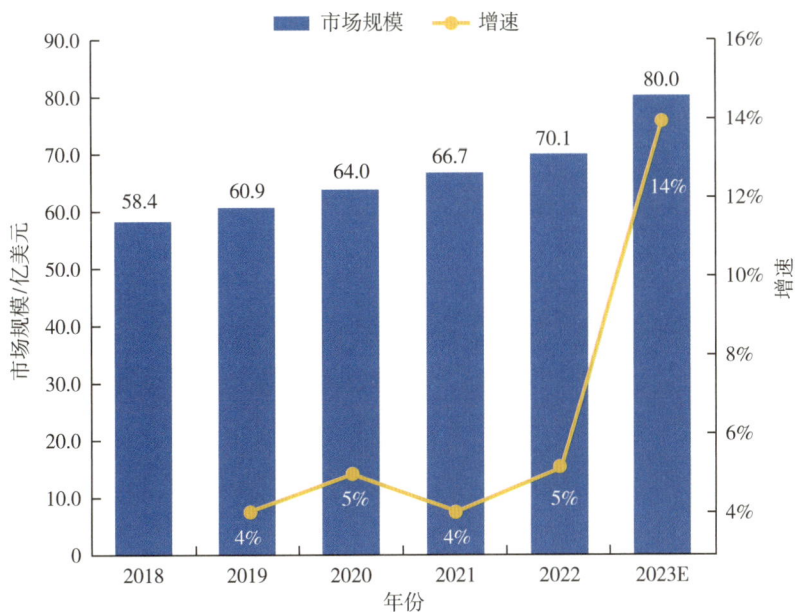

图 8-2 2018—2023 年全球高端创面修复材料市场规模及增速情况

（数据来源：BMI Research，中国报告大厅，北京宇博智业市场咨询）

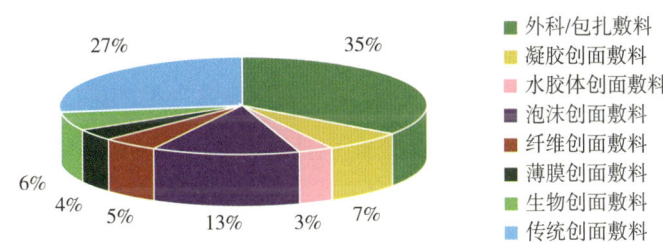

图 8-3 2020 年全球创面修复材料产品类型占比

（数据来源：BMI Research，中国报告大厅，北京宇博智业市场咨询）

二、国际生物医用材料代表性企业介绍

（一）美国创面修复材料现状与代表性企业

美国创面修复材料产业主要定位于高端创面修复材料市场，并且占据了全球高端创面修复材料市场的主要份额。美国出口的创面修复材料产品类型包括无菌肠线、昆布、止血材料、阻隔材料、胶粘敷料等，主要出口国家包括比利时、日本、新加坡等。

2019 年，中国从美国进口创面修复材料产品金额为 6.79 亿元。代表企业包括 3M、Acelity 和康维德等，产品包括 Tegaderm™ 品牌、负压引流敷料和 AQUACEL® 银离子敷料。

（二）欧洲创面修复材料现状与代表性企业

德国主要集中在慢性和复杂伤口治疗领域，在新型湿性创面修复材料和高端创面修复材料方面具有竞争优势。主要出口产品包括新型水凝胶敷料、薄膜敷料、含银泡沫敷料等，出口企业有保赫曼、L&R 国际有限公司、Mölnlycke 等。2019 年中国从德国进口创面修复材料金额为 5.90 亿元。

英国新型创面修复材料发展迅速，出口产品品类较多，除了银制抗菌敷料、防水阻菌敷料等新型功能敷料，还有传统医用敷料。2019 年，中国从英国进口创面修复材料金额为 2.50 亿元。代表企业施乐辉，伤口护理位居世界领先，产品包括瘢痕敌、透明膜敷料、医用褥疮贴压疮贴、硅酮粘胶泡沫、防水 PICC 静脉导管低敏敷贴膜、一次性使用防水阻菌敷料等。

法国创面修复材料主要为功能性医用敷料如水胶体敷料、泡沫敷料等产品。2019 年，中国从法国进口创面修复材料金额为 1.91 亿元。代表企业为法国优格集团，敷料产品包括加速愈合类、清创与抗感染类、修复与愈合类、基础护理组合类等。

欧洲其他国家创面修复材料代表企业包括荷兰的保佳力（Polyganic BV）、丹麦的康乐宝。

（三）其他国家创面修复材料现状与代表企业

日本创面修复材料已经覆盖了皮肤烧伤、创伤、黏膜溃疡和脓肿溃烂等各个领域。2019 年，中国从日本进口医用敷料金额为 5.52 亿元。代表企业包括日本爱乐康株式会社和小林制药。

韩国正在发展物理性覆盖物结合细胞再生机能的复合材料技术，韩国以 WONBIOGEN 为代表的高科技医疗企业结合细胞再生机能，正在进行湿润敷料和防粘连膜的开发。2019 年，中国从韩国进口医用敷料金额为 3.20 亿元。代表企业为韩国 BIOPOL 和 T&L 公司等，产品包括聚氨酯湿性泡沫敷料 Medifoam 和 RenoCare™ 水胶体敷料等。

澳大利亚主要生产高端新型创面修复材料，2019 年，中国从澳大利亚进口医用敷料金额为 0.26 亿元，代表企业为亚澳公司，伤口护理和压力治疗系列产品种类十分丰富。

新西兰在创面修复材料领域，生产企业数量较少。2019 年，中国从新西兰进口医用敷料金额为 0.34 亿元。代表企业有康维他（Comvita），产品包括康维他医疗级麦卢卡蜂蜜凝胶敷料。

三、创面修复生物医用材料中国市场现状

（一）我国创面修复材料行业发展历程

我国创面修复材料产业发展经历了 4 个阶段：① 1985 年左右，创面产品以纱布为主，较为单一；② 1990 年开始，企业进行深加工，呈多元化发展，产业逐渐发展壮大；③ 2000 年开始，产业享受了中国的市场红利和人口红利，很多企业开始转型升级，把产业发展推向了高潮，成就了稳健、奥美、振德、昊海生科、正海生物和冠昊生物等一批龙头企业；④目前，市场红利和人口红利降低，产业发展面临诸多压力，包括原材料价格、企业资金、人力成本、订单压力、风险控制、环保责任等。产业开始向高端功能医用敷料发展。近年来，我国医疗保障制度和基础医疗设施不断完善，医疗条件、居民健康意识和医疗消费水平不断提升，创面修复材料市场增长迅速。随着医疗招标制度的改革和行业监管的加强，行业准入门槛提高，业内领先企业的竞争优势越发突出，行业集中度也将进一步提升。

（二）中国创面修复材料市场规模分析

2018—2022 年，中国创面修复材料的市场规模持续高速增长（图 8-4），从 2018 年的 95 亿元增长到 2021 年的 259 亿元，预计在 2023 年增长至 453 亿元。

从产品注册情况来看（图 8-5），2021 年，我国创面修复材料产品备案、注册数量为 8892 件，其中国产产品数量为 8642 件，进口产品数量为 250 件。从管理类别来看，Ⅰ类产品数量为 6437 件，占比高达 72.4%；Ⅱ类 2165 件，Ⅲ类 290 件，占比分别为 24.3%、3.3%。其中高端创面修复材料如水胶体敷料、泡沫敷料、生物敷料、含银敷料的产品数量仅有 196 件，占全部产品数量的 2.2%。其中国产产品数量为 132 件，占比 67.3%；进口产品 64 件，占比为 32.7%。因此，目前我国创面修

复材料市场仍处于传统医用敷料占据主导地位阶段，高端医用敷料市场尚处于培育阶段。

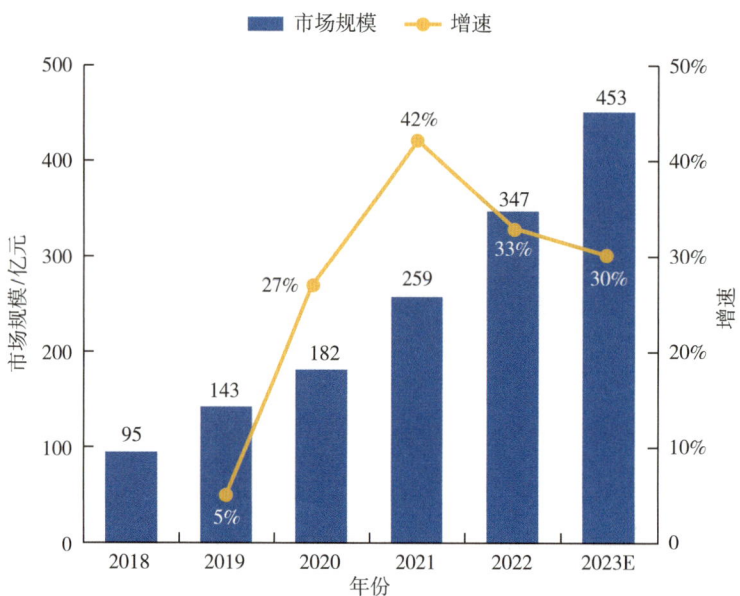

图 8-4　2018—2023 年中国创面修复材料市场规模及增速情况

（数据来源：中国报告大厅，北京宇博智业市场咨询）

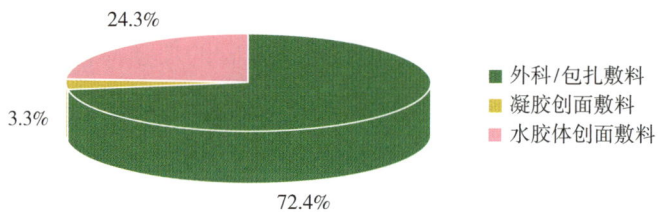

图 8-5　2021 年中国创面修复材料产品注册类型占比

（数据来源：国家药监局公布数据）

（三）创面修复材料进出口情况

创面修复材料作为一类重要的卫生材料类医疗用品，在我国进出口贸易中扮演着重要角色。近年来，我国创面修复材料行业保持高速发展，出口额始终占全球创面修复材料出口总额的 20% 以上，已经成为全球创面修复材料第一大出口国。近 5 年，我国医用敷料出口量及出口金额整体呈上升趋势。资料显示，2018 年，中国医用敷料出口数量为 20.72 万吨，金额达 14.35 亿美元；2021 年，出口数量为 22.26 万吨，金额达 20.04 亿美元（图 8-6）。同时，我国每年也要进口相当数量的医用敷料。2018 年，我国医用敷料进口金额为 2.28 亿美元；2019 年，进口金额为 2.82 亿美元；2020 年，进口金额为 2.20 亿美元；2021 年，进口金额为 3.30 亿美元；2022 年，进口金额为 3.09 亿美元（图 8-7）。

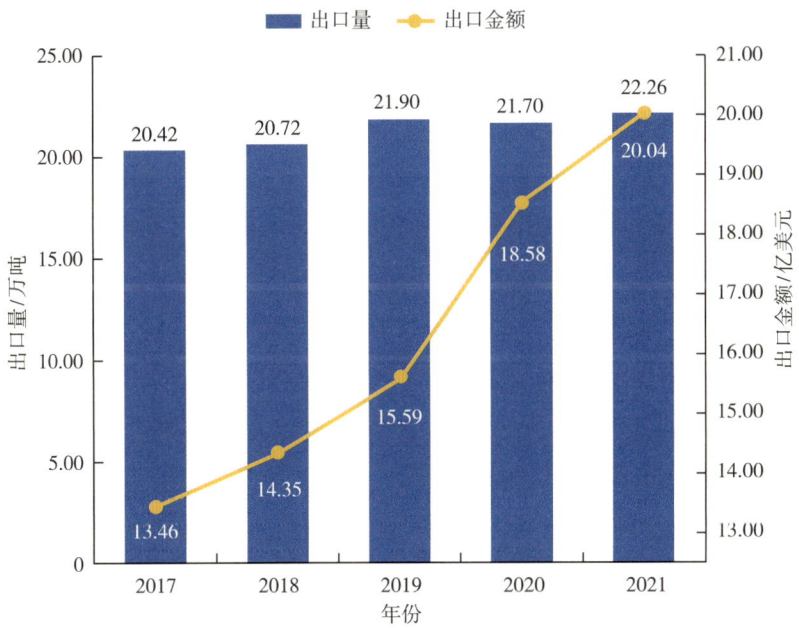

图 8-6 2017—2021 年中国创面修复材料产品出口量及出口金额情况

（数据来源：根据中国国家统计局和海关总署公开资料整理）

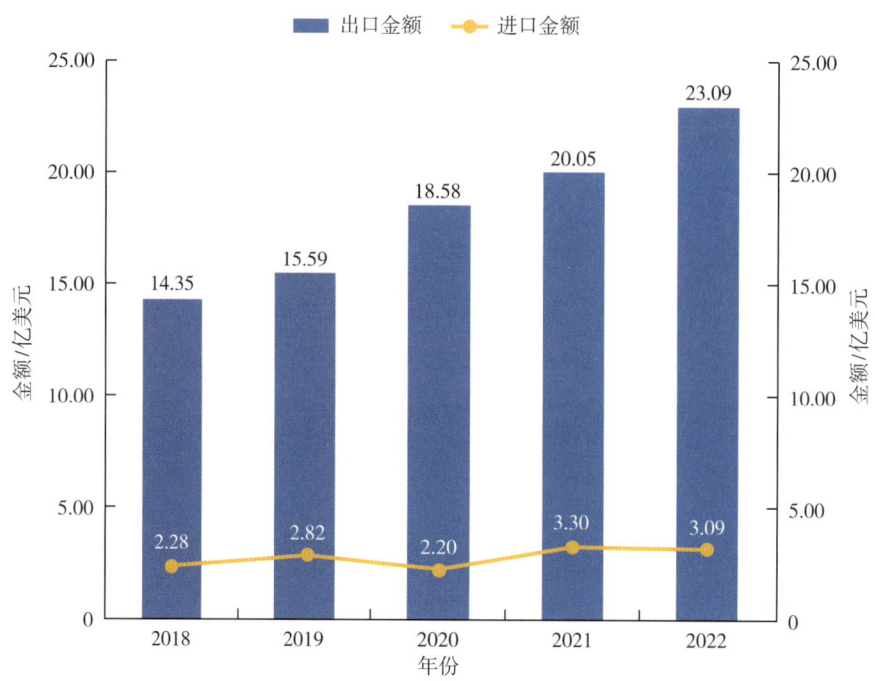

图 8-7　2018—2022 年中国创面修复材料产品进出口金额情况

（数据来源：根据中国国家统计局和海关总署公开资料整理）

（四）创面修复材料国内代表性企业

面对巨大的国内市场需求，创伤修复领域一些优秀的国内企业会迎来较好机会，如稳健医疗、振德医疗、奥美医疗、昊海生科、正海生物、冠昊生物、佰仁医疗、兰度生物、青岛博益特和明月海藻等。

稳健医疗用品股份有限公司是一家以"棉"为核心，国内最早建立从棉花采购到纺纱、织布的医用纱布全产业链，并实现灭菌后纱布成品直接对外出口的企业之一，为医疗单位提供全球领先的伤口护理和感染防护解决方案，产品获得欧盟 CE 认证、美国 FDA 认证、日本厚生省认证，主要产品线包括伤口护理产品、感染防护产品及消毒清洁产品，具体包括高端伤口敷料产品、传统伤口护理与包扎产品、手术室感染控制产品、疾控防护产品及用于体表清理的消毒清洁产品，为国内医用敷料行业的标杆企业。

第八章
创面修复生物医用材料

振德医疗用品股份有限公司是中国领先的医疗护理与防护用品供应商。公司产品涵盖基础敷料、现代伤口、手术感控、传统伤口护理、压力治疗与固定、家庭护理运动防护与消毒清洁用品等系列产品。公司的产品与解决方案已服务于以欧美为主的全球73个国家及地区和中国近万家医疗机构，以及4万多家药店。公司在手术感控与防护用品、压力治疗等细分市场保持品牌号召力和领先优势。

奥美医疗用品股份有限公司是国内领先的医用敷料产品制造商和出口商。经过20余年的发展，奥美医疗已经完成从纺纱、织布、脱漂，到加工、包装、灭菌、检测的全产业链覆盖，具备突出的自动化、规模化生产优势。自2008年始，公司已连续10年保持中国医用敷料行业出口第一的位置。2017年，公司被选为工业和信息化部两化融合管理体系贯标试点企业。

昊海生科是一家专注医用生物材料的高科技生物医药企业，生产全系列可降解生物材料透明质酸钠、水溶性医用几丁糖、胶原蛋白系列产品和国家一类新药"基因重组人表皮生长因子"与相关产品，以及临床应用外科、术后防组织粘连、临床各科的止血、创伤及缺损性充填等产品。

兰度生物致力于高端生物医用材料的研发及产业化，在创伤修复领域快速发展，开发了Lando®双层人工真皮修复材料，填补了国内空白。Lando®人工真皮经过多年市场推广，广泛在多家三甲医院使用，每年拯救数万患者。具有负压引流护创产品，广泛应用于普外科、整形外科、烧伤科、妇产科、血管外科等领域。

青岛明月海藻集团有限公司为全球最大海藻生物制品企业，旗下生物医用材料产业板块具备海藻酸提取、湿法纺丝、无纺布加工、包装成型等一系列从原材料海藻加工到制备功能性医用敷料技术的全产业链优势，已形成海洋生物纤维、海洋生物无纺布、功能性医用敷料、海洋日化等系列产品。藻酸盐无菌伤口敷料、亲水性纤维敷料、含银敷料等产品取得Ⅱ类、Ⅲ类医疗器械注册证、CE及美国FDA 510K认证。

青岛博益特生物材料股份有限公司致力于研发海洋生物止血新材料和仿生修复材料，公司产品覆盖3个系列：①止血功能性材料系列：用于组织器官手术的止血功能性产品术益纱；用于促进各种手术、烧伤、溃疡、窦道等创面愈创产品止血愈创纱；用于肛肠科和妇产科手术切口及损伤创面修复愈合、抑制瘢痕增生的产品医用胶体敷料；用于军队野战外科、战创伤的急救产品壳聚糖止血粉。②止血防粘连粉、生物止血胶、止血海绵。③护创粉等产品。

第三节　国内外创面修复生物医用材料重要技术和产品研究进展

一、临床适应证产品概述

创面愈合的过程是复杂且高度协调的，其过程包括止血期、炎症期、增殖期和组织重塑期。修复过程需要不同细胞包括角质细胞、成纤维细胞等，相互协调、相互配合，通过增殖、迁移、分化，形成新生肉芽组织和再上皮化，共同作用对新组织的形成和创面愈合至关重要（图8-8）。

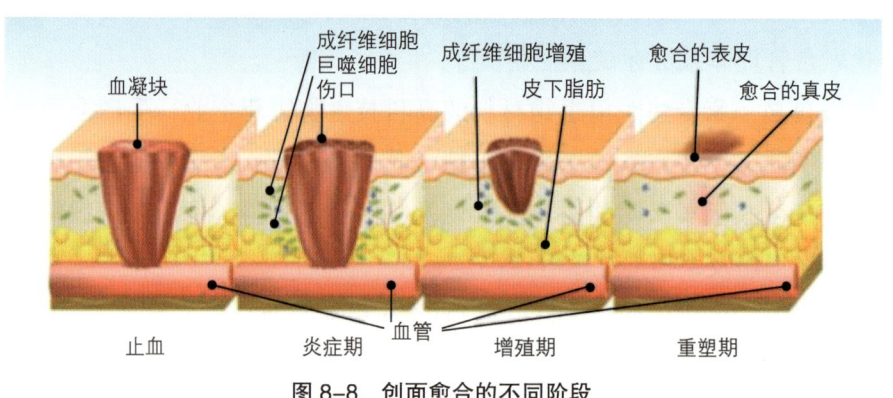

图 8-8　创面愈合的不同阶段

同样的创面处于不同状况下或处于不同的创面阶段，所表现出的创面特征不同，所需要选取的创面修复材料种类也不同。每类创面修复材料均具备一定的特性与优点，但每种创面修复材料也均有自身的局限，没有哪一种创面修复材料适用于一个创面的各个阶段，应根据具体的伤口状况选择合适的创面修复材料。

（一）普通创伤创面

普通创伤创面一般伤口较浅、创面面积较小，而且在创面初期并不存在大量细菌感染情况，普通创面可以采用传统医用敷料进行处理。若创面有一定的组织液渗出或有轻微的细菌感染，则可以采用液体敷料或抗菌敷料进行处理。

（二）大面积皮肤创面

意外事故造成的大面积皮肤缺损创面受伤面积大，创面范围广泛，软组织损伤严重，多伴有血管神经的损伤，污染严重，治疗难度较大。在处理意外事故造成的大面积皮肤缺损创面时，可以在内层使用海藻酸盐敷料或泡沫类敷料，外层使用水胶体医用敷料覆盖促进新肉芽生长，也可以选用负压引流敷料。

（三）大面积烧伤创面

在大面积烧伤创面中，皮肤的受损部分分为凝固带、瘀滞带与充血带。医治烧伤需要解决敷料对气体的透过性、防止组织液体液的流失、敷料的力学性能、与组织的接触排异性等。烧伤除了破坏皮肤和组织，同时会引起包括水、电解质和酸碱平衡失调、休克、感染、败血症等一系列复杂的病理、生理变化，因此对覆盖烧伤创面的敷料提出了非常高的要求。大面积烧伤创面可使用水胶体油纱、银离子敷料、生物敷料、泡沫敷料、水凝胶敷料和海藻酸盐敷料。

（四）慢性难愈合创面

慢性难愈合创面或称慢性创面，是指经过正规治疗超过一个月仍无法愈合，同时也无愈合趋势的创面。其形成的原因很多，随着各种慢性疾病患者的增加，与之相关的糖尿病足、下肢静脉性溃疡，以及压创等慢性创面也呈现高发病率，具有发病机制复杂、治疗难度大、治疗周期长、费用高等特点，严重影响患者身心健康和生活质量。主要采用水胶体类敷料、水凝胶类敷料、藻酸盐类敷料、泡沫类敷料、银离子敷料、负压引流敷料等进行治疗。

糖尿病是引起慢性创面的一个主要因素，以糖代谢紊乱导致的持续性高血糖，引起足部的周围神经病变及外周血管病变，由足部承受的机械压力引发局部溃疡、感染和深层组织结构破坏等糖尿病溃疡创面。在糖尿病足患者中，血管性占20.5%，神经性占19.1%，混合型占60.4%。有15%的糖尿病患者一生中可能发生糖尿病足，同时其截肢风险高10～15倍。

压疮又称褥疮或压力性溃疡创面，是由于局部组织长期受压，引起血液循环障碍，组织营养缺乏，致使皮肤失去正常功能而引起的组织破损和坏死。血管性溃疡是下肢慢性溃疡中较为常见的一种类型，分为静脉淤血性溃疡和动脉缺血性溃疡，前者占血管性溃疡患者的绝大部分。窦道创面可发生于软组织、脂肪、肌肉甚至骨质等，由创伤后多种原因所致伤口感染、脓肿形成、切开后引流不畅或脓肿内异物刺激、反复感染，使伤口不愈而形成。化学试剂腐蚀创面主要包括被强酸或强碱腐蚀的创面，也属于烧伤的一种。腐蚀创面烧伤深度常在深Ⅱ度以上，创面疼痛剧烈，易感染，并发创面脓毒症。严重细菌感染创面是外部伤口处理不当或自身免疫疾病等引起的感染，往往源于单种细菌致病，逐渐发展为几种细菌的混合感染，创面感染以金黄色葡萄球菌和绿脓杆菌致病为主。放射性溃疡主要见于恶性或良性疾病的放射性治疗、职业性或意外事故受照射及战时核辐射。伤口感染加上放射效应作用，极易引起巨大溃疡、急性出血、全身感染等危及生命。

国家卫生健康委能力建设和继续教育中心于 2022 年 12 月发布了《创面修复学科能力建设——百千万五年行动计划执行标准（2022 版）》，计划 5 年内在我国 100 家省市（地）级医院建立达到标准的创面修复科，在 1000 家县级医院建立达到标准的创面修复病区（房），在 10 000 家基层医疗机构建立达到标准的创面修复工作站，形成针对各类慢性难愈合创面诊疗的多层级联动的医疗网络，切实贯彻践行《"健康中国 2030"规划纲要》。

二、止血材料与技术

（一）临床出血类型及止血方法分类

创伤已经成为当今全球一项严重的公共健康问题，它是 45 岁以下青壮年死亡的第一位死因。出血是创伤后频发的临床表现，伤员现场出现死亡的首要原因为出血失控。不可控制地大量出血往往存在于战争、车祸、自然灾害和外科手术等紧急的情况下。在部分外科手术中，如心血管、骨科肝脏等，大面积出血和渗血不仅使得外科医生手术操作难度增大，甚至会导致手术失败。

临床出血类型按受伤血管可分为动脉出血、静脉出血、毛细血管出血、实质出血；按血液流至部位可分为外出血和内出血；按出血次数和时间可分为初次出血、二次出血（主要发生在动脉，静脉极少发生）、重复出血（可见于破溃的肿瘤）、延期出血。

止血方法主要依据凝血机制应运而生，血液由流动的液体状态转变成不能流动的凝胶状态的过程，称为血液凝固。机体生理性凝血过程包括凝血活酶（凝血酶原酶复合物）的形成，凝血原酶的激活和纤维蛋白的生成。现阶段的主要止血方法包括手术技术、止血器械、药物止血、压迫止血和局部止血材料（图 8-9）。

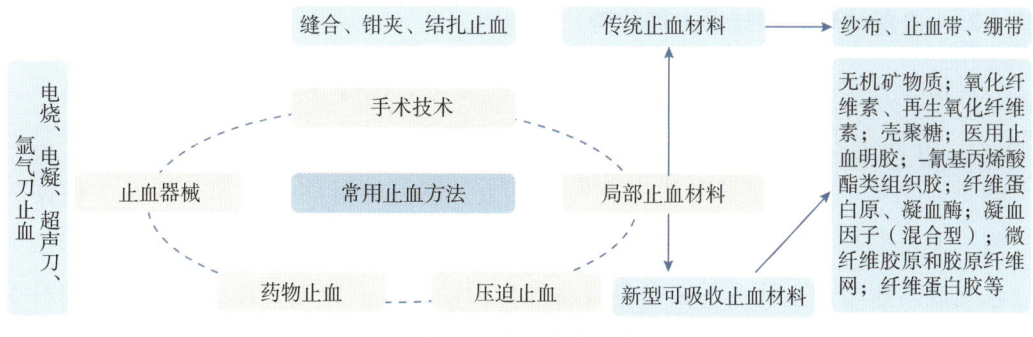

图 8-9 止血方法示意

（二）止血技术与材料的应用

1. 手术技术止血现状和技术发展趋势

手术技术止血中常见手法为缝合、钳夹、结扎止血。结扎止血法是术中最常用，也是最主要的止血方法。凡能看清明显出血点的出血都可使用。有单纯结扎和贯穿结扎两种。主要是通过丝线结扎止血或者缝扎止血，如果是血管性出血，则可以采取缝扎止血或者血管缝合线缝合修补血管壁止血。但类似于结扎所使用的线头若作为异物长期留在组织中，则可能会造成感染或者引起组织排斥反应。随着新技术的发展，结扎止血新器械和新材料也层出不穷。主要代表性产品是一次性植入性医疗器械结扎夹（闭合夹），在包括微创外科手术在内的外科手术中用于管状组织（如血管、胆囊管等）进行结扎操作。结扎夹分为 3 种类型，即钛金结扎夹、高分子结扎夹和可吸收结扎夹。恒州博智公司最新调研显示，2021 年全球结扎夹市场规模为 11 亿美元，2017—2021 年复合增长率为 6.73%。目前全球主要厂商包括泰利福医疗、Grena、美敦力、强生和 B. Braun 等，2021 年 top 5 厂商份额占比超过 58%。中国市场在过去几年变化较快，2021 年市场规模为 1.5 亿美元，约占全球的 16.92%，预计 2028 年将达到 6.4 亿美元，届时全球占比将达到 31.46%。其中康基医疗是国产结扎夹的龙头企业，2021 年结扎夹产品收入达到 0.3 亿美元。随着政策的支持和国产产品的质量提升，国产产品凭借质量、售后服务、性价比等优势，正逐步抢占中国市场，不断实现进口替代。随着微创手术替代开放手术日益盛行，结扎夹市场需求量会逐渐增加，高分子结扎夹和可吸收结扎夹呈现逐渐替代钛结扎夹应用趋势。

2. 止血器械现状和技术发展趋势

目前在外科手术中常见的止血装置有高频电刀电凝（单极、双极）、氩气刀、PK 刀（等离子刀）、超声刀等。自 1920 年高频电刀应用于临床，伴随着计算机技术的更新迭代，已实现了对功率波形、电压、电流的自动调节和各种安全指标的检测，大大提高了设备本身的安全性和可靠性，简化了医生的操作流程，还派生出一系列以高频电设备为主的复合型设备和专用附件。高频电刀相比于其他电外科手术器械，如激光刀、超声刀、微波刀和水刀等，适应手术范围广，更易进入手术部位，且操作简便。全球知名的高频电刀企业包括美敦力柯惠、康美、强生，以及爱尔博、马丁、奥林巴斯等。目前高频电刀设备属于二、三级医院标准配置设备，国内市场中高端的高频电刀产品仍以进口为主，美敦力柯惠、德国爱尔博是国内高频电刀市场主导者，美敦力柯惠的市场占有率超过 50%。在消化内镜及呼吸介入治疗细分领域，爱尔博市场占有率超过 95%。国产高频电刀占有率第一的为上海沪通。中国医用高频电刀市场规模从 2018 年的 70.5 亿元，增长至 2021 年的 105.5 亿元，2018—2021 年的复合增长率为 14.4%。预计将于 2025 年增长至 189.5 亿元，2021—2025 年的复合增长率将为 15.8%。目前，多元化、智能化和人性化是高频电设备发展的方向。

另外，止血钳是一种通过夹住血管实现血液阻断的外科手术器械。止血钳有大、小、无齿、有齿、弯形、直形等类型，根据手术过程中操作部位可选用不同类型的止血钳。2021 年，全球止血钳市场规模达 4.02 亿元，根据贝哲斯咨询预测，到 2027 年，全球止血钳市场规模预计将达到 6.0 亿元。

3. 药物止血现状和技术发展趋势

止血药物是指制止体内外出血的药物，适用于各部位出血病症，如创伤出血、尿血、便血、咯血、吐血、崩漏、紫癜及衄血等。按药理作用，它主要包括促凝血因子活性药、抗纤维蛋白溶解药、降低毛细血管通透性药和其他外用止血药。血液在人体中发挥着运输、调节温度、防御、调节渗透压和酸碱平衡的重要功能，当机体出血时，若不及时止血，则会造成机体功能紊乱甚至于危及生命，因此止血药物的应用具有重要的临床意义。截至目前，止血药物已在各种手术中普遍采用，其市场规模保持稳定增长态势。数据显示，截至 2020 年，我国止血药物行业市场规模已达 106.69 亿元，同比增长 15.10%。其中，激活凝血因子活性药为我国止血药物市场规模的主要增长来源及主流产品，2020年其规模达到88.60亿元，在止血药物市场规模中的占比高达83.04%。止血药物作为刚需类产品，预计未来其市场规模仍将保持不断扩大趋势，到2025年有望突破150亿元大关，行业发展前景广阔。

凝血因子使用至今经历了从第一代血源性凝血因子到第二代重组产品和第三代长效重组产品的演变和发展。血源性凝血因子Ⅷ是最早的凝血因子产品，其来源于血浆的提取，由于血浆的资源属性，其生产准入门槛高，但技术壁垒要相对于重组人凝血因子Ⅷ低很多。同时，血源性凝血因子在使用过程中具有一定的感染风险。重组人凝血因子的生产模式更接近化学药物的生产模式，经过工艺的更迭，已经可以完全避免感染的风险，但其作为外源性物质有小概率会引起免疫系统的排斥反应。

全球凝血因子产品主要有Baxalta公司的Advate/Recombinate、拜耳公司的Kogenate FS、诺和诺德的Novoseven，以及辉瑞的BeneFix、Xyntha/Refacto和Helixate FS/Helixate NexGen等。2021年之前，国内重组凝血因子依赖于进口，随后国家药监局公示了北京神州细胞生物技术集团股份公司神州细胞注射用重组人凝血因子Ⅷ（SCT800）正式获批，标志着国产重组凝血因子Ⅷ实现了零的突破。

4. 压迫止血现状和技术发展趋势

压迫止血一般是对出血部位血管闭合减缓血流，予以血小板、纤维蛋白、红细胞等发挥其功能，形成血栓，以达到止血的目的。发展至今，压迫止血最为常用，止血带已有500年历史，其间更新换代了无数次。止血带的应用被认为是降低出血引起的死亡率的重要因素。紧急止血带旨在压迫肢体以限制血液流动，是战术和非战术情况下的重要救生装置，适用于阻断手臂、大腿等伤口部位上方血流以减少失血。战术战伤救护委员会（Committee of Tactical Combat Casualty Care，CoTCCC）最新的《战术战伤救治指南》（TCCC）规定，止血带作为战术性质战伤救护的基本技术，应用于院前控制出血。我国新式快速止血带的两个重要部分为尼龙扎带和收紧把手。使用时首先将尼龙扎带套在受伤肢体创口的上部扣住卡扣，然后用力拉紧尼龙扎带，再不断地旋转收紧把手便可以实现快速压缩性止血。目前该快速救护装备已大面积列装在一线部队野战救护兵并随同单兵急救包配发到每一个战士手中。

随着智能穿戴设备的不断发展，止血带也由手动向自动化发展。如HXY型电动气压止血带属于手术室、急诊室、诊疗室设备，是一种智能手术治疗器械，可根据压力表随时测定、控制及调节压力大小，避免因人为疏忽而导致止血带时间过长。

尤其在手外科手术中，手部组织结构精细，使用止血带后，手部组织显露清晰，便于操作，最大限度地减少创面出血，提高了手术成功率，缩短了手术时间。2021年，全球气动止血带市场总规模达到26.77亿元，中国气动止血带市场规模达到8.61亿元，并占全球气动止血带市场总份额的32.18%。在2021—2027预测期间内，预计气动止血带市场将以7.24%的复合增长率稳步增长，预计在2027年全球气动止血带市场总规模将会达到40.16亿元。目前，世界气动止血带行业已有多家生产企业，主要市场参与者有齐默、史崔克和乌尔里希医疗等。

5. 局部止血材料现状和技术发展趋势

（1）可吸收止血材料

可吸收止血材料是指应用于伤口出血部位能够达到止血目的，并在一定时间内能被人体吸收的医用材料。在手术治疗中，出血过多不仅会延长手术时间，增加手术难度，还有可能出现严重的并发症，造成患者死亡，因此可吸收止血材料是临床治疗中最重要的医疗材料之一。可吸收止血材料在各种外科手术中都发挥着重要作用，其市场需求不断上升，行业发展前景广阔。2021年，全球可吸收止血材料销售额达到219亿元，而2021年我国可吸收止血材料市场规模达到33亿元，行业市场规模与全球走势趋同，但增速普遍高于全球市场。

新型可吸收止血材料分类多样，优势相较于其他止血方法显著，根据功能特性，可分为4类：物理止血、生物止血、混合型和纤维蛋白胶。诸多新型可吸收止血材料主要临床应用于心血管、神经外科、眼科等多个科室，临床应用的领域广、种类多，产品之间竞争压力较大（表8-1）。

表8-1 海外可吸收止血材料主要厂商

产品分类	产品名称	主要成分	厂商
可吸收止血纱布	速即纱（Surgicel 1952）	氧化再生纤维素	Johnson & Johnson
	CuraCel	氧化再生纤维素	Cura Medical
	CuraTamp	氧化纤维素	Cura Medical
	GELTA-CEL	氧化纤维素	GELTA Medical
	TUFT-IY	明胶原纤维	GELTA Medical
	MERIZELLETM	氧化再生纤维素	Meril Life Sciences

续表

产品分类	产品名称	主要成分	厂商
可吸收止血海绵	GELITA–SPON RAPID	n/a	GELITA MEDICAL
	GELITA–SPON	n/a	GELITA MEDICAL
	CuraSpon	明胶	Cura Medical
合成密封胶	TISSEEL	纤维蛋白原和凝血酶	Baxter
	PREVELEAK	纯化牛血清白蛋白和多醛	Baxter
可吸收流体	SURGIFLO	明胶颗粒和人凝血酶	Johnson & Johnson
	FLOSEAL	明胶颗粒和人凝血酶	Baxter
	RECOTHROM	明胶颗粒和人凝血酶	Baxter
	Tachosil	纤维蛋白密封剂	Baxter

我国市售可吸收止血材料相关产品类别覆盖较全，主要参与者和竞争格局已成形（表8-2）。中国市售止血材料以可吸收止血纱布占多，其技术含量和生产成本相对于其他类型产品在生产制造方面壁垒相对较低，可吸收止血纱布已然成为企业步入可吸收止血材料行业的门槛，造成可吸收止血纱布市有数量较多的市场格局。我国市有可吸收市止血材料主要以强生、青岛中慧、大清生物、博益特生物为主，企业均实现了在多类型产品广泛布局的竞争格局，个别类型竞争力度大，群芳争艳的市场格局已然形成。

表 8-2　国内可吸收止血材料主要厂商

产品分类	产品名称	批准文号	厂商
可吸收止血纱布	可吸收止血纱布	国械注准 20143142370	华阳医疗器械
	吸收性可溶止血材料	国械注准 20143141857	中惠圣熙
	可溶可吸收性止血绒	国械注准 20153141841	中惠圣熙
	可降解性止血绫	国械注准 20153141842	中惠圣熙
	可降解止血纱	国械注准 20153141934	中惠圣熙
	可吸收性止血纱布	国械注准 20163142396	泰科斯曼
	消炎止血网	国械注准 20173640866	泰科斯曼
	止血愈创纱	鲁械注准 20172140515	博益特生物
	可吸收止血纱布	国械注准 20183641039	金玖生物
	可吸收再生氧化纤维素	国械注准 20213140626	迈普医学

续表

产品分类	产品名称	批准文号	厂商
可吸收止血海绵	医用胶原蛋白海绵	国械注准 20143142302	贝迪生物
	壳聚糖止血海绵	鲁械注准 20152140338	博益特生物
	胶原蛋白海绵	国械注准 20153142142	益而康
	胶原蛋白海绵	国械注准 20163142424	创尔生物
	胶原蛋白海绵	国械注准 20193170276	湃生生物
可吸收止血粉	可降解止血粉	国械注准 20153142041	中惠圣熙
	微孔多聚糖止血材料	国械注准 20173143348	爱特康
	复合微孔多聚糖止血粉	赣械注准 20182640139	鑫朗药业
	多聚糖止血材料	国械注准 20193140407	德威兰
	微孔多聚糖止血粉	冀械注准 20192140077	亿生堂
	可吸收复合多聚糖止血粉	国械注准 20203140664	联佰博超
	可吸收止血粉	国械注准 20223141804	中腾生物
	可吸收多糖止血粉	国械注准 20223141834	博创同康
纤维蛋白胶	猪源纤维蛋白粘合剂	国药准字 S20110020	倍绣生物
	人纤维蛋白粘合剂	国药准字 S20063022	新兴医药
	人纤维蛋白粘合剂	国药准字 S20030070	莱士血液制品
	人纤维蛋白粘合剂	国药准字 S20020085	华兰生物
可吸收液体	SURGIFLO	国械注进 20183142459	Johnson & Johnson
可吸收生物膜	可吸收止血医用膜	国械注准 20153141860	中惠圣熙
	可吸收止血医用膜	国械注准 20183140495	大清生物

（2）不可吸收止血材料

不可吸收止血材料产品较杂，此处主要着重介绍不可控大出血急救用止血材料的发展现状。加压包扎止血是现场急救遵循的基本原理；纯棉制成的棉敷料或三角巾是应用最广泛的战伤止血材料，止血带是现场处理致命性出血的最后工具；硅铝酸盐类无机盐和壳聚糖等止血剂是新研发装配的增效止血材料，能显著降低现场失血造成的死亡率，提高抢救的成功率。

硅铝酸盐类无机盐止血材料经历了近20年的发展，经复合材料的不断更新迭代，无机盐类止血材料对止血带或加压包扎敷料不能起有效作用的伤口部位（如腹股沟伤等）也可以实现快速、高效止血。无机盐止血材料从2002年美国FDA批准的第一代产品 Quickclot（Z-Medical，USA）因止血高放热灼伤组织的副作用，后被第二代 QuickClot ACS＋产品替代，产品经无纺纱布包裹沸石颗粒，可实现止血后术中快速的清创处理；2018 年，Z-Medical 公司进一步发展了第三代产品负载 Kaolin 的纱布（QuikClot Combat Gauze）或止血海绵（QuikClot Advanced Clotting Sponge）。全球作战敷料市场的主要参与者包括 First Care Products、TyTek Group、PerSysMedical、IBC、H&H Medical Corporation、Bound Tree Medical、Z-Medica、以色列急救、Celeox Medical 和 Quickkare。2022 年，全球作战敷料市值超过 700 万美元。

壳聚糖类止血材料通过活化凝血因子和血小板加速凝血过程，兼具抗菌抑菌作用。2022 年，全球壳聚糖市场规模为 120.7 亿美元。到 2031 年，预计将达到 848.8 亿美元，2023—2031 年预测期内的复合增长率为 24.2%。TCCC 指南将壳聚糖类止血敷料 HemCon Gauze（HC）和壳聚糖止血颗粒（Celox，CE）先后列为止血推荐产品。但 HC 和 Celox 因在降解吸收过程中易引起异物反应，均需在术前进行清除，不可作为可吸收材料。壳聚糖止血粉市场的主要公司有 Rusun Medical、Celox、迈德医疗器械、江西领行生物科技、盐城市盐康医疗器材、青岛博益特生物材料、赛克赛斯生物科技、Omni-stat Medical、天津泰康生物制药等。院前急救第三代壳聚糖敷料凯特止速效止血纱布，适用于临时性的辅助控制体表伤口和创面的严重大出血，产品与伤口接触时间最长不超过 24 小时，一次性使用。

新一代壳聚糖结合微型海绵止血敷料 XStat 是美国研发的便携止血系统，是唯一一种能立即控制其他方法失败的穿透性伤口出血的注射性伤口治疗方法。在注射几秒钟后可实现立即止血，无须手动按压。XStat 对交界区止血的成功率高达 90%，可持续止血 4 小时，使用时长不应超过 4 小时。研究发现 XStat 在止血和存活率指标上均优于 QCG，并被 2016 版 TCCC 指南列为战创伤止血推荐产品。但 XStat 止血后手术过程中取出费时，仍有待进一步的发展和改进。

我国研发的系列止血产品有急救壳聚糖止血粉/海绵/纱布、多聚糖止血颗粒和沸石止血敷料、聚丙烯酸树脂止血敷料和多功能液体止血敷料等，均有显著的止血效果。如深圳鸿华药业公司和科研院所联合研制的速效止血粉"血盾"，其以沸石为主要有效成分，在 30 秒内止住动静脉大出血。目前该产品已临床应用。杭州沸创生命科技股份有限公司研制的沸石止血纱布于 2022 年 2 月 10 日通过美国 FDA 510k 医疗器械认证，获得在美国上市的资格，可在美国及认可美国 FDA 的国家和地区进行销售。在获批美国 FDA 510k 认证之前，该产品已经于 2021 年 1 月 25 日获国内 II 类创新医疗器械注册证。产品可广泛应用于战场急救、应急救援、外科止血（不用于体内）、高危行业急救、交通意外急救等领域。

随着科技发展，新概念武器损伤对止血材料提出了新要求。新概念武器致伤因素多样化，尤其是腹腔内组织与器官易于严重受损，致使紧急救生过程需要更加先进和精准化的救治手段和技术。另外，针对特殊环境下（高寒、高热、低氧分压或强紫外线下）的紧急救治，对止血手段和技术又提出如操作性、耐温性、便利性、抗菌性、镇痛作用和保质期等特殊要求。目前，国内针对特殊创伤展开相关止血研究仍较少，是未来科学研究发展的新方向。

三、创面封闭材料与技术

无法自愈的开放性创口一般都需要进行清创和伤口闭合，缝合、吻合器是常用的临床伤口闭合技术，医用胶等免缝合伤口闭合新技术也开始进入临床使用。医用缝合线的发展从材质方面经历了丝线、羊肠线、化学合成线、纯天然胶原蛋白缝合线，从吸收性方面经历了非吸收缝合线和可吸收缝合线，我国近几年对医用缝线需求以 15% 左右的增速逐年上升，市场规模在 120 亿元左右，其中可吸收缝合线使用率占比在 75% 左右。吻合器利用钛钉对组织进行离断或吻合，类似于订书机，具有缝合高效、操作简便等特点。随着微创外科手术的发展，在消化道重建手术中，吻合器吻合已经逐渐代替手工缝合成为腹腔吻合操作的主要方式。2022 年，全球吻合器市场销售额达到了 91 亿美元，复合增长率为 9.01%。手术微创化、器械操作智能化是大势所趋。发达国家的微创手术比例已达 80%~90%，中国最好的医院微创手术比例为 70%。国内微创手术仍有较大发展空间，微创手术的普及将会拉动吻合器市场持续增长。

缝合和吻合都存在损伤和拆线瘢痕的问题，无创伤口闭合技术能够避免这些问题，包括闭合贴和医用组织胶水（图 8-10）。美国 Stryker 公司开发了免缝合伤口闭合 "Zip line" 拉链创可贴，只需要轻轻一拉，就能够将伤口合在一起，提高了伤口闭合效率，避免了缝合带来的皮肤瘢痕，同时避免了患者术后活动时对伤口产生的牵拉张力，促进伤口愈合。类似的产品还包括 Dermaclip 和 DynaClose（戴乐可）动态闭合医用胶带、无针皮肤缝合器、医用皮肤减张闭合器等。医用组织胶水正逐渐代替传统缝合技术，仅需涂抹就能使皮肤快速粘合，因抗菌抑菌、操作简便，对小创口、擦伤、切割伤等非慢性创面处理极具优势，同时也适用于微创手术。

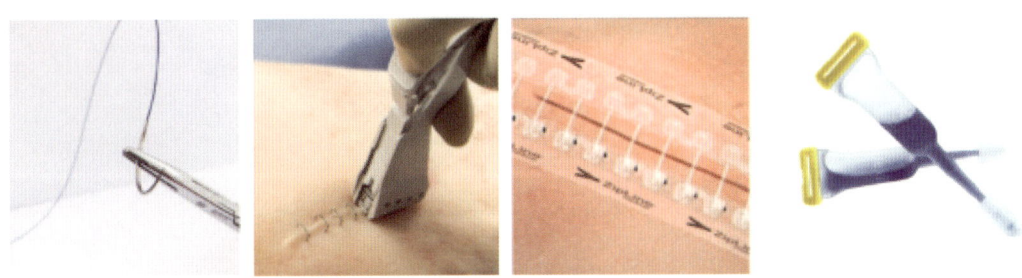

图8-10　创面封闭技术（包括缝合、吻合、闭合贴和医用胶水）

四、创面修复技术与产品

（一）传统医用敷料

传统医用敷料主要包括医用脱脂棉花、纱布和绷带等，主要作用是覆盖伤口，阻隔创面以防感染，适用于普通创面和干性治疗环境，并且可以加入一定药物成为药物附着敷料，仍然是目前临床主要使用的医用敷料。但缺点是会粘连，有疼痛感，换药时可能产生二次损伤。我国是传统纺织大国，供应超过全球50%的传统敷料和一次性手术耗材，发展出了稳健医疗、振德医疗、奥美医疗等医用敷料龙头企业。但是，传统医用敷料技术门槛不高，产品高度同质化。

（二）湿性医用敷料

湿性医用敷料是指湿性伤口愈合疗法所用的医用敷料。"湿性伤口愈合"理论认为湿润且具有通透性的伤口敷料应用后所形成的湿润环境中，表皮细胞能更好地增殖、迁移，从而加速了伤口愈合过程，并逐渐被临床广泛接受并指导伤口护理。基于此理论开发出了众多的新型湿性敷料，包括薄膜敷料、水凝胶敷料、水胶体敷料、海藻酸盐敷料、泡沫敷料等（图8-11）。湿性医用敷料既能保持创面湿润，又兼具主动性、交互性功能，能够有效促进伤口愈合、再生修复、减轻痛苦，代表了医用敷料的发展方向，具有较强的竞争力。预计"十四五"末，中国新型湿性医用敷料市场规模将接近70亿元，行业发展前景较好。

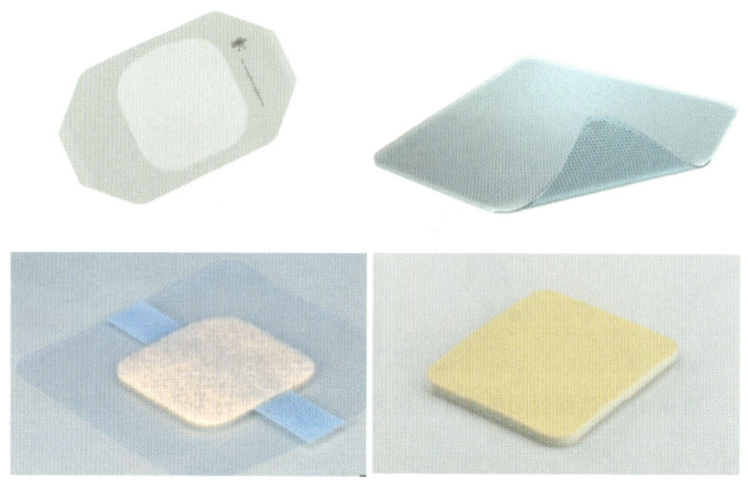

图8-11 薄膜敷料、水凝胶敷料、海藻酸盐敷料和泡沫敷料

薄膜敷料主要是由透明的高分子弹性体和脱敏医用黏胶组成，易于观察伤口变化，并能够提供伤口愈合的湿润环境。泡沫类敷料具有较好的吸收渗液、不粘连伤口及缓冲和隔热性能等，防止肉芽组织水肿、不浸渍周围皮肤，适用于大部分的伤口。水胶体敷料由亲水性颗粒与疏水性聚合物组成，可吸收少到中量的伤口渗液，适用于表浅和部分皮层损伤的伤口，能够防止细菌感染。水凝胶敷料是一种水活性胶质软膏，使伤口产生水合作用，提供理想的湿润环境，促进坏死组织自溶，加速伤口愈合。

海藻酸盐纤维制备的医用敷料为具有很高吸湿、保湿性能的功能性伤口敷料。在与伤口渗出液接触后，能形成柔软的凝胶，提供理想的湿润环境。适用于处理创面渗液和局部止血，有中、重度渗出液及有腔隙的伤口。主要的企业包括英国AMS、德国洛曼劳仕、明月海藻、厦门百美特等。

壳聚糖（Chitosan）是至今发现的具有独特理化和生物学功能的天然高分子材料之一，具有显著的止血、镇痛、抑菌、促愈合、抑瘢痕的生理医学功能，据不完全统计，截至2023年4月，国家药监局审批上市的含壳聚糖成分的医疗器械产品有429个。壳聚糖创面敷料产品按照剂型主要包括颗粒、粉剂、海绵、非织布、纤维、纱布、敷贴、凝胶、液体等。涉及的医疗器械企业包括冠昊生物科技股份有限公司、振德医疗用品股份有限公司、河南羚锐制药股份有限公司、青岛博益特生物材料股份有限公司等。

(三) 抗菌敷料

抗菌敷料能够有效避免伤口的细菌感染，从而加速伤口愈合。对于伤口局部感染，选择合适的伤口敷料预防或控制感染，有利于伤口愈合的微环境。抗菌敷料中最主要的是含银抗菌敷料，主要利用银的高效抗菌性，占整体抗菌敷料市场份额的70%，可用于Ⅱ度烧伤创面、供皮区、急慢性感染伤口和用于预防伤口感染。伤口常见的细菌包括金黄色葡萄球菌、铜绿假单胞菌、埃希氏杆菌等，还可能出现耐药金黄色葡萄球菌MRSA等。但是，银制抗菌敷料不能用在良好生长的肉芽伤口上，会有轻微伤口着色现象。并且不适合干燥的伤口，没有液体和银交换，会大大降低银制抗菌敷料的广谱抗菌效果。含银抗菌敷料产品使用的材料包括硫酸银、银离子和海藻酸银。此外，基于壳聚糖和季铵盐类化合物的抗菌敷料也有临床使用。

(四) 活性敷料

生物活性敷料是输送对伤口愈合有活性的物质的敷料，通过递送生物活性化合物或由具有内源活性的材料构建。一些生物活性物质能够高效促进伤口愈合，负载生物活性物质的生物活性创面敷料，在临床治疗中需求巨大。目前负载的活性因子主要包括重组人碱性成纤维细胞生长因子、人表皮生长因子，能够促进真皮成纤维细胞和表皮成角质细胞的增殖，从而加速伤口愈合。负载这些因子的辅料通常为凝胶剂，但是这类敷料被认定为药物进行管理。作为医疗器械管理的生物活性敷料通常装载的生物活性物质是无机材料，如生物活性玻璃。生物活性玻璃主要由玻璃网络结构形成体如SiO_2、B_2O_3、P_2O_5，网络结构修饰体如碱金属氧化物Na_2O与K_2O，以及碱土金属氧化物如CaO与MgO等构成。生物活性玻璃具有生物降解性，在体内外与含磷溶液接触后会逐渐释放出硼、硅、钙、磷等活性离子，从而促进成纤维细胞的增殖和肉芽组织的生长，也对创伤愈合生长因子，如血管内皮生长因子（VEGF）和碱性成纤维细胞生长因子（bFGF）等有明显的刺激作用，从而加速正常和糖尿病溃疡皮肤创伤的再生速度。此外，生物活性玻璃的降解与离子析出，会同步形成局部碱性环境，从而发挥一定的抗菌作用。

目前，已有数款生物活性玻璃基活性伤口敷料在国内外应用于临床的急慢性创面修复，如"德莫林"系列无机诱导活性敷料、肌肤生、康倍生物活性玻璃创面凝胶敷料、创速克®生物玻璃创面凝胶、Mirragen™ Advanced Wound Matrix 生物活性玻璃纤维敷料等。上述既能促进软组织创面的愈合，又具有持续组织诱导性/传导作用，还可用于各种慢性自身修复困难的创面，如糖尿病足溃疡、下肢静脉溃疡、压疮、瘘管等伤口的愈合。近年来，有多款生物活性玻璃伤口敷料获得审批上市，这表明了生物活性玻璃创面伤口敷料的良好发展前景和临床需求。

（五）生长因子与敷料联用

在创面愈合的过程中，伤口自我修复能力取决于内源性生长因子的释放和调控，当机体自我修复能力不足，伤口愈合周期长，可通过外源生长因子促进创面愈合。

生长因子是一类对机体伤口组织修复靶细胞迁移、增殖和分化等功能具有调节作用的多肽。它主要包括表皮生长因子类（EGF）、成纤维细胞生长因子类（bEFG）和其他类型生长因子，具有凝胶和溶液等不同的剂型。传统的生长因子产品是利用蛋白多肽分离技术生产出来的，目前基因重组生物技术为临床提供了越来越多的外用生长因子产品，可用于烧伤创面、各种慢性创面、供皮区新鲜创面。外用生长因子不适用于感染、渗出明显的创面。对于慢性创面，在应用前，应彻底清创去除坏死组织，使生长因子与创面肉芽组织充分接触。2017年《皮肤创面外用生长因子的临床指南》（2020年该指南的英文版）指出在临床可行条件下，应用频次一般不低于每天一次。避免与影响蛋白活性的物质（如乙醇、碘伏、氧化氢、重金属等）同时使用，也要避免接触蛋白水解酶类清创药物，以免降低生长因子功效。常与创面敷料联合使用，加速创面愈合，由于生长因子可促进肿瘤细胞增殖，不适用于癌性创面、恶病质患者皮肤创面或恶性溃疡创面。

富血小板血浆（platelet-rich plasma，PRP）是近几年发展较快的一项再生医学新技术（图8-12）。PRP来源于自体血液，是自体生长因子的来源，利用自体愈合机制治疗创面，促进组织修复，无免疫排斥和疾病传播风险，安全可靠。富含高浓度生长因子且种类配比接近生理状态，目前已广泛应用于多种组织损伤的修复，且取得了令人满意的效果。临床研究表明，PRP对于慢性创面的修复具有良好的促进作用。PRP最为常见的形式为富血小板血浆（PRP），其他形式包括血小板凝胶（PG）、富血小板凝胶（PRG）、富血小板纤维蛋白（PRF）等。富血小板血浆（PRP）

含有多种生长因子，如血小板衍生因子（PDGF）、表皮生长因子（EGF）、转化生长因子（TGF-β）、血管内皮细胞生长因子（IGF）等。PRP 技术适用于经过清创后、感染得到有效控制，渗液不多，没有大面积骨骼及肌腱外露，且有少量肉芽生长的创面，不适用于血小板减少或形态功能异常、严重贫血、发生血源性感染、对凝血酶过敏的患者。

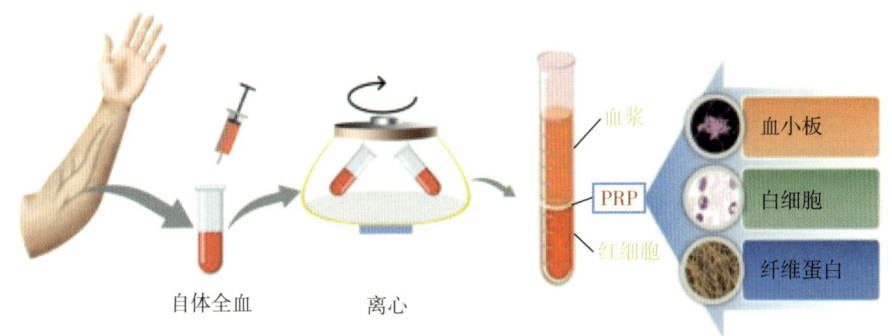

图 8-12　富血小板血浆（PRP）通过离心的方法从全血提取出来

（六）负压敷料

负压引流系统源于负压创面治疗技术，目前已被广泛应用于各类急性、慢性伤口的疗愈，包括外科切口裂开或感染、急性软组织缺损、慢性（压力、血管性、糖尿病性）溃疡等，尤其适用于各类传统外科方法诊治无效的慢性难愈合伤口。创面清创后，通过引流管和敷料作用于创面，利用生物半透膜封闭创面，通过负压机器产生一定的负压。负压引流敷料使用的创面覆盖海绵主要有聚乙烯醇类（PVA）和聚氨酯类（PU）。

2018 年以来，我国有 30 多个包含海绵的负压引流敷料套件获得审批上市，而更多数量的单独创面覆盖海绵、一次性负压引流装置和伤口渗出液收集装置等负压引流敷料附件，也已上市销售。这一现象说明我国负压引流敷料产业的发展壮大和临床应用的普及，对于患者来说是一大福音。但是，这同时说明负压引流敷料开发技术壁垒和准入门槛在逐渐降低，如何避免高同质化和价格战的恶性竞争是敷料生产企业需要关注的问题，研发具有新型功能的负压引流敷料是可能的出路之一。目前，中国负压创面治疗产品主要分为两类，第一类是内置吸管封闭式负压引流技术，为第一代负压治疗技术。第二类是外置吸盘封闭式负压治疗技术，为第二代、第三代负压产品。2021年，浙江乐心医疗科技有限公司开发的"负压引流监控系统"获得审批上市。2023年，长沙海润生物技术有限公司开发的"封闭式负压引流电场敷料套装"获得审批上市，在现有负压引流敷料上集成了电场发生功能，利用负压和电场双重作用，主动促进伤口愈合。此外，海南众森生物科技有限公司于2020年获批上市的"微负压超吸收伤口敷料"，也是新型负压引流敷料开发的一次尝试。该敷料具有高吸收性，能持续、大量吸收渗出液，形成微负压环境，减少创面浸渍，也能锁水保持创面湿度，提供促进伤口愈合的更佳环境，创面不粘结，避免伤口二次伤害。

（七）物理技术

脉冲冲洗清创是通过高频脉冲的原理，利用脉冲水流冲洗创口，为难愈合性创面提供一种选择性的水动力机械清创方法。利用水动力能快速、彻底、有效地清除创口的污染物及坏死组织、生物膜，大大提高清创的速度和洁净度。并能对正常组织产生生物刺激，以提高创面愈合速度（图8-13）。

超声清创的工作原理是利用了"空泡效应"。通过超声将空气混合到水里，形成某些地方局部的暂时负压区，从而引起液体或液固体界面的断裂，形成微小的空泡或气泡。周围压力变小，小气泡就迅速膨胀，形成一个个小的爆破，这种微观上的小爆破可以将创面肉芽组织里的细菌杀死或者冲洗出来。尤其适合窦道伤口这种难以清创的慢性创面。

高压氧疗技术能够大幅提高人体组织血液中的溶解氧含量，并增加了氧的弥散距离，可以弥散到90多微米距离的伤口边缘，为邻近组织细胞提供充足的氧供。同时，高压氧还能局限炎症、减轻局部组织水肿，改善微循环、提供充足的氧供，保证了组织细胞有氧代谢，促进肉芽形成、皮肤胶原蛋白聚集、生长，伤口的修复。在临床上，高压氧现已被较多用于压疮、糖尿病足、难治性创面、烧烫伤、植皮术后、断指（肢）再植、骨折愈合不良或延迟愈合、运动损伤、放射性软组织损伤、美容整形术后损伤等急慢性创伤性疾病的综合治疗上。

第八章 创面修复生物医用材料

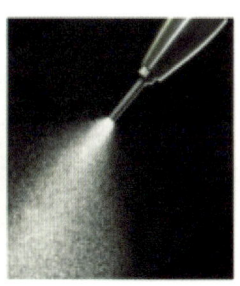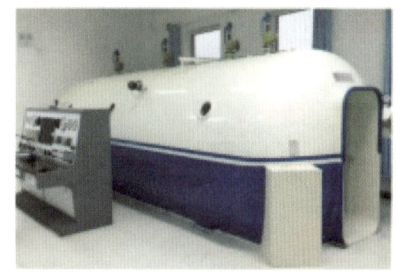

图 8-13 脉冲清创、超声清创和高压氧疗技术用于创面治疗

五、皮肤组织替代物

大面积皮肤损伤需要人工皮肤敷料覆盖以发挥临时的皮肤保护作用，并为人体皮肤修复做好准备。人工皮肤敷料大多具有表皮层和真皮层，当其植入损伤部位后，半渗透的表皮层能起到保护、透气和防止细菌侵袭等作用。而真皮层具有三维多孔支架结构，在术后几周后，随着支架不断降解，成纤维细胞和毛细血管长入三维结构，在充足的血供条件下，长入的细胞保持高的活力，细胞分泌出胶原蛋白，真皮得以重建。目前，国际上医护人员已将人工真皮移植术列为部分皮瓣移植术的替代选择。真皮层包括胶原纤维层、弹力纤维层、网状纤维层。国外已有多个人工皮肤敷料应用于临床，包括 Apligraf、Integra、Dermafen、Dermagraft、Transcyte、Alloderm、Lyphoderm、Biobrane、Pelnac、安体肤。真皮替代物包括人工合成真皮替代物和天然真皮替代物，人工合成真皮替代物如由胶原蛋白和硫酸软骨素合成的 Lando®、Integra® 人工真皮等，以及其他由尼龙网膜、可降解聚乳酸制备的支架；天然真皮替代物主要为异体或异种 ADM，如 Alloderm®、北京桀亚®、优创®。在国内外文献中真皮替代物又被称为人工真皮、人工真皮基质、人工皮肤、组织工程皮肤等。

以 Integra®、Lando® 等为代表的双层人工真皮产品采用仿生学的思路设计，是一种具有双层结构的创面修复材料，上层为医用硅橡胶半透膜，下层为胶原海绵支架。此类人工真皮的作用机制为：双层人工真皮修复材料植入创面后，上层具有优异的力学性能，可满足临床手术缝合需求，其水蒸气透过率更接近人体皮肤水蒸气透过率，具有保湿，控制创面水分流失和阻菌等保护创面的功能；下层胶原海绵支架层支持成纤维细胞和血管内皮细胞长入和血管化；随后去掉上层，移植自体刃厚皮片从而完成创面的最终覆盖。产品修复过程具体如图 8-14 所示。

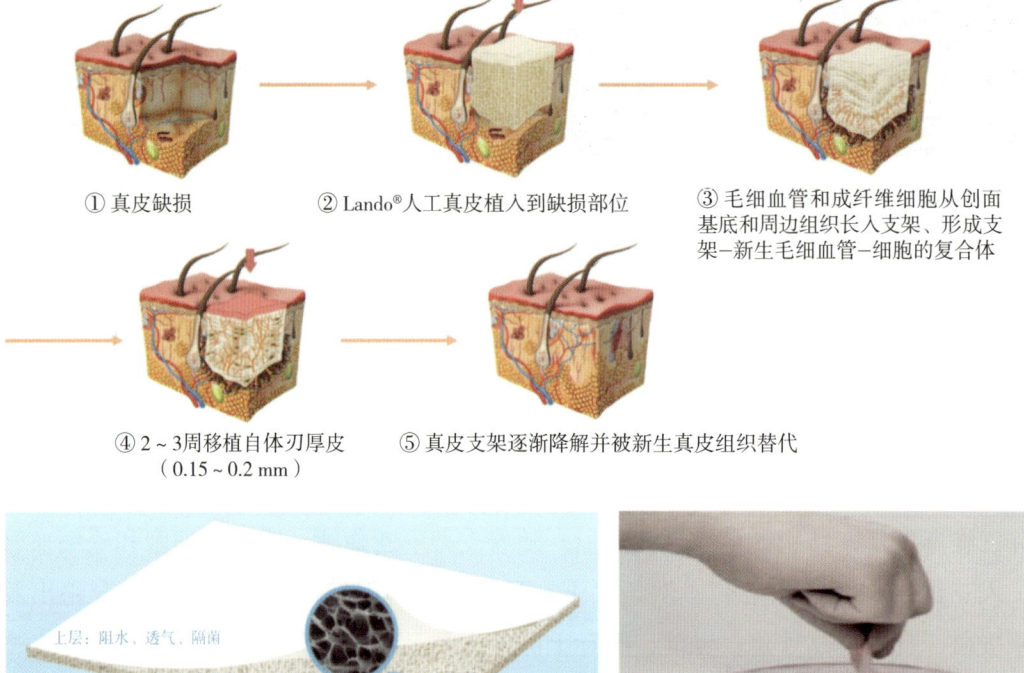

图 8-14　人工真皮修复过程，Lando® 人工真皮，艾尔肤含细胞人造皮肤安体肤

脱细胞真皮基质也是人工皮肤敷料的重要组成部分，2018 年以来，一些新开发的脱细胞基质真皮敷料通过注册审批进入临床使用：江苏优创生物医学科技有限公司开发的"异种脱细胞真皮基质敷料"（于 2019 年获批上市）、江阴奔翔生物科技有限公司开发的"猪皮脱细胞真皮基质敷料"（于 2019 年获批上市），都是以猪皮作为原料，用于烧伤创面的修复；而北京桀亚莱福生物技术有限责任公司开发的"脱细胞异体真皮"（于 2022 年获批上市），则是来源于处理的人体捐献皮肤，用于人体真皮缺损的替代和修复。

含细胞的人工合成真皮又称活性真皮替代物，包括美国 Advanced Tissue Sciences 公司生产的 Dermagraft、美国 Organogenesis 公司的 Apligraft 和陕西艾尔肤的安体肤。安体肤表皮层由人表皮细胞构成，真皮层由人成纤维细胞和胶原蛋白构成，同时包含细胞分泌的细胞外基质和多种生长因子，适用于烧烫伤、各种难愈性创面、糖尿病溃疡创面、下肢静脉曲张溃疡创面、压疮、取皮区创面，其他原因造成的皮肤缺损创面等各类皮肤问题。

第四节　创面修复生物医用材料前景与展望

我国每年有近3000万人因意外事故和手术造成皮肤创伤，每年烧烫伤、创伤及外科手术超过千万台次。此外，我国人口老龄化的加剧，使得与老年人密切相关的肿瘤疾病、内分泌营养代谢病（如糖尿病等）、循环系统疾病、类关节炎等病症的患病率迅速增加，大面积烧伤、细菌感染、压疮、糖尿病足溃疡等慢性难愈合创面逐年增多。此外，人民健康意识明显提高，我国医疗条件逐渐改善。这些都使得低耗高效的高端功能医用敷料市场需求逐步扩大，传统敷料越来越多地被新型医用敷料取代。此外，高端功能敷料的高利润率也将成为推动市场发展的驱动力。数据显示，全球创面修复材料市场，预计2030年将达190亿美元，复合增长率为4.14%，其中高端创面修复材料预计达106亿美元，复合增长率为4.46%。2021年中国高端创面修复材料市场规模为2.1亿美元，占整体市场份额的16%，预计到2029年将达到2.7亿美元，复合增长率为3.5%。因此，创面修复材料行业应该加快高端敷料的开发，不断满足国内医疗需求，同时提高我国出口医用敷料的附加值。

近些年，有关创面修复的新技术和新材料在科学研究领域层出不穷：基于增材制造技术的3D打印人工皮肤；结合了电子学和材料学的诊疗一体化电子皮肤；面对慢性难愈合创面，能够改善组织再生微环境的活性氧消除材料、炎症调控材料和血管生成促进材料，导电生物材料；面对皮肤癌切除后肿瘤细胞残留和细菌感染问题，结合光热疗法和促修复生物活性材料的敷料；瘢痕修复/抑制材料；促毛囊/汗腺再生材料等。下一步创面修复材料行业的重点工作，应该在兼顾基础研究发展的同时，专注于如何通过产－学－研－医的充分合作，将前期基础研究成果转化为创新医疗器械，在临床使用中解决患者的病痛，保障患者的生命健康。

一、功能化/智能化创面修复材料

传统的创面修复材料长期保持静态的理化性能，只能起到基本的伤口覆盖保护作用。然而，创面的愈合是一个动态过程，通常伴随着pH值、温度、血糖和氧化还原状态等微环境的变化，传统敷料并不能很好地响应这些变化，导致治疗效果不佳。因此，智能伤口敷料的出现为伤口管理提供了一种新的策略。

智能伤口敷料可以感知伤口微环境的变化，并与创面发生一系列的相互作用来促进创面愈合（图8-15）。以糖尿病溃疡慢性创面为例，其微环境具有高血糖和氧自由基的特点，导致了高风险细菌感染和生物大分子被破坏的恶性后果。基于此微环境开发的葡萄糖或ROS响应智能创面修复材料，可以与葡萄糖或ROS发生反应，在消除过量有害物质的同时，还可以释放促愈合活性物质，从而促进创面修复。此外，智能伤口敷料也可以利用外源性的刺激发挥所设计的功能，例如，近红外响应的智能创面修复材料，利用光热效应可以防止伤口感染并减少瘢痕形成，在皮肤癌手术后可以杀死手术残腔中的残留癌细胞并促进伤口愈合。同时，还可以利用外源性刺激（光、热或生物安全性化合物）实现创面修复材料的按需去除，避免更换敷料引发的疼痛和伤口二次伤害。

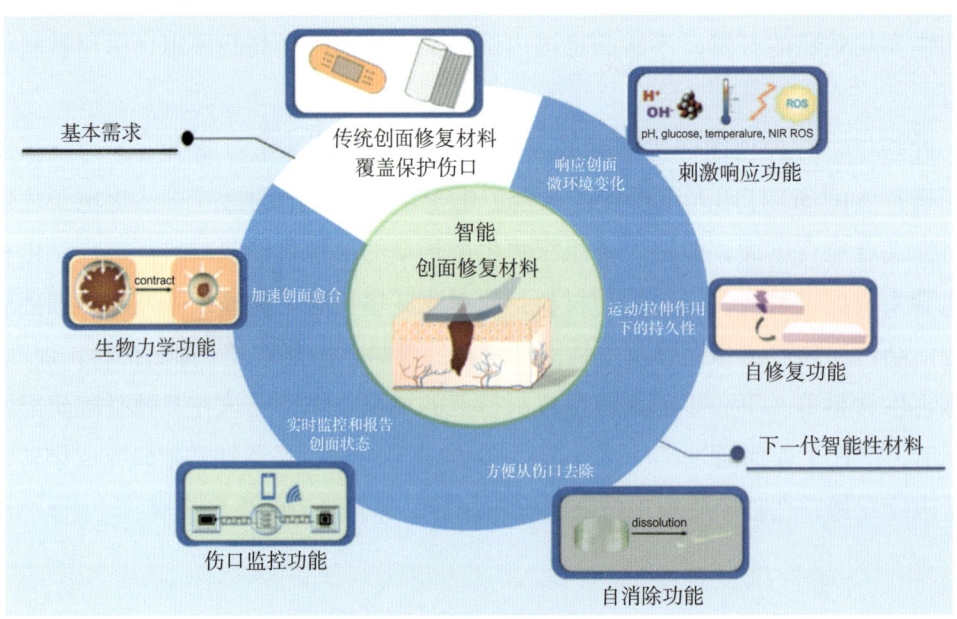

图8-15 智能创面修复材料

智能创面修复材料能满足不同创面不同愈合阶段特定需求，已成为下一代新型伤口敷料的研发热点。但是，在进入临床应用前，智能创面敷料仍然需要解决多功能和谐共存、生物安全性保障、成本控制/大批量生产等问题。

二、创面修复新型技术

（一）3D 打印技术

在过去的 10 年中，生物打印技术在不同组织工程领域得到应用，可以控制建造具有高度还原性和可重复性的结构。在组织工程皮肤领域，生物 3D 打印技术通过在复杂的多层结构中将多种类型细胞及生化和生物物理线索精确沉积，更好地模拟皮肤结构和功能的复杂性，因此已被广泛用于皮肤组织工程研究。

术中打印也称为原位打印或体内生物打印，是打印技术发展的一个重要方向，是指在手术中对活体进行生物打印的技术，包括缺损部位成像、数据处理、工艺路径规划和生物打印等在整个手术过程中的有序进行（图 8-16）。相对于植入预先制备的结构体，术中打印对生物墨水的制备、生物打印设备、灭菌和手术操作提出了更高的要求。到目前为止，由于皮肤的易接触性与强大的再生能力，术中打印最成功的案例大多与皮肤修复相关。主要有床边立式可移动 3D 打印机和手持便携式打印机两种，由患者自身细胞组成的"墨水"，可以将排斥反应的风险降到最低。

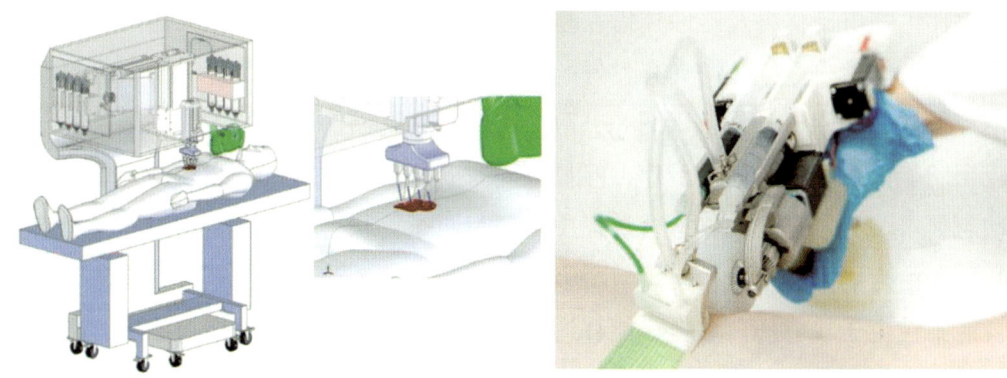

图 8-16　3D 打印构建皮肤组织，在体 3D 打印和手持式在体 3D 打印机

（二）干细胞和外泌体治疗创面

间充质干细胞属于多能干细胞的一种，具有自我复制能力和强大分化潜能，同时还具有参与组织重建、向损伤组织定向迁移并根据具体环境来调节免疫反应的能力，在临床应用上表现出了巨大潜力。干细胞疗法作为细胞治疗的一条重要分支，近年来已成为当今生物医药领域最热门的赛道之一。目前全球与间充质干细胞相关的临床试验有1300多项，已获批上市的干细胞新药有14款。国内共有57款干细胞药物临床试验申请获CDE受理，43款获得临床试验默示许可，已经进入或即将进入临床试验阶段，包括人胎盘间充质干细胞凝胶、人脐带间充质干细胞注射液治疗放射性皮肤损伤、糖尿病足部难愈创面等的临床研究。研究显示，MSCs治疗组创面愈合率是对照组的2.5倍。其他临床试验结果也表明干细胞可以通过直接或间接方式参与到创面愈合的各个环节，促进创面愈合，且在临床前和临床试验中取得了积极结果。

干细胞外泌体目前被广泛应用到了疾病的临床治疗研究中，因为有研究表明干细胞通过其分泌的外泌体发挥组织修复与微环境调控的作用，而干细胞外泌体在损伤修复中也表现出了巨大的潜力。干细胞外泌体不仅在临床上用于烧伤、皮肤溃疡、创伤等受损皮肤的修复治疗，还在改善肤质、修复衰老中毒皮肤等方面也有功效。

（三）诊疗一体化柔性电子

柔性生物电子材料及器件凭借在基本诊疗与健康检测方面的强大能力，在可穿戴设备、人体植入等领域均具有良好的应用前景，近年来报道了针对伤口进行监测和治疗的皮肤柔性电子设备（图8-17）。伤口感染是创伤管理的主要临床挑战，主要应用功能性敷料进行伤口治疗，但很难同时获得真实的伤口状态和满足慢性伤口的动态需求。为了克服伤口愈合过程中的"黑匣子"状态，具有实时监测、早期诊断和随需治疗能力的下一代伤口敷料吸引了相当多的关注。国内某研究团队开发一种智能柔性电子集成伤口敷料，能够通过集成的传感器实时监测伤口温度，作为病理性感染的早期预测，响应性释放抗生素，实施动态干预治疗。柔性材料和电刺激疗法结合，不仅能加速伤口愈合，还同时具备抗菌、抗炎等功能，在慢性伤口治疗上显示了优势。

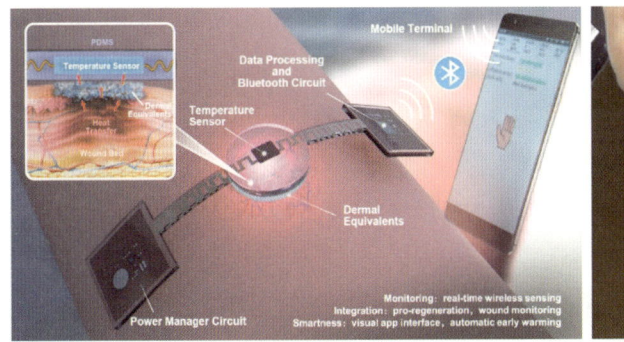

图 8-17 诊疗一体化电子皮肤对伤口实时监测、早期诊断和随需治疗

三、结语

在政策支持和鼓励方面,为保障医疗器械安全、有效,鼓励医疗器械的研究与创新,促进医疗器械新技术的推广和应用,推动医疗器械产业发展,2018 年 11 月,国家药监局发布了《创新医疗器械特别审查程序》,有效地鼓励了我国新型医疗器械的研发和创新,促进了我国医疗器械新技术的推广和应用。目前,国家药监局已批准了 193 个创新医疗器械,遗憾的是,其中未有与创面修复相关的产品,说明我国创面修复材料在临床转化方面,仍需要加大研发和创新力度。

综上所述,我国医用敷料市场规模较大,未来将仍然进行持续性增长,目前正处于功能敷料替换传统敷料的阶段,高端功能敷料需求逐年增加。有关创面修复材料的基础研究成果涌现,但是在创新医疗器械方面需要加快产业化进程。

参考文献

[1] 振德医疗用品股份有限公司 2022 年年度报告 [EB/OL].(2023-04-26)[2023-06-16].http://www.sse.com.cn/disclosure/listedinfo/announcement/c/new/2023-04-26/603301_20230426_5L98.pdf.

[2] 奥美医疗用品股份有限公司 2022 年度报告 [EB/OL].(2023-04-29)[2023-06-16].http://www.szse.cn/disclosure/listed/bulletinDetail/index.html?fd4ccf43-4b10-43c5-8508-cb526389f0fd.

[3] 2022 世界卫生统计报告 [EB/OL].(2022-05-19)[2023-06-16].https://www.who.int/publications/i/item/9789240051157.

[4] 2022年度敷料分析报告[EB/OL].（2023-05-15）[2023-06-16].https：//baijiahao.baidu.com/s？id=1765922299843363264&wfr=spider&for=pc.

[5] 2022年医用敷料行业发展报告[EB/OL].（2022-09-20）[2023-06-16].https：//max.book118.com/html/2022/0916/5101221021004341.shtm.

[6] 顾其胜，王庆生，位晓娟，等.海藻酸盐基生物医用材料与临床医学[M].上海：上海科学技术出版社，2015.

[7] 秦益民，等.海藻酸盐医用敷料的临床应用[M].北京：知识出版社.2017.

[8] 马小军，于炜婷，秦益民.海洋生物医用材料大系：海藻酸基生物医用材料[M].上海：上海科学技术出版社，2020.

[9] 陈晓松，付小兵.中国急救专论（系列）之四创伤损伤战伤[J].中国急救医学，2019，39（11）：1102.

[10] BAOLIN G，RUONAN D，YONGPING L，et al. Haemostatic materials for wound healing applications[J]. Nature reviews chemistry，2021（5）：773-791.

[11] 陈艺，贾柯瑶，邓蓉，等.战创伤止血材料的研究进展[J]. Military medical journal of southeast China，2022，24：397.

[12] 郭静，彭碧波，刘小丽，等.战伤快速止血材料发展回顾与展望[J]. Chinese journal of disaster medicine，2022（10）：21.

[13] MOON SUNG K，JINJU J，HYO JUNG JO，et al. Advances and innovations of 3D bioprinting skin[J]. Biomolecules，2023（13）：55.

[14] 徐进，殷嫦嫦，宋伟，等.间充质干细胞治疗糖尿病足溃疡的Meta分析[J].中国糖尿病杂志，2019（27）：417-423.

[15] ALBANNA M，BINDER K W，MURPHY S V，et al. In situ bioprinting of autologous skin cells accelerates wound healing of extensive excisional full-thickness wounds[J]. Scientific reports，2019（9）：1856.

[16] DONG R，GUO B. Smart wound dressings for wound healing[J]. Nano Today，2021（41）：101290.

[17] DONG L，QIAN P，XIA CHUAN P，et al. Flexible wound healing system for pro-regeneration，temperature monitoring and infection early warning[J]. Biosensors and bioelectronics，2020（162）：112275.

第九章 新一代生物医用材料

第一节 新一代生物医用材料概述

从 20 世纪 60 年代开始，历经生物惰性材料、生物活性材料、生物可吸收性材料、生物再生性材料 4 个阶段，生物医用材料学走过了高速发展的 60 年。时至今日，常规生物医用材料的时代正在过去，功能化、个性化、微创化是生物医用材料及其制品的发展趋势。生物医用材料前沿基础研究正在从简单的组织形态修复或力学功能重建，向组织器官的再生重建和生理功能的恢复增进方向发展，从群体化治疗方案向个性化、定制化的方向发展，从传统大创伤的开放手术向精准化微创伤干预的方向发展。可以预见，在未来 10～20 年，生物医用材料科学和产业将发生革命性变化，通过赋予材料生物结构和生物功能，充分调动人体自我康复的能力，再生和重建被损坏的人体组织或器官，或恢复和增进其生理功能，一个为再生医学提供可诱导组织和器官再生或重建的生物医用材料和植入器械的新产业将成为生物医用材料产业的主体。

由于材料科学与工程、医学、分子生物学及信息科学技术的进步，在分子水平上深化了生物材料和器械与机体相互作用的认识，当代生物材料科学研究更加关注材料如何主动刺激机体特定反应，调动其自我修复和完善功能；材料如何干预机体修复微环境，募集内源性信号分子刺激干细胞的级联基因表达和特定方向分化；材料及其降解产物如何介导机体免疫调控，影响组织再生修复的进程；纳米生物材料的特定生物学效应和生物安全性，在疾病治疗、纳米探针及纳米机器人等方面的潜在应用；磁、电、光、热等外场对机体细胞功能的影响，发展电子耳蜗、植入式神经电极等植入式微电子器械；生物材料基因工程创新研发新模式的探索和新材料的发现；创新医疗器械监管科学体系的建立与完善等。新一代生物材料前沿基础研究已取得重要进展，已处于实现重大突破的边缘，目前主要聚焦于组织诱导性生物材料、生物材料基因组研究与生物分子材料、组织工程技术与 3D 生物打印、兼具诊断和防治重大疾病功能的纳米生物材料、药物和生物活性物质靶向控释载体和系统、智能化微电子植入器械等领域（图9-1）。另外，深入研究生物材料的表面/界面，发展表面改性技术及表面改性植入器械（表9-1），是改进和提高传统材料性能的主要途径，也是发展新一代生物材料的基础。

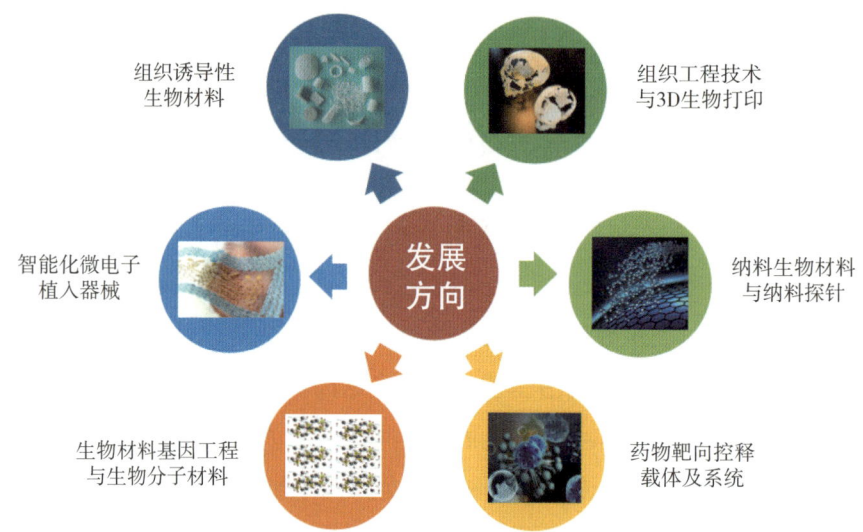

图9-1 新一代生物医用材料重点发展方向

表9-1 表面改性生物医用材料及植入器械分类

分类	植介入医疗器械	表面改性性能需求	表面改性材料大类	未来发展趋势
骨（牙）软骨修复材料	人工种植牙、人工关节、人工骨及填充物、人工软骨、骨及其周围神经修复材料等	界面骨整合性能、骨诱导性能、涂层及本体界面牢固度	等离子体喷涂技术的（纳米）羟基磷灰石涂层、多孔钛表面涂层等生物活性涂层等	中国科学家提出并引领的组织诱导性人工骨材料有望推动我国该领域的领跑
心血管修复材料	血管支架、心脏封堵器、心脏瓣膜、人工血管等	抗凝血、抑制增生、抗炎、抗远期钙化等	负载抗炎、抗增生药物的可降解聚合物涂层、肝素类涂层、磷酸胆碱类聚合物涂层、透明质酸类表面涂层等	由永久性不降解器械发展为可降解器械，由生物惰性表面发展为可匹配组织修复的功能表面
眼科修复材料	人工角膜、人工晶状体、角膜接触镜（隐形眼镜）、人工眼球等	生物抗污类	亲水性涂层等，提升机体抗排异反应	发展高透光度、高亲和性的表面涂层，降低眼科假体材料的排出、感染及坏死

第九章 新一代生物医用材料

第二节 组织诱导性生物材料研究进展与前景

一、组织诱导性生物材料的内涵和研究发展脉络

当代生物医用材料产业正在发生革命性变革。对于人体组织或器官的修复，正在从恢复被损坏的组织或器官的形态和力学功能，向可刺激或诱导人体组织或器官再生，实现被损坏组织永久康复的方向发展。常规生物材料的时代正在过去，可诱导组织再生修复的材料将成为未来产业的主体。

组织诱导性生物材料（Tissue Inducing Biomaterial）的定义是"通过材料自身优化设计，而不是外加活体细胞和/或生长因子，诱导被损坏或缺失的组织或器官再生的生物材料"。其内涵是无生命的生物材料通过自身优化设计诱导有生命的组织或器官再生或形成。这是我国科学家突破传统观念，原创性研发出的新一代生物材料，被誉为再生复杂组织的革命性途径。

20世纪90年代，我国科学家于国际率先发现并确证了无生命的磷酸钙材料通过自身优化设计，而不是外加活体细胞或生长因子，可以诱导有生命的再生骨，建立了生物材料骨诱导理论雏形，并应用阶段性理论成果独创了骨诱导人工骨（图9-2），取得国家药监局医疗器械注册证并推广应用于临床。进一步的研究又确证了胶原基水凝胶材料可诱导细胞沿成软骨细胞系分化，从而诱导软骨形成，以其作为软骨组织工程支架的研究目前已进入临床试验阶段，并已获得国家药监局创新医疗器械特别审批，有望破解关节软骨修复的世界难题。中国其他学者以之为启示，相继发现材料亦可诱导中枢神经、肌腱、韧带再生。国外大量研究也证明材料学因素（信号）可调控细胞分化方向和行为，并为用于心血管、韧带、中枢神经等修复的生物材料研究所证实。基于上述成果，组织诱导性生物医用材料新学说逐渐形成，并在2018年"国际生物医用材料定义共识会"上经投票通过被列入"21世纪生物医用材料定义"，是中国首个被国际认定的生物医用材料定义，已成为国际、国内生物医用材料研究的重要方向和前沿。

图 9-2 骨诱导人工骨——三维多孔磷酸钙生物陶瓷材料

二、组织诱导性生物材料的研究进展

组织诱导性生物材料主要有骨诱导人工骨、软骨诱导再生材料、血管诱导再生材料、神经诱导再生材料、膜诱导修复材料等，主要应用在临床骨科、神经外科、烧伤科、心外科、整形外科等各个手术科室。

骨诱导磷酸钙生物陶瓷诞生后，相继推动了羟基磷灰石生物陶瓷、等离子喷涂羟基磷灰石涂层钛基牙种植体及人工髋关节等材料和器械的面世，并实现产业化生产，应用于 1000 余所医院。近 10 年来，突破具肿瘤抑制和抗骨质疏松功能的羟基磷灰石纳米粒子、具良好软组织填充修复能力的微米级羟基磷灰石球形粉，以及用于骨诱导磷酸钙陶瓷增材制造的缺钙型羟基磷灰石浆料等新材料的研究已取得重要进展。骨诱导人工骨的材料优势如表 9-2 所示。

第九章 新一代生物医用材料

表 9-2 各种骨植入材料的优劣势对比

分类	自体骨移植材料	同种异体骨及异种骨移植材料	传统的人工合成材料	外加生长因子及去骨基质蛋白	骨诱导人工骨
优势	既具有骨传导功能，又具有骨诱导性；不引起免疫排斥反应	来源较广	具有良好生物相容性和骨传导性	具有骨诱导功能	既具有骨传导性，又具有安全的骨诱导功能；模拟正常骨发生和形成过程；来源安全、广泛；避免免疫排斥反应和疾病的传播
劣势	以牺牲健康组织为代价，对患者身体造成二次创伤；骨源有限，手术时间延长，增加术中失血和感染的概率；可能导致供骨区疼痛	仅具有骨传导性，无骨诱导性；存在诱发产生免疫排斥反应和传播潜在疾病的可能	无骨诱导性，吸收性能与骨生长速率不匹配；仅能作为材料填充而不能使骨组织再生	来源于异体或异种生物，存在可能导致免疫排斥反应、传播疾病的风险；不具有力学强度，在应用中尚需支撑材料的辅助；活性保持要求相对苛刻的储存和运输条件；活性控制技术尚未成熟	

继骨诱导材料之后，四川大学发现 I 型胶原基水凝胶可诱导干细胞向成软骨系细胞分化并诱导软骨再生，由此研发了软骨诱导性支架及组织工程化关节软骨修复植入体，目前已通过国家药监局创新医疗器械特别审批申请，有望破解关节软骨不能再生的难题。首都医科大学发现材料可诱导中枢神经形成，研究工作目前已进入临床试验阶段。上海松力生物研发出了软组织诱导性人工韧带，该产品主要是由可降解高分子材料与生物材料经过静电纺丝技术制成的类似细胞外基质的纳米级纤维膜状材料。这款组织诱导性生物人工韧带，部分性能超越了国际上同类产品。基于该技术，松力生物相继推出了生物补片、可再生人工肩袖、人工跟腱等多款产品，在上海建立了生产基地，通过国际标准组织 ASTM 制定了系列材料的国际标准，有力地推动了全球产业化进程。四川大学与乐普医疗，以及所属的上海形状记忆合金突破传统心血管材料及器械无法诱导心血管及心肌组织结构、功能再生的难题，采用特定结构的生物可吸收材料作为本体材料并调控其机械性能和降解速率，使其与

血管及心肌再生生理过程相匹配，实现心血管及心肌组织的再生修复。基于此研发出用于先天性心脏病治疗的全球首款获批上市的全降解心脏封堵器，儿童患者植入全降解心脏封堵器后3个月完成内皮化、6个月内初步完成心脏缺损部位的结构及功能重建，引导心脏缺损组织再生修复缺陷后可完全降解被人体安全吸收，实现心脏功能的恢复，不影响儿童的正常发育、生长和生活。该产品于2022年获国家药监局Ⅲ类医疗器械注册证并上市销售。此外开发的全降解血管支架已大规模临床应用。上述组织诱导性生物材料产品如图9-3所示。

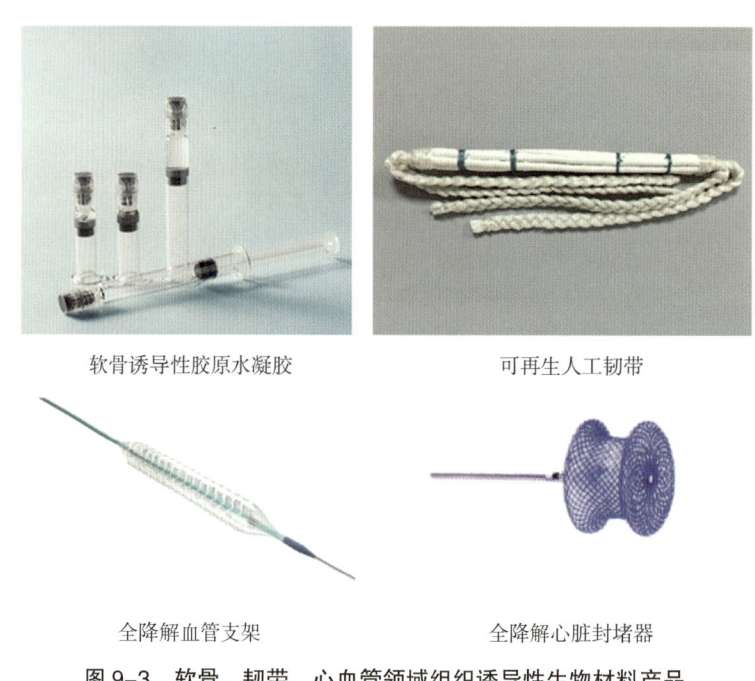

图 9-3　软骨、韧带、心血管领域组织诱导性生物材料产品

2022年5月，国家药监局颁布2022年第30号公告，对《医疗器械分类目录》部分内容进行调整，"组织诱导性植入器械"作为新添加的子目录（13-11-04）被正式列入。这一成果必将促进包括组织诱导性生物材料在内的一批创新生物材料产品的技术转化与临床应用，为生物材料科学的发展开拓了新方向，预计未来更多组织诱导性生物材料及植入器械将陆续上市。

三、组织诱导性生物材料的发展前景

随着全球生物材料技术的快速进步和人类对健康及生命的重视程度越来越高,全球各国竞相争夺生物材料领域的制高点。目前国际上已有多款产品面世,并得到美国 FDA 的批准;组织诱导性生物材料所蕴含的巨大应用前景和商业价值也促使一些国家的企业界投资参与了材料的开发、研究。目前,全球生物医用材料市场被美国的强生、捷迈邦美、美敦力等为代表的行业巨头垄断。但从总体上来说,组织诱导性生物材料属于生物医用材料的前沿分支,全球组织诱导性生物材料的研究与开发尚处于成长阶段,我国组织诱导性生物材料的研究处于国际领先地位,相关初级产品已经进入市场。进一步解决材料的设计及组织诱导性的优化,以及实现设计的制备工艺技术研发与稳定等主要技术问题可极大促进组织诱导性生物材料的顺利发展与产业化进程。未来,仿生体内微环境的三维培养技术、复杂组织或器官工程化制品的构建技术、动物源性生物材料免疫原性消除技术等还有待突破。

预计未来 10 年内,组织诱导性材料产业将初步形成,并萌生一个应用范围庞大的市场。颠覆性完成现有产业各领域产业替代、形成组织诱导性新材料、新技术、新标准、新领域、新学科,领跑国际生物材料领域,成为我国未来引领国际的主要方向。鉴于骨、软骨、皮肤、心血管等组织诱导性生物材料的技术成熟度和广泛的市场需求,该类生物材料将会成为产业化发展的主体力量。组织诱导性材料是生物医用材料领域发展史上的一个里程碑,标志着生物医用材料已向可再生或重建组织或器官的材料和植入器械方向发展,不但将对整个生物材料领域产生巨大的影响,而且将改善人类生活的质量与寿命。

第三节 生物分子材料研究进展与前景

生物分子材料是利用生物技术合成的生物分子或生物分子和人造聚合物共价耦合构成的杂化分子所形成的生物材料。例如,将酶合成的含有非天然氨基酸的肽,通过残留的侧链交联形成的具有三维蛋白质结构的基质;利用基因工程控制链长均一性的多肽链集合而成的人造蛋白质等。利用基因工程合成生物分子材料是生物材料领域的研究热门之一。微生物合成的生物分子材料因与人体器官组织的天然高分子有着极其相似的化学结构和物理性能，因此具有诸多优良的性质，如生物可降解性、生物相容性等，可用于替换和再生人体的活体组织，发展基于细胞的人造器官及用作药物控制释放的载体等，因此受到了人们的普遍关注。近年来社会对新型个性化生物材料的需求在逐年持续增加，基因工程合成技术为设计新的生物分子材料以匹配所需的特殊功能提供了新的途径。新一代生物分子材料研究的热点主要集中于功能性胶原蛋白、透明质酸等。本节主要阐述由基因重组技术合成的我国原创的人源化胶原蛋白材料。

一、重组胶原蛋白的研究进展

胶原蛋白（简称"胶原"）是组成人体结构组织的主要蛋白，占人体蛋白总量的30%~40%，是构成人体器官、组织的主要构成部分，又称"生命支架"。胶原易于为人体所接受，是一类典型的生物分子材料，已广泛应用于人体皮肤、骨、软骨、心血管系统、口腔及管腔组织的修复、医疗整形等行业。现胶原蛋白已被广泛用于医疗领域。根据 Grand View Research 发布的数据，2019年全球胶原蛋白市场规模达到153.56亿美元，2022年达到172.58亿美元，随着医疗和保健行业的技术和研发投入的不断提高，消费者对胶原蛋白健康益处认识也随之升高，预计2027年将达到226.22亿美元，复合增长率为5.42%，增长较为稳健。目前，90%的胶原蛋白从动物组织中抽提获得，包括牛、猪、鱼、鼠等，然而动物胶原蛋白无法避免种属差异导致的异源性副作用、动物病毒风险，以及抽提过程中对胶原蛋白活性的影响，动物抽提胶原蛋白较差的水溶性也限制其应用，因此胶原及胶原基医疗器械始终是监管的重点对象。目前已知的人体胶原有28种类型，构成不同组织的胶原类型不同，功能亦不同，动物源胶原是多种类型胶原的混合物，难以纯化且发挥不同类型胶原的特性，限制了其用途扩大。

随着生命科学技术的发展，利用生物合成技术制备的重组胶原蛋白发展迅速，已成为具有良好发展前景的生物医用新材料。区别于动物胶原，重组人源化胶原蛋白是综合利用前沿的结构生物学、合成生物学、蛋白质工程、基因工程等技术，现已实现重组胶原蛋白的产业化，中国是重组胶原蛋白行业发展较快的国家之一。

鉴于重组胶原蛋白的不同技术路径，国家药监局率先将重组胶原蛋白分类为重组

第九章 新一代生物医用材料

人胶原蛋白、重组人源化胶原蛋白、重组类胶原蛋白，并对其分类进行公布和讨论。重组人胶原蛋白，由 DNA 重组技术制备的人胶原蛋白特定型别基因编码的全长氨基酸序列，且有三螺旋结构；重组人源化胶原蛋白，由 DNA 重组技术制备的人胶原蛋白特定型别基因编码的全长或部分氨基酸序列片段，或是含人胶原蛋白功能片段的组合；重组类胶原蛋白，由 DNA 重组技术制备的经设计、修饰后的特定基因编码的氨基酸序列或其片段，或是这类功能性氨基酸序列片段的组合。其基因编码序列或氨基酸序列与人胶原蛋白的基因编码序列或氨基酸序列同源性低。

二、重组人源化胶原蛋白的研究进展

重组人源化胶原蛋白的氨基酸序列 100% 来源于人胶原蛋白，可根据需求进行定制化设计，兼具有高生物活性、低免疫原性、良好的水溶性、无病毒风险等特点，已经引起了广泛关注。2021 年 6 月，由山西锦波生物医药股份有限公司与复旦大学、中国科学院生物物理研究所、四川大学联合研发的重组Ⅲ型人源化胶原蛋白冻干纤维获得国家药监局批准上市，这也是全球首个重组胶原蛋白的Ⅲ类医疗器械产品，可植入使用，标志着重组人源化胶原蛋白进入植入原材料领域。该胶原蛋白是通过定制设计发现一段来自人Ⅲ型胶原蛋白包含 Gly–Glu–Arg（GER）和 Gly–Glu–Lys（GEK）三联体的胶原序列，具有稳定的三螺旋构象和多个带电残基，无血小板结合部位。以此为基础进行 16 倍线性重复后获得重组Ⅲ型人源化胶原蛋白，表现出高细胞黏附活性与良好的组织相容性。该重组Ⅲ型人源化胶原蛋白产品投入市场后，引起强烈反响，越来越多的企业加入重组人源化胶原蛋白生产的赛道。陕西巨子生物将来自人Ⅰ型胶原蛋白的氨基酸序列进行不同次数重复而得到的重组Ⅰ型人源化胶原蛋白，通过纯化实现低蛋白内毒素。江苏江山聚源生物将亲水片段重组人源Ⅰ型胶原蛋白Ⅰ69aa 和 / 或重组人源Ⅲ型胶原蛋白Ⅲ 96aa 拼接而获得 Ix Ⅲ型重组人源化胶原蛋白。广州丸美生物通过引入 C–pro 和翻译暂停技术进行Ⅰ型和Ⅲ型重组双胶原蛋白的研发。重组人源化胶原蛋白产业迎来蓬勃发展期。

基因重组技术制备蛋白起源于 1972 年，已大量用于蛋白药物研制。人体共有 28 种类型胶原蛋白，其家族十分庞大，如何寻找并验证其功能区十分困难，因此发展较为缓慢。山西锦波生物与中国科学院等机构首次从结构层面精确揭示了人源化胶原蛋白的作用原理，创新性构建了胶原蛋白高通量功能区筛选系统，继 2018 年年初成功地制备出基因重组Ⅲ型人源化胶原蛋白以来，近年来又研发出Ⅰ型、Ⅱ型、Ⅴ型、ⅩⅤⅡ型等具有特定功能区或其组合的人源化胶原蛋白合成技术。目前已完成5个型别人体胶原蛋白的原子结构解析，均被国际蛋白结构数据库（PDB）收录，系统性地创建了人源化胶原蛋白数据库和菌种体系，成果居世界领先水平。重组人源化胶原蛋白新材料是以人胶原蛋白功能区基因序列为模板，由DNA重组技术制备的与人体胶原蛋白结构和特定氨基酸序列100%一样的胶原蛋白特定型别基因编码的全部或部分氨基酸序列片段，或是含人胶原蛋白功能片段的组合。作为一种可定制并筛选得到的与人体天然胶原蛋白类似且拥有我国原创知识产权的重组人源化胶原蛋白新材料，这类材料结构功能性质明确，不含非人体天然胶原蛋白的序列片段，免疫原性风险低，在生物医学工程领域具有广阔的发展前景。目前，我国于全球首次合成重组Ⅲ型人源化胶原蛋白原材料并投入批量生产，至今仍是全球唯一可提供这种新材料的国家。该胶原蛋白具有与人胶原蛋白氨基酸序列特定功能区相同的氨基酸序列重复单元，功能区域具有164.88°柔性三螺旋结构（图9-4），相关结构数据已被国际蛋白结构数据库收录，是国际蛋白质结构数据库收录的唯一有活性的、结构完全解析的人源化Ⅲ型胶原蛋白，水溶性强，活性高于人体自身胶原蛋白，低免疫原性及病毒污染等，安全性高，未来在生物医用工程领域具有巨大的应用前景。此外，工业化生产中菌种表达系具有发酵成本低、生产周期短等优势，可快速实现大规模生产，具备规模化生产人源化胶原蛋白的潜力，可以规模生产且质量稳定，有可能替代市场上大部分动物源胶原蛋白，并扩大其临床应用范围，具有广泛的发展前景。利用生物合成技术工业化生产重组人源化胶原蛋白包括了蛋白质理性设计、生物计算、高清晰度X线晶体结构解析、基因工程及蛋白纯化技术等综合技术集成。

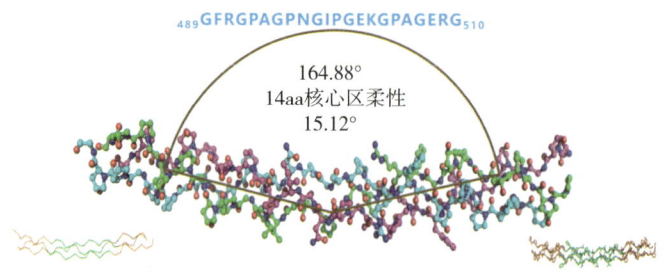

图9-4 重组Ⅲ型人源化胶原蛋白原子结构解析

近年来，中国领先于全球进行了较为深入而广泛的医用研究，发现了一系列意想不到的功能，重组人源化胶原蛋白已经在血管、心脏、妇科、骨科、皮肤、口腔、眼科、肿瘤等取得了重要研究进展。特别是定制化重组人源化胶原蛋白构建的心血管支架涂层可取代传统药物涂层，具有优异的促内皮化、抗血栓形成及抗增生的作用，有望成为国际首创的下一代心血管支架产品。构建的心脏瓣膜材料具有优异的促内皮抗凝血作用，显示出稳定长效抗血栓形成能力，可应对复杂血液环境，为心血管植介入器械功能改性打开了新的窗口；同时，还发现人源化胶原蛋白具备改善组织微环境，诱导心脏组织修复再生的功能，可用于心力衰竭及先天性心脏病治疗，打破了心血管组织不可能再生修复的传统观念。近期重组人源化胶原蛋白基水凝胶材料应用于心衰疾病治疗"十四五"国家重点研发计划立项支持。此外，发现人源化胶原蛋白还可用于瘢痕组织消除及皮肤再生、口腔黏膜溃疡治疗及牙龈组织再生、关节软骨再生、促进成纤维细胞及脂肪组织增殖等性能。在妇产科领域，也成功用于阴道黏膜、盆底功能障碍、阴道萎缩、压力性尿失禁等疾病的治疗。重组人源化胶原蛋白全方位参与人体组织再生修复，应用前景广阔。

三、重组人源化胶原蛋白科学监管体系的构建

早在2019年4月，国家药监局就将重组胶原蛋白列入首批医疗器械新材料监管科学研究课题；2020年6月，国家药监局大力推动国家新材料战略，多次组织召开重组胶原蛋白生物材料专题会议，围绕重组人源化胶原蛋白科研成果转化部署相关工作；2021年2月，召开新型生物材料专题会议，大力推进新一代生物材料的创新发展，加快科研成果转化；2021年3月，经过多次组织的专家会议讨论，采用国际惯例，公开投票形成征求意见后形成《重组胶原蛋白生物材料命名指导原则》，进一步规范了重组胶原蛋白生物材料命名，大力推动新型生物材料高质量发展。2021年6月，批准全球首个重组Ⅲ型人源化胶原蛋白冻干纤维上市；2021年8月1日，发布并实施中华人民共和国医药行业标准 YY/T 1849—2022《重组胶原蛋白》，对规范现行行业有序发展和保证有效监管具有重要意义。因现行重组胶原蛋白标准未能保证我国在这个领域的技术领先性和引领国内国际产业创新发展占领国际制高点，国家药监局于2022年4月正式立项重组人源化胶原蛋白标准制定，成立了由张兴栋院士担任组长、顾晓松院士与王迎军院士担任副组长的20余位专家组成的标准专家

组,由复旦大学及四川大学等作为起草单位的标准起草组,起草制定的 YY/T1888-2023《重组人源化胶原蛋白标准》于 2023 年发布。国家药监局率先开展的人源化胶原蛋白监管体系的创建,推动了人源化胶原蛋白的发展,该领域监管科学研究已于国际领先。

未来在分子水平上利用基因工程手段改造胶原蛋白,可以有更多的人源化重组胶原蛋白材料问世,如Ⅰ型、Ⅱ型、Ⅴ型、ⅩⅤⅡ型等 28 种型别胶原蛋白,使其更多样化地应用在生物医学工程领域。目前,我国已完成在研重组人源化胶原蛋白(Ⅰ型、Ⅲ型等)小试及中试工艺研究;已完成 6 个型别人体胶原蛋白的原子结构解析,被国际蛋白结构数据库(PDB)收录;构建了胶原蛋白高通量功能区筛选系统,首次从结构层面精确揭示了人源化胶原的作用原理,成果达到世界领先水平;建立了数据库和人源化胶原蛋白菌种体系,首次利用生物发酵技术,于国际率先生产出了高活性人源化胶原蛋白,并实现工业化生产。国内目前已经完成了人源化胶原蛋白小试、中试及产业化整条产业链的配置,正在建设人源化胶原蛋白产业园,以努力实现全产业链集群建设。基于重组人源化胶原蛋白的处于应用开发阶段的产品如表 9-3 所示。

表 9-3　处于应用开发阶段的重组人源化胶原蛋白产品

分类	植入类	涂层类	辅助生殖类	高端生物敷料类	内脏器官修复
产品	可注射抗心衰水凝胶材料; 可替代进口动物胶原蛋白的植入/注入类产品	无排异、抗凝血的心血管支架涂层; 生物补片; 骨科涂层	子宫内膜修复再生支架	难以愈合的创面修复; 人工皮肤	胃肠溃疡修复; 肿瘤放化疗损伤修复

四、重组人源化胶原蛋白的前景

胶原易于为人体所接受,是一类典型的生物分子材料,可广泛应用于人体皮肤、骨、软骨、心血管系统、口腔及管腔组织的修复、医疗整形等行业。胶原蛋白在医疗健康领域中的应用是未来市场增长的主要驱动力,全球复合增长率为 5.40% 左右。我国胶原蛋白市场在全球范围内所占的份额较小,约为 6.40%,但复合增长率达到 6.54%,表现出良好的增长态势和发展空间。预计 2027 年世界市场可达 226 亿美元。2020 年我国胶原市场规模约 10 亿美元,虽然近几年增速较快,

第九章 新一代生物医用材料

预计 2027 年可达 15.76 亿美元，但在国际市场占比仍不足 7%，高端产品仍需进口。在这种情况下，人们考虑通过多途径的寻找、设计、优化并合成可能具有生物活性或者特异性亲和能力的多肽片段，依靠化学合成或基因重组技术实现胶原多肽或蛋白的人工合成，获得高稳定性的具有特定功能的胶原蛋白取代部分或者全部动物源胶原，进而更好地构建组织诱导性生物材料及医疗器械，从而为更加理想实现组织修复与再生开辟新的途径。近几年，对天然胶原蛋白的功能解析并以此为基础构建组织工程支架材料的研究逐渐受到关注，相关的重组人源化胶原蛋白产业也得到了迅猛的发展。可以预计，重组人源化胶原蛋白的上市，将逐步取代并占领在试剂耗材、化妆品产业、高端医疗器械、高端药用敷料等各领域的原有动物胶原蛋白市场。

到 21 世纪中叶，将是人源化生物高分子基因工程合成技术迅速发展和日臻完善的时期，也是其产生巨大效益的时期。由于基因工程运用 DNA 分子重组技术，可以在分子水平上对人源化生物高分子结构进行合理的设计及控制，将极大促进人源化生物高分子生成的产量和质量，同时也可结合计算机辅助筛选技术设计出符合人们预期且能对其优化设计的人源化生物高分子，从而实现对人源化生物高分子的个性化定制，这将对在人类疾病的精准诊断、个性化治疗等方面具有革命性的推动作用，其应用前景十分广阔。因此，目前全世界及一些大公司都十分重视人源化生物高分子基因工程合成技术的研究与开发应用。目前，我国人源化生物高分子基因工程合成技术虽然处于世界领先地位，但是如何实现其高质量的快速发展还面临挑战。利用基因工程技术制备人源化重组胶原蛋白材料具有巨大的研究潜力，需继续加大研发投入和应用转化研究，充分利用我国独特技术的自身优势设计并合成一系列定制化的人源化重组胶原蛋白新材料，并积极推动其向临床应用转化。相信未来具有可调、可控、可定制化特性的人源化重组胶原蛋白作为安全的生物医用功能材料会在生物医学工程领域得到更广泛的应用。

鉴于未来生物医用材料和植入器械科学与产业的发展将以具有组织诱导性的生物材料为主体、表面改性植入器械为辅，具有生物安全性保障、特定生物学功能的人源化胶原蛋白将在生物医用材料和植入器械领域占据十分重要的地位，不仅可以部分或者完全替代现在应用广泛的组织提取胶原蛋白材料，甚至可以合成自然丰度较低难以提取的胶原、或根据特定的功能需求筛选并定制多功能的人源化胶原蛋白，有利于在医疗器械植入后营造更好的局部微环境，促进组织的修复与再生，最终获得更理想的治疗效果。心血管组织再生修复、创面皮肤再生与附件功能化、软骨修复基质的构建与应用、妇产科领域组织修复再生等临床应用领域均涉及人源化胶原蛋白在组织或器官修复材料研发中的战略意义和紧迫性。

通过生物发酵技术成功制备人源化胶原使得重组胶原蛋白及相关器械的研发已进入一个新的阶段,国际化竞争也日趋激烈。鉴于国际社会特别是美国FDA对动物源胶原及相关医疗器械产品审评审批的严格控制,人源化胶原将在很大程度上替代或有希望取代动物源胶原,极大地推动与扩展组织诱导性生物材料的研发与应用。因此,推进人源化胶原蛋白产业的快速健康发展将有助于占据该领域的国际先行优势,为我国医疗行业和国民经济的壮大积蓄更大力量,任务紧迫且十分重大。

第四节 其他新一代生物材料及技术

一、兼具诊断和防治重大疾病功能的纳米生物材料

纳米生物医用材料是将纳米微粒与其他生物材料相复合制成的各种复合材料。纳米生物材料的结构和特点更类似于天然组织,具有优良的生物学效应和物理化学性能。近年来,纳米生物材料的理论与实验研究已成为人们关注的焦点,主要集中于:①纳米结构的生物医学材料,即具有纳米结构的材料,如由小于100 nm 纳米结晶都能得纳米生物陶瓷,纳米颗粒增强高分子复合材料等。研究发现,纳米磷酸钙生物陶瓷的生物学活性,随晶粒度减小而增强,且多孔陶瓷还具有骨诱导性;纳米磷酸钙增强高分子复合材料的结构更接近于可视为羟基磷灰石增强胶原的自然骨;原位聚合纳米磷酸钙与胶原、乳酸或尼龙的复合材料,其生物力学相容性和生物活性更接近于自然骨,可望成为优良的组织工程支架材料。②表面界面纳米结构的构建。实验表明,在生物参与和调制下由纳米磷灰石构成的类骨磷灰石表面/界面和适当的三维多孔结构是赋予生物材料骨诱导作用的必要条件,生物材料的生物活性实质上可归结为其表面纳米磷酸钙沉积层的形成。③纳米结构的半透膜和层层自组装复合纳米器件。利用脂类和寡肽分子自识别特性装配的二维结构,其纳米尺度孔隙呈有序周期排列,可用作药物、基因和细胞的控释载体或包裹。层层自组装是利用聚电解质和纳米粒子,在生理环境下,构建纳米薄膜、纳米微囊和其他多重纳米

材料的重要途径。④纳米尺度的生物医学材料。纳米颗粒可穿透细胞膜进入细胞，从而在基因控释中具有重要应用。装载基因的纳米壳聚糖颗粒已在基因治疗中得到应用，纳米级的聚酯、短肽等基因控释载体和系统正在被广泛地研究。

从具体应用角度来看（图9-5），纳米材料可选择性促进细胞增殖或凋亡，以用于防治肿瘤、骨质疏松等重大疾病；国内外大量研究已经证明纳米形貌在诱导成骨分化和调控免疫反应中的重要作用，展现了可以通过在生物材料中引入纳米改性界面（如纳米管、纳米坑、纳米纤维、纳米点、纳米槽、纳米孔等），有目的性地可控性触发和控制细胞行为这一技术的价值。纳米技术应用于调节生物材料的骨免疫性能及其潜在机制的探讨是目前的研究热点之一。癌症是人类健康的主要杀手之一，而乏氧环境是绝大多数恶性肿瘤的固有特征，是癌症难以治愈的根本原因之一。在不负载抗癌药物和细胞因子的前提下，无机纳米材料常被用于乏氧肿瘤治疗，主要可分为克服乏氧和利用乏氧两类治疗策略。如利用纳米二氧化锰在乏氧微环境下的氧化反应释放 O_2 为肿瘤环境"加氧"；利用下转换纳米颗粒实现 I- 型光动力治疗，以水替代氧气来产生自由基消灭肿瘤；利用 Fe 基非晶纳米材料在乏氧微环境下的芬顿反应（Fenton reaction），在无氧参与下，产出大量自由基杀灭肿瘤；利用 Mg_2Si 纳米片在酸性/还原性条件下消耗氧气，反应产物 SiO_2 微片进一步阻塞血管，或利用纳米钙磷材料促进生物钙化创造乏氧环境，彻底截断肿瘤区域氧气与养料供给，使肿瘤"饥饿"致死。纳米探针可用于重大疾病的早期检测：将纳米材料作为荧光探针的传输载体，或直接由自发光纳米材料替代传统荧光物质所构成的纳米探针，为生物荧光成像系统带来了新的机遇。常见的纳米探针包括可自发光的金属纳米团簇、发光量子点、上转换纳米颗粒，以及携带荧光染料的纳米颗粒等。相较于分子探针，纳米探针可躲避酶促系统，且细胞对其通透性较好，无须转染试剂便可进入细胞；另外，纳米材料便于改性，可通过修饰生物分子获得高靶向性，实现成像效果最大化；负载药物的纳米探针还可对患病部位进行早期治疗，实现诊疗一体化。目前，纳米探针的研究已涉及细胞膜成像、细胞器成像（包括溶酶体、线粒体和细胞核）和细胞内分子及离子成像（包括酶、pH值和活性氧），均取得显著进展。纳米颗粒载体可构建药物精准靶向控释系统：常见的纳米载体包括高比表面积介孔二氧化硅纳米颗粒、超顺磁氧化铁纳米颗粒和具有光热转换效应的贵金属纳米颗粒等，通过对其进行表面改性或/和施加外刺激便可赋予其靶向控释功能。首先，利用纳米颗粒比表面积大、易表面改性的特点，在其表面结合不同种类、数量的靶向分子，即可实现细胞甚至细胞器的主动靶向。常见的靶向分子包括多肽、叶酸、转铁蛋白、透明质酸和抗体等。进一步构建具有控释功能的纳米靶向载体，使其可根据内部微环境的改变或外源刺激实现所装载药物在目标部位的定点定量释放，提高药物利用率。细胞外基质组分的纳米尺度物理结构，使基于纳米纤维的支架成为组织工程应用的潜在候选材料；将天然高分子纳米球加入可降解合成材料溶液中，能显著提高支架材料组分的均一性和支架的生物相容性。例如，通过采用静电纺丝、自组装、相分离、模板合成和拉伸等不同的技术，可以将多糖转化为纳米纤维状形式，多糖在其组成、化学结构、分子量和离子特性方面的多样性使多糖基纳米材料具有适用于组织工程应用的独特性质。磁性纳米颗粒的固有性质使其能够被外部施加的磁场远程驱动，因此单独或作为更复杂结构的一部分将其掺入水凝胶的应用已被广泛研究。通过施加外部磁场可以控制磁性纳米颗粒在水凝胶网络空间中的分布，进而利用外部磁场按需提供的磁/机械刺激，结合由磁性材料分布产生的各向异性结构，来控制封装细胞的生长、迁移、增殖和分化在磁性水凝胶中朝向目标谱系，从而实现各向异性磁响应支架材料的受控设计。

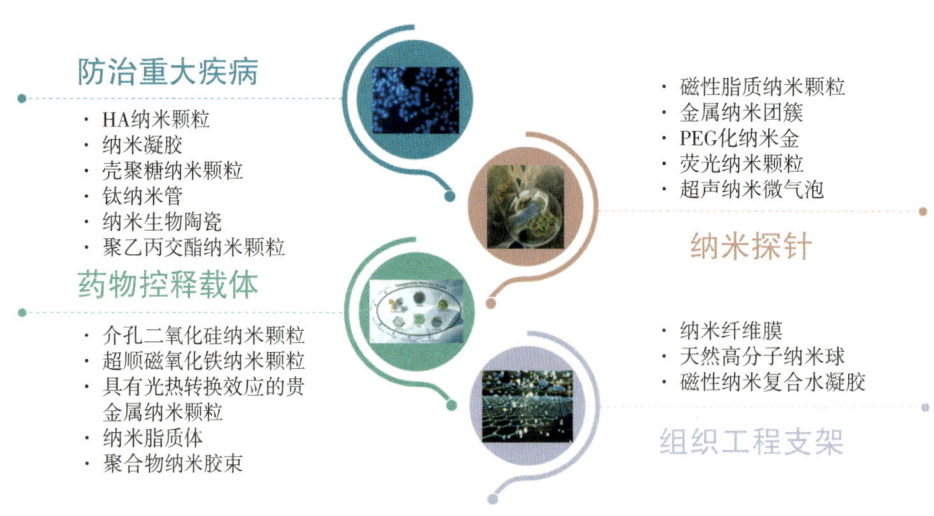

图 9-5　纳米生物材料主要应用领域

然而，纳米材料也蕴含潜在的生物学风险。纳米粒子尺寸小、比表面积大、表面态丰富、化学活性高，具有许多块体及普通粉末所没有的特殊性质，许多在普通条件没有生物毒性的物质，在纳米尺寸下却表现出很强的生物毒性。游离态纳米颗粒可进入组织、细胞、循环系统，导致不良的局部和全身反应，因此对于应用纳米材料的医疗器械安全性和有效性评价，目前仍有许多问题尚未解决。

二、组织工程与 3D 生物打印材料

组织工程学是应用工程学和生命科学的原理与方法，研究和开发具有生物活性的人工替代物，达到修复、维持或改善损伤组织功能的一门新兴科学。组织工程的基本原理是从机体获取少量的活体组织，用特殊的酶或其他方法将细胞（又称种子细胞）从组织中分离出来在体外进行培养扩增，然后将扩增的细胞与具有良好生物相容性、可降解性和可吸收性的生物材料支架按一定的比例混合，使细胞黏附在支架上形成细胞-材料复合物，将该复合物植入机体的组织或器官病损部位，随着生物材料支架在体内逐渐被降解和吸收，植入的细胞在体内不断增殖并分泌细胞外基质，最终形成相应的组织或器官，从而达到修复创伤和重建功能的目的。组织工程支架材料在此过程中所起的作用是：①支架材料的结构和形貌控制再生组织的结构、尺寸和形貌，作为连接细胞和组织的框架，引导组织生长成特定形态；②作为信号分子的载体，将其运送到缺损部位，并作为缓释体使诱导因子缓慢发挥作用，为工程化的组织提供一个赖以存在的空间，可引导组织（神经、骨、血管）的再生和成长；③作为组织繁殖分化和新陈代谢的场所，为细胞生长输送营养，排除废物；④支架表面特殊位点与组织起特异性反应，对不同类型细胞起"身份鉴别"及选择黏附的作用（IKVAV 短肽、RGD 短肽）；⑤起到机械支撑作用，可以抵抗外来的压力，并维持组织原有的形状和组织的完整性；⑥支架材料还可以作为活性因子的载体，可以用来承载一些生物活性物质，如生长因子（骨形态发生蛋白 BMP、血管内皮生长因子 VEGF），为细胞的生长、分化和增殖提供养分。

近年来，组织工程支架材料方向的研究极为活跃，人们不仅在组织工程的最早产品——人工皮肤领域进行了更为完善的开发，还对人工骨、软骨、神经、血管等各系统的支架材料也进行了大量的探索（表 9-4）。天然高分子材料因其本身具有相同或类似于细胞外基质的结构，可以促进细胞的黏附、增殖和分化，具有来源较为广泛、制作简单、价格低廉的优点。但它也存在力学性能较差、抗原性消除不确定、降解速率不宜控制等问题。聚乳酸、聚氨酯、聚环氧乙烷等聚合物材料具有良好的生物相容性及可控的降解速率，力学性能优良，因而也被广泛用于制备组

织工程支架。目前的研究主要集中于通过对材料表面的改性而增强它对细胞的黏附性，以及材料的亲水性。聚合物共混是一种为组织工程提供新型理想材料的有效方法，已成为目前组织工程生物材料研究的热点。近年来提出的复合材料有海藻酸钠/壳聚糖、胶原/壳聚糖、胶原/琼脂糖、壳聚糖/明胶、壳聚糖/聚己内酯、聚乳酸/聚乙二醇等体系。

表 9-4　常用组织工程支架生物材料

类型		骨	软骨	皮肤	韧带	肌腱	神经	血管	角膜	肝、胰、肾、泌尿系统
天然高分子生物材料	胶原	√	√	√	√	√	√	√	√	√
	明胶	√					√	√		
	壳聚糖	√	√				√			√
	透明质酸								√	
合成可降解聚合物	聚乳酸（PLA）		√			√		√		√
	聚乙醇酸（PGA）		√		√	√		√		√
	聚乳酸-羟基乙酸共聚物（PLGA）	√		√			√		√	
生物陶瓷	天然珊瑚	√								
	羟基磷灰石（HA）	√								
生物复合材料	HA/磷酸三甲苯酯（TCP）	√								
	胶原/HA	√								
	壳聚糖/β-TCP	√								
	胶原/氨基酸			√						
	胶原/硅胶膜			√						

生物 3D 打印技术是将生物材料和/或生物单元（细胞/蛋白质/DNA 等）按仿生形态学、生物结构或生物体功能、细胞特定环境等要求，用"三维打印-3DP"的技术手段制造出个性化的体外三维结构模型或体外三维生物体。生物 3D 打印技术具有快速、准确、个性化、差异化且特别适合制造复杂形状实体的特性，因此该技术可以与生物材料、细胞培养、医学成像和软件辅助技术相结合，制造植入

支架、人工组织器官和医疗辅具等生物医学产品，为个性化及精密医疗提供突破性的治疗方案。3D 打印过程中采用的原材料称为"生物墨水"，通常由以胶原蛋白为原料的水凝胶或细胞聚集体制成。目前，生物 3D 打印以口腔修复、定制化假肢、手术导板、骨科植入物等初级阶段产品占据主导，其技术比较成熟，在医疗领域已经实现临床应用。而作为生物 3D 打印的中级发展阶段——简单组织器官，在皮肤（表 9-5）、血管、耳鼻眼、工程化组织构建（如胚胎干细胞、生物活性因子、药物等）等方向已有丰富的研究成果（图 9-6）。未来，通过生物材料本身的设计及个性化 3D 打印技术可实现诱导特定组织或器官的再生修复和功能重建，甚至可以实现复杂器官的体外"克隆"，即生物 3D 打印的高级发展阶段。

表 9-5 生物 3D 打印组织工程皮肤研究现状

已有成果	研究机构	研究水平与现状
含血管 3D 打印皮肤	武装部队再生医学研究所（AFIRM），美国国防部	使用扫描仪扫描创面，记录尺寸和深度及需要的皮肤细胞类型；在小鼠、猪的试验已经成功，等待批准进行人体试验
不同肤色、纹理的 3D 打印皮肤	利物浦大学，英国	建立皮肤数据库，医务人员为病患从中挑选匹配度较高的皮肤
含真皮、表皮、角质层、胶原蛋白的 3D 打印皮肤	马德里查尔斯三世大学，西班牙	使用人体细胞和组分产生胶原蛋白，从而避免使用其他方法中发现的动物胶原蛋白；允许以标准化、自动化的方式生产皮肤；接受欧洲监管机构的审批
具有真皮、表皮和 DEJ 基底膜等完整结构的 3D 打印皮肤	伽蓝集团，中国	精准、快速打印高仿真亚洲人特性的皮肤，可用于原料功能测试、化妆品功效评估、药物开发、机制性研究
含角质细胞、成纤维细胞和胶原蛋白的 3D 打印皮肤	伦斯勒理工学院，美国	结构和韧性与人体皮肤近似，可用于药理毒理研究和创面治疗
含角质细胞和成纤维细胞的 3D 打印皮肤	哈佛医学院，美国	结构和韧性与人体皮肤近似，可用于药理毒理研究和创面治疗
含黑色素细胞、角质细胞和成纤维细胞的 3D 打印皮肤	哈佛医学院，美国	形成分层的皮肤结构，真皮表皮交汇处有类似雀斑的色素沉积，用于实验研究
具有真皮、表皮和 DEJ 基底膜等完整结构的 3D 打印皮肤	里昂第一大学，法国	可在几分钟内打印出所需皮肤，具备与人体皮肤类似的结构，诱导真皮快速分化，韧性较好，可直接用于创面治疗

续表

已有成果	研究机构	研究水平与现状
含有成纤维细胞和角质细胞的3D打印皮肤	苏黎世应用科技大学，瑞士	结构和韧性与人体皮肤近似，可用于药理毒理研究和创面治疗
含有成纤维细胞和胶原蛋白的3D打印皮肤	南洋理工大学，新加坡	两层空白凝胶中间夹含成纤维细胞的胶原层，用于纳米粒子药物传输系统检测
含有汗腺的3D打印活性皮肤	解放军总医院，中国	可在几分钟内打印出所需皮肤，具备与人体皮肤类似的结构，可诱导汗腺组织发生，可直接用于创面治疗

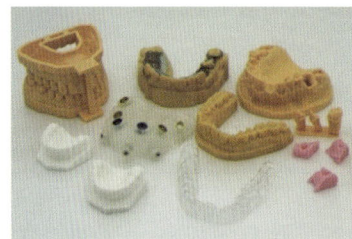

口腔修复产品

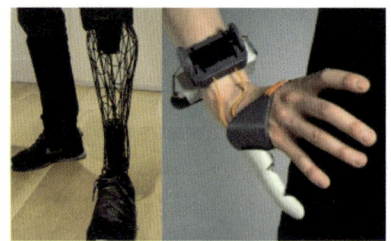

定制化假肢

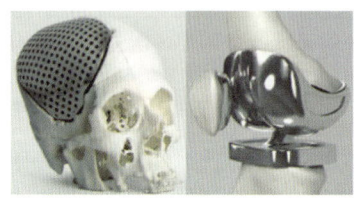

骨科植入物

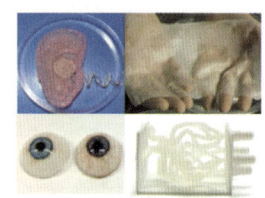

人工耳、皮肤、眼球、血管

图 9-6　生物 3D 打印技术应用现状

三、药物和生物活性物质靶向控释载体材料和系统

药物给药系统经历了由传统给药系统向缓控释给药系统、靶向性和智能化给药系统的发展过程。20 世纪初，Ehrlicn 首先提出了靶向制剂的概念；20 世纪 70 年代末 80 年代初，研究者们设计了一系列创新生物材料及植入器械等，开始较全面地研究靶向给药系统，包括其制备、性质、体内分布、靶向性评价、药效学与毒理学等。通过利用生物材料及植入器械将相关治疗药物输送到基因特异性的导向靶器官、靶组织或靶细胞，极大地提高了治疗效率，减少了毒副作用，降低了治疗成本。我国也于 20 世纪 80 年代开始了对靶向控释系统的研究工作，进入 21 世纪，结

合生物材料与靶向修饰的控释系统正成为靶向药物控制释放技术研究领域的热点，其特征是根据生理和治疗需要来调控药物的分布与释放，形成不同类型的靶向控释。

近10年在靶向控释系统研究领域发表论文和报告最多的主要为肿瘤靶向、心血管靶向、脑靶向、肾靶向及肝靶向等，靶向控释制剂治疗领域前景广阔。但是目前全球仍处于理论研究和实验研究阶段，局限于临床经验积累，走向临床的产品较少。产品与发表的论文数严重不匹配，说明靶向控释制剂治疗领域的理论研究成果并未真正投入临床应用，未来发展还有急需解决的问题。例如，脂质体靶向递送系统在体内分布不理想，巨噬细胞的捕获和吞噬难以克服，代谢器官聚集等难题依然未被较好地攻克。同时，靶向控释制剂生物材料和植入器械的制备工艺仍有待优化，因此提高制剂生物材料和植入器械的工艺水平，发挥药物在人体内的最大疗效是需要解决的问题。

尽管在实际临床应用转化中，目前还存在较多的问题，但是国内外许多学者对靶向控释系统的生物材料和植入器械仍在进行有益探索，并已取得一些进展，有些制剂已用于临床。在靶向制剂应用研究方面，目前国内领域的靶向控释药物制剂数量并不多，特别是和欧美日等发达国家相比，临床可选择种类偏少，近十几年来，国外已有10多个抗癌药物脂质体上市，如 Doxil、Myocet、Caelyx、DaunoXome、Depocyt 等。但是我国国家药监局药品审批政策对于重大疾病用药和创新控释制剂的鼓励扶持态度，国内未来靶向控释药物制剂或迎来井喷式发展。

基于药物靶向和基因靶向的创新生物材料及植入器械既是国际科学前沿，也是与人类健康和生活密切相关的重要社会问题，充满了创新与机遇。随着理论研究的不断深入与相关技术的不断发展，未来将会有更多的靶向控释产品走向临床。同时，未来的研究发展趋势将由靶向器官水平向靶向细胞和分子水平发展，由构建研究向功能研究发展，由基础与应用基础研究向应用开发研究发展。

四、智能化微电子植入器械材料

智能化微电子植入材料及器械是通过模拟人体对温度、盐离子浓度、血糖水平及特异性酶活性等的调节来实时动态掌握患者的生理状况，或使用电、磁、光、热等外场能量和机体组织相互作用，促进修复，以达到无痛、无创、易于实施的疾病治疗。目前在植入式微电子器械领域应用最广泛的产品包括植入式心脏起搏器、脑起搏器、植入式除颤器等。外场能量在治疗帕金森、抑郁症、癫痫、疼痛、慢性伤口等现有技术难以处理的疾病上，已展现出良好的应用前景。同时电子视网膜、电子耳蜗、植入性脑机接口、刺激内源性治疗的齿科修复材料、类器官芯片等创新产品正在研发。

电子视网膜是一种用于取代人眼视网膜上的视杆和视锥感光细胞的电子系统，它可以捕捉进入眼球的光线，将其转化成电信号，经视觉神经传递至大脑，主要用来治疗视网膜色素变性和老年性黄斑变性等引起的视网膜功能性损坏的疾病。电子视网膜所有组件必须生物兼容不为人体所排斥，并且必须具有长期稳定性，这是尚未完全解决的一大技术难题。电压的存在会显著加速材料腐蚀过程，因而电压环境下，材料与周围组织的相互作用，特别是抵抗的腐蚀的能力，是电子视网膜材料研究亟待解决的问题。此外，电子视网膜主要通过人工电信号刺激视神经细胞，从分子生物学角度揭示电信号与视神经细胞的相互作用机制，增加电极数量，实现对图像的精确调控，是新一代电子视网膜开发亟待解决的问题。

口腔健康是全身健康的基础，基于天然骨组织的电生理效应，设计构建并成功制备出具有仿生电位的口腔引导组织再生纳米复合材料，已成为治疗牙周及口腔硬组织缺损的新方法。尽管众多压电生物材料在体外都展示出了良好的成骨诱导特性，但几乎均停留于实验室阶段，无法进一步实现应用转化。这是因为有机生命体不同于体外细胞，免疫系统对材料的应答是不可忽略的因素，且往往决定骨植入修复的成败。压电生物材料作用于免疫系统的构效关系、机电信号对骨免疫微环境的作用规律和影响机制等，目前仍未被阐明。因此，开发基于生物相容性高、可降解性能好的电活性材料，通过研究强压电组织植入材料的软硬组织再生的高仿生性及其分子机制，实现强压电组织植入材料的可控全降解和功能强诱导性的完美平衡，是开发新一代口腔修复材料的关键。

近年来，世界各国相继启动各自的脑科学相关科技规划，全球范围内大量的脑科学研究投入，将极大地增进人类对大脑如何工作及如何治疗脑部疾病的理解。脑机接口是一种在脑与外部设备之间建立直接通信渠道的技术，其信号来自中枢神经系统，传播中不依赖于外周的神经与肌肉系统。该技术能够在人（或其他动物）脑与外部环境之间建立沟通以达到控制设备的目的，进而起到监测、替代、改善/恢复、增强、补充人体感觉、运动功能或提升人机交互能力的作用。在脑机接口技术中，有向人体植入某种装置的侵入式，也有通过戴在头部并从体外读取脑的信号或者向脑传输信号的非侵入式。从功能性来讲，可分为感觉型（输入型）和运动型（输出型）两种。植入性脑机接口通常是将柔性电极、神经芯片、微型传感器等直接植入大脑灰质，因而所获取的神经信号质量比较高。但其缺点是容易引发免疫反应和愈伤组织（疤），进而导致信号质量的衰退甚至消失。植入性脑机接口技术在医疗领域研究价值重大，应用领域广泛，但其研发成本高、周期长，目前技术成熟度和产品化程度低，未来技术发展仍将面临诸多挑战。

类器官芯片是将"类器官"和"器官芯片"两种生命科学和工程学领域前沿技术相结合，所缔造的高通量体外模型构建平台，具有多器官集成及高仿真人体功能等潜力，被认为是促进转化医学发展的催化剂，在新药研发、疾病建模和个体化精准医疗等领域具有广泛的应用价值。类器官芯片的主要目标是在微流控芯片上将具有干细胞潜能的细胞培养形成细胞团，模拟、研究并控制细胞在体外培养过程中的自我更新、自我组装等生物学行为，进而表现出与来源组织相似的空间结构，并在芯片上再现器官的部分关键功能，从而实现药物筛选评价、遗传疾病建模、细胞治疗等多领域的应用。其关键科学问题包括类器官细胞来源的拓展、共培养体系的探索（如类器官与间充质结构、血管和免疫细胞）、细胞外基质代替物的研究、芯片的类器官结构设计、芯片内微环境的控制和类器官多功能/多器官芯片的开发等方面。目前，欧美的研究机构及生物技术公司已在进行相关技术的研发及推广应用，并控制了这类技术的重要专利。美国FDA已经宣布将在实验中对器官芯片和动物模型获得的实验数据进行比较，以验证用器官芯片模型取代动物模型进行新药研发的可行性。作为构建未来新药评价体系的重要发展趋势，器官芯片对于支撑我国创新药物研发及转化医学的发展具有重大战略意义。尽管类器官芯片的研究已取得了显著进展，但在解决如何建立更符合人体生理的芯片系统、如何实现多器官的功能关联及协同，以及如何实现芯片标准化和集成传感检测等方面仍面临挑战，这也将成为类器官芯片未来研发的重点。

参考文献

[1] XING DONG Z, DAVID WILLIAMS. Definitions of biomaterials for the Twenty-First Century [M]. NEVADA：Elsevier Inc., 2019.

[2] JIANG C, XINGDONG Z, KERONG DAI. Bioactive materials for bone regeneration[M]. New

York：Academic press，2020.

[3] 敖强, 王云兵. 组织工程学（创新教材）[M]. 北京：人民卫生出版社，2020.

[4] 张兴栋, 王云兵, 杨立. 中国工程科技2035发展战略 [M]. 北京：科学出版社，2019.

[5] YANG L, HAOSHUANG W, LU L, et al. A tailored extracellular matrix (ecm) - mimetic coating for cardiovascular stents by stepwise assembly of hyaluronic acid and recombinant human type III collagen [J]. Biomaterials, 2021, 276：121055.

[6] DANYANG H, YUEHONG L, ZIHAN M, et al. Collagen hydrogel viscoelasticity regulates MSC chondrogenesis in a ROCK−dependent manner [J]. Science advances, 2023, 9 (6)：1−15.

[7] HAO F, JIA F, HAO P, et al. Proper wiring of newborn neurons to control bladder function after complete spinal cord injury [J].Biomaterials, 2023 (292)：121919.

[8] 国家药监局关于发布重组胶原蛋白生物材料命名指导原则的通告（2021年第21号）[EB/OL]. (2021−03−15) [2023−06−16]. http：//www.nmpa.gov.cn/xxgk/ggtg/qtggtg/20210315175109170.html.

[9] WANG Y, LI G, YANG L, et al., Development of innovative biomaterials and devices for the treatment of cardiovascular diseases[J]. Adv mater, 2022, 34 (36)：e2201971.

[10] G E Y, GUO G, LIU K, et al., A strategy of functional crosslinking acellular matrix in blood−contacting implantable devices with recombinant humanized collagen type III (rhCOL III) [J]. Composites part B：Engineering, 2022, 234：109667.

[11] HU C, LIU W, LONG L, et al. Regeneration of infarcted hearts by myocardial infarction−responsive injectable hydrogels with combined anti−apoptosis, anti−inflammatory and pro−angiogenesis properties[J]. Biomaterials, 2022 (290)：121849.

图表索引

图 1-1　2017—2022 年全球生物医用材料论文数量变化趋势 2
图 1-2　2022 年全球生物医用材料疾病研究论文相对分布情况 3
图 1-3　2022 年各国发表生物医用材料研究论文情况 3
图 1-4　2017—2022 年生物医用材料研究论文数量排名前 10 位的国外研究机构 5
图 1-5　2018—2022 年国家药监局批准注册医疗器械数量 6
图 1-6　全球医疗器械市场规模 37
图 1-7　全球生物医用材料各细分领域市场规模与占比 39
图 1-8　中国重点类型生物医用材料市场规模占比 43
图 2-1　2024 年全球医疗器械细分市场份额 59
图 2-2　2028 年前十大医疗器械领域市场份额及其 2021—2028 年销售额增长率 60
图 2-3　2028 年全球前五大公司市场份额及其 2021—2028 年销售额增长率 61
图 2-4　2018—2022 年乐普医疗营收总额 65
图 2-5　微创医疗在心血管器械领域的产品分布 67
图 2-6　2022 年中国冠脉支架行业竞争梯度（按国家集采中标数量）........70
图 2-7　2017—2028 年中国冠脉支架市场规模及增长率 70
图 2-8　2017—2030 年中国 TAVR 市场规模 72
图 2-9　2021 年中国先心病封堵器市场占比 74
图 2-10　人工心脏瓣膜材料及器械演变的 3 个阶段 79
图 2-11　国产 TAVR 产品 80
图 2-12　心衰治疗的可注射水凝的注射部位 84
图 2-13　3 种已获得欧盟 CE 认证的心房分流器产品 85
图 3-1　2021 年全球骨科市场的门类占比 94
图 3-2　2021 年关节产品企业市场份额 95
图 3-3　2021 年脊柱产品企业市场份额 96

图 3-4	2021年创伤产品企业市场份额	97
图 3-5	近5年国家药监局国产可吸收合成高分子类骨科产品统计	109
图 3-6	近5年国家药监局国内进口可吸收合成高分子类骨科产品统计	110
图 3-7	近5年美国FDA国外可吸收合成高分子类骨科产品统计	111
图 3-8	人造板层骨分级组装结构	127
图 4-1	2019年全球口腔种植体市场竞争格局	141
图 4-2	全球隐形正畸市场发展趋势	142
图 4-3	全球义齿进口总额排名前5位的国家和地区	143
图 4-4	全球义齿出口总额排名前5位的国家和地区	143
图 4-5	2010—2019年中国口腔患者人数	144
图 4-6	2013—2019年中国口腔医院门诊人次及增长情况	145
图 4-7	2013—2019年中国口腔诊疗比情况	145
图 4-8	2015—2019年中国口腔器械市场规模及复合增长率	147
图 4-9	我国口腔材料市场格局	150
图 4-10	中国隐形正畸产业链	151
图 4-11	中国隐形正畸市场格局（2020—2022年）	152
图 4-12	中国口腔修复膜及骨粉行业市场竞争格局情况	153
图 4-13	2011—2019年我国种植牙渗透率	157
图 4-14	2011—2019年中国种植牙数量及复合增长率	158
图 4-15	2020—2025年中国口腔修复膜及骨粉消耗量情况	159
图 4-16	2020—2025年中国口腔修复膜及骨粉市场规模情况	159
图 4-17	中国正畸市场	160
图 4-18	中国隐形正畸市场规模	160
图 4-19	中国隐形正畸主要厂商市场分布状况	161
图 4-20	树脂陶瓷复合材料结构示意	166
图 4-21	预成螺纹纤维桩	168
图 4-22	CAD/CAM一体化纤维桩核的制作	169
图 4-23	自组装高分子组装聚集并诱导矿化	181
图 4-24	聚阳离子水凝胶脱敏机制	182
图 4-25	口腔黏膜黏附药物剂型示意	184

图 4-26	基于五大学科的隐形正畸体系探索	187
图 5-1	我国眼科医疗器械产业链情况（眼科高值耗材和视力保健产品）	193
图 5-2	全国医保耗材中各类眼科国产产品数量占比	196
图 5-3	2021年用于验配/再验配的接触镜材料占比	198
图 5-4	2020—2021年接触镜验配/再验配率（根据镜片设计模式分类）	198
图 5-5	软性接触镜产业链	199
图 5-6	国际彩瞳品类销量占比	201
图 5-7	国内彩瞳品类销量占比	201
图 5-8	2016—2021年中国角膜塑形镜零售端市场规模及增速	202
图 5-9	2020年中国角膜塑形镜各品牌市场占比	203
图 5-10	白内障手术示意	206
图 5-11	2021年全球人工晶状体及高端人工晶状体市场份额	208
图 5-12	角膜塑形镜延缓近视发展原理示意	215
图 5-13	有晶体眼人工晶状体类型	221
图 5-14	主要的合成材料角膜产品	226
图 5-15	组织工程角膜的载体支架材料类型	228
图 5-16	青光眼MIGS手术产品	230
图 5-17	AR智能隐形眼镜Mojo Lens	235
图 5-18	InWith AR智能隐形眼镜	236
图 5-19	后巩膜加固术示意	238
图 6-1	2016—2021年中国神经外科高值医用耗材市场规模	246
图 6-2	神经领域细分产品及其占比	251
图 6-3	3D打印空心导管、多通道导管及分支导管（左），在体打印神经移植体	264
图 6-4	脱细胞材料制备与性能	267
图 6-5	神经再生胶原支架组织学	268
图 6-6	神经再生胶原支架调控神经干细胞分化为神经元重建神经环路	269
图 6-7	AFG和功能化自组装多肽互穿网络水凝胶	272
图 6-8	多级定向纳米纤维蛋白和自组装多肽互穿网络水凝胶	272
图 6-9	微载体3个突出的优势	274
图 6-10	脱细胞基质微凝胶复合明胶生物墨水的制备	275

图 7-1	国内外注册的透析器和灌流器批件数（截至 2022 年 6 月）	288
图 7-2	国内血透产品市场份额 (2020 年)	291
图 7-3	全球血透产品市场份额 (2020 年)	291
图 7-4	国内透析和血滤产品膜材料材质分布	293
图 7-5	国外透析和血滤产品膜材料材质分布	293
图 7-6	血液透析膜领域中国专利申请人分布（2007—2021 年）	294
图 7-7	血液灌流器在常见病种的理论市场规模	297
图 7-8	国内品牌灌流器产品材料分布	300
图 7-9	国外品牌灌流器产品材料分布	300
图 7-10	MMM 膜组成结构模式	302
图 8-1	2018—2023 年全球创面修复材料市场规模及增速情况	314
图 8-2	2018—2023 年全球高端创面修复材料市场规模及增速情况	315
图 8-3	2020 年全球创面修复材料产品类型占比	315
图 8-4	2018—2023 年中国创面修复材料市场规模及增速情况	318
图 8-5	2021 年中国创面修复材料产品注册类型占比	318
图 8-6	2017—2021 年中国创面修复材料产品出口量及出口金额情况	319
图 8-7	2018—2022 年中国创面修复材料产品进出口金额情况	320
图 8-8	创面愈合的不同阶段	322
图 8-9	止血方法示意	325
图 8-10	创面封闭技术（包括缝合、吻合、闭合贴和医用胶水）	333
图 8-11	薄膜敷料、水凝胶敷料、海藻酸盐敷料和泡沫敷料	334
图 8-12	富血小板血浆（PRP）通过离心的方法从全血提取出来	337
图 8-13	脉冲清创、超声清创和高压氧疗技术用于创面治疗	339
图 8-14	人工真皮修复过程，Lando® 人工真皮，艾尔肤含细胞人造皮肤安体肤	340
图 8-15	智能创面修复材料	342
图 8-16	3D 打印构建皮肤组织，在体 3D 打印和手持式在体 3D 打印机	343
图 8-17	诊疗一体化电子皮肤对伤口实时监测、早期诊断和随需治疗	345
图 9-1	新一代生物医用材料重点发展方向	348
图 9-2	骨诱导人工骨——三维多孔磷酸钙生物陶瓷材料	350
图 9-3	软骨、韧带、心血管领域组织诱导性生物材料产品	352

图 9-4	重组Ⅲ型人源化胶原蛋白原子结构解析	356
图 9-5	纳米生物材料主要应用领域	362
图 9-6	生物 3D 打印技术应用现状	366

表 1-1	2017—2022 年发表生物医用材料论文排名前 10 位的国家	4
表 1-2	2017—2022 年发表生物医用材料论文排名前 20 位的中国研究机构	4
表 1-3	国外生物医用材料行业主要科技与产业政策	23
表 1-4	2017—2022 年中国生物医用材料行业主要科技与产业政策	27
表 1-5	生物医用材料主要跨国企业	41
表 1-6	生物医用材料国内部分企业	44
表 2-1	主要心血管及相关植介入器械和材料分类	55
表 2-2	心血管生物医用核心原材料的进口情况	57
表 2-3	2024 年心血管医疗器械前十大公司全球销售总额及市场占有率	61
表 2-4	中国心血管疾病医疗费用预测	62
表 2-5	中国心血管医疗器械上市公司 2020 年销售额及业务分析	64
表 2-6	乐普医疗未来 4 年心血管研发管线中的重要创新产品	65
表 2-7	2021 年中国心血管介入器械市场细分领域规模	69
表 2-8	中国已获批上市的 TAVR 产品	72
表 2-9	左心耳封堵器国内上市产品	75
表 2-10	冠脉支架部分不同类别产品	76
表 2-11	心衰治疗新型材料及器械概况	83
表 2-12	进入临床阶段的生物可吸收心脏封堵器	87
表 3-1	代表性骨科生物医用材料及特点	92
表 3-2	2019—2022 年全球骨科销售额	94
表 3-3	2019—2021 年全球关节置换各产品线的市场规模变化	94
表 3-4	2021 年脊柱各类产品销售额	96
表 3-5	2021 年全球运动医学产品企业销售额及占比	97
表 3-6	2021 年骨生物材料产品企业销售额及占比	98
表 3-7	2020—2021 年中国骨科植入物市场销售情况	99

表 3-8	2019年中国骨科植入市场份额排名前20名	100
表 3-9	国内医用原材料供应情况	106
表 3-10	代表性国内外可吸收合成高分子/无机复合类骨科产品及材料	112
表 3-11	用于软骨修复和再生的生物材料	121
表 4-1	国内各地区定制式义齿生产企业分布	148
表 4-2	口腔复合树脂抗菌剂及其缺点	163
表 4-3	粘接剂代表性产品	164
表 4-4	树脂陶瓷复合材料的分类	166
表 4-5	不同类型的纤维桩产品对比	168
表 4-6	国外已上市氧化锆陶瓷种植体	172
表 4-7	国产口腔骨充填产品汇总	174
表 4-8	进口口腔骨充填产品汇总	174
表 4-9	引导组织再生膜产品	178
表 4-10	脱敏剂相关产品	180
表 4-11	黏膜修复材料的聚合物原料	183
表 5-1	主要眼科生物医用材料功能及特点	190
表 5-2	2017—2021年全球眼科医疗器械行业市场分类及预测	194
表 5-3	全球眼科医疗器械排名前10位的公司（2017—2024年）	194
表 5-4	2017—2021年我国眼科医疗器械行业市场分类及预测	196
表 5-5	国内青光眼MIGS手术器械相关企业一览	212
表 5-6	我国主要的角膜塑形镜产品及其参数对比	216
表 6-1	神经外科修复材料分类	245
表 6-2	2021年中国神经外科高值医用耗材竞争局面	246
表 6-3	中国人工硬脑膜的竞争局面	248
表 6-4	神经损伤修复材料与产品（生产商）	251
表 6-5	国际上利用支架材料修复脊髓损伤的临床研究汇总	254
表 6-6	目前进入临床研究阶段的脊髓损伤修复支架材料比较	254
表 6-7	美国Axogen公司神经修复产品	258
表 6-8	美国Integra公司神经修复类产品	258
表 6-9	国内已上市同类型神经修复产品	258

表 6-10	国外已上市的周围神经修复产品实物图	260
表 6-11	国内已上市的周围神经修复产品实物图	261
表 6-12	传统的周围神经制造技术	263
表 6-13	3D 打印和 3D 生物打印神经导管（NGCs）	264
表 7-1	常用透析膜材料的功能与特性	291
表 7-2	血液透析企业产品业务分布	292
表 7-3	常用血液灌流材料的功能与特性	296
表 7-4	国外血液净化材料及灌流器产品	298
表 7-5	国内血液净化材料及灌流器产品	299
表 8-1	海外可吸收止血材料主要厂商	328
表 8-2	国内可吸收止血材料主要厂商	329
表 9-1	表面改性生物医用材料及植入器械分类	348
表 9-2	各种骨植入材料的优劣势对比	351
表 9-3	处于应用开发阶段的重组人源化胶原蛋白产品	358
表 9-4	常用组织工程支架生物材料	364
表 9-5	生物 3D 打印组织工程皮肤研究现状	365

致谢

2023 年年初，中国生物技术发展中心组织国内生物医用材料领域专家成立了《2023 中国医疗器械科技创新发展报告——生物医用材料》（简称《报告》）编写组，进行全书框架设计、信息收集和写作校对等工作。在《报告》编制过程中，编写组召开了多次专家咨询会，邀请相关高校、科研院所、医疗机构、行业协会和代表性企业的一线科研工作者和产业界人士，对《报告》框架、编写方法和内容等进行研讨。

《报告》编写历时半年多，得到多家高校、科研院所、医疗机构、行业协会和代表性企业的大力支持，凝结了指导和参与《报告》编撰的专家的心血和智慧。特别感谢参与《报告》撰写指导和意见咨询的各位专家。

最后，感谢编写团队的辛勤付出，以及国家生物医学材料工程技术研究中心、四川大学给予的大力支持！

中国生物技术发展中心

2023 年 9 月